退職給付会計の
会計方針選択行動

Accounting Policy Selection
Behavior in Pension Accounting

野坂和夫

国元書房

序　文

　退職給付会計は，企業の財政状態と経営成績に，会計史上，最も大きな影響を与えた。著者は1999年4月，大学を卒業して監査法人に入所し，退職給付会計基準は2000年4月から始まる事業年度から適用されたので，著者の会計士人生のはじまりは，退職給付会計一色であった。いつしか，退職給付会計に特化して業務を担当するようになっていた。

　著者が監査法人に入所して間もない頃，大学院がMBAなどの社会人教育に力を入れ始めたときでもあり，実務家のキャリアを活かせる大学院の教員にもなりたいと考え，修士課程そして博士後期課程に入学することになった。今思えば，監査法人に勤務しながら平日日中の講義に出席するなど，周囲の方々の協力があってこそだと感謝している。著者の研究人生のはじまりも，退職給付会計一色であった。

　割引率をどうやって決めるのかは，企業それぞれで方針が異なる。それが会計基準上，認められる。期待運用収益率や未認識債務の償却年数の選択も同様である。絶対的に確定できない会計方針なので，他社はどうやって決めているのか。割引率が少し異なるだけで，退職給付債務が大きく異なる。また，期待運用収益率や償却年数が異なれば，退職給付費用が大きく異なる。そもそも退職給付債務や退職給付費用はどうやって計算されるのか。会計基準の導入により債務が明るみになったので，退職給付制度が廃止されるようになった。会計が，実体経済に影響を与えたのである。何よりも，最も社会的インパクトの大きかった退職給付会計は，会計ビックバンの中で，一番の花形であった。

　著者は，そうした退職給付会計の魅力にとりつかれ，経営者の会計方針選択行動を研究したいと考えた。本研究の主眼は，実務経験による個別ケースの経営者行動を考察することではなく，むしろ，実務経験のバイアスをできるだけ排除して，実際データから統計処理を行うことで経営者行動を実証することである。

ii

　本書の刊行にいたる歩みは，論文博士の学位申請論文の作成であり，その各章は学会誌などに掲載された論文である。著者が大学院生だった当時は，博士号を取得することはできないと思っていたが，指導教官である辻正雄教授からの励ましは何にも代えがたいもので，研究を継続する自信になった。副査であった鳥羽至英教授，河榮徳教授，奥村雅史教授からは，非常に厳しくも温かい指導があって，研究を継続する支えになった。深厚なる謝意を申し上げたい。

　本書の刊行には，学校法人栗本学園名古屋商科大学出版助成を受けた。

　最後になって恐縮ではあるが，本書の出版社である国元書房の代表取締役國元孝臣氏には，著者がはじめての出版ということもあり，原稿作成から表紙のイメージ作成，出版助成の申請にいたるまで，懇切丁寧にご指導を頂いた。心から御礼申し上げたい。

2019 年 1 月吉日
野坂　和夫

目　　次

第1章　は じ め に……………………………………………… 1

第1節　本論文の研究動機，研究意義および研究目的……………… 1
第2節　本 書 の 構 成………………………………………………… 3

第2章　退職給付会計基準
―会計方針の裁量的選択行動を認めた基準― ……………… 7

第1節　会計基準の概要，および会計方針の裁量的選択行動の余地……… 7
第2節　基礎率の選択（計算）に関する裁量的選択行動………………10

　第1項　昇給率　10
　第2項　退職率　13
　第3項　死亡率　16
　第4項　一時金選択率　17
　第5項　割引率　18
　第6項　期待運用収益率　19
　第7項　研究対象とすべき裁量的基礎率　20

第3節　償却年数の選択に関する裁量的選択行動…………………………20

　第1項　会計基準変更時差異の償却年数　20
　第2項　数理計算上の差異の償却年数　21
　第3項　過去勤務債務の償却年数　22
　第4項　研究対象とすべき裁量的償却年数　23

第3章　退職給付債務等の測定モデルによる裁量的基礎率
および可視的基礎率の示唆 …………………………………25

第1節　PBO 等の測定モデル …………………………………………25
第2節　経営者による裁量的選択行動が可能な基礎率，および
　　　　企業外部から可視的な基礎率…………………………………30

第4章　公認会計士による退職給付会計監査
―会計監査における可視的基礎率― ……………………………33

第1節　会計監査が裁量的選択行動に与える影響………………………33

第2節　退職給付会計監査の現行実務および本質………………………35

　　第1項　退職給付会計監査の現行実務の報告

　　　　　　―アクチュアリー・レポートの調査・分析結果―　35

　　第2項　退職給付会計監査の本質　36

第3節　公認会計士監査におけるアクチュアリーの「客観性」＝「独立性」…39

　　第1項　公認会計士監査に必要な公認会計士の「独立性」　39

　　第2項　公認会計士監査に必要なアクチュアリーの「独立性」　40

第4節　アクチュアリーの独立性に対する実務上の問題点および

　　　　解決策の提唱………………………………………………………42

第5節　可視的な基礎率かつ注目度の高い基礎率………………………44

第5章　割引率の会計方針選択行動
―裁量的選択行動，横並び選択行動および水準適正化選択行動―…49

第1節　割引率選択行動に対する問題意識………………………………49

第2節　割引率―重要で裁量の介入の余地が大きい基礎率―…………50

第3節　先行研究のレビュー………………………………………………51

第4節　裁量的選択行動……………………………………………………54

　　第1項　規範的な割引率選択行動　54

　　第2項　割引率選択行動における裁量の介入　56

　　第3項　適用初年度における割引率選択行動

　　　　　　―実務事例の紹介および経験的考察―　57

第5節　割引率の推移………………………………………………………58

第6節　割引率を大幅に引き上げた特異選択行動企業1社のケース分析…62

第7節　横並び選択行動……………………………………………………63

第8節　水準適正化選択行動………………………………………………65

第9節　割引率の会計方針選択に関する実証分析………………………66

　　第1項　仮説の設定およびリサーチ・デザイン　66

　　第2項　水準適正化選択行動の検定　67

　　第3項　横並び選択行動の検定　68

　　第4項　適用初年度の特殊性―より強い横並び選択行動―　69

目　　次　v

第 10 節　先行研究との整合性を考慮した横並び選択行動および
　　　　　水準適正化選択行動の検証 ………………………………………70

第 11 節　報告利益の管理行動の視点からの実証分析 …………………76

　第 1 項　仮説の設定　76

　第 2 項　実証分析　77

第 12 節　報告利益の管理行動を考慮した横並び選択行動および
　　　　　水準適正化選択行動の検証 …………………………………………78

第 13 節　結　　　　論 ……………………………………………………81

第 6 章　期待運用収益率の会計方針選択行動
―裁量的選択行動，横並び選択行動および水準適正化選択行動―…83

第 1 節　期待運用収益率選択行動に対する問題意識………………………83

第 2 節　期待運用収益率―重要で裁量の介入の余地が大きい基礎率―……84

第 3 節　先行研究のレビュー ………………………………………………85

第 4 節　裁量的選択行動………………………………………………………88

　第 1 項　期待運用収益率選択行動における裁量の介入の余地　88

　第 2 項　期待運用収益率選択行動―実務事例の紹介および経験的考察―　89

　第 3 項　規範的な期待運用収益率選択行動　89

　第 4 項　実際の期待運用収益率選択行動　91

　第 5 項　期待運用収益と実際運用収益の代替値の相関関係　92

第 5 節　期待運用収益率の推移………………………………………………94

第 6 節　横並び選択行動………………………………………………… 101

第 7 節　水準適正化選択行動………………………………………………… 102

第 8 節　期待運用収益率の会計方針選択に関する実証分析……………… 103

　第 1 項　仮説の設定およびリサーチ・デザイン　103

　第 2 項　サンプル企業の特定　103

　第 3 項　横並び選択行動の検定　105

　第 4 項　水準適正化選択行動の検定　105

第 9 節　先行研究との整合性………………………………………………… 106

第 10 節　先行研究との整合性を考慮した横並び選択行動および
　　　　　水準適正化選択行動の検証 ……………………………………… 111

第11節　報告利益の管理行動の視点からの実証分析 ……………………… 115

　　第1項　仮説の設定　115

　　第2項　実証分析　116

第12節　報告利益の管理行動を考慮した横並び選択行動および

　　　　　水準適正化選択行動の検証 …………………………………………… 117

第13節　期待運用収益率選択行動と割引率選択行動の関係 …………… 120

第14節　結　　　論 …………………………………………………………………… 122

第7章　会計基準変更時差異の償却に関する会計方針選択行動
　　　　―裁量的選択行動，横並び選択行動および水準適正化選択行動― … 123

第1節　会計基準変更時差異の償却に関する会計方針選択行動に対する

　　　　問題意識……………………………………………………………………… 123

第2節　先行研究のレビュー……………………………………………………… 124

第3節　分析対象とするサンプル企業の特定………………………………… 129

第4節　退職給付信託……………………………………………………………… 130

　　第1項　仮説の設定　131

　　第2項　リサーチ・デザイン　132

　　第3項　仮説の検定　133

第5節　サンプル企業の会計基準変更時差異の償却年数の選択実態…… 139

　　第1項　会計基準変更時差異償却額による利益の減少率もしくは

　　　　　　損失の拡大率　140

　　第2項　会計基準変更時差異償却額による黒字から赤字転落企業　142

第6節　横並び選択行動…………………………………………………………… 143

第7節　水準適正化選択行動（会計理論の遵守行動）……………………… 145

第8節　先行研究との整合性を考慮した償却年数選択のインセンティブ

　　　　傾向の検証………………………………………………………………… 146

第9節　報告利益の管理行動の視点からの実証分析………………………… 149

　　第1項　仮説の設定および実証分析―サンプル企業全社を対象―　150

　　第2項　仮説の設定および実証分析―5年超の償却年数を選択した

　　　　　　企業を対象―　152

　　第3項　仮説の設定および実証分析―5年以内の償却年数を選択した

目　次　vii

　　　　　　企業を対象―　153

　第10節　キリの良くない償却年数を選択した企業に関する

　　　　　報告利益の管理行動 ……………………………………………… 154

　　第1項　仮説の設定および実証分析

　　　　　　―6～9, 11～14年の償却年数を選択した企業を対象―　155

　　第2項　仮説の設定および実証分析

　　　　　　―2～4年の償却年数を選択した企業を対象―　156

　第11節　5年以内償却年数選択企業における利益平準化およびビック・バス … 158

　　第1項　利益平準化仮説およびビック・バス仮説　158

　　第2項　リサーチ・デザイン　159

　　第3項　利益平準化仮説の検定　161

　　第4項　ビック・バス仮説の検定　162

　第12節　償却年数選択に関する貸借対照表アプローチ ………………… 163

　　第1項　仮説の設定　163

　　第2項　実証分析―サンプル企業全社を対象―　164

　　第3項　実証分析―5年超の償却年数を選択した企業を対象―　165

　　第4項　実証分析―5年以内の償却年数を選択した企業を対象―　165

　第13節　キリの良くない償却年数を選択した企業に関する貸借対照表

　　　　　アプローチ ………………………………………………………… 166

　　第1項　実証分析―キリの良くない償却年数を選択した企業全社を対象―　167

　　第2項　実証分析―6～9, 11～14年の償却年数を選択した企業を対象―　168

　　第3項　実証分析―2～4年の償却年数を選択した企業を対象―　169

　第14節　結　　　論 ………………………………………………………… 171

第8章　数理計算上の差異の償却に関する会計方針選択行動
―裁量的選択行動，横並び選択行動および水準適正化選択行動― … 173

　第1節　数理計算上の差異の償却に関する会計方針選択行動に対する

　　　　　問題意識……………………………………………………………… 173

　第2節　先行研究のレビュー………………………………………………… 174

　第3節　分析対象とするサンプル企業の特定……………………………… 175

　第4節　サンプル企業の数理計算上の差異の償却年数の選択実態……… 176

第5節　横並び選択行動……………………………………………………… 178

第6節　水準適正化選択行動（会計理論の遵守行動）………………… 180

第7節　先行研究との整合性を考慮した償却年数選択のインセンティブ

傾向の検証……………………………………………………………… 182

第8節　報告利益の管理行動の視点からの実証分析………………… 184

第1項　仮説の設定　185

第2項　実証分析　186

第9節　キリの良くない償却年数を選択した企業に関する報告利益の管理行動 … 187

第10節　5年以内償却年数選択企業における利益平準化およびビック・バス … 188

第1項　利益平準化仮説およびビック・バス仮説　188

第2項　リサーチ・デザイン　189

第3項　利益平準化仮説の検定　191

第4項　ビック・バス仮説の検定　192

第11節　償却年数選択に関する貸借対照表アプローチ ………………… 194

第12節　キリの良くない償却年数を選択した企業に関する貸借対照表

アプローチ ……………………………………………………………… 195

第13節　償却年数の変更 ……………………………………………………… 196

第14節　会計基準変更時差異の償却年数との関係 ……………………… 199

第15節　結　　論 ……………………………………………………………… 200

第9章　過去勤務債務の償却に関する会計方針選択行動
―退職給付制度の改定と償却年数の選択― ……………… 203

第1節　過去勤務債務の償却に関する会計方針選択行動に対する問題意識 … 203

第2節　先行研究のレビュー………………………………………………… 204

第3節　退職給付制度の改定………………………………………………… 205

第1項　分析対象とするサンプル企業の特定　205

第2項　仮説の設定　206

第3項　リサーチ・デザイン　207

第4項　仮説の検定　208

第4節　過去勤務債務の償却年数………………………………………… 216

第1項　分析対象とするサンプル企業の特定　216

第2項　過去勤務債務の償却年数の選択実態　217

第5節　先行研究との整合性を考慮した償却年数選択のインセンティブ
　　　　傾向の検証………………………………………………………… 221

第6節　報告利益の管理行動の視点からの実証分析…………………… 226

第1項　仮説の設定　226

第2項　実証分析　227

第7節　償却年数選択に関する貸借対照表アプローチ………………… 228

第8節　結　　　論………………………………………………………… 230

第10章　退職給付会計基準の導入が企業財務および経営者行動に
与えた影響
─給付減額を目的とした退職給付制度改定─ ……………… 233

第1節　退職給付会計基準の導入が企業財務および経営者行動に与えた
　　　　影響に対する問題意識…………………………………………… 233

第2節　先行研究のレビュー……………………………………………… 234

第3節　退職給付会計基準が企業財務に与えた影響…………………… 238

第1項　適用初年度における影響　239

第2項　適用2年目から適用4年目における影響　242

第4節　退職給付会計基準導入前の経営者行動─多額の積立不足対する
　　　　消極的姿勢─……………………………………………………… 245

第5節　多額の積立不足に対応すべき経営者行動─分析対象の特定─… 246

第6節　タイムシリーズ・データの解析
　　　　─退職給付会計基準導入前後における経営者行動の変化の分析─… 247

第1項　モデル定年退職金の推移（給付水準の減額）　249

第2項　企業年金制度の改定─確定拠出年金制度への移行，キャッシュ・バラ
　　　　ンス・プランの導入および代行返上─　250

第7節　クロスセクション・データの解析
　　　　─退職給付会計基準適用・非適用別における経営者行動の
　　　　相違の分析─……………………………………………………… 253

第1項　確定拠出年金制度の導入　254

第2項　予定利率の引下げ（給付利率の引下げの意味での回答も含まれる）

255

第3項　代行返上　256

第8節　結　　　論……………………………………………257

第11章　近年における会計方針選択行動 ……………259

第1節　会計方針選択行動の変容に対する問題意識……………259

第2節　先行研究のレビュー……………………………………260

第3節　割引率の選択水準の推移および選択行動………………261

第4節　割引率の見直しと PBO10% 重要性基準 ………………265

第5節　期待運用収益率の選択水準の推移および選択行動………266

第6節　会計基準の改正が会計方針選択行動に与える影響………270

第1項　未認識数理計算上の差異および未認識過去勤務費用の処理方法の変更
　　　　─割引率の選択行動に与える影響─　270

第2項　PBO10% 重要性基準が廃止された場合の影響　272

第3項　長期期待運用収益率の選択行動に与える影響　273

第7節　結　　　論……………………………………………273

第12章　近年における経営者行動
─退職給付会計基準の改正の影響による確定給付企業年金制度の改定および廃止─ ……………275

第1節　経営者行動の変容に対する問題意識……………………275

第2節　改正退職給付会計基準の概要
　　　　─未認識退職給付債務のオンバランス，および，その公表時期─ … 276

第3節　分析対象とするサンプル企業の特定………………………278

第4節　退職給付制度の採用状況の推移と確定給付企業年金制度の改定および廃止の状況の推移………………………279

第5節　タイムシリーズ・データの実証分析………………………281

第1項　仮説の設定およびリサーチ・デザイン　281

第2項　仮説の検定　281

第6節　クロスセクション・データの実証分析……………………282

第1項　仮説の設定およびリサーチ・デザイン　282

目　　次　xi

　　第2項　仮説の検定　283
　第7節　結　　　　論……………………………………………………　286

第13章　おわりに……………………………………………………　289

　第1節　本研究の要約…………………………………………………　289
　第2節　本研究のインプリケーションおよび発展…………………　294

補論　PBO等の測定モデル構築のケース分析 ………………　297

　第1節　退職一時金制度および確定給付企業年金制度を採用している場合 …　297
　　第1項　退職一時金制度「退職金規程」　297
　　第2項　確定給付企業年金制度「退職年金規程」　306
　　第3項　退職一時金制度（基本退職金）および確定給付企業年金制度の
　　　　　　PBO等の測定モデルの構築　320
　　第4項　退職一時金制度（職能加算金）のPBO等の測定モデルの構築　329
　第2節　ポイント制を採用している場合………………………………　335
　　第1項　ポイント制「退職金規程」　336
　　第2項　ポイント制のPBO等の測定モデルの構築　342

［参考文献］　349

第1章

は　じ　め　に

第1節　本研究の研究動機，研究意義および研究目的

　退職給付会計基準の導入により，退職給付債務および退職給付費用が企業の財政状態と経営成績に非常に大きな影響を与えることが認識され，ひいては，企業経営において退職給付制度の管理が非常に重要な課題であることが再認識されるに至っている。このように，退職給付会計は，企業の開示する投資情報にとっても，企業の財務管理および人事・労務管理にとっても，重要な意義をもたらしている。

　退職給付会計は，退職給付債務等の測定において将来予測が必要であるため，経営者は，将来予測のための基礎率（パラメーター）を選択する必要がある。また，将来予測と現実は完全には一致しないことから，過年度修正損益の性質を有する項目が発生するため，経営者は，当該項目を遅延認識するための償却年数を選択する必要がある。このような基礎率および償却年数の選択は，経営者による裁量の介入する余地が非常に大きいのである。本研究の問題意識として，基礎率および償却年数の選択には，会計基準によって定められた，適正もしくは適正水準（に近似している）と認められるべき，会計方針が存在すると考えている。本研究は，経営者が不正な会計処理を行う粉飾決算行為ではなく，経営者の恣意性によって会計数値が左右される会計方針の選択行動を研究対象とする。

　また，退職給付会計基準の導入を契機として，経営者は，企業外部に顕在化した退職給付債務および退職給付費用を減額もしくは消滅させるために，給付

減額を目的とした退職給付制度の改定を行ったのである。このような制度改定は，会計方針選択行動と同様に，会計数値の操作を目的とする経営者行動と考えられる。本研究の問題意識として，退職給付会計は，従業員の退職給付金受領額の減少という，実体経済にも影響を与えたと考えている。日本企業は，ときには株主の利益を犠牲にしてまでも，従業員を大切にするという「日本的経営」を行ってきたといわれている。経営者は，退職給付会計基準の導入以前も，退職給付制度に多額の積立不足が生じていたことを知っていたにも関わらず，退職給付制度の給付水準を下げなかったことは，いわば，「日本的経営」の象徴の1つであると考えられる。本研究は，退職給付会計基準の導入前後，および，退職給付会計基準の改正前後における，経営者による退職給付制度の改定行動を研究対象とする。

　これらの研究動機と研究意義から，本研究は，以下の3つを明らかにすることを研究目的とする。

　第1の研究目的は，経営者による会計方針選択行動の実態を考察することにより，企業内容のディスクロージャーが適正化へと導かれるメカニズムを実証的に明らかにすることである。経営者が裁量的に会計方針を選択できるとしても，どのようにして適正な水準で会計方針が選択されるのか，その原因と結果の因果関係を考察する。この研究目的は，第2章から第9章，および第11章において直接的に論じている。

　第2の研究目的は，経営者による退職給付制度の改定を考察することにより，退職給付会計基準の導入および改定が，経営者行動に与えたメカニズムを実証的に明らかにすることである。経営者が会計数値の操作を目的として制度改定を行う場合には，どのような企業で，また，どのようなタイミングで制度改定が行われるのか，その原因と結果の因果関係を考察する。この研究目的は，第10章および第12章において直接的に論じている。

　第3の研究目的は，経営者の会計方針選択行動を反映した退職給付会計のディスクロージャーの実態や，報告利益の管理行動を示唆する退職給付制度改定の経営者行動の研究結果をもって，企業会計全体のディスクロージャーの適正化に対して，インプリケーションを示すことである。この研究目的は，第13章において直接的に論じている。

第2節　本書の構成

　以上のような研究目的を遂行するために，以下の構成によって考察を行うこととする。

　第2章では，退職給付会計基準のレビューを行ったうえで，退職給付会計の会計方針の選択に対する，経営者による裁量の介入の余地を考察する。そして，いくつか存在する会計方針の中から，経営者の裁量が事実上介入するものを抽出し，研究対象とする。

　第3章では，複雑かつ難解である退職給付債務等の測定モデルを示すことによって，経営者の裁量が事実上介入する基礎率を示し，第2章の結論を担保することを目的とする。また，企業外部の第三者として会計方針を監査する公認会計士，および会計方針を分析・評価する証券アナリスト等にとって，可視的な基礎率を導出することを目的とする。なぜならば，ディスクロージャーの適正化を目的とした本研究の考察の過程において，経営者の会計方針選択行動に対する外部監視効果を考慮することが，非常に重要であると考えているからである。なお，補論では，実際の退職金規程等を用いて，年金数理計算によって測定される，退職給付債務等の測定モデルの詳細な導出過程のケース分析を行う。

　第4章では，退職給付会計監査の現行実務の実態調査を通じて，会計監査上可視的な基礎率を示す。そして，この結果から，経営者の会計方針選択行動に対する外部監視効果を考慮することが非常に重要である，という結論を示すことによって，第3章の結論を担保することを目的とする。

　第5章では，第4章までの結論に基づき本研究の研究対象とした割引率について，日本企業による会計方針選択行動を実証的にデータ解析し，その特徴を明らかにすることを目的とする。具体的には，割引率の選択についての会計基準の考察を行ったうえで，日本企業の割引率選択に関する事例を紹介し，いかに割引率の選択に裁量が介入しているのかを導き出す（裁量的選択行動）。そして，日本企業の割引率選択行動に関する時系列データを概観した結果を踏まえて，時の経過とともに割引率選択の裁量の余地が次第に小さくなっていく，および割引率が一定の適正水準に近似していくという仮説（横並び選択行動お

および水準適正化選択行動）をたて，実証的にデータ解析を行う。

第6章では，第4章までの結論に基づき本研究の研究対象とした期待運用収益率について，日本企業による会計方針選択行動を実証的にデータ解析し，その特徴を明らかにすることを目的とする。具体的には，期待運用収益率の選択についての会計基準の考察を行ったうえで，日本企業の期待運用収益率選択に関する事例を紹介し，いかに期待運用収益率の選択に裁量が介入しているのかを導き出す（裁量的選択行動）。そして，日本企業の期待運用収益率選択行動に関する時系列データを概観した結果を踏まえて，時の経過とともに期待運用収益率選択の裁量の余地が次第に小さくなっていく，および期待運用収益率が一定の適正水準に近似していくという仮説（横並び選択行動および水準適正化選択行動）をたて，実証的にデータ解析を行う。

第7章では，第2章の結論に基づき本研究の研究対象とした会計基準変更時差異の償却年数について，日本企業による会計方針選択行動を実証的にデータ解析し，その特徴を明らかにすることを目的とする。具体的には，会計基準変更時差異の償却年数に関する会計基準の考察を行ったうえで，いかに会計基準変更時差異の償却年数の選択に裁量が介入しているのかを導き出す（裁量的選択行動）。さらに，償却年数の選択により，報告利益の細区分の管理が可能となることを示す。以上から，会計基準変更時差異の償却に関する会計方針選択行動を裁量的選択行動として位置付け，報告利益の管理行動等の視点から分析する。そして，その分析結果を踏まえて，報告利益の管理行動等では説明できない部分は，横並び選択行動および水準適正化選択行動（会計理論の遵守行動）の可能性があるのではないかという視点から考察を行う。

第8章では，第2章の結論に基づき本研究の研究対象とした数理計算上の差異の償却年数について，日本企業による会計方針選択行動を実証的にデータ解析し，その特徴を明らかにすることを目的とする。具体的には，数理計算上の差異の償却年数に関する会計基準の考察を行ったうえで，いかに数理計算上の差異の償却年数の選択に裁量が介入しているのかを導き出す（裁量的選択行動）。以上から，数理計算上の差異の償却に関する会計方針選択行動を裁量的選択行動として位置付け，報告利益の管理行動等の視点から分析する。そして，その分析結果を踏まえて，報告利益の管理行動等では説明できない部分は，横

並び選択行動および水準適正化選択行動（会計理論の遵守行動）の可能性があるのではないかという視点から，考察を行う。

第9章では，第2章の結論に基づき本研究の研究対象とした過去勤務債務の償却年数について，日本企業による会計方針選択行動を実証的にデータ解析し，その特徴を明らかにすることを目的とする。また，退職給付債務等の減額を目的として，退職給付制度の給付減額を行うという経営者行動を実証的にデータ解析し，その特徴を明らかにすることを目的とする。具体的には，過去勤務債務の償却年数に関する会計基準の考察を行ったうえで，いかに過去勤務債務の償却年数の選択に裁量が介入しているのかを導き出す（裁量的選択行動）。以上から，過去勤務債務の償却に関する会計方針選択行動を裁量的選択行動として位置付け，報告利益の管理行動等の視点から分析する。そして，その分析結果を踏まえて，報告利益の管理行動等では説明できない部分は，会計数値を操作する目的で行われる，退職給付制度の改定の研究が重要であることを示唆する。

第10章では，第9章の結論を受けて，退職給付債務を減額もしくは消滅させるという，給付減額を目的として退職給付制度を改定する経営者行動を実証的にデータ解析し，その特徴を明らかにすることを目的とする。具体的には，退職給付会計基準の導入が，制度改定という経営者行動に影響を与えたか否かについて，実証的にデータ解析を行う。

第11章では，第5章および第6章の分析期間後における，日本企業による退職給付会計の割引率および期待運用収益率選択行動の考察を行う。横並び選択行動および水準適正化選択行動の結果，割引率および期待運用収益率の選択水準は，既に低位に落ち着いており，それに加えて，それらの選択基準となる国債応募者利回りなど，および企業年金基金の運用利回りが低水準で推移していた。また，退職給付会計基準が改正されたこともあり，このような時勢の中で，割引率および期待運用収益率の選択行動を実証的にデータ解析し，その特徴を明らかにすることを目的とする。

第12章では，退職給付会計基準の改正が経営者行動に与えた影響の考察を行う。この改正により，これまで注記情報で開示されている内容であった，多額の未認識退職給付債務がオンバランス化してしまうことになった。このよう

な改正を契機として，経営者が確定給付企業年金制度の改定および廃止を推し進めるのであれば，注記情報で開示する内容と，オンバランス化される内容を同等とみなしているのではなく，オンバランス情報をより重要視していると考えることができる。このように，退職給付会計基準の改正によって，経営者行動が影響を受けたか否かについて，実証的にデータ解析を行う。

　最後に，第13章では，本研究の第12章までの研究結果を総括することをもって，本研究の全体の結論を述べる。第1に，企業によるディスクロージャーの適正化のために，経営者の会計方針選択行動実務に対するインプリケーションを示すことを目的とする。第2に，会計基準導入の影響を受けた経営者行動に関する研究結果を受けて，ディスクロージャー制度実務に対するインプリケーションを示すことを目的とする。

第 2 章

退職給付会計基準
―会計方針の裁量的選択行動を認めた基準―

第 1 節　会計基準の概要，および会計方針の裁量的選択行動の余地

　日本で最初の退職給付会計基準である企業会計審議会（1998）が公表される以前は，退職給付に関する包括的な会計基準は存在していなかった。それまでの状況は，退職給与引当金に関する会計実務処理（内部積立制度による退職一時金制度の場合）と，企業年金制度に関する会計実務処理（外部積立制度による確定給付企業年金制度の場合）がそれぞれ別個に存在していた状況であった。

　企業が退職一時金制度を採用している場合は，引当金計上の要件に該当するとして，退職給与引当金を計上するという会計処理が広く行われていた。ただし，退職一時金は，従業員の退職という将来事象が発生したときに支給されることから，退職給与引当金の測定に関する問題が存在していた。しかし，ほとんどの企業は，期末日に従業員が自己都合退職した場合の支給額である，期末自己都合退職要支給額を基準として，退職給与引当金を計上していた。この場合，退職給与引当金として，期末自己都合退職要支給額の満額を積み立てるべきと考えられるが，当該金額の 40％しか積み立てていない企業も多く存在した。このような実務処理は，昭和 55 年（1980 年）度税制改正以降，法人税法が当該金額の 40％しか損金算入を認めていないことに起因しており，いわゆる，税法基準が会計処理に影響を与えるという「逆基準性」の問題点が存在していた。なお，昭和 55 年（1980 年）税制改正までは，法人税法が当該金額の 50％の損金算入を認めていたため，企業の多くはその 50％を積み立てていた。

8

【図表 2-1】退職給付会計基準導入直前期の期末自己都合退職要支給額積立状況　（単位：社）

積立割合	30%	40%	45%	50%	52%	55%	56%	60%	70%	100%
選択企業数	1	772	1	30	1	1	1	2	3	539
選択変更企業数	0	45	0	2	1	1	0	0	1	208

（出典：辻 2007b，辻 2015: 119）

　図表 2-1 により，退職給付会計基準の導入直前期には，期末自己都合退職要支給額の 40％しか積み立てていない企業が最も多いことが示されている。また，退職給付会計基準の導入直前期に満額（100％）積み立てるように会計方針を変更した企業が 208 社もあるということは，その導入直前々期には，さらにより多くの企業が 40％しか積み立てていないことが示されている。図表 2-1 に示されている会計方針の変更の動向は，退職給付会計基準導入に備えた経営者行動があったことを示唆している。

　企業が企業年金制度を採用している場合は，企業年金基金に支払われた掛金を，営業費用の人件費としてではなく，営業外費用に計上するという会計処理が一般的であった。つまり，企業は，従業員に対する年金保険の掛金を支払っているという視点から，実質は人件費であるが，保険料の支払いという形式を重視した会計処理を行っていたのである。さらに，採用している企業年金制度が確定給付企業年金である限り，企業年金制度に発生する積立不足は企業の実質的な負担となり，当該負債がオフバランスになるという問題点が指摘されていた。

　また，企業がいずれの制度を採用していたとしても，実質的には同様の「確定給付型の退職給付」制度であり，同様の会計処理が適用されるべきと考えられていたため，両者を同質的に扱う包括的な会計基準の設定が必要と考えられていた。また，このような会計基準が世界の主要国で採用されている会計基準であり，会計基準の国際的調和（harmonization）[1] の視点からも，新たな退職給付会計基準の導入が望まれていた。

　以上から，これらの問題点を克服する内容をもって，日本に退職給付会計が導入されたのである。退職給付会計基準は，前述した企業会計審議会（1998）の公表に始まり，現在までに多くの基準が公表され，改正されている。そして，それらの内容の中核は，企業が退職給付制度に対して実質的に負担している金

額で測定された退職給付引当金[2] の認識，および退職給付費用の合理的な期間配分である。なお，退職給付引当金の測定と退職給付費用の期間配分の具体的な方法のケース分析に関しては，第3章および補論において詳細に分析している。

また，以上のような経緯により公表された現行の退職給付会計基準には，その大きな特徴として，経営者が選択しなければならない様々な会計方針が定められている。経営者により選択の必要な会計方針として，基礎率と償却年数の2つを挙げることができる。

まず，退職給付債務等は，退職給付金額の将来予測を行ったうえで，会計上発生している金額を現在価値に割り引くことによって測定される。このように，将来予測を伴うため，会計基準の枠組みでその全てを決めるのではなく，企業のおかれている状況等を経営者に把握させたうえで，経営者の判断を介入させることが必要なのである。それは，財務諸表の諸数値が，経営者の主張であることからも担保される。つまり，退職給付債務等の予測計算に使用するために，経営者は一定の仮定のもとで，基礎率（パラメーター）を計算もしくは選択しなければならなく，つまり，経営者が会計方針を選択する必要がある。

次に，退職給付会計においては，様々な原因によって過年度修正損益として処理すべき項目が発生する。また，発生原因によっては，むしろ遅延認識すべき項目も発生する。特に，過年度修正損益の性質を有する項目は一括認識すべきと考えられるが，一度に多額の損益を認識してしまうと，投資家を誤った投資意思決定に導いてしまいかねないので，利益を平準化[3] させるために遅延認識が認められている。会計方針としての償却年数は，一定の条件があるにしろ，経営者が自由裁量のもとで選択することができる。

本章では，このような基礎率および償却年数を対象として，退職給付会計基準のレビューを行い，会計方針選択に対する，経営者の裁量の介入の余地を考察する。そのうえで，経営者の裁量の介入の余地の大きい，かつ，重要な会計方針として，本研究が研究対象とすべき会計方針を絞り込むことを目的とする。

さらに，退職給付債務および退職給付費用を減額するという目的から，退職給付制度を改定するという経営者行動が観察される。このような経営者行動は，正確には会計方針の選択行動ではないが，経営者による裁量が介入した，いわ

10

ば，報告利益の管理行動であるため，本研究が研究対象とすべき経営者行動であることを導き出す。

第2節　基礎率の選択（計算）に関する裁量的選択行動

　前述したように，退職給付債務および退職給付費用を測定するためには，将来事象について一定の仮定をおかなければならない。この一定の仮定は，基礎率（数理計算上の仮定）と呼ばれ，退職給付債務および退職給付費用を合理的に測定するためには，あらかじめ計算もしくは選択しておかなければならない。このような基礎率には，一般的に，昇給率，退職率，死亡率，および割引率が必要となる。さらに，確定給付企業年金制度を採用している企業は，これらに加えて，一時金選択率（＝1－年金選択率）および期待運用収益率が必要となる。

　本節では，各基礎率の計算および選択方法を述べることによって，その経営者による裁量的選択行動の可能性を考察する。なお，本節で示している基礎率の計算および選択方法は，実務上，最も一般的な方法である。

第1項　昇給率

　退職給付金は，一般的に，従業員の退職時の月額給与等を基準として計算される。通常，退職給付金の算定基礎額は基本給と呼ばれ，具体的には，「退職時の基本給×退職時の支給率」という計算式によって，退職給付金が計算される。このため，退職給付金を推定計算するためには，将来の基本給の昇給を考慮する必要があり，基礎率として昇給率が必要なのである。

　日本公認会計士協会（2005a）には，昇給率は，「個別企業における給与規程，平均給与の実態分布及び過去の昇給実績等に基づいて確実に見込まれるものを合理的に推定して，算定する。過去の昇給実績は，過去の実績に含まれる異常値（急激な業績拡大に伴う大幅な給与加算額，急激なインフレによる給与テーブルの改訂等に基づく値）を除き，確実かつ合理的な要因のみを用いる必要がある」という旨が規定されている。また，日本アクチュアリー会・日本年金数理人会（2008）[4]には，「昇給率の見込みについては，企業年金の数理実務として年齢別に算定する方法（静態的な見込み）が一般的に用いられており，こ

れに準じて算定することは妥当だと考えられる」という旨が規定されている。

このように昇給率の計算方法は会計基準に規定されているが，昇給率の計算に対する裁量の介入の余地を考察する前提として，その具体的計算方法を示す。

昇給率を求めるには，まず昇給指数を求め，それから昇給率を求めることになる。

(1) 昇給指数

昇給指数とは，昇給率の計算の基礎となる従業員の各年齢に対する基本給の基準値（標準値）である。この昇給指数は，従業員の満年齢を基準として，基本給に最小二乗法を適用することによって求めるのが一般的である。

まず，計算基準日現在の従業員データ（基本給および生年月日）が必要となるが，当該従業員データを基礎として，年齢・勤続年数別の人員・給与統計表を作成する。これは，図表2-2に示す昇給指数の計算から排除すべき異常値を示すために作成され，たとえば，高齢での中途入社の従業員の基本給および昇給傾向は，通常の従業員の給与体系と相違することがあり，当該データを統計上の異常値と判断することになる。つまり，会社の実情を適正に示す昇給指数を求めるため，一定範囲の若年層で入社した従業員のデータのみを用いるべきなのである。

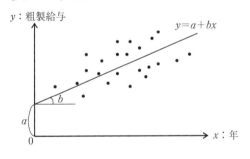

【図表2-2】昇給指数の計算

次に，一定範囲の若年層で入社した従業員のデータのみを用いて，各年齢ごとに，従業員の基本給の算術平均を求める。この基本給の平均値を粗製給与というが，最終的な昇給指数を求めるにあたって，この粗製給与に満年齢を基準として最小二乗法（線形が一般的）を適用する。そして，最小二乗法を適用した結果得られた年齢別補整給与が，昇給指数である。

なお，基本給のベースアップを考慮しない昇給指数を静態的昇給指数というが，この静態的昇給指数にベースアップを加味したものを動態的昇給指数という。日本公認会計士協会（2005a）および日本アクチュアリー会・日本年金数

理人会（2008）には，ベースアップは確実かつ合理的に推定できる場合に限り，昇給指数の計算に加味することができると規定されている。また，粗製給与をプロットした結果，会社の昇給カーブが線形ではなく，非線形の昇給傾向と考えられる場合には，非線形の最小二乗法により昇給指数を求めるのがより合理的である。

(2) 昇給率

年齢 x 歳での昇給指数を S_x と定義すると，年齢 x 歳の年齢 $(x + 1)$ 歳に対する昇給率は，$\dfrac{S_{x+1}}{S_x}$ と求められる。なお，ここで示した昇給率は，正確には昇給倍率（＝1＋昇給率）というべきものである。

ここで，近年，従業員の職能や資格などに基づく「ポイント」を基準として，退職給付金が計算される退職給付規程が増えている。これは，従業員の年齢や勤続年数だけではなく，企業への貢献度を加味して退職給付金を決定することが趣旨であり，成果主義型の退職給付制度である。この場合は，基本給をポイントと読み替えたうえで，昇給率ならぬ「昇ポイント率」を求めることになる。なお，昇ポイント率に関しては，補論第2節において，ケース分析を行っている。

以上を踏まえて，昇給率の計算に対する裁量の介入の余地を考えると，統計上の偶発性を排除するために異常データか否かを判断する裁量の介入の余地が存在する。また，最小二乗法を採用したとしても，線形で計算するか，もしくは，非線形で計算するかという，計算方法自体の選択にも裁量の介入の余地が存在する。

しかし，過去実績に基づいた静態的昇給率を原則とするため，経営者の裁量の介入の余地が小さいと考えられる。また，第3章で詳しく考察するが，退職給付債務等の測定は，複雑かつ多量な推定計算が必要であるため，経営者は，企業外部の計算受託機関，つまり，アクチュアリー[5] に計算を委託している[6]。そして，その計算過程で昇給率も計算されるため，退職給付会計実務の現状は，昇給率の計算を経営者自身が直接行っていないのである。このため，昇給率は経営者の裁量の介入の余地が存在するにも関わらず，事実上，裁量が介入しない基礎率である。

第2項　退職率

　退職給付金は，従業員の退職という事象が発生したときに支給されることになる。このため，退職給付金を推定計算するためには，将来の従業員の退職を考慮する必要があり，基礎率として退職率が必要なのである。一般的に，退職事由（自己都合退職および会社都合退職など）により退職給付金額が異なるため，退職事由別に退職率を計算しなければならない。しかし，懲戒解雇などの会社都合退職は実務上，稀な退職事由であるため，退職事由のほとんどを占める自己都合退職率だけを計算して，退職給付債務等の測定に適用するのが一般的である。すなわち，定年退職および死亡退職以外には，自己都合退職しか発生しないという仮定のもとで，退職給付債務等が測定されるのが一般的である[7]。

　日本公認会計士協会（2005a）には，退職率は，「異常値（リストラに伴う大量解雇，退職加算金を上乗せした退職の勧誘による大量退職等に基づく値）を除いた過去の実績に基づき，合理的に算定しなければならない」という旨が規定されている。また，日本アクチュアリー会・日本年金数理人会（2008）には，「退職率については，企業年金の数理実務において一般に使用されている方法に準じて算定することは妥当と考えられる。この場合，実績データを基礎に算定する」という旨が規定されている。

　このように退職率は会計基準に規定されているが，退職率の計算に対する裁量の介入の余地を考察する前提として，その具体的計算方法を示す。

(1) 従業者の年齢別集計表及び退職者の年齢別・退職事由別集計表の作成

　まず，計算基準日現在の従業員データ（生年月日および入社年月日），および，計算基準日から起算して過去複数年の自己都合退職者データ（生年月日，入社年月日および退職年月日）が必要となる。ただし，退職者データに関して，死亡退職者および定年退職者は，退職率計算上の分母には考慮するけれども分子には考慮しない。なぜならば，死亡退職は，死亡率（後述）を適用するからであり，定年退職は，退職率および死亡率による計算の結果，退職せずに定年年齢に到達する確率を適用するからである。また，大規模なリストラ等があった場合，当該退職者データは，会社の実情を示さない異常データと認めることが

14

できる。これらの退職者を退職率計算上の分母には考慮するけれども分子には考慮しないことによって，統計上の異常値を排除した退職率を計算する必要がある。

　実務上は過去3年間の退職者データを計算の対象とする場合がほとんどであるため，本章でも過去3年間の従業員データを計算の対象とする。

　図表2-3のように，①従業者の年齢別集計表および②退職者の年齢別・退職事由別集計表を作成することによって，最終的には，従業者数および退職者数の年齢別平均を求める。これは，人員移動の統計上の偶発性の影響を緩和したうえで，後述する粗製退職率を計算するためである。

【図表2-3】年齢別・退職事由別集計表の作成

計算基準日現在の従業員データ

過去3年間の退職者データ
（自己都合退職者）

a)

2018/3/31 の従業員			
氏名	入社年月日	生年月日	満年齢
A	2015/4/1	1986/4/1	31
B	2017/4/1	1990/4/1	27

e)

2017 年度中の退職者			
氏名	入社年月日	生年月日	満年齢
C	2014/4/1	1984/4/1	33

b)

2017/3/31 の従業員			
氏名	入社年月日	生年月日	満年齢
A	2015/4/1	1989/4/1	30
C	2014/4/1	1984/4/1	32

f)

2016 年度中の退職者			
氏名	入社年月日	生年月日	満年齢
D	2013/4/1	1988/4/1	28

c)

2016/3/31 の従業員			
氏名	入社年月日	生年月日	満年齢
A	2015/4/1	1986/4/1	29
C	2014/4/1	1984/4/1	31
D	2013/4/1	1988/4/1	27

g)

2015 年度中の退職者			
氏名	入社年月日	生年月日	満年齢
E	2015/4/1	1990/4/1	25

d)

2015/3/31 の従業員			
氏名	入社年月日	生年月日	満年齢
C	2014/4/1	1984/4/1	30
D	2013/4/1	1988/4/1	26
E	2015/4/1	1990/4/1	24

a), e), f) および g) →会社から入手するデータ
b), c) および d) →自ら作成するデータ

① a），b），c）およびd）より，従業員の年齢別集計表を作成する。

満年齢	従　業　員　数				
	2018/3/31	2017/3/31	2016/3/31	2015/3/31	平　均
29	100	110	100	110	105
30	200	210	210	200	205
31	300	290	310	300	300

② e），f）およびg）より，退職者の年齢別・退職事由別集計表を作成する。

満年齢	退　職　者　数			
	2017年度中	2016年度中	2015年度中	平　均
	自己都合退職	自己都合退職	自己都合退職	自己都合退職
29	5	7	6	7
30	8	9	10	9
31	9	10	11	10

(2) 5点移動平均法による退職率の計算

　まず，各年齢別に，粗製退職率（＝平均退職者数÷平均従業員数）を求める。次に，統計上の偶発性の影響をさらに緩和するために，5点移動平均法と呼ばれる補整手法によって，第2次補整まで行う。そして，この補整後退職率が，退職給付債務等の測定に適用する退職率となる。

　図表2-4のように，粗製退職率が0の年齢（22歳）は，移動平均の計算には含めず，補整後退職率も0とする。また，定年年齢（60歳）の直前の年齢（59歳）と，前年齢もしくは後年齢の粗製退職率が0である年齢（23歳）も，粗製退職率をそのまま補整後退職率とする。さらに，5点移動平均を計算できない年齢（24歳および58歳）は，3点移動平均によって，補整後退職率を求める。

　以上を踏まえて，退職率の計算に対する裁量の介入の余地を考えると，統計上の偶発性を排除するために異常データか否かを判断する裁量の介入の余地が存在する。また，5点移動平均法ではない方法を採用するなど，計算方法自体の選択にも裁量の余地が存在する。

　しかし，過去実績に基づいて退職率を計算するため，経営者の裁量の介入の

【図表 2-4】5 点移動平均法

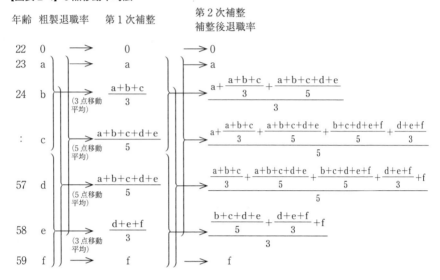

余地が小さいと考えられる。また、昇給率と同様に、企業外部の計算受託機関（アクチュアリー）による受託計算の過程で退職率も計算される。つまり、昇給率と同様、退職給付会計実務の現状は、退職率の計算を経営者自身が直接行っていないため、退職率は経営者の裁量の介入の余地が存在するにも関わらず、事実上、裁量が介入しない基礎率である。

第 3 項 死亡率

退職給付金は、従業員の死亡退職という事象が発生したときに、その遺族に支給されることになる。このため、退職給付金を推定計算するためには、将来の従業員の死亡を考慮する必要があり、基礎率として死亡率が必要なのである。

日本公認会計士協会（2005a）には、死亡率は、「事業主の所在国における全人口の生命統計表等を基に合理的に算定する」という旨が規定されている。また、日本アクチュアリー会・日本年金数理人会（2008）には、「死亡率については、個々の企業の実績よりも国民全体の生命表を基準にして設定する方法が一般的であり、合理性が高いと考えられる。したがって、死亡率は、原則として企業年金制度で使用されている死亡率や直近の国民生命表に基づく死亡率を

使用するものとする」という旨が規定されている。

このように死亡率は会計基準に規定されているが、前述の昇給率および退職率とは異なり、単に国民全体の生命表等を基準として設定するにとどまる。なぜならば、死亡とは会社特有の原因による事象ではないので、死亡率は、国民全体を対象にした国勢調査に基づいて算定された生命表等を基準とすべきだからである。現在では、2015年国勢調査に基づく第22回完全生命表（2017年3月1日厚生労働省発表）が最新である。また、これ以外に各企業年金制度で使用されることを目的として、確定給付企業年金法死亡率（2015年3月26日厚生労働省発表）や厚生年金基金財政運営基準死亡率（2014月12月5日厚生労働省発表）が、一般に公表されている。

以上を踏まえて、死亡率の選択に対する裁量の介入の余地を考えると、複数存在する死亡率を選択する必要があるため、経営者による裁量の介入の余地が存在する。しかし、これらの死亡率のもととなるのは国勢調査であり、互いに近似した率であるため、事実上、経営者の裁量の介入の余地が存在しないと考えられる。また、死亡率自体が僅少な確率であるため、死亡率が退職給付債務等の測定に対して与える影響は重要性がない。このため、死亡率は事実上、その選択に経営者の裁量が介入せず、また、会計上、僅少な影響しか与えない基礎率である。

第4項　一時金選択率

日本の企業年金制度は、内部留保による退職一時金制度から移行したものが多く、年金受給権を有する退職者の選択によって、年金だけではなく一時金による支給が認められる[8]場合がほとんどである。年金か一時金かの選択に関わらず年金原資（＝一時金額）は同じであるが、年金原資の予定利率[9]が割引率と等しくない場合には、年金の割引現在価値は一時金額と異なる。具体的には、年金は年金原資を予定利率で運用したとみなした金額が支給されるため、年金原資の予定利率が割引率よりも大きいのであれば、年金の割引現在価値は一時金額よりも大きくなり、また、逆も真なりである。このため、退職給付金を推定計算するためには、将来の従業員の一時金選択を考慮する必要があり、基礎率として一時金選択率が必要なのである。

18

　日本公認会計士協会（2005a）には，一時金選択率の規定は特に存在しない。一方，日本アクチュアリー会・日本年金数理人会（2008）には，「一時金選択率を過去の実績から合理的に算定できる場合には，当該率を計算の基礎として用いることが必要である」という旨が規定されている。

　このように一時金選択率は会計基準に規定されているが，一時金選択率の計算に対する裁量の介入の余地を考察する前提として，その具体的計算方法を示す。

　まず，計算基準日現在から起算して過去複数年の，年金受給権を有する退職者データ（一時金選択者か否か）が必要となる。実務上は過去3年間の退職者データを計算の対象とする場合がほとんどである。次に，この退職者データから，人数比として一時金選択率を計算する（ただし，年金原資の金額比として，一時金選択率を計算することもある）。なお，退職率とは異なり，（年金受給権を有する）異常退職者も計算対象とする。なぜならば，異常退職という事象が異常であって，その一時金選択という事象は異常ではないからである。

　以上を踏まえて，一時金選択率の設定に対する裁量の介入の余地を考えると，過去実績に基づいて，可視的な計算過程により一時金選択率を計算するため，事実上，経営者の裁量が介入しない基礎率である。

第5項　割引率

　退職給付債務等は，退職給付金の割引現在価値に基づいて測定される。このため，推定計算された将来の退職給付金を割引現在価値に割り引くために，基礎率として割引率が必要なのである。

　本研究の分析期間に適用される会計基準である企業会計審議会（1998）には，割引率は，「退職給付債務の計算における割引率は，安全性の高い長期の債券の利回りを基礎として決定しなければならない。」「割引率の基礎とする安全性の高い長期の債券の利回りとは，長期の国債，政府機関債及び優良社債の利回りをいう。なお，割引率は，一定期間の債券の利回りの変動を考慮して決定することができる」という旨が規定されており，日本公認会計士協会（2005a）には，「「一定期間」とはおおむね5年以内をいう」旨が規定されている。また，日本アクチュアリー会・日本年金数理人会（2008）には，「安全性の高い長期

の債券利回りの概ね5年以内の実績値のうち，その最大値から最小値の範囲内で合理的に定めることが，割引率の水準の妥当性を判断する一つの基準になる」という旨が規定されている。

　以上を踏まえて，割引率の選択に対する裁量の介入の余地を考えると，基準とする長期の債券を選択することができ，また，その利回りの平均値を計算する期間も5年以内で選択することができる。また，アクチュアリーの受託計算に組み込まれた昇給率や退職率とは異なり，割引率の選択は経営者自身が行うことができる。さらに，第5章で詳しく後述するが，割引率は，退職給付債務等の測定に対して，非常に重要な影響を与える基礎率である。

　したがって，割引率は，経営者の裁量の介入の余地が非常に大きく，かつ，経営者の裁量が会計数値に非常に重要な影響を与える基礎率である。

第6項　期待運用収益率

　退職給付費用の構成要素（控除項目）である期待運用収益は，期首年金資産に期待運用収益率を乗じることによって測定される。これは，年金資産からもたらされる実際運用収益ではなく，期待運用収益を認識することによって，期間損益を平準化することを目的としている。このため，基礎率として期待運用収益率が必要なのである。

　本研究の分析期間に適用される会計基準である企業会計審議会（1998）には，期待運用収益率は，「期首の年金資産の額について合理的に予測される収益率」という旨が規定されており，日本公認会計士協会（2005a）には，「保有している年金資産のポートフォリオ，過去の運用実績，運用方針及び市場の動向等を考慮して算定する」旨が規定されている。また，日本アクチュアリー会・日本年金数理人会（2008）には，「基本的にはその年度の年金資産のアセットミックスや運用方針に基づいて，当該年度の期待運用収益率を算定することになる。なお，期待運用収益率としては，合理的な根拠に基づく市場や経済環境の予測等を基礎とした長期的なものを用いることができる」という旨が規定されている。

　以上を踏まえて，期待運用収益率の選択に対する裁量の介入の余地を考えると，過去の運用実績を基準としながらも，運用方針や市場の動向等という長期

的な視点からの経営者の予測が必要となる。また，アクチュアリーの受託計算に組み込まれた昇給率や退職率とは異なり，割引率と同様に，期待運用収益率の選択は経営者自身が行うことができる。さらに，第6章で詳しく後述するが，期待運用収益率は，退職給付費用の測定に対して，非常に重要な影響を与える基礎率である。

したがって，期待運用収益率は，経営者の裁量の介入の余地が非常に大きく，かつ，経営者の裁量が会計数値に非常に重要な影響を与える基礎率である。

第7項　研究対象とすべき裁量的基礎率

本章におけるこれまでの考察から，本研究で研究対象とすべき基礎率として，割引率および期待運用収益率を採用する。これまでに考察したように，経営者の裁量の介入の余地が非常に大きく，かつ，重要な会計方針だからである。

第3節　償却年数の選択に関する裁量的選択行動

退職給付会計においては，後述する様々な原因によって一度に多額の損益が発生することになる。会計基準が導入されたときには，会計基準の変更を原因として損益が一度に発生するし，また，基礎率という一定の仮定が現実事象と異なった場合には，その影響に起因する損益が一度に発生する。さらに，退職給付制度の改定が行われた場合には，その制度改定に起因する損益が一度に発生する。なお，これらの損益の発生額は，多額にのぼることが多い。

このような損益項目は，それぞれ，会計基準変更時差異，数理計算上の差異，および過去勤務債務と呼ばれており，利益の平準化の視点から，経営者の決定した償却年数によって，遅延認識が認められている。

本節では，これらの償却年数の選択に関する規定を述べることによって，その経営者による裁量的選択行動の可能性を考察する。

第1項　会計基準変更時差異の償却年数

会計基準変更時差額とは，退職給付会計基準の導入によって生じた，会計上認識すべき退職給付債務の増減差額である。具体的には，退職給付会計基準の

適用時に測定された退職給付債務（年金資産控除後）と，導入以前に計上されていた退職給与引当金との差額であり，その性質は過年度修正損益項目と考えられる。退職給付会計基準は，2000年4月1日から始まる事業年度を初年度として，その適用が開始されたが，その当時，日本の証券市場の低迷により，ほとんどの日本企業は，年金資産の積立不足が深刻化していた時期であり，損失となる多額の会計基準変更時差異が顕在化したのである。

　日本公認会計士協会（2005a）には，会計基準変更時差異は，「15年以内の一定の年数にわたり定額法により費用処理する。」「なお，一定の年数にわたる費用処理には，適用初年度に一括して費用処理する方法も含まれる」という旨が規定されている。また，日本公認会計士協会（2000）には，「会計基準変更時差異の性質は過年度損益修正項目として，その費用処理額の重要性が認められるときには，特別損益に計上することができる。しかし，費用処理額が長期間にわたり継続して特別損益項目に計上されることは，本来の特別損益項目としての性格を考慮すると適当ではない。このため，費用処理期間が短期間（原則として5年以内）であり，かつ，当該費用処理額に金額的重要性がある場合に限り，特別損益項目として計上することができるものとする」という旨が規定されている。

　以上を踏まえて，会計基準変更時差異の償却年数の選択に対する裁量の介入の余地を考えると，まず，15年という上限年数の範囲内ならば，経営者の自由裁量のもとで償却年数を決定することができる。次に，償却年数を5年以内もしくは5年超に選択することによって，前者は（税金等調整前）当期純損益のみに影響を与えるだけであり，後者は営業損益以下の損益項目全てに影響を与えることになる。このため，経営者の裁量により企業損益の細区分が影響を受けることになる。

　さらに，第7章および第9章で示しているが，会計基準変更時差異の金額は非常に多額に発生しており，経営者の裁量が会計数値に非常に重要な影響を与えたのである。

第2項　数理計算上の差異の償却年数

　数理計算上の差異とは，退職給付債務の測定に用いた，数理計算上の仮定た

る基礎率と実績との差異，および基礎率の変更により生じる差異である。一定の仮定である基礎率と実績は完全には一致することはあり得ないため，数理計算上の差異は原則として，毎期発生する項目であり，また，その発生金額の予測は不可能である。さらに，時勢の変化に応じて，基礎率を変更する必要がある。そして，数理計算上の差異の性質が，過去の見積りの誤りに起因する場合には，過年度損益修正項目と考えられる。ただし，その費用処理額は，他の退職給付費用と同様に営業損益として計上される。

　本研究の分析期間に適用される会計基準である企業会計審議会（1998）には，数理計算上の差異は，「原則として，各期の発生額について平均残存勤務期間（10）以内の一定の年数で按分した額を毎期費用処理しなければならない」という旨が規定されており，日本公認会計士協会（2005a）には，「原則として，各年度の発生額について発生年度に費用処理する方法，または，平均残存勤務期間[10]内の一定の年数で按分する方法により費用処理される」という旨が規定されている。

　以上を踏まえて，数理計算上の差異の償却年数の選択に対する裁量の介入の余地を考えると，まず，平均残存勤務期間の範囲内ならば，経営者の自由裁量のもとで償却年数を決定することができる。ただし，前述したように，会計基準変更時差異とは異なり，償却年数によって費用処理額の計上区分が異なることはなく，営業損益として計上される。

　さらに，第9章で示しているが，数理計算上の差異の金額は非常に多額に発生しており，経営者の裁量が会計数値に非常に重要な影響を与えたのである。

第3項　過去勤務債務の償却年数

　過去勤務債務とは，退職給付制度の改定によって生じた退職給付債務の増減差額である。企業が退職給付制度の改定を行う場合，年金資産の運用状況悪化に起因した給付水準減額だったり，成果主義型の制度を導入したりと，様々な理由が存在する。よって，過去勤務債務は，会計基準変更時差異および数理計算上の差異とは異なり，過年度損益修正項目ではない。このため，過去勤務債務の遅延認識は，利益の平準化の視点から要求されているが，制度改定が「従業員の勤労意欲が将来にわたって向上するとの期待のもとに行われる」（企業

会計審議会 1998) 場合など，その効果が将来にわたって発生すると認められるならば，遅延認識することがむしろ合理的なのである。

本研究の分析期間に適用される会計基準である企業会計審議会 (1998) には，数理計算上の差異と同様に，過去勤務債務は，「原則として，各期の発生額について平均残存勤務期間以内の一定の年数で按分した額を毎期費用処理しなければならない」という旨が規定されており，日本公認会計士協会 (2005a) には，「原則として，各年度の発生額について発生年度に費用処理する方法，または，平均残存勤務期間内の一定の年数で按分する方法により費用処理される」という旨が規定されている。

以上を踏まえて，過去勤務債務の償却年数の選択に対する裁量の介入の余地を考えると，まず，平均残存勤務年数の範囲内ならば，経営者の自由裁量のもとで償却年数を決定することができる。ただし，前述したように，会計基準変更時差異とは異なり，償却年数によって費用処理額の計上区分が異なることはなく，営業損益として計上される。

また，過去勤務債務については，償却年数の選択よりも，給付水準の引き下げや確定拠出型企業年金制度への移行によって退職給付引当金を減額するという，会計数値の操作のために退職給付制度の改定を行うこと自体に，経営者の裁量の介入の余地が存在する。さらに，退職給付制度の改定は，会計数値に非常に重要な影響を与える経営者行動である。

第4項　研究対象とすべき裁量的償却年数

本章におけるこれまでの考察から，本研究で研究対象とすべき償却年数として，会計基準変更時差異，数理計算上の差異および過去勤務債務の償却年数を採用する。これまでに考察したように，経営者の裁量の介入の余地が非常に大きく，かつ，重要な会計方針だからである。また，過去勤務債務については，経営者の裁量のもとで行われ，重要な影響を与える退職給付制度の改定を研究対象とする。

[注]

1）当時は，会計基準の世界的調和（harmonization）と表現されており，現在の表現である収斂（convergence）よりも，その強制性の調子は弱いものであった。

2）改正された日本基準（企業会計基準委員会 2012a，2012b）では，退職給付に係る負債に名称が改められた。

3）本章での「利益の平準化」とは，第7章および第8章において考察する，業績が非常に良い場合により多くの損失を計上することによって，期間損益の変動を抑える報告利益の管理行動としての「利益平準化」とは異なる意味である。費用もしくは収益を複数年にわたって償却することによって，損益の変動額が抑えられるという意味である。

4）「退職給付会計に係る実務基準」は当初1999年に公表されたが，その後，会計基準の改正に伴って，何度か改正されている。このため，経営者が基礎率を選択するためには，その当時に適用される実務基準を遵守していたことになる。実務基準の内容は，当時の会計基準に従ったものであるため，本研究においては，当時の会計基準をリファレンスすると同時に実務基準をリファレンスする場合には，便宜的に2008年最終改正の実務基準とする。

5）本研究において，「アクチュアリー」という用語は，「公益社団法人日本アクチュアリー会正会員」または「公益社団法人日本年金数理人会正会員」を示す総称として用いる。

6）この他，市販の計算ソフトを購入して，退職給付債務等を計算する会社も存在する。しかし，ほとんどの企業が，アクチュアリーに計算を委託しているのが現状である。また，たとえ市販の計算ソフトで自社計算を行っていたとしても，計算ソフトには取り込んだ人事データに基づいて昇給率および退職率等を計算する一定のプログラムが組み込まれているため，事実上，経営者の裁量が介入しないのである。

7）会社都合退職などの退職事由は稀であるので，このように退職給付債務等を測定したとしても，会計上の重要性の視点から問題ないであろう。しかし，会社都合退職などの退職事由の多い企業は，会社都合退職率を考慮すべきである。

8）このように，年金支給が原則であって一時金を選択するという視点からは，年金選択率というより一時金選択率（＝1－年金選択率）と呼ぶ方が正しい。日本アクチュアリー会・日本年金数理人会（2008）も一時金選択率として規定している。しかし，実務上は，年金選択率と呼ぶことも多い。

9）確定給付企業年金制度における年金原資の約束利率である。

10）在籍する従業員が計算基準日から退職するまでの平均勤務期間であり，原則として，退職率および死亡率を加味して年金数理計算によって求められる（企業会計審議会1998，日本公認会計士協会2005a）。

第3章

退職給付債務等の測定モデルによる
裁量的基礎率および可視的基礎率の示唆

　退職給付債務（Projected Benefit Obligation：以下，PBO）[1] の汎用的な（簡略的な）モデルは，第5章第2節に記述しているように，日本アクチュアリー会・日本年金数理人会（2008）において示されている。しかし，現実に制度化されている退職給付制度の内容は複雑多岐にわたっているため，当該退職給付制度を反映させた PBO および退職給付費用（以下，PBO 等）の測定モデルは，非常に複雑かつ難解なものとなる。

　このため，本章では，実例の退職金規程等から PBO 等の測定モデルを構築した補論の結果を受けて，いかに PBO 等の測定モデルが複雑かつ難解であるかを示す。そして，このような事実を示すことによって，第2章で考察してきたように，経営者が事実上，その裁量を介入させることのできる基礎率が，割引率および期待運用収益率であるという結論を担保することを目的とする。さらに，企業外部から可視的で，監査または分析・評価が事実上可能な基礎率が，割引率および期待運用収益率であるという結論を導き出すことを目的とする。

第1節　PBO 等の測定モデル

　本研究の補論において，実例の退職金規程等を示したうえで，PBO 等の測定に必要な情報を具体的に抽出し，PBO 等の測定モデルを構築するケース分析を行っている。この結果，以下のような測定モデルが構築される。

（1）退職一時金制度および確定給付企業年金制度を採用している場合（退職

一時金制度からの一部移行・内枠方式[2])

①従業員のPBO（個々の従業員ごとに測定して，個々人のPBOの総計が，会社全体のPBOとなる。）

ⅰ）基本退職金

x　：現在の年齢　　　　t_0：現在の勤続年数

$w\,(=60)$：定年年齢および年金受給資格を得る年齢

$y_0\,(=3)$　：退職給付受給資格を得る勤続年数

$y\,(=20)$：年金受給資格を得る勤続年数　　　B_x：x歳（現在）の基本給

S_x：x歳の昇給指数（$\dfrac{S_{x+t}}{S_x}$：x歳の$(x+t)$歳に対する昇給率）

C^j_m：勤続年数m年の支給率（自己都合退職）（（別表1)'B支給率）

C^k_m：勤続年数m年の支給率（死亡退職および定年退職）（（別表1)'A支給率）

R^j_x：x歳の自己都合退職率

D_x：x歳の死亡率　　　$P_{w(=60)}$：$w(=60)$歳（定年退職時）の一時金選択率

i　：割引率　　　　　　$g\,(=15)$：年金の保証期間

$$
\begin{aligned}
\text{PBO}_{x.t_0} =\ & \frac{t_0}{t_0+\frac{1}{2}}\cdot\left(\frac{1}{1+i}\right)^{\frac{1}{2}}\cdot\left(R^j_x\cdot C^j_{t_0}+D_x\cdot C^k_{t_0}\right)\cdot B_x \\[2mm]
& +\sum_{t=1}^{55-x-1}\frac{t_0}{t_0+t+\frac{1}{2}}\cdot\left(\frac{1}{1+i}\right)^{t+\frac{1}{2}}\cdot\prod_{u=x}^{x+t-1}\left\{1-\left(R^j_u+D_u\right)\right\} \\[2mm]
& \qquad\qquad\qquad\cdot\left(R^j_{x+t}\cdot C^j_{t_{0+t}}+D_{x+t}\cdot C^k_{t_{0+t}}\right)\cdot Bx\cdot\frac{S_{x+t}}{S_x} \\[2mm]
& +\begin{cases}
\displaystyle\sum_{t=55-x}^{w(=60)-x-1}\frac{t_0}{t_0+t+\frac{1}{2}}\cdot\left(\frac{1}{1+i}\right)^{t+\frac{1}{2}}\cdot\prod_{u=x}^{x+t-1}\left\{1-\left(R^j_u+D_u\right)\right\} \\[2mm]
\qquad\qquad\cdot\left(R^j_{x+t}\cdot C^j_{t_\mathrm{s}+t}+D_{x+t}\cdot C^k_{t_\mathrm{s}+t}\right)\cdot Bx\cdot\dfrac{S_{x+t}}{S_x} \\
\hfill (t_0+t<10\text{のとき}) \\[4mm]
\displaystyle\sum_{t=55-x}^{w(=60)-x-1}\frac{t_0}{t_0+t+\frac{1}{2}}\cdot\left(\frac{1}{1+i}\right)^{t+\frac{1}{2}}\cdot\prod_{u=x}^{x+t-1}\left\{1-\left(R^j_u+D_u\right)\right\} \\[2mm]
\qquad\qquad\cdot\left(R^j_{x+t}\cdot C^j_{t_\mathrm{s}+w(=60)-x}+D_{x+t}\cdot C^k_{t_\mathrm{s}+t}\right)\cdot Bx\cdot\dfrac{S_{x+t}}{S_x} \\
\hfill (t_0+t\geqq10\text{のとき})
\end{cases}
\end{aligned}
$$

第3章　退職給付債務等の測定モデルによる裁量的基礎率および可視的基礎率の示唆　27

$$+\frac{t_0}{t_0+w-x}\cdot\left(\frac{1}{1+i}\right)^{w(=60)-x}\cdot\prod_{u=x}^{w(=60)-1}\left\{1-\left(R^j{}_u+D_u\right)\right\}$$

$$\cdot\left\{P_{w(=60)}\cdot C^k{}_{t_s+w(=60)-x}\cdot B_x\cdot\frac{S_{w(=60)}}{S_x}+\left(1-P_{w(=60)}\right)+Q_{w(=60),t_s+w(=60)-x}\cdot 年金現価\right\}$$

$$（ただし,\ t_0+w(=60)-x<y(=20)\ のとき\ P_{w(=60)}=1）$$

$Q_{x,m}$：x 歳・勤続年数 m 年の予測年金支給額（年額）

$$※Q_{w(=60),t_0+w(=60)-x}=C'^k{}_{t_0+w(=60)-x}\cdot B_x\cdot\frac{S_{w(=60)}}{S_x}$$

$C'^k{}_m$：勤続年数 m 年の年金支給率（定年退職）（別表4）'

$$年金現価=1+\sum_{v=1}^{g(=15)-1}\left(\frac{1}{1+i}\right)^v$$

ⅱ）職能加算金

x　　：現在の年齢　　　　　t_0：現在の勤続年数

$w(=60)$：定年年齢　　　　$y_0(=3)$：退職給付受給資格を得る勤続年数

K_x　　：x 歳（現在）の職能加算金額（別表2）'

KS_x　：x 歳の昇給指数（職能加算金額）（$\frac{KS_{x+t}}{KS_x}$：x 歳の $(x+t)$ 歳に対する昇給率）

AK　　：職能加算金累計額

$KC^j{}_m$：勤続年数 m 年の自己都合退職乗率（別表3）

$R^j{}_x$　：x 歳の自己都合退職率

D_x　　：x 歳の死亡率　　　　i：割引率

$$\mathrm{PBO}_{x.t_0}=\frac{t_0}{t_0+\frac{1}{2}}\cdot\left(\frac{1}{1+i}\right)^{\frac{1}{2}}\cdot\left(R^j{}_x\cdot KC^j{}_{t_0}+D_x\right)\cdot AK$$

$$+\sum_{t=1}^{w(=60)-x-1}\frac{t_0}{t_0+t+\frac{1}{2}}\cdot\left(\frac{1}{1+i}\right)^{t+\frac{1}{2}}\cdot\prod_{u=x}^{x+t-1}\left\{1-\left(R^j{}_u+D_u\right)\right\}$$

$$\cdot\left(R^j{}_{x+1}\cdot KC^j{}_{t_0+t}+D_{x+1}\right)\cdot\left(\sum_{v=1}^{t}k_x\cdot\frac{KS_{x+v}}{KS_x}+AK\right)$$

$$+\frac{t_0}{t_0+w-x}\cdot\left(\frac{1}{1+i}\right)^{w(=60)-x}\cdot\prod_{u=x}^{w(=60)-1}\left\{1-\left(R^j{}_u+D_u\right)\right\}\cdot\left(\sum_{v=1}^{w(=60)-1}k_x\cdot\frac{KS_{x+v}}{KS_x}+AK\right)$$

②年金受給者のPBO（個々の年金受給者ごとに測定して，個々人のPBOの

総計が，会社全体の PBO となる。）

$$\mathrm{PBO}_x = \overline{Q} + \overline{Q} \cdot \sum_{t=1}^{g'-1}\left(\frac{1}{1+i}\right)^t$$

$\overline{Q}$ ：実際年金支給額（年額）　　　　$g'(\leqq 15)$：保証期間残余年数

※ $\overline{Q}$ は，年金受給者に実際に支給している年金額である。

③勤務費用（個々の従業員ごとに測定して，個々人の勤務費用の総計が，会社全体の勤務費用となる。）

ⅰ）基本退職金

期間定額基準 [3] によっているため，従業員の PBO 測定モデルにおける第一項の $\dfrac{t_0}{t_0+\frac{1}{2}}$，第二項および第三項の $\dfrac{t_0}{t_0+t+\frac{1}{2}}$，および，第四項の $\dfrac{t_0}{t_0+w-x}$ について，t_0 を1と読み換えることによって，勤務費用の測定モデルが構築される。

ⅱ）職能加算金

期間定額基準によっているため，従業員の PBO 測定モデルにおける第一項の $\dfrac{t_0}{t_0+\frac{1}{2}}$，第二項の $\dfrac{t_0}{t_0+t+\frac{1}{2}}$，および，第三項の $\dfrac{t_0}{t_0+w-x}$ について，t_0 を1と読み換えることによって，勤務費用の測定モデルが構築される。

なお，勤務費用は，従業員のみが計算対象となる。また，PBO の計算基準日から起算して翌1年間の（つまり，次期の会計期間に認識される）勤務費用が計算される。

(2) ポイント制（退職一時金制度）を採用している場合

①従業員の PBO（個々の従業員ごとに測定して，個々人の PBO の総計が，会社全体の PBO となる。）

x 　　　　：現在の年齢　　　　t_0：現在の勤続年数

$w(=60)$：定年年齢　　　　$y_0(=1)$：退職給付受給資格を得る勤続年数

KP_m 　　：勤続年数 m 年の勤続ポイント（別表1）

AKP　　　：勤続ポイント累計額

SP_x　　　：x 歳（現在）の資格ポイント（別表2）

SPS_x　　：x 歳の昇給指数（資格ポイント）（$\dfrac{SPS_{x+t}}{SPS_x}$：x 歳の $(x+t)$ 歳に

　　　　　　対する昇給率）

　　（ただし，$x+t \geqq 56$ のとき $SPS_{x+t}=0$，また，

$$x=56 \text{ のとき} \sum_{v=1}^{t} SP_x \cdot \frac{SPS_{x+v}}{SPS_x}=0 \text{と定義する。})$$

ASP　　　：資格ポイント累計額

$PC^j{}_m$　　：勤続年数 m 年の自己都合係数

$R^j{}_x$　　　：x 歳の自己都合退職率

D_x　　　　：x 歳の死亡率　　　　　　i　：　割引率

$$\mathrm{PBO}_{x.t_0} = \frac{t_0}{t_0+\dfrac{1}{2}} \cdot \left(\frac{1}{1+i}\right)^{\frac{1}{2}} \cdot \left(R^j{}_x \cdot PC^j{}_{t_0}+D_x\right) \cdot 10,000 \cdot (AKP+ASP)$$

$$+ \sum_{t=1}^{w(=60)-x-1} \frac{t_0}{t_0+t+\dfrac{1}{2}} \cdot \left(\frac{1}{1+i}\right)^{t+\frac{1}{2}} \cdot \prod_{u=x}^{x+t-1}\left\{1-\left(R^j{}_u+D_u\right)\right\}$$

$$\cdot\left(R^j{}_{x+t} \cdot PC^j{}_{t_0+t}+D_{x+t}\right)$$

$$\cdot 10,000 \cdot \left\{\left(\sum_{v=1}^{t} KP_{t_0+v}+AKP\right)+\left(\sum_{v=1}^{t} SP_x \cdot \frac{SPS_{x+v}}{SPS_x}+ASP\right)\right\}$$

$$(\text{ただし，} x \geqq 56 \text{ のとき} \sum_{v=1}^{t} SP_x \cdot \frac{SPS_{x+v}}{SPS_x}=0 \text{と定義する。})$$

$$+ \frac{t_0}{t_0+w-x} \cdot \left(\frac{1}{1+i}\right)^{w(=60)-x} \cdot \prod_{u=x}^{w(=60)-1}\left\{1-\left(R^j{}_u+R^k{}_u+D_u\right)\right\}$$

$$\cdot 10,000 \cdot \left\{\left(\sum_{v=1}^{w(=60)-x} KP_{t_0+v}+AKP\right)+\left(\sum_{v=1}^{w(=60)-x} SP_x \cdot \frac{SPS_{x+v}}{SPS_x}+ASP\right)\right\}$$

②勤務費用（個々の従業員ごとに測定して，個々人の勤務費用の総計が，会
社全体の勤務費用となる。）

　　期間定額基準によっているため，従業員の測定モデルにおける第一項の

$\dfrac{t_0}{t_0+\dfrac{1}{2}}$，第二項の $\dfrac{t_0}{t_0+t+\dfrac{1}{2}}$，および，第三項の $\dfrac{t_0}{t_0+w-x}$ について，t_0 を 1 と読み換えることによって，勤務費用の測定モデルが構築される。

　期間定額基準によっているため，従業員の PBO 測定モデルにおける第一項の $\dfrac{t_0}{t_0+\dfrac{1}{2}}$，第二項の $\dfrac{t_0}{t_0+t+\dfrac{1}{2}}$，および，第三項の $\dfrac{t_0}{t_0+w-x}$ について，t_0 を 1 と読み換えることによって，勤務費用の測定モデルが構築される。

第 2 節　経営者による裁量的選択行動が可能な基礎率，および企業外部から可視的な基礎率

　本章では，PBO 等の測定モデルを示したが，測定モデルは複雑かつ難解であるため，多くの企業が外部の計算受託機関たるアクチュアリーに計算を委託していること（委託しなければならないこと）が理解できる。また，第 2 章でも述べたが，昇給率および退職率は，アクチュアリーによる受託計算に組み込まれて，PBO 等の構成要素として計算されるため，事実上，経営者の裁量が介入していない基礎率であるということが，本章の考察から担保される。すなわち，経営者の裁量的選択行動が可能な基礎率は，割引率および期待運用収益率であると考えられる。

　また，企業外部の第三者として会計方針を監査する公認会計士，および会計方針を分析・評価する証券アナリスト等にとって，可視的な基礎率は，割引率および期待運用収益率であることが導かれる。つまり，事実上，その監査または分析・評価の対象になり得るのが，割引率および期待運用収益率なのである。しかも，両者は会計上，重要な影響を与える基礎率であるため，その注目度も高いと考えられる。

　以上から，本研究において，経営者による割引率および期待運用収益率の裁量的選択行動を分析対象とすることを再確認するとともに，それらに対する企業外部からの監査および分析・評価に関する効果も，分析対象とすることが重要であると考える。

第3章　退職給付債務等の測定モデルによる裁量的基礎率および可視的基礎率の示唆　31

[注] ─────────────────────────────

1）現行の国際会計基準（IASB 2011）では，確定給付制度債務（Defined Benefit Obligation：DBO）と定義しているが，PBO と同じ概念である。

2）企業の内部留保による退職一時金制度の一部について，企業外部の年金受託機関に運用を移行している方式をいう。

3）退職給付見込額のうち，時の経過を基準として期末までに発生していると認められる額を見積る方法であり，退職給付見込額を全勤務期間で除した額を各期の発生額とする方法をいう。この方法は，退職給付見込額の期間配分方法の原則的な方法であった（企業会計審議会 1998，日本公認会計士協会 2005a）。期末までに発生していると認められる額を厳密に見積るのは困難であるため，より単純で一定の合理性が認められる勤務期間を基準として，退職給付見込額の発生を認識し各期に配分する方法である。なお，改正された日本基準（企業会計基準委員会 2012a，2012b）では，期間定額基準は原則的な方法とはされずに，期間定額基準と給付算定式基準（退職給付制度の給付算定式に従って各勤務期間に帰属させた給付に基づき見積った額を，退職給付見込額の各期の発生額とする方法）の2通りが定められている。

第4章

公認会計士による退職給付会計監査
―会計監査における可視的基礎率―

第1節　会計監査が裁量的選択行動に与える影響

　公認会計士による会計監査が適正に機能するのであれば，経営者による会計方針の裁量的選択行動も，会計基準の趣旨から適正なものとなる可能性が高まるであろう。しかし，退職給付会計監査は，その会計実務が不可視的な状況にあるため，公認会計士が裁量的選択行動を監査することが非常に困難である。ただし，会計基準変更時差異，数理計算上の差異および過去勤務債務の償却年数は，規定された上限年数以内であれば，経営者の自由裁量で決定できるので，会計監査の機能の有効性は特に問題とはならない。むしろ，問題となるのは，基礎率の設定に関する裁量的選択行動である。

　第3章の考察から，退職給付会計において測定される PBO 等は，年金数理計算を応用して，煩雑かつ多量な推定計算を行うことで測定されることが示された。このため，ほとんどの企業は，退職給付債務等の測定を企業外部の計算受託機関に依頼し，そのアクチュアリーによる計算結果をそのまま会計数値として採用しているのが現状である。すなわち，退職給付債務等の測定手法，および，基礎率の計算過程がブラックボックスである状況で，現行実務は行われているのである[1]。

　このような退職給付会計特有の不可視的な会計環境を受けて，公認会計士監査が行われているのが現状である。具体的には，公認会計士にとって入手可能な監査資料は，原始証憑である人事データと，計算の最終形であるアクチュアリー・レポート（actuary report）[2]だけである。また，たとえ計算過程が可視

的であったとしても，退職給付会計の煩雑かつ多量な推定計算を，統計的サンプリングによる試査（audit testing by statistical sampling）によって監査を実施し，十分かつ適切な監査証拠（sufficient and relevant audit evidence; 日本公認会計士協会 2006b）を入手することは，監査資源が限られているため，非現実的である。また，分析的手続（Analytical Procedure; 日本公認会計士協会 2002b），および会計上の見積りの監査（Audit of Accounting Estimates; 日本公認会計士協会 2002d）も実施することが事実上不可能であるという，実務上の問題点が存在する。したがって，会計数値と証憑に監査手続を適用することをもって，その適正性を判断するのが会計監査論上の原則であるが，公認会計士は，アクチュアリー・レポートをもって，監査上適正であるという心証（assurance）を得る必要性が実務上存在するのである。

以上のような現行実務の実情から，退職給付会計監査は専門家の業務の利用（Using the Work of a Specialist; 日本公認会計士協会 2002e, 2010）として行われることになるため，アクチュアリーが適正な退職給付会計関連数値を計算して報告するという，専門家の客観性（objectiveness）が特に重要である。さらに，アクチュアリー・レポートから監査上の心証を得なければならないという，退職給付会計監査の特殊性を考えると，アクチュアリー・レポート上で表現される専門家の客観性は，非常に強固であることが不可欠である。

本章では，現行の監査実務の実態調査を行ったうえで，このような公認会計士監査に耐え得る非常に強固な客観性を，アクチュアリーの独立性（independence）に見出す。具体的には，公認会計士監査におけるアクチュアリーの独立性には，公正不偏の態度の保持に裏付けられる精神的独立性（independence in fact）だけでは不十分であり，この精神的独立性が害されているのではないかという疑念が払拭されていることに裏付けられる外観的独立性（independence in appearance）も必要であることを導き出す。そのうえで，現状の受託計算実務において，アクチュアリーの独立性は公認会計士監査に必要な条件が満たされていないことを実務上の問題点として考え，その解決策を提唱する。

なお，公認会計士監査におけるアクチュアリーの独立性に関する先行研究は，著者の知る限り存在しない。

そして，最終的には，会計監査を実施することが事実上可能である可視的な

第4章　公認会計士による退職給付会計監査　35

基礎率を考察する必要がある。それは，第5章以降，会計方針の選択行動の考察を行うが，経営者の裁量的選択行動に与える会計監査の影響も考慮する必要があるからである。本章では，その前提として，公認会計士による退職給付会計監査の本質と実情を考察したうえで，会計監査における可視的基礎率を導き出すことを目的とする。

第2節　退職給付会計監査の現行実務および本質

本節では，まず，退職給付会計監査の現行実務の実態報告として，アクチュアリー・レポートの調査・分析結果を提示し，現行実務の問題点を示す。次に，もし，PBO等の計算結果導出に関する監査資料が入手可能であるとした場合に，公認会計士監査においてどのような監査手続を適用すべきか，また，そもそも当該監査手続によって十分かつ適切な監査証拠を得ることが可能か否か（現実的か否か）という，退職給付会計監査の本質を明らかにする。

第1項　退職給付会計監査の現行実務の報告
―アクチュアリー・レポートの調査・分析結果―

本章の最終頁の＜添付資料＞に結果が示されているように，アクチュアリー・レポートの調査・分析を行った。調査・分析対象は，計算受託機関28社（かつ計算委託企業195社）であり，調査・分析期間自2003年4月1日至2009年2月7日において，著者が実際に閲覧したアクチュアリー・レポートを対象としている。また，アクチュアリー・レポートの計算基準日は，2001年1月1日以降のものに限定し，直近のものは2008年12月31日である。なお，調査対象とした計算受託機関28社は，著者の知る限り，日本における全ての計算受託機関である。同一の計算受託機関は同一の内容およびフォーマットに従ってアクチュアリー・レポートを作成するため，計算委託企業を何社調査対象にしているかは特に問題ではなく，全計算受託機関を調査対象としていることをもって，＜添付資料＞が，日本のアクチュアリー・レポートの現状を示唆していると考えられるのである。

まず，＜添付資料＞から，会計監査を行ううえで必要な情報が全て記載され

ているアクチュアリー・レポートは皆無であるという結果が得られた。入手可能な監査資料がアクチュアリー・レポートだけであるという現行実務からは，監査手続上，必要な情報が全て記載されることが必要不可欠であろう。

次に，特筆すべきことは，個人別計算シート（日本公認会計士協会 2005a）を添付するアクチュアリー・レポートが，事実上皆無という結果である（1，2名分の個人別計算シートを添付する計算受託機関が 1 社存在するが，それだけでは，統計的サンプリングによる試査によって，十分かつ適切な監査証拠を得ることは不可能である）。つまり，PBO 等の具体的算出過程が完全に不可視的であり，退職給付会計の現行実務は，まさにブラックボックスの状況下で行われている。

しかし，このようなブラックボックスである状況を解決するだけでは，退職給付会計監査が適正に行われることにはならないのである。その根拠として，後述する退職給付会計監査の本質が挙げられる。

第 2 項　退職給付会計監査の本質

公認会計士監査は，原則として，試査（Testing; 日本公認会計士協会 2002c）に基づいて行われる。試査とは，母集団からその一部の項目を抽出して監査手続を実施することであるが，このような監査実務の現実的な理由を 1 つ挙げると，監査資源（監査人員，時間および費用）が有限であることに起因する。このため，監査の結果得られるものは，合理的水準に基づいた監査人の心証ということになる。

ここで，個人別計算シートが全数入手可能であると仮定する場合，個人別計算シートを全数計算チェックするという，個人別の退職給付債務を再計算（Recomputation; 日本公認会計士協会 2007）する監査手続の適用が考えられる。しかし，退職給付債務の個人別計算は，その対象となる退職給付制度ごと，かつ，その対象となる細区分制度ごとに[3] 計算しなければならない。つまり，個人別計算シートの数は，個人別に「その対象となる退職給付制度×対象となるその制度の細区分制度」を集計した相当な数に上るため，個人別計算シートを全数計算チェックするのは，現実的ではないのが実情である。

したがって，まず，本章では，退職給付会計監査において実施すべき監査手

続は，（実施することが現実的か否かは別として）統計的サンプリングによる
試査と考える。統計的サンプリングによる試査とは，①サンプルの抽出に無作
為抽出法を用いる。②サンプルの監査結果に基づく母集団に関する結論を出す
にあたって確率論の考え方を用いる。という2つの条件を満たす試査である。
また，当該監査手続は，サンプル数の決定の段階から確率論を利用するため，
一般的にサンプリングの信頼度は向上することから，公認会計士は，より高い
客観性を備えた心証を得ることができるのである。

　たとえ心証であるとしても，できる限り高い客観性を求めることは，会計監
査の専門家として当然のことであろう。また，後で詳しく考察するが，「専門
家の業務の利用」としてアクチュアリーの客観性を求める場合，そもそも公認
会計士自身が客観性に乏しいのであれば，本末転倒である。したがって，本章
では，退職給付会計監査において実施すべき監査手続として統計的サンプリン

【図表 4-1】 基礎率の監査要点

項　目	監査要点
昇給率	・計算基準日はいつか。計算基準日が古い場合，昇給傾向は変わっていないか。 ・最小二乗法などを用いて，合理的に計算されているか。 ・中途入社者などの異常値はないか。異常値があった場合，当該異常値は適切に計算から除外されているか。など
退職率	・計算基準日はいつか。計算基準日が古い場合，退職傾向は変わっていないか。 ・過去何年の退職実績を計算の対象としているか。 ・5点移動平均法などを用いて，合理的に計算されているか。 ・リストラによる大量退職などの異常退職はないか。異常退職があった場合，当該異常退職は適切に計算から除外されているか。など
一時金選択率 （企業年金制度採用の場合）	・計算基準日はいつか。計算基準日が古い場合，一時金選択傾向は変わっていないか。 ・過去何年の一時金選択実績を計算の対象としているか。など
死亡率	・最新の生命表であるなど，合理的な死亡率を用いているか。 ・便宜的に全人員に男子死亡率を用いている場合，人員に占める女子の割合は低いと判断されるか。など
割引率	・平均残存勤務期間に基づいて長期の国債やAA格以上の優良社債利回りなどから，合理的な割引率を用いているか。 ・重要性基準より，割引率の変更は必要ないか。など

グによる試査が望ましいと考える[4]。

しかし，そもそも退職給付会計監査において，統計的サンプリングによる試査の実施が可能か否か（現実的か否か）という問題が存在する。この場合，必要な監査資料が全て入手可能であると仮定して，監査手続の実施が必要と思われる監査要点を図表 4-1・4-2 にまとめてみた。なお，図表 4-1 および図表 4-2 は，日本アクチュアリー会・日本年金数理人会（2008）および日本公認会計士協会（2005a）を参考としている。

【図表 4-2】個人別計算シートの監査要点

項　目	監査要点
基礎率	・基礎率が適正に反映されているか（昇給率，退職率および死亡率については，各年齢に対応して適正に反映されているか）など。
退職給付制度	・計算対象とすべき制度が全て計算されているか。（制度の数だけ個人別計算シートがあるか。） ・制度を適正に反映した退職給付見込額の計算がなされているか（各勤続年数に対応して支給率が適正に反映されているか。年金種類および退職時年齢に対応した年金現価率が適正に計算され，適正に反映されているかなど）。 ・期間定額基準など，制度を適正に反映した退職給付見込額の期間配分方法を採用しているか。など
統計的サンプリングによる試査	・確率論からサンプル数を決定し，サンプルを無作為に抽出し，統計理論に基づいたサンプリングにより母集団を推定し，サンプルの監査結果に基づく母集団に関する結論を出すにあたって確率論の考え方を用いたか。

退職給付会計監査には，非常に多くの監査項目が存在することが確認された。これら全ての監査要点について十分かつ適切な監査証拠を入手することによってはじめて，監査人は合理的水準での心証を得ることができるのである。経験的考察にとどまるが，たとえ必要な監査資料が全て入手可能であったとしても，監査資源が有限であるため，合理的水準での心証を得るために必要十分な統計的サンプリングによる試査を網羅的に実施することは，事実上不可能（現実的ではない）なのである。

次に，その他考えられる監査手続として，分析的手続もしくは会計上の見積

りの監査が挙げられる。しかし，煩雑かつ多量な推定計算を行う退職給付会計において，分析的手続もしくは会計上の見積りの監査だけでは，十分かつ適切な監査証拠は事実上得られないであろう。なぜならば，様々な基礎率から多次元的に影響を受ける退職給付債務等の増減と，会計監査上可視的な指標である計算対象者数や平均月額給与などの増減には，単純に一次元的に定まる関係など存在しないからである。

　以上から，本章では，必要十分な統計的サンプリングによる試査，分析的手続ならびに会計上の見積りの監査を実施することが事実上不可能であることを，退職給付会計監査の本質と考える。ならば，前述したような退職給付会計におけるブラックボックスの状況を解決するだけでは，退職給付会計監査が適正に行われる可能性は低いため，むしろ，アクチュアリー・レポート自体が，会計監査に耐え得る監査資料でなくてはならないと考えられる。

第3節　公認会計士監査におけるアクチュアリーの「客観性」＝「独立性」

　これまでの考察の結果を踏まえて，退職給付会計監査が適切に行われるために最も重要な概念を，アクチュアリーの独立性に求める。本節では，公認会計士監査に必要なアクチュアリーの独立性を考察する前提として，公認会計士監査に必要な公認会計士自身の独立性を考察する。

第1項　公認会計士監査に必要な公認会計士の「独立性」

　公認会計士に必要な独立性とは，常に公正不偏の態度を保持することによって得られる「精神的独立性」，および独立の立場を損なう利害や独立の立場に疑いを招く外観を有しないことによって得られる「外観的独立性」の2つである（図表4-3）。

　まず，「精神的独立性」は，公認会計士監査制度の存立基盤としての根底をなすものであり，その本質に関わる必要不可欠な独立性概念である。当該監査制度は，経営者の作成した財務諸表に社会的信頼性を付与し，もって投資家を保護することが目的であるため，いかなる監査過程における監査判断においても，経営者やその他利害関係者からの圧力に屈しては，そもそも当該目的は達

40

成できないのである。

　次に，「外観的独立性」に関して述べるが，公認会計士監査制度は財務諸表に社会的信頼性を付与することが目的であるならば，公認会計士監査自体が社会的信頼性を得るものでなくては，当該目的は達成できないであろう。このため，本質的な問題である監査人の「精神的独立性」が害されているのではないかという社会的疑念を払拭しなければならなく，「外観的独立性」が必要不可欠なのである。具体的には，社会的疑念を生じるような様々な利害関係が規定されており，公認会計士には当該利害関係を有しないことを求められている[5]。

　この2つの独立性概念であるが，「精神的独立性」は公認会計士監査制度の本質に関わるものであるのに対し，「外観的独立性」は公認会計士監査制度における，いわばイメージである。しかし，社会的信頼性の付与という視点からは両者がともに成立していなければならなく，いずれか一方でも害されている場合には，公認会計士監査制度自体が成立しないのである（鳥羽・川北 2001: 59-74）。

【図表4-3】公認会計士の独立性

精神的独立性	常に公正不偏の態度を保持
外観的独立性	独立の立場を損なう利害や独立の立場に疑いを招く外観を有しないこと

第2項　公認会計士監査に必要なアクチュアリーの「独立性」

　退職給付会計監査は，これまでの考察から示されたように，「専門家の業務の利用」に基づいて行われることになる可能性が高い。ここでの「専門家」とは，会計および監査以外の特定分野における専門的な知識，技能および実務経験を持つ個人または組織体であり，また，専門家の業務を利用する例としてPBO等の算定が挙げられており，かつ，専門家の例として年金数理人が挙げられている。このように，「専門家の業務の利用」として会計監査が行われるのであれば，アクチュアリー・レポートにおいて，専門家たるアクチュアリーの関与の証明が必要であり，また，専門家としての能力を検討することが求められているため，署名・捺印などによって，アクチュアリーの特定も必要になるであろう。

第4章　公認会計士による退職給付会計監査　41

　しかし，専門家の関与だけでは，意図的ではない誤りである誤謬がないとい
う高い心証が得られるだけであり，意図的な行為である不正（日本公認会計士
協会 2008）がないという心証には乏しいであろう。この場合に最も重要な概念
は，専門家の業務の客観性であると考えられる。

　ここで，財務諸表の作成責任はあくまでも経営者にあり，アクチュアリーは，
退職給付会計関連数値の受託計算という，契約法上の受託責任を負うのみであ
る。しかし，アクチュアリーの計算による会計数値が委託企業の財務諸表に重
要な影響を与えていることは，まぎれもない事実である。したがって，アクチュ
アリーは，企業内容開示制度の枠組みの中に受託計算を行う者として単に組み
込まれているだけではなく，企業内容開示制度における重要な役割を担ってい
るのである[6]。

　このようなアクチュアリーの客観性概念は，公認会計士監査に耐え得るもの
でなくてはならない。具体的には，公認会計士が退職給付会計関連数値を監査
することをもって，十分かつ適切な監査証拠を入手する必要があるのは会計監
査論上の当然の前提であるが，前述したような監査環境下では，アクチュア
リー・レポートをもって，退職給付会計関連数値が社会的信頼性を得る必要が
あると表現しても過言ではない。つまり，アクチュアリーに対して非常に強固
な客観性が求められるであろう。本章では，このような客観性を究極の客観性
と考え，独立性と同義であると考えることとし，また，この公認会計士監査に
必要なアクチュアリーの独立性を，以下のように考える。

　前述したように，公認会計士に求められる2つの独立性概念は，「精神的独
立性」と「外観的独立性」である。一方，アクチュアリーに必要な独立性概念
であるが，公認会計士監査の枠組みの中で捉える限り，この2つの独立性概念
と同義と解しても構わないであろう。しかし，当該独立性の概念にとって，受
託計算業務の特性を反映させた若干の調整が必要と考えられる（図表4-4）。具
体的には，まず，「精神的独立性」であるが，いかなる利害関係者からの圧力
にも屈することなく，会計上適正な退職給付会計関連数値を計算することであ
り，受託計算業務の本質をなす概念である。次に，「外観的独立性」であるが，
アクチュアリーの「精神的独立性」が害されているのではないかという，公認
会計士の疑念が払拭されていることであり，公認会計士の心証に訴えかけるも

のである。この場合も，疑念を生じるような様々な利害関係を規定し，当該利害関係を有しないことを求めるべきだと考えられる。また，両者がともに成立していなければならなく，いずれか一方でも害されている場合には，アクチュアリー・レポートの監査証拠としての証明力が低くなると考えられる。

【図表4-4】アクチュアリーの独立性

精神的独立性	いかなる利害関係者からの圧力にも屈することなく，会計上適正な退職給付会計関連数値を計算すること
外観的独立性	アクチュアリーの「精神的独立性」が害されているのではないかという，公認会計士の疑念が払拭されていること

第4節　アクチュアリーの独立性に対する実務上の問題点および解決策の提唱

受託計算業務の実情を述べるが，そのほとんどの場合に，退職給付制度の受託機関が計算業務も受託している。この最も大きな理由は，退職給付制度の受託機関が計算業務の基礎データを管理しているため，当該機関に計算業務を委託することが実務上便宜的だからである。また，もう1つの理由として，日本におけるアクチュアリーの人数は決して多くないうえに[7]，そのほとんどが生命保険会社もしくは信託銀行に所属しているため，独立の立場にあるアクチュアリーの人数が限られることが挙げられる。本章では計算受託機関を28社挙げたが，その中で大手生保・信託といえるのは10社程度であり，この10社程度でもって，日本企業の受託計算業務をほぼ一手に引き受けているのである。また，計算受託機関が，企業決算に間に合うようにアクチュアリー・レポートを提出することについて，実務上，かなりの負担が生じていることから，計算業務の基礎データを管理している退職給付制度の受託機関に，計算業務を委託しなければ，企業決算に支障をきたしてしまうという現状が存在するのである。

このように，退職給付制度の受託機関と退職給付会計数値の計算受託機関が同一の場合には，被監査会社とアクチュアリーの間には様々な強い利害関係が生じていることになり，本章で定義したアクチュアリーの「外観的独立性」が満たされていないと考えられる。すなわち，退職給付会計監査における実務上の問題点が存在するのである。

第4章　公認会計士による退職給付会計監査　43

　したがって，このような実務上の問題点に対して，これまでの議論を踏まえて解決策を提唱するが，アクチュアリーの独立性を担保するのであれば，退職給付制度の受託機関と退職給付会計数値の計算受託機関は分けるべきと考えられる。ここで，たとえ退職給付制度を受託していたとしても，客観性のある受託計算業務を実施するために，適切な内部統制を計算受託機関内部に構築（もしくは，強化）する必要性が認識されている（日本公認会計士協会 2003）。しかし，このような受託機関における内部統制に関する議論は，あくまでも「精神的独立性」にとどまるものであって，本章におけるアクチュアリーの「外観的独立性」には該当しないので，解決策としては考えることはできないであろう。

　また，以上の問題点を踏まえて，アクチュアリーの独立性が存在しないという実務上の制約要件内で解決策を挙げるのであれば，公認会計士が専門家（アクチュアリー）を監査補助者の一員として利用したうえで，自身が開発・監修（もしくは検証）した計算ソフトを使用する監査手続が考えられる。具体的には，公認会計士の計算した基礎率および退職給付会計数値と受託機関の計算した数値等を比較して，その差異が許容される範囲内に収まるか否かを検証するという，企業全体の退職給付債務の再計算ともいえる監査手続である。

　このような監査手続を採用するならば，アクチュアリーの独立性に関する問題はなくなるであろう[8]。ただし，公認会計士自身が開発・監修（もしくは検証）した計算ソフト，および，それを適正に使用できる人材などの監査資源を入手することができるか否かが，実務上，非常に大きな問題である。つまり，このような監査手続が実施可能な監査人は，大手監査法人に限定されるであろう[9]。ならば，全ての公認会計士監査を対象とする視点からは，このような監査手続は事実上実施不可能であるため，前述したように，退職給付制度の受託機関と退職給付会計数値の計算受託機関の分離が，かなり難しいという実務上の問題点を考慮しても，アクチュアリーの独立性を担保することが重要であるという結論に帰結するのである。

　この場合，アクチュアリーに対して会計監査上望ましくない具体的な利害関係を規制すべきであるが，前述したように，それがむしろアクチュアリーの受託計算実務に混乱を生じさせる可能性もあるのは確かである。ちなみに，諸外国においてもアクチュアリーの独立性の重要性は認識されてはいるものの，退

職給付制度と計算の受託機関を分けるべきという何らかの制度を設定している国は，著者の知る限り，存在しない[10]。

本章の考察の過程において言及したように，現行実務としての退職給付会計監査が適切に行われているか否かを判断するのは，非常に難しいのである。今後，日本の退職給付会計監査のあるべき姿を，アクチュアリーの独立性という視点から考えるうえで，本章が1つの布石となれば幸いである。

第5節　可視的な基礎率かつ注目度の高い基礎率

本章のこれまでの考察により，公認会計士による退職給付会計監査の問題点に言及し，その解決策に対する提唱を行った。そして，本節では，このような退職給付会計監査の実情から，会計監査において可視的な基礎率を導き出す。

まず，アクチュアリーによるブラックボックスの受託計算業務の枠内で計算される昇給率，退職率および一時金選択率は，事実上，不可視的であろう（ただし，死亡率は可視的である。しかし，第2章で述べたように，経営者によるその選択に，事実上，裁量が介入せず，また，会計数値に重要な影響を与えないため，本研究では考察の対象としない）。可視的な基礎率は，経営者により選択される割引率である。また，割引率が退職給付債務等に与える具体的な影響額は不可視的であるが，第5章で示すように，この影響額は非常に重要である。

そして，受託計算とは関係がないため，本章での考察の対象外である期待運用収益率も，経営者により選択される可視的な基礎率である。また，期待運用収益は期首年金資産に期待運用収益率を乗じることによって求められるため，期待運用収益率が退職給付費用に与える影響額は可視的であり，また，第6章で示すように，この影響額も非常に重要である。

以上から，第5章以降の分析において，公認会計士による会計監査が事実上機能する対象としての可視的基礎率を，割引率および期待運用収益率であると考える。さらに，可視的であるだけではなく，重要な影響を与える基礎率として，特に注目度の高い基礎率だと考える。さらに，割引率および期待運用収益率は，公認会計士に対してのみ可視的かつ注目度の高い基礎率だけではなく，

〈添付資料〉アクチュアリー・レポートの調査・分析結果（2009年2月7日現在）　調査・分析対象；計算受託機関28社；計算受託企業195社）

計算受託機関	アクチュアリーの署名・捺印	計算対象データ（人数、平均給与月額、平均年齢、平均勤続年数等）	割引率	昇給率 計算対象データ	昇給率 年齢別昇給率・グラフ	退職率 計算対象データ	退職率 年齢別退職率・グラフ	死亡率	一時金選択率 計算対象データ	退職給付見込額の期間配分方法	計算対象とした退職給付の付加度・その付加度の概要 計算上の最終年齢	付加度・その付加度の概要	個人別計算結果	個人別計算シート
1	○	○	○	○	○	○[注6]	○	○	○	○	×	△[注4]	△[注8]	×
2	○	○	○	○	○	△[注6]	○	○	○	○	○	○	△[注8]	×
3	○	○	○	×	×	△[注5]	×	○	○	○	×	×	○	×
4	○	○	○	○	△[注4]	○	○	○	○	○	○	○	×	×
5	○	○	○	○	○	○	○	○	○	○	×	×	×	×
6	○	△[注4]	○	○	○	○[注6]	○	○	×	○	×	△[注4]	△[注8]	×
7	○	△[注4]	△[注4]	○	×	×	×	○	○	×	×	×	×	×
8	○	○	○	○	○	○	○	○	×	○	○	×	×	×
9	○	○	○	○	○	○	○	○	○	○	○	○	×	×
10	○	△[注1]	○	○	○	△[注5]	○	○	○	○	○	△[注4]	×	×
11	○	○	○	△[注4]	△[注5]	△[注6]	○	×	○	○	×	△[注5]	△[注8]	×
12	○	○	○	○	○	△[注6]	×	×	○	×	○	○	×	×
13	○	○	○	×	○	△[注6]	×	○[注7]	○	×	○	○	×	×
14	○	△[注4]	×	○	×	○	×	○[注7]	○	○	×	×	×	×
15	○	△[注4]	○	○	○	×	×	○	○	○	×	×	×	×
16	○	△[注4]	○	○	○	○	×	○	○	○	○	×	×	×
17	○	○	○	×	○	○	×	○	○	○	○	○	×	×
18	○	○	○	×	×	×	×	○	○	○	○	○	×	×
19	○	○	○	△[注4]	△[注4]	○	○	○	×	○	△[注4]	△[注4]	×	×
20	○	○	○	○	○	○	○	×	○	○	×	×	×	×
21	○	○	×	×	○	○[注4]	○	×	○	○	×	×	×	×
22	○	○	○	×	×	×	○	○	×	○	×	×	×	×
23	○	○	△[注4]	○	○	○	○	○	○	○	×	△[注5]	×	×
24	×[注2]	○	×	○	△[注4]	○	×	○	×	○	×	×	×	×
25	×[注3]	○	○[注4]	○	△[注4]	○	△[注4]	○	○	○	×	×	×	×
26	×[注3]	○	△[注4]	○	△[注4]	○[注4]	○[注4]	○	×	○	○	△[注4]	×	×
27	×[注3]	○	×	○	○[注4]	○	○[注4]	○	○	○	×	×	×	×
28	×[注3]	○	○	○	○	○	○	○	△[注5]	○	○	△[注9]	○	△[注9]

注1）（公社）日本年金数理人会正会員が計算を行っている旨の記載を行っている場合のみの記載である。
注2）アクチュアリーが計算を行う場合と、行わない場合がある。
注3）そもそもアクチュアリーが計算を行っていない。
注4）記載が網羅的ではなく不十分である。
注5）記載があるときと、ないときがある。
注6）計算対象とした退職実績の過去年数の記載がない。
注7）具体的に特定ができない。
注8）計算受託企業の要請があった場合のみ添付される（追加計算発生）。
注9）サンプルとして1、2名であり、不十分である。

社会一般に対しても，可視的かつ注目度の高い基礎率だと考えられる。たとえば，経営者の選択した会計方針を吟味する立場にある証券アナリストなどにも注目される基礎率であろう。

　本章のこれまでの考察から，第5章および第6章では，それぞれ，割引率および期待運用収益率の会計方針選択行動を分析対象とする。さらに，公認会計士や証券アナリストによる監査または分析・評価の効果を考慮するが重要であると考えられるため，本研究の分析において，監査または分析・評価の効果も考慮することとする。

[注]────────────

1）退職給付会計数値の計算ソフトを購入して自社計算している企業も存在するが，本章は，計算を委託している企業を前提として考察を行う。

2）本章において，「アクチュアリー・レポート」という用語は，PBO等の計算結果の報告書（計算受託機関ごとにその名称は異なる）を示す総称として用いる。

3）補論第1節を例に挙げると，「退職給付制度ごと」とは退職一時金制度と確定給付企業年金制度ごとである。また，「細区分制度ごと」とは，退職一時金制度における基本退職金と職能加算金ごとである。

4）統計的サンプリングに対する主な批判は，監査人の職業的専門家としての判断の介入が減少する点であるが，本章においてはこの批判は適切ではないと考え（千代田 1998: 477），本章では考察の対象とはしない。

5）公認会計士法第24条および第34条の11などで規定されている（鳥羽・川北 2001: 71-72）。なお，監査人が被監査会社から監査報酬を得て監査を行うという関係は，少なくとも公認会計士の外観的独立性に関して良くない印象を与えるのも確かである。しかし，自由契約主義のもと，被監査会社が最も信頼する監査人を選択し監査契約を締結するという考え方は，基本的には尊重されるべきであろう（鳥羽・川北 2001: 76）。アクチュアリーが委託会社から報酬を得て受託計算を行うという関係も，アクチュアリーの外観的独立性に関して良くない印象を与えるが，基本的には尊重されるべきと考えられる。

6）米国において，アクチュアリーの関与する企業会計には，退職給付会計（FASB 1985）だけではなく，年金以外の退職後給付会計（FASB 1990）も存在するため，アクチュアリーの担う役割はより広範囲に渡っている。米国におけるアクチュアリーの担う役割の重要性の考察は，Fogarty and Grant（1995）および Anantharaman（2012）を参照されたい。

7）公益社団法人日本アクチュアリー会正会員 1,697 人（2018 年 3 月 31 日現在：日本アクチュアリー会 http://www.actuaries.jp/intro/2017idou.pdf），公益社団法人日本年金数理人会正会員 499 名（2018 年 10 月 17 日現在：日本年金数理人会 http://www.jscpa.or.jp/about/summary/index.php）。ただし，日本年金数理人会正会員の資格条件の1つが，日本アクチュアリー会正会員であることなので，両者の人数は重複している。

8）企業がこのような監査手続を受ける場合，企業にとって専門家（アクチュアリー）の利用の必要性はなく，自社計算ソフトで退職給付会計数値を計算しても，特に問題はないこ

とになる。

9）著者が実務上知り得た知識であるが，このような監査手続を実施している監査人として，2つの大手監査法人が存在する。しかし，監査報酬および監査時間が有限であるという監査資源の問題から，当該監査手続は，全ての被監査会社に対して実施されておらず，また，毎年度実施されていないのが現状である。

10）米国および英国の状況については，年金会計研究委員会編（1997: 547-565）を参照されたい。なお，日本の監査基準「専門家の業務の利用」（日本公認会計士協会 2002e）と，米国の監査基準「専門家の業務の利用」（AICPA 1994）は，同様の内容である。

第5章

割引率の会計方針選択行動
―裁量的選択行動，横並び選択行動
および水準適正化選択行動―

第1節　割引率選択行動に対する問題意識

　これまでの考察から，経営者による裁量の介入の余地が大きく，かつ，退職給付債務等の測定に与える影響が重要な会計方針の1つが，割引率である。割引率は，会計基準で一定の指針が示されているため，裁量の介入の余地があるにせよ，一定の適正水準なるものが存在し，経営者はその水準を会計方針として採用すべきである。しかし，退職給付会計基準導入当初の日本企業全体の割引率の選択は，裁量の介入が大きく，適正水準にあるとはいえなかった。ただし，導入から時の経過とともに，裁量の介入は小さくなり，適正水準に近似していくように考えられる。

　本章では，このような日本企業による会計方針選択行動を経験的考察をし，実証的に明らかにすることを目的とする。具体的には，割引率の選択についての会計基準の考察を行ったうえで，日本企業の割引率選択に関する実態データおよび事例を紹介し，いかに割引率の選択に裁量が介入しているのかを導き出す。本章では，このような会計方針選択行動を「裁量的選択行動」と定義する。

　そして，日本企業の割引率選択行動に関する時系列データを概観した結果を踏まえて，時の経過とともに裁量の余地が次第に小さくなっていくこと，および一定の適正水準に近似していくことを経験的考察に基づいて仮説をたて，実証的にデータ解析を行い解明する。本章では，このような会計方針選択行動を「横並び選択行動」および「水準適正化選択行動」と定義する。

第2節　割引率—重要で裁量の介入の余地が大きい基礎率—

日本アクチュアリー会・日本年金数理人会（2008）および山口（2002）を例にとると，期間定額基準を採用した場合，退職給付債務としての現在在職する従業員の集合 e に関する PBO は，以下のようにモデル化される。これは，第3章で分析した測定モデルをかなり簡略化した概念式と据えることができる。

$$\text{PBO}e = \sum_x \sum_r \sum_f \sum_j S(x,\ r,\ f,\ j) \cdot \frac{r}{t+f} \cdot \frac{1}{(1+i)^f} \qquad \text{【式5-1】}$$

i: 割引率，x: 現在年齢，r: 現在までの勤続年数，f: 現在からの経過年数，j: 退職事由，$S(x, r, f, j)$：支給額

　以上から，PBO は様々な基礎率を用い，それらが互いに影響を及ぼし合って測定額が決まるため，割引率が何%変動したら PBO は何%変動するかなどは一概には予想できないが，図表5-1にその影響の経験的概算が報告されている。

【図表5-1】割引率0.5%の変動に対する PBO の感応度（概算）

給付の種類	感応度
退職一時金	5% 程度
適格年金（10年確定年金）	6% 程度
厚年基金（15年保証終身年金）	9% 程度
厚年基金（単純終身年金）	11% 程度

（出典：山口（2002））

　また，Bauman and Shaw（2014）は，割引率1%の変動に対する PBO の感応度は，割引率を引き下げた場合は平均約5.4%，割引率を引き上げた場合は平均約4.4%という結果を示している。また，割引率1%の変動に対する退職給付費用を通じた営業利益の感応度は，割引率を引き下げた場合は平均8.0%，割引率を引き上げた場合は平均約9.1%という結果を示している。Kasaoka（2015）は，日本企業のうち IFRS（International Financial Reporting Standards）適用企業の感応度分析の注記開示事項をまとめ，割引率0.5%の変動に対する PBO の感応度は，割引率を引き下げた場合は平均約6%，割引率を引き上げた場合は平均約6.5%という結果を示している。

このように，割引率の選択によって，PBO の測定額が非常に重要な影響を
受けることが理解できる。つまり，PBO が企業の財政状態に深刻な影響を与
えていることを考えれば，割引率の選択は非常に重要な会計方針の選択である。

また，詳しくは後述するが，割引率の選択の基礎となる指標には複数の選択
肢が存在するなど，割引率は裁量の余地が大きい基礎率である（企業会計審議
会 1998，日本公認会計士協会 2005a，日本アクチュアリー会・日本年金数理人会
2008)。

以上から，割引率は非常に重要で裁量の介入の余地が非常に大きい基礎率で
あると考えられ，本章において割引率の選択行動を研究対象とすることは，意
義が非常に大きいと考えられる。

第3節　先行研究のレビュー

退職給付会計の割引率選択に関する先行研究を，以下に示す。

まず，米国企業を対象としたものは，Kwon (1990)，Kwon (1994)，
Gopalakrishnan and Sugrue (1995)，Godwin *et al.* (1996)，Blankley and
Swanson (1995)，Godwin (1999)，Amile (2009)，Blankley *et al.* (2010)，
Houmes *et al.* (2011)，Amlie (2012)，および，Jones (2013) である。

Kwon (1990) および Kwon (1994) は年金資産の積立率が低いほど，および，
負債資本比率が高いほど，経営者は高い割引率を選択する傾向にあることを確
認した。また，Gopalakrishnan and Sugrue (1995) は，積立変数（代理変数：
PBO／年金資産）が低いほど，およびレバレッジ（代理変数：(負債簿価＋未
認識退職給付債務×(1−法定実効税率)) ／(時価総額−未認識退職給付債務
×(1−法定実効税率)))) が高いほど，経営者は高い割引率を選択する傾向にあ
ることを確認した。そして，Godwin *et al.* (1996) は，収益性（代理変数：
EPS (Earnings Per Share) の変動額／時価総額）が悪化しているほど，レバレッ
ジ（代理変数：長期負債／有形自己資本 (tangible equity) −業種平均レバレッジ）
が高いほど，配当制限条項が厳しくなるほど，および，負債条項が厳しくなる
ほど，経営者は高い割引率を選択する傾向にあることを確認した。Godwin
(1999) は，積立不足の退職給付制度の企業は，積立超過の退職給付制度の企

業よりも，割引率が高いことを確認した。

　さらに，Amlie（2009），Houmes *et al.*（2011），Amlie（2012），および Jones（2013）は SFAS158 の導入の影響を抑えるために行われた，割引率選択に関して分析した。Amlie（2009）は，経営者が SFAS87 の要求していた追加最小負債（additional minimum liability）の計上を避けるために割引率を恣意的に操作していたが，SFAS158 が導入されてから恣意的な操作が少なくなった可能性を示唆した。Houmes *et al.*（2011）は，経営者がより高い割引率に変更を行っており，流動比率が低いほど，およびレバレッジ（代理変数：長期負債／総資産）が高いほど，経営者は高い割引率を選択する傾向にあることを確認した。Amlie（2012）は，総資産に比して PBO が大きい企業ほど，経営者はより高い割引率に変更したことを確認した。Jones（2013）は，負債契約があり負債比率が高いほど，経営者は高い割引率を選択する傾向にあることを確認した。

　Blankley and Swanson（1995）は，長期的調査による米国企業の割引率選択行動のデータを示し，当該データを概観した。割引率選択の基準となる指標（長期国債の利回りなど）が低くなっても，割引率選択の水準が下がるのにはタイム・ラグが存在することを示した。また，割引率は昇給率と正の相関関係があることを確認したが，将来の物価変動を退職給付債務の計算に織り込むことを考慮すれば，当然の相関関係であると結論付けている。Blankley *et al.*（2010）は同様に，長期的調査による米国企業の割引率選択行動のデータを示し，当該データを概観した。割引率選択の水準は基準となる指標（ダブル A 格の社債等）に近似していることを確認したが，割引率選択の水準が下がるのにはタイム・ラグが存在することを示し，利益平準化（smoothing）を行っている可能性を示唆した。

　次に，SEC（U.S. Securities and Exchange Commission）基準を採用している日本企業を対象としたものは，大日方（1999）および Obinata（2000b）である。米国企業および連結財務諸表を SEC 基準で作成している日本企業の割引率選択行動を時系列に概観したうえで，会計基準により規範とすべき指標の下落幅ほど，当該企業の割引率の低減幅は小さいという傾向を示した。そして，SEC 基準採用の日本企業 24 社の割引率選択のインセンティブ傾向を重回帰分析によって実証し，国債の利回りが低いほど，レバレッジ（代理変数：負債比率）

が低いほど，およびROE（Return on Equity）が高いほど，企業は低い割引率
を選択する傾向にあることを確認した。なお，国債の利回りは割引率選択の指
標であるため，国債の利回りが低いほど，低い割引率を選択していることは，
いわば会計基準が遵守されていることを確認したことになる。

　最後に，SEC基準およびIFRSを採用していない日本企業を対象としたもの
は，奥村（2005），佐々木（2005a），吉田（2008a: 131-145），Kasaoka（2011），
およびSasaki（2015b）である。

　奥村（2005）は，詳しくは後述するが，証券取引所に上場している日本企業
を対象とし，未積立退職給付債務が多いほど，負債比率が高いほど，および規
模が大きいほど（代理変数：売上高），企業は高い割引率を選択するという，
割引率選択のインセンティブ傾向を重回帰分析によって確認した。佐々木
（2005a）は，年金資産の積立不足が大きいほど，およびROEが低いほど，企
業は高い割引率を選択する傾向にあることを確認した。さらには，積立不足の
顕在化が問題視された厚生年金基金の代行部分を有している企業ほど，高い割
引率を選択する傾向にあることを確認した。

　吉田（2008a: 131-145）は，割引率の選択に関して，社債契約の財務上の特約
の視点から，経営者の意思決定を分析している。特約が付された企業のみを分
析対象として，以下の仮説を設定し，全ての仮説を支持する結果を得た。

　純資産特約仮説：純資産維持条項が課されている企業ほど，高い割引率を選
択する。割引率が高いほど，退職給付債務は少なくなるため，純資産は大きく
なる。したがって，純資産を一定額以上に維持しようとする経営者は，高い割
引率を選択すると考えられる。

　経常利益特約仮説：利益維持条項あるいは配当制限が課されている企業ほど，
高い割引率を選択する。利益維持条項および配当制限は，経常利益を基準とし
て特約が決められている。割引率が高いほど，営業損益項目に計上される退職
給付費用は少なくなるため，経常利益を一定額以上に維持しようとする経営者
は，高い割引率を選択すると考えられる。

　Kasaoka（2011）は，収益性（代理変数：（税金等調整前当期純利益＋退職給
付費用）／純資産）が低いほど，レバレッジ（代理変数：（総負債－退職給付
引当金）／純資産）が高いほど，積立比率（代理変数：（退職給付債務－未認

識数理計算上の差異）／年金資産）が低いほど，営業活動によるキャッシュ・フロー比率（代理変数：（営業活動によるキャッシュ・フロー退職給付引当金の増減）／純資産）が低いほど，および企業規模（代理変数：売上高の自然対数）が大きいほど，高い割引率を選択する傾向にあることを確認した。また，動態的アプローチからも分析しており，収益性が低くなるほど，レバレッジが高くなるほど，積立比率が低くなるほど，および，営業活動によるキャッシュ・フローが低くなるほど，割引率を高める傾向にあることを確認した。Sasaki (2015b) は，ハイテク（high-tech）産業の企業に限って，研究開発費が多いほど，経営者は高い割引率を選択する傾向にあることを確認した。

　なお，経営者による割引率の選択行動に関する先行研究は，これまでにレビューした先行研究を含め，須田（2007）により詳しくレビューされている。

　以上から，Blankley and Swanson（1995）および Blankley *et al.*（2010）は長期データの概観することによって，そして，その他全ての先行研究は重回帰分析や平均値の検定などの統計的手法によって，割引率選択のインセンティブ傾向を示している。つまり，割引率選択の相対的な傾向を示す研究である。本章では，これらの先行研究を範にとりながらも，実際に選択された割引率と会計基準が採用すべきとする適正水準の関係の研究を行うべく，選択割引率の絶対的水準を基準として考察を行うアプローチを採用する。

第4節　裁量的選択行動

　本節では，割引率の選択に際して，会計基準が採用すべきとする適正水準（規範値）を定義する。そして，それをもとに，割引率の選択について裁量が介入しているという事実，および裁量が介入する余地が大きいことを述べる。

第1項　規範的な割引率選択行動

　まず，本章の分析期間に対応する日本基準（企業会計審議会 1998，日本公認会計士協会 2005a）の考察を行い，規範的な割引率の選択行動を定義する。基準は，割引率として，長期の国債や優良債券の利回りの過去一定期間の平均値を採用する旨を規定している。ここで，退職給付会計は，退職給付制度が積立

超過である場合には異なった視点からの考え方が必要であるが（詳しくは，第6節で後述する。），あくまでも積立不足額の測定を主眼としていることを念頭におかなければならない。この場合，積立不足を補うのは企業全体の資産であるため，割引率は企業の収益率（成長率）などを採用することも考えられる。しかし，このように企業独自の率を用いることにも正当性があるが，できるだけ恣意性を排除しようとする制度会計の基本的枠組みから，一国全体の平均的な経済成長を示す指標としての長期国債などの利回りの基準とし，さらに，偶発性を排除するためにその過去平均値を採用すべきものと規定したと推定できる。そして，実務上，優良債券の利回りの過去データは有料の場合もあり，非常に入手し難いため，国債の利回りを基準として割引率を設定するのが一般的である。なお，外国で観察される実務とは異なり，国債の利回りにスプレッドを考慮することは規定されていない。このため，国債の利回りにスプレッドを上乗せする実務は，経営者による裁量とみなすことができる。また，「おおむね5年以内」と規定されているが，できるだけ過去の利回りの変動の影響を除去するために，最大年数である過去5年平均を採用するのが実務上一般的である。よって，本章の実証分析を行ううえで基準となる，裁量の介入の余地ができるだけ小さい規範的な割引率を，国債の利回りの過去5年平均とする。

　本章では，サンプル企業を退職給付会計の適用初年度，適用2年目，適用3年目および適用4年目に区分して，その割引率選択行動を分析する。これらの各適用年度は，決算日がそれぞれ2001年3月31日〜2002年3月30日，2002年3月31日〜2003年3月30日，2003年3月31日〜2004年3月30日，および2004年3月31日〜2005年3月30日の決算日を指す。ここで適用初年度のサンプル企業の中で最も多い2001年3月31日決算企業は，実務的なタイミングの制約から2000年以前の国債利回り（年平均）のデータしか入手することができないため，2000年以前の過去5年平均を適用初年度の割引率の規範値と定義する。また，適用2年目以降も同様に規範値を定義する。

　図表5-2より図表5-3が求められる。ここで，割引率の選択について，10年国債を基準にするのか，20年国債を基準にするのかは，当該企業の平均残存勤務期間に近似している方を採用すべきである（日本公認会計士協会2005a，2005b）。平均残存勤務期間は開示事項ではないため，日本企業全体の正確な平

【図表 5-2】国債応募者利回り（年平均）の推移　　　　　　　　　　　　（単位；%）

年	1990	1991	1992	1993	1994	1995	1996	1997	1998	1999	2000	2001	2002	2003	2004	2005
10年国債	6.746	6.316	5.266	4.288	4.219	3.473	3.132	2.364	1.518	1.732	1.710	1.293	1.278	0.988	1.498	1.361
20年国債	7.009	6.667	5.742	5.188	4.690	3.946	3.733	3.025	2.253	2.658	2.305	1.997	1.962	1.526	2.096	2.018

（出典：財務省のホームページ http://www.mof.go.jp/jgbs/auction/calendar/index.htm）

【図表 5-3】割引率の規範的水準　　　　　　　　　　　　　　　　　（単位；%）

	国債利回りの過去5年平均			
	10年国債	20年国債	平均値	
2000年以前	2.0912	2.7948	**2.4430**	適用初年度に選択すべき割引率の規範値
2001年以前	1.7234	2.4476	**2.0855**	適用2年目に選択すべき割引率の規範値
2002年以前	1.5062	2.2350	**1.8706**	適用3年目に選択すべき割引率の規範値
2003年以前	1.4002	2.0896	**1.7449**	適用4年目に選択すべき割引率の規範値

均値は求めることはできないが，労務行政研究所（2005: 48-50）で示されている調査結果より，ほとんどの企業が約 10 年～約 20 年程度の間に落ち着いている。このため，日本企業全体における選択すべき割引率の規範値として，さらに，10 年国債と 20 年国債についての平均値とする。

第2項　割引率選択行動における裁量の介入

本項では，日本企業が実際に選択している割引率の水準に関するデータを示し，規範的な割引率水準と比較することによって，割引率の選択には裁量が大きく介入していることを示唆する。

図表 5-4 のデータは，日本経済新聞社による情報提供サービスである NEEDS-Financial QUEST から入手したものである。なお，全国証券取引所の上場企業の全社を調査対象としているが，本章はあくまでも日本基準における割引率の選択行動を分析対象としていることから SEC 基準適用企業を除外し，連結対象企業間で選択している割引率が異なっている場合（割引率に幅あり）を除外し，そして，そもそも簡便法適用企業には割引率のデータが存在しないことから除外した。

第5章　割引率の会計方針選択行動　57

【図表 5-4】サンプル企業　　　　　　　　　　　　　　　　　　　（単位：社）

	適用初年度	適用2年目	適用3年目	適用4年目
データ収録企業数	2,740	2,858	2,988	3,038
除外				
SEC 基準適用企業	25	25	34	34
割引率に幅あり	99	122	122	130
簡便法適用企業等	553	613	697	736
分析対象企業数	2,063	2,098	2,135	2,138

【図表 5-5】割引率の実際的水準

	適用初年度	適用2年目	適用3年目	適用4年目
平均（%）	3.0818	2.6821	2.3848	2.2173
中央値（%）	3.0	2.5	2.5	2.0
最頻値（%）	3.9	2.5	2.5	2.0
標準偏差	0.3709	0.4175	0.3990	0.3793
分散	0.1375	0.1743	0.1592	0.1439
歪度	−0.6172	0.4627	0.9610	0.7236
尖度	1.4132	5.6698	10.1652	14.0544
最大値（%）	4.5	7.0	7.0	7.0
最小値（%）	1.4	1.5	1.0	0.02

　図表 5-3 と図表 5-5 を比較すると，割引率の実際的水準は規範的水準よりも高く，その選択には何らかの裁量が介入していると考えられ，また，その裁量は非常に大きいと結論付けられる。

第3項　適用初年度における割引率選択行動
　　　—実務事例の紹介および経験的考察—

　適用初年度当時の著者の実務経験に基づくが，複数の被監査会社から，「1998年以降の国債利回りは低過ぎて異常水準である。割引率算定においては考慮すべきではない。」という趣旨の主張を受けたものである。この主張は，異常水準と認められる過去利回りは，割引率の選択において除外することが可能である旨が規定された会計基準（日本公認会計士協会 2005b）を根拠とするものである。

2001 年 3 月 31 日決算企業は 2000 年以前の国債利回り（年平均）のデータしか入手することができないため，過去 5 年平均は 2000 年〜 1996 年の 5 年間となる。このため，急激に国債利回りの落ち込んだ 1998 年以降の国債利回りを異常水準とみなした場合，1997 年と 1996 年の過去 2 年平均を採用することになり，過去平均利回りは 10 年国債で約 2.75%，20 年国債で約 3.38% となる。これは，図表 5-5 における割引率の実際的水準を担保する実務事例である。

また，著者が複数の被監査会社で同様の経験をした時期と前後して，泉本 (2000) においても同様の事実が報告されている。このため，多くの日本企業が同様の主張をしていたのではないかと考えられる。しかし，「異常水準」であるか否かは，明確には判明せず，まさに裁量である。このように，割引率の選択は，適用初年度において，大きな裁量が介入していたのである。

このような実務事例に加えて，前述したように，割引率の選択に関して日本基準では，国債の平均値を求めるにあたって過去参照年数が「おおむね 5 年以内」であるため，一定の幅が存在する。また，国債以外にも優良債券の利回りなどを採用することが認められている。さらに，国債の利回りの過去平均値に対して，優良債券の利回りを基準とするスプレッドを加えて，割引率を選択する考え方も正当化される。

以上のように，割引率の選択には，会計基準を遵守したとしても，多大な裁量の介入の余地が存在するのである。

第 5 節　割引率の推移

本節では，日本企業の割引率選択行動に関する時系列データを概観することを目的とする。この結果を踏まえ，経験的考察に基づき，本章で実証すべき仮説を導き出す。

サンプル企業数は 1,882 社とするが，これは，図表 5-4 の「分析対象企業数」の中に，適用初年度から適用 4 年目までの全ての期において含まれており，割引率の推移が全ての期において追える企業である。

日本企業の割引率選択行動に関する時系列データ（図表 5-6 〜 5-11）を概観したところ，当該期間において，割引率の規範値が小さくなるにつれて，割

引率の実際値も小さくなっている。また，時の経過とともに，規範値に相対する割引率選択のばらつきも小さくなっている。この現象は，割引率選択に対して，裁量の介入が小さくなって横並び傾向となっており，そして，規範値に向けて割引率の水準が適正化していると換言することができる。

このため，このような日本企業の割引率選択行動を，横並び選択行動および水準適正化選択行動と定義する。そして，本章では以下，この選択行動の因果関係を含むメカニズムを考察したうえで，実証することを目的とする。

【図表 5-6】割引率の分布　　　　　　　　　　　　　　　　　　　　（単位：社）

	適用初年度	適用 2 年目	適用 3 年目	適用 4 年目	合計
0.5% 未満	0	0	0	3	3
0.5%	0	0	0	1	1
0.5% 超 1.0% 未満	0	0	0	1	1
1.0%	0	0	5	6	11
1.0% 超 1.5% 未満	0	0	2	9	11
1.5%	4	19	54	81	158
1.5% 超 2.0% 未満	5	18	35	49	107
2.0%	34	182	481	789	1,486
2.0% 超 2.5% 未満	10	44	99	128	281
2.5%	170	754	916	709	2,549
2.5% 超 3.0% 未満	51	111	79	41	282
3.0%	992	643	185	54	1,874
3.0% 超 3.5% 未満	13	5	0	0	18
3.5%	584	97	20	9	710
3.5% 超 4.0% 未満	2	1	0	0	3
4.0%	15	6	3	0	24
4.0% 超 4.5% 未満	0	0	0	0	0
4.5%	2	2	2	1	7
4.5% 超	0	0	1	1	2
合計	1,882	1,882	1,882	1,882	7,528

【図表 5-7】割引率の基本統計量

	適用初年度	適用2年目	適用3年目	適用4年目
平均（％）	3.0867	2.6763	2.3890	2.2214
分散	0.1355	0.1650	0.1588	0.1390
標準偏差	0.3681	0.4062	0.3985	0.3728
歪度	－0.5922	－0.0428	0.9400	0.3297
尖度	1.3773	0.6021	10.6138	8.0866
中位値（％）	3.0	2.5	2.5	2.1
最頻値（％）	3.0	2.5	2.5	2.0

【図表 5-8】割引率の推移

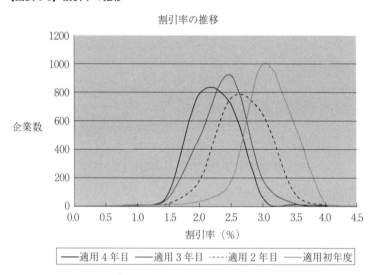

第 5 章　割引率の会計方針選択行動　61

【図表 5-9】割引率の推移（適用初年度→適用 2 年目）　　　　（単位：社）

| | | 適用 2 年目 | | | | | | | | | | | | |
		1.5%	~	2.0%	~	2.5%	~	3.0%	~	3.5%	~	4.0%	4.5%	合計
適用初年度	1.5%	4												4
	~	1	4											5
	2.0%	3	1	30										34
	~		2	1	7									10
	2.5%	7	3	46	1	113								170
	~			2	6	5	38							51
	3.0%	2	7	91	21	441	10	420						992
	~				3	5	2		3					13
	3.5%	2	1	12	6	190	60	219	1	93				584
	~						1				1			2
	4.0%							4	1	4		6		15
	4.5%												2	2
	合計	19	18	182	44	754	111	643	5	97	1	6	2	1,882

【図表 5-10】割引率の推移（適用 2 年目→適用 3 年目）　　　　（単位：社）

| | | 適用 3 年目 | | | | | | | | | | | | | |
		1.0%	~	1.5%	~	2.0%	~	2.5%	~	3.0%	~	4.0%	4.5%	7.0%	合計
適用 2 年目	1.5%		1	18											19
	~			2	16										18
	2.0%	2		15	3	162									182
	~				1	3	40								44
	2.5%	1	1	13	8	216	17	498							754
	~			2	4	13	14	18	60						111
	3.0%	2		3	3	85	25	367	12	145				1	643
	~						1	2	1	1					5
	3.5%			1		2	2	29	5	39	19				97
	~								1						1
	4.0%							2			1	3			6
	4.5%												2		2
	合計	5	2	54	35	481	99	916	79	185	20	3	2	1	1,882

【図表 5-11】割引率の推移（適用 3 年目→適用 4 年目）（単位：社）

		適用 4 年目															
		~	0.5%	~	1.0%	~	1.5%	~	2.0%	~	2.5%	~	3.0%	3.5%	4.5%	6.0%	合計
適用3年目	1.0%				5												5
	~						2										2
	1.5%		1	1		2	49		1								54
	~					4	6	25									35
	2.0%	2			1	1	15	7	455								481
	~								3	8	87		1				99
	2.5%	1					8	11	288	21	587						916
	~								2	17	14	11	35				79
	3.0%						3	1	19	5	107	5	45				185
	~										1	4		7	8		20
	4.0%													2	1		3
	4.5%								1							1	2
	7.0%															1	1
	合計	3	1	1	6	9	81	49	789	128	709	41	54	9	1	1	1,882

第 6 節　割引率を大幅に引き上げた特異選択行動企業 1 社のケース分析

　図表 5-10 より，適用 2 年目の割引率が 3.0% にも関わらず，適用 3 年目では割引率を 7.0% へと大幅に引き上げた企業が，唯一 1 社存在する。また，図表 5-11 より，適用 4 年目には，その水準を引き下げたが，割引率は依然として 6.0% を採用している。

　そこで，この特異な割引率選択行動を採用している企業のケース分析を行う（図表 5-12）。また，本章の実証分析を行うにあたって，母集団の性質を適正に表わさない標本として外れ値として取り扱うべきか否かも検討する。

　特記すべき事項は，割引率を 7.0% に引き上げた年度に，積立超過になっていることである。これは，有価証券報告書によると 2002 年 8 月に厚生年金基金を解散したために，退職給付債務が大幅に減少し，結果として積立超過になったのである。また，割引率は，期待運用収益率と同じ 7.0% が採用されていることも重要である。

　まず，適用 3 年目に 7.0% を採用した理由として，英国の退職給付会計基準 FRS17 が準用されているのではないかと考えられる。すなわち，積立超過に

第5章　割引率の会計方針選択行動　63

【図表5-12】特異選択行動企業のケース分析

	適用初年度	適用2年目	適用3年目	適用4年目
割引率	3.0%	3.0%	7.0%	6.0%
期待運用収益率	5.0%	5.0%	7.0%	6.0%
退職給付債務	−5,920百万円	−5,857百万円	−733百万円	−816百万円
年金資産	3,899百万円	4,089百万円	769百万円	642百万円
積立不足（超過）	**−2,021百万円**	**−1,768百万円**	**36百万円**	**−174百万円**
総負債	10,143百万円	6,896百万円	6,810百万円	7,648百万円
総資産	58,914百万円	54,836百万円	54,195百万円	58,821百万円
積立不足（超過）が総負債に与える影響	−19.93%	−25.64%	0.53%	−2.28%
積立不足（超過）が総資産に与える影響	−3.43%	−3.22%	0.07%	−0.30%

なっているため，退職給付債務は年金資産に完全に賄われていると考え，期待運用収益率に割引率を合わせたという解釈が可能である。しかし，あくまでも日本基準を適用すべきであるので，会計基準の不遵守である。この場合，監査担当の公認会計士の判断が問題となる。このような会計方針を経営者が強く主張したことに加えて，積立超過額の与える影響が僅少であるために，当該会計方針を採用することを，監査上特に問題なしとして取り扱ったとしか考えられない。

　次に，適用4年目に6.0%を採用した理由が問題となる。国債の利回りの低下に伴って割引率の水準を引き下げたのかも知れないが，規範的水準とは大きな差異が生じており，その理由は不明といわざるを得ない。前年度と同様，期待運用収益率と同じ率を選択しているが，積立超過が生じているわけでもない。

　このように，会計方針採用の経緯を推定したにしても，当該企業は，1,882社の中でただ1社のみの特異な割引率選択行動（会計基準不遵守）を採用した企業である。したがって，当該企業は外れ値として，本章での以下の実証分析においては分析の対象とはしない。

第7節　横並び選択行動

　本節では，過去の実証的研究と実務事例から，横並び選択行動の可能性を説

明する。なお，第4節で述べたように，割引率の選択に関しては，会計基準が認める範囲内で裁量が介入してもよいことになる。しかし，その裁量の介入の余地が小さくなっていくという現象は，特筆すべきである。ここで，本研究における横並び選択行動を，会計基準で認められている範囲内の裁量の介入が小さくなり（小さく），分析対象企業の選択した会計方針が近似していく（近似している）会計方針の選択行動と定義する。

　まず，日本企業自体がその企業行動において，一般的に横並び傾向にあるといわれている。これは，近年の実証研究の結果によっても，担保されていることである（Kin and Nofsinger 2005）。

　次に，海外においては，証券アナリストの評価が，一般的に横並び傾向にあることが報告され，また，実証研究の結果によっても担保されている（Clement and Tse 2005, Welch 2000）。そして，経験的考察の結果であるが，日本の証券アナリストは，退職給付会計の割引率に関する評価について，他社動向との比較を重要視していると考えられる。経営者の選択する割引率は，会計基準に定める水準とは乖離しているという業界意識が高いのだが，証券アナリストとしては，その理由までは追求しきれていない。日本企業全体として適正水準にあるとはいえないため，割引率の絶対的水準の評価よりも，相対的水準において経営者の選択する割引率の適否を評価する方が優先的になり，つまり，証券アナリストの判断は横並び傾向にあると考えられる。また，証券アナリストは，公認会計士と異なり，割引率選択の適正性ではなく相対性を吟味して評価することから，横並び選択行動に対してより大きな影響を与えると考えられる。

　最後に，経験的考察の結果であるが，導入後間もない会計基準に対して，公認会計士の判断は横並び傾向にある。具体的に，絶対的な規範的水準のない会計方針の選択に関しては，監査を実施する過程で様々な情報を入手する結果，他社比較（もしくは，業界最大手比較）に依拠した形で，当該会計方針採用の是非を判断することが，広く採用されている監査実務と考えられる。

　以上から，これらのような外部監視効果の影響を受ける経営者による割引率の選択も，その結果として，横並び傾向になると考えられる。

第8節　水準適正化選択行動

本節では，日米の実務事例と経験的考察に基づき，水準適正化選択行動の可能性を説明する。ここで，本研究における水準適正化選択行動を，会計基準（会計理論）を遵守するという視点から各章で定義した規範値に対して，分析対象企業の選択した会計方針が近似していく（近似している）会計方針の選択行動と定義する。

まず，一例を挙げると，本章の第4節第3項で述べたような裁量の介入の余地が小さくなり，割引率は適正な水準へと向かうであろう。なぜなら，国債の利回りが数年連続して低水準にあり，当該利回りが異常水準にあるという理由が使えなくなるため，選択すべき割引率の規範値に接近していくと考えられる。

次に，米国でも行われているように（Palepu *et al.* 2000; 斉藤監訳 2001: 55, Mark and Lundholm 1993），日本でも企業の企業内容開示制度に対する取り組み姿勢の評価を行っている[1]。そして，経験的考察の結果であるが，日本の証券アナリストは，退職給付会計において，会計数値に重要な影響を与えるという意味で，割引率が非常に重要な基礎率であると認識していると考えられる。また，第4章で考察したように，他の基礎率は年金数理計算の中でのブラックボックスであるために評価が難しいのに対して，割引率は，有価証券報告書に開示されているため，証券アナリストの評価の対象となり得る。このため，会計基準が導入されて時が経過し当該会計実務が醸成されていくと，割引率のような重要な会計方針は注目されやすく，証券アナリストの目が厳しくなっていく。また，証券アナリストは，公認会計士が適正と判断した割引率をさらに評価することになるため，結果として，経営者により選択された割引率をより厳しく評価することになると考えられる。

最後に，第4章で考察したように，また，経験的考察の結果であるが，前述した証券アナリストの評価と同様，会計基準が導入されて時が経過し当該会計実務が醸成されていくと，重要な会計方針は注目されやすく，公認会計士の判断が厳しくなっていく。

以上から，これらのような外部監視効果を受ける経営者の割引率の選択行動も，その結果として，水準適正化傾向になると考えられる。

第9節　割引率の会計方針選択に関する実証分析

第1項　仮説の設定およびリサーチ・デザイン

これまでの割引率の推移のデータの概観および経験的考察を踏まえて，次の2つの仮説を設定する。

『退職給付会計基準が導入されて時が経過し当該会計実務が醸成されていくと，重要な会計方針である割引率は注目されやすく，証券アナリストの目および公認会計士の判断が厳しくなるため，企業の選択する割引率は，

1. 裁量の介入が小さくなる。
2. 適正水準に落ち着いていく。』

なお，本章では，「裁量」を以下のように定義する。

（裁量）＝（企業が実際に選択した割引率）
　　　　－（本章の第4節第1項における選択すべき規範値）　　【式5-2】

そして，リサーチ・デザインとして，仮説でいう『裁量の介入が小さくなる』は，「「裁量」の分散が小さくなること」と定義する。また，『適正水準に落ち着いていく』は，「「裁量」の平均が0に近似すること」と定義する。

なお，「裁量」の絶対値ではなく，「裁量」の相対値（いわば，「裁量率」）の検証を行う必要も考えられるが，本章ではあくまでも，絶対的水準（会計基準が採用すべきとする適正水準）を基準として考察を行うアプローチを採用しており，また，考察の対象期間において規範値がさほど変動していないため（「裁量」の相対値を検証する重要性が乏しいため），「裁量」の絶対値のみを分析の対象とする。

サンプル企業は，本章第5節で分析対象とした1,882社から，会計基準不遵守企業として外れ値としてみなした1社を除いた合計1,881社である。「裁量」に関する分析結果は，図表5-13・5-14の通りである。

第5章　割引率の会計方針選択行動　67

【図表 5-13】裁量 (単位：社)

裁　量	適用初年度	適用2年目	適用3年目	適用4年目	合　計
−1.0000 未満	0	0	0	5	5
−1.0000 以上−0.7500 未満	4	0	6	0	10
−0.7500 以上−0.5000 未満	5	19	0	8	32
−0.5000 以上−0.2500 未満	35	15	58	7	115
−0.2500 以上−0.0000 未満	9	185	28	104	326
0.0000 以上 0.2500 未満	175	31	496	26	728
0.2500 以上 0.5000 未満	46	767	75	844	1,732
0.5000 以上 0.7500 未満	996	106	937	73	2,112
0.7500 以上 1.0000 未満	8	647	68	729	1,452
1.0000 以上 1.2500 未満	584	5	188	21	798
1.2500 以上 1.5000 未満	2	97	0	54	153
1.5000 以上 1.7500 未満	15	1	20	0	36
1.7500 以上 2.0000 未満	0	6	0	9	15
2.0000 以上 2.2500 未満	2	0	3	0	5
2.2500 以上 2.5000 未満	0	2	0	0	2
2.5000 以上	0	0	2	1	3
合計	1,881	1,881	1,881	1,881	7,524

【図表 5-14】裁量の基本統計量

	適用初年度	適用2年目	適用3年目	適用4年目
平均	0.6437	0.5906	0.5160	0.4745
標準偏差	0.3688	0.4058	0.3984	0.3761
分散	0.1356	0.1650	0.1475	0.1315

第2項　水準適正化選択行動の検定

　後述する横並び選択行動の検定結果（図表 5-16）により，適用2年目，適用3年目および適用4年目の比較においては，等分散性の仮定をおくことができないため，ウェルチの t 検定（片側検定）によっている。また，適用初年度と適用2年目および適用3年目の比較においては等分散性の仮定をおくことができないが，適用初年度と適用4年目の比較においては等分散性の仮定をおくことができるので，前者はウェルチの t 検定（片側検定）に，後者（適用初年度と適用4年目の比較のみ）は t 検定（片側検定）によっている[2]。

　図表 5-15 の見方は，「列」から「行」への母平均の差の検定：t 値（片側検定）

【図表 5-15】水準適正化選択行動の検定結果

	適用初年度	適用 2 年目	適用 3 年目
適用 2 年目	4.2007***		
適用 3 年目	10.4118***	5.7895***	
適用 4 年目	14.2843***	9.2479***	3.4056***

***1% で有意

である。

　以上から，本章の分析期間を通じた，それぞれの標本（サンプル）の平均に有意な差が生じているため，割引率の水準適正化選択行動『適正水準に落ち着いていく』を採択できる。

第3項　横並び選択行動の検定

　図表5-14より，適用初年度よりも適用2年目および適用3年目の分散が大きい。このように適用初年度における横並び選択行動がより強い現象を「適用初年度の特殊性」と考え，後述する本節第4項で詳細な経験的考察を試みる。したがって，本項では，適用2年目から適用4年目までの検定を行う。

　図表5-16の見方は，「列」から「行」への標本（サンプル）の分散の比の検定：F値（片側検定）である。

【図表 5-16】横並び選択行動の検定結果

	適用 2 年目	適用 3 年目
適用 3 年目	1.1186***	
適用 4 年目	1.2553***	1.1222***

***1% で有意

　以上から，適用2年目から適用4年目までは，それぞれの標本（サンプル）の分散に有意な比が生じているため，割引率の横並び選択行動『裁量の余地が小さくなる』を採択できる（図表5-17）。

　しかし，適用初年度においては，その分散が適用2年目（および適用3年目）よりも小さく，むしろ適用初年度は横並び選択行動の要因が強いという何らかの要因が存在すると考えられる（図表5-18）。

【図表 5-17】割引率の適用2年目から適用4年目までの推移

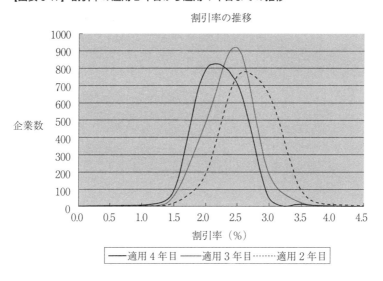

【図表 5-18】割引率の適用初年度から適用2年目の推移

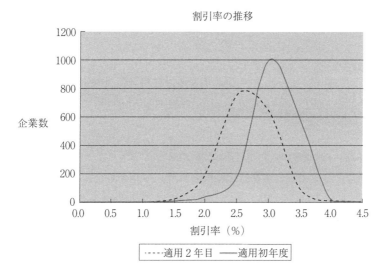

第4項 適用初年度の特殊性―より強い横並び選択行動―

適用初年度は，より強い横並び選択行動が観察された。このため，このよう

な「適用初年度の特殊性」に関する経験的考察を試みる。

　考えられる最も大きな要因としては，適用初年度であることから手探り状態の中で，むしろ横並び選択行動に陥るのではないかということである。具体的には，本章の第4節第3項で述べたように，複数の企業が会計方針選択に関して同じ理由付けを行った事例が観察されている。また，会計方針選択に関する業界各社間でのネットワークが存在する可能性があるということである。特に，割引率をはじめ，会計方針の選択に関して話し合うため，各社の経理担当者が会合を開くことは実務上存在する。ならば，何も拠り所のないタイミングでは，他社動向が唯一の拠り所となるのではないか，つまり，適用初年度においては，横並び選択行動がより強い影響を持つのではないかと考えられる。

　なお，第7章において，適用初年度で意思決定を行わなければならない会計方針である会計基準変更時差異の償却年数の選択行動を考察している。会計基準変更時差異の償却年数の選択行動も，同様に，適用初年度において，より強い横並び選択行動が観察されている。

第10節　先行研究との整合性を考慮した横並び選択行動および水準適正化選択行動の検証

　奥村（2005）は，本章第3節の先行研究のレビューで述べたように，日本基準を採用している日本企業の割引率選択のインセンティブ傾向を分析対象とした最初の先行研究である。以下のように，重回帰分析により割引率選択行動を実証し，結論を得たのである。

　従属変数：割引率に含まれる裁量部分

　　　　　　　（＝企業の選択した割引率－サンプル企業全体の割引率の中央値）

　独立変数：

　　X_1：未認識退職給付債務／期首総資産

　　X_2：負債比率（＝総負債／総資産）

　　X_3：企業規模（＝売上高の自然対数）

　（結論）X_1，X_2またはX_3が高い企業ほど，より高い割引率を選択する。

　このため，本章の分析期間において，X_1が低くなった，X_2が低くなった，または，X_3が低くなったために，企業により選択された割引率が低くなった

ことが示されるのであれば，本章での仮説の採択の疑義が残ることになる。すなわち，横並び選択行動および水準適正化選択行動ではなく，X_1，X_2またはX_3の水準の推移によって割引率の選択が影響を受けている可能性もあるからである。

大日方（1999）および Obinata（2000b）は，本章第3節の先行研究のレビューで述べたように，SEC基準を採用している日本企業の割引率選択のインセンティブ傾向を分析対象とした最初の先行研究である。以下のように，重回帰分析により割引率選択行動を実証し，結論を得たのである。

従属変数：割引率

独立変数：

　X_2：負債比率（＝総負債／総資産）

　X_4：ROE

　X_5：国債の利回り

　（結論）X_2が高い企業ほど，または，X_4が低い企業ほど，より高い割引
　　　　　率を選択する。また，X_5が高いほど，企業はより高い割引率を選択
　　　　　する。

このため，本章の分析期間において，X_2が低くなった，または，X_4が高くなったために，企業により選択された割引率が低くなったことが示されるのであれば，本章での仮説の採択の疑義が残ることになる。すなわち，横並び選択行動および水準適正化選択行動ではなく，X_2またはX_4の水準の推移によって割引率の選択が影響を受けている可能性もあるからである。なお，X_5に関する分析結果は，本章のこれまでの分析と整合する結論である。

以上から，以下のモデルを推定することによって検証する。具体的には，係数 β_1，β_2，β_3 および β_4 の符号が負であるか，または，有意でなければ，本章の仮説の採択に疑義の可能性が低くなると考えられる。なお，以下の Δ は変化分（％）を示す。

$$\Delta割引率_{i,t \to t+1} = \beta_0 + \beta_{1,i,t \to t+1}\Delta X_{1,i,t \to t+1} + \beta_{2,i,t \to t+1}\Delta X_{2,i,t \to t+1} + \beta_{3,i,t \to t+1}\Delta X_{3,i,t \to t+1}$$
$$+ \beta_{4,i,t \to t+1}\Delta X_{4,i,t \to t+1} + \varepsilon_{i,t \to t+1}$$

【式5-3】

添え字：i,t → t+1 は，i 企業の t 期から t+1 期への変化分だということを示している。また，ε：誤差項である。

なお，奥村（2005），大日方（1999）および Obinata（2000b）は静態的に割引率選択行動の傾向を示したのに対して，本章は動態的に割引率選択行動の傾向を示すものであり，視点が異なっている。したがって，本章で以下の示す分析結果は，奥村（2005），大日方（1999）および Obinata（2000b）の分析結果を否定するものでないことに留意されたい。

最初に，適用初年度から適用 2 年目に対する分析対象ケースは，1,861 ケースとする。裁量の推移の分析企業数が 1,881 社であることから，1,881 ケース存在する。しかし，適用初年度の未認識退職給付債務が 0 である場合は ΔX_1 を求めることができないため（不定），当該 20 ケースを除外した。なお，適用初年度の未認識退職給付債務が 0 であっても適用 2 年目の未認識退職給付債務が 0 の場合は，正確には不定であるが，ΔX_1 を 0 とした。

本節のリサーチ・デザインでは，多重共線性の存在が問題となるので，まず，各独立変数間の相関係数を求める。

【図表5-19】相関係数（適用初年度→適用 2 年目）

相関係数	$\Delta X_{1,1 \to 2}$	$\Delta X_{2,1 \to 2}$	$\Delta X_{3,1 \to 2}$	$\Delta X_{4,1 \to 2}$
$\Delta X_{1,1 \to 2}$	1			
$\Delta X_{2,1 \to 2}$	0.0506	1		
$\Delta X_{3,1 \to 2}$	0.0113	0.0546	1	
$\Delta X_{4,1 \to 2}$	0.0100	0.0421	0.1347	1

したがって，多重共線性が問題になるような高い相関はみられないため，本節のリサーチ・デザインにより，実証分析を行う。

第 5 章　割引率の会計方針選択行動　73

【図表 5-20】 多重回帰分析結果 (適用初年度→適用 2 年目)

	$\beta_{1.1 \to 2}$	$\beta_{2.1 \to 2}$	$\beta_{3.1 \to 2}$	$\beta_{4.1 \to 2}$
期待符号	+	+	+	+
係数	-0.0022	0.0084	-0.0006	-0.0184
t 値 (p 値)	―	0.2985 (0.7653)	―	―
自由度調整済み決定係数 (Adjusted R - squared) : 0.0011			

自由度調整済み決定係数が非常に低い。
$\beta_{1.1 \to 2}$: 符号の正負が逆である。
　　　(割引率が低くなれば, 未認識退職給付債務が増えるので当然)
$\beta_{2.1 \to 2}$: 符号の正負は正しいが, 10% 水準でも有意ではない。
$\beta_{3.1 \to 2}$: 符号の正負が逆である。
$\beta_{4.1 \to 2}$: 符号の正負が逆である。

　次に, 適用 2 年目から適用 3 年目に対する分析対象ケースは, 1,873 ケース
とする。裁量の推移の分析対象企業数が 1,881 社であることから, 1,881 ケー
ス存在する。しかし, 適用 2 年目の未認識退職給付債務が 0 である場合は ΔX_1
を求めることができないため, 当該 8 ケースを除外した。なお, 同様に, 適用
2 年目の未認識退職給付債務が 0 であっても適用 3 年目の未認識退職給付債務
が 0 の場合は, ΔX_1 を 0 とした。
　本節のリサーチ・デザインでは, 多重共線性の存在が問題となるので, まず,
各独立変数間の相関係数を求める。

【図表 5-21】 相関係数 (適用 2 年目→適用 3 年目)

相関係数	$\Delta X_{1.2 \to 3}$	$\Delta X_{2.2 \to 3}$	$\Delta X_{3.2 \to 3}$	$\Delta X_{4.2 \to 3}$
$\Delta X_{1.2 \to 3}$	1			
$\Delta X_{2.2 \to 3}$	-0.0045	1		
$\Delta X_{3.2 \to 3}$	-0.0030	0.1497	1	
$\Delta X_{4.2 \to 3}$	-0.0029	0.1339	0.1388	1

　したがって, 多重共線性が問題になるような高い相関はみられないため, 本
節のリサーチ・デザインにより, 実証分析を行う。

【図表5-22】多重回帰分析結果（適用2年目→適用3年目）

	$\beta_{1.2 \to 3}$	$\beta_{2.2 \to 3}$	$\beta_{3.2 \to 3}$	$\beta_{4.2 \to 3}$
期待符号	＋	＋	＋	＋
係数	－ 0.0008	0.0107	－ 0.0122	－ 0.3102
t値（p値）	－	0.4563（0.6482）	－	－
自由度調整済み決定係数（Adjusted R － squared）：0.0014				

自由度調整済み決定係数が非常に低い。
$\beta_{1.2 \to 3}$：符号の正負が逆である。
　　　　（割引率が低くなれば，未認識退職給付債務が増えるので当然）
$\beta_{2.2 \to 3}$：符号の正負は正しいが，10％水準でも有意ではない。
$\beta_{3.2 \to 3}$：符号の正負が逆である。
$\beta_{4.2 \to 3}$：符号の正負が逆である。

　最後に，適用3年目から適用4年目に対する分析対象ケースは，1,876ケースとする。裁量の推移の分析対象企業数が1,881社であることから，1,881ケース存在する。しかし，適用3年目の未認識退職給付債務が0である場合はΔX_1を求めることができないため，当該5ケースを除外した。なお，同様に，適用3年目の未認識退職給付債務が0であっても適用4年目の未認識退職給付債務が0の場合は，ΔX_1を0とした。
　本節のリサーチ・デザインでは，多重共線性の存在が問題となるので，まず，各独立変数間の相関係数を求める。

【図表5-23】相関係数（適用3年目→適用4年目）

相関係数	$\Delta X_{1.2 \to 3}$	$\Delta X_{2.2 \to 3}$	$\Delta X_{3.2 \to 3}$	$\Delta X_{4.2 \to 4}$
$\Delta X_{1.2 \to 3}$	1			
$\Delta X_{2.2 \to 3}$	0.0162	1		
$\Delta X_{3.2 \to 3}$	0.0213	0.1102	1	
$\Delta X_{4.2 \to 4}$	0.0165	0.1017	0.1295	1

　したがって，多重共線性が問題になるような高い相関はみられないため，本節のリサーチ・デザインにより，実証分析を行う。

第5章　割引率の会計方針選択行動　75

【図表5-24】多重回帰分析結果（適用3年目→適用4年目）

	$\beta_{1,3 \to 4}$	$\beta_{2,3 \to 4}$	$\beta_{3,3 \to 4}$	$\beta_{4,3 \to 4}$
期待符号	+	+	+	+
係数	− 0.0006	0.0416	− 0.0113	− 0.3083
t値（p値）	—	1.8985（0.0578）	—	—
自由度調整済み決定係数（Adjusted R-squared）：0.0014				

自由度調整済み決定係数が非常に低い。

$\beta_{1,3 \to 4}$：符号の正負が逆である。
　　　（割引率が低くなれば，未認識退職給付債務が増えるので当然）
$\beta_{2,3 \to 4}$：符号の正負は正しいが，10％水準でも有意ではない。
$\beta_{2,3 \to 4}$：符号の正負が逆である。
$\beta_{4,3 \to 4}$：符号の正負が逆である。

　以上の分析結果から，分析期間において，X_1が低くなった，X_2が低くなった，X_3が低くなった，または，X_4が高くなったために，割引率が低くなったという結果は得られなかった。したがって，X_1，X_2，X_3またはX_4の水準の推移によって割引率の選択が重要な影響を受けておらず，奥村（2005），大日方（1999）およびObinata（2000b）の分析結果の正当性を考慮しても，本章において第9節第1項で定義したリサーチ・デザインによる分析の視点からは，日本企業の割引率選択行動は，横並び選択行動および水準適正化選択行動であると考えられる。

　なお，第7章，第8章および第9章において，それぞれ，会計基準変更時差異，数理計算上の差異および過去勤務債務の償却年数の会計方針選択行動を分析しており，貸借対照表アプローチの視点からも分析している。ここで，貸借対照表アプローチとは，経営者は負債をより小さく計上するインセンティブを有しているという前提のもとで行う分析である。本章における割引率の選択行動の分析においては，先行研究の分析指標としてX_1およびX_2が採用されており，また，本節のリサーチ・デザインの分析指標としてΔX_1およびΔX_2が採用されているため，本節の分析が貸借対照表アプローチの視点から割引率を分析したものに相当する。結果として，貸借対照表アプローチの視点からは割引率の選択行動を行っていない可能性があるという結果が得られた。

第11節　報告利益の管理行動の視点からの実証分析

本節では，経営者はより大きな報告利益を計上するインセンティブを有しているという前提のもと，報告利益の管理行動（earnings management）の視点から，割引率の選択行動を考察する。

第1項　仮説の設定

割引率の選択によって退職給付費用が受ける影響額は直接的に把握できないが，相対的に高い割引率を選択すれば，退職給付費用が相対的に低く測定される。また，逆も真なりである。このため，報告利益の管理行動の視点から，仮説を以下のように設定する。

『低い利益を計上している企業は，高い割引率を選択する傾向にある。また，逆も真なりである。』

そして，分析対象とする利益は，営業利益，経常利益および税金等調整前当期純利益とする。割引率の選択によって影響を受ける退職給付費用は，原則として，営業費用に計上されるため，営業利益，経常利益および税金等調整前当期純利益に影響が及ぶ。したがって，この3つの利益区分を分析対象とする。なお，経営者は，勤務費用および利息費用の退職給付費用を計上する前の利益をもとに，報告利益の管理行動に関する意思決定を行うと考える。したがって，分析対象とする利益は，当該退職給付費用の計上前の利益とする。

また，当該退職給付費用の2つの重要な構成要素である勤務費用および利息費用を例に挙げると，第3章のPBO等の測定モデルより，勤務費用は期首退職給付債務に正比例する。また，利息費用＝期首退職給付債務×割引率であるため，期首退職給付債務が大きければ大きいほど，割引率の選択によって報告利益が影響を受けることになる。したがって，本節での分析では，期首退職給付債務でデフレートした報告利益を分析対象とする。このため，分析対象とする報告利益を，Y_1：退職給付費用計上前営業利益／期首退職給付債務，Y_2：退職給付費用計上前経常利益／期首退職給付債務，および，Y_3：退職給付費用計上前税金等調整前当期純利益／期首退職給付債務と定義する。

第5章　割引率の会計方針選択行動　77

　なお，分析対象とするサンプル企業は，これまでの分析対象である 1,881 社
から，銀行・証券・保険 102 社を除いた 1,779 社とする。これは，当該 3 つの
利益区分に対する報告利益の管理行動を分析するため，一般事業会社と利益の
細区分が異なる銀行・証券・保険を除くべきだからである。

第2項　実証分析

　適用初年度～適用 4 年目の全ての分析結果の特筆すべき事項は，図表 5-25
～ 5-28 が示すように，割引率と分析対象とする報告利益（Y_1 ～ Y_3）の相関係
数が非常に低いことである。一般的に，相関係数の絶対値が 0.4 以上あれば相
関関係がはっきりと存在すると定義されているため [3]，各年度において，Y_1
～ Y_3 と割引率の相関関係はほとんどないということになる。

　ただし，全ての相関係数は，符号が負であり仮説と整合している。また，適
用 3 年目および適用 4 年目の Y_3 の分析結果が，それぞれ，5% 水準および
10% 水準でも有意ではないことを除けば，その他全ての分析結果が，1% 水準
で有意であるという検定結果が得られた。しかし，この検定の帰無仮説が「相
関係数は 0 である。」ということを考えると，有意であるという結果が得られ
やすい検定である。つまり，一定水準以上（一般的に絶対値 0.4 以上）の相関係
数が得られない限り，仮説を採択することはできないのである。

　以上から，本節の仮説を棄却する。すなわち，割引率の選択行動において，
本章における報告利益の管理行動の視点から，低い利益を計上している企業は，
高い割引率を選択する傾向にあることは観察されないと結論付ける。

【図表 5-25】割引率と分析対象報告利益の相関係数（適用初年度）

	Y_1	Y_2	Y_3
相関係数	− 0.0646	− 0.0698	− 0.0972
t 値（p 値）	− 2.7283（0.0064）***	− 2.9478（0.0032）***	− 4.1162（0.0000（>0））***

***1% で有意

【図表 5-26】割引率と分析対象報告利益の相関係数（適用 2 年目）

	Y_1	Y_2	Y_3
相関係数	− 0.1017	− 0.0958	− 0.0512
t 値（p 値）	− 4.3079（0.0000（>0））***	− 4.0575（0.0000（>0））***	− 2.1593（0.0310）**

***1% で有意　**5% で有意

【図表 5-27】割引率と分析対象報告利益の相関係数（適用 3 年目）

	Y_1	Y_2	Y_3
相関係数	-0.0738	-0.0680	-0.0337
t 値（p 値）	-3.1211（0.0018）***	-2.8748（0.0041）***	-1.4223（0.1551）

***1% で有意

Y_3：10% 水準でも有意ではない。

【図表 5-28】割引率と分析対象報告利益の相関係数（適用 4 年目）

	Y_1	Y_2	Y_3
相関係数	-0.0689	-0.0517	-0.0213
t 値（p 値）	-2.9070（0.0037）***	-2.1824（0.0292）**	-0.8991（0.3687）

***1% で有意　**5% で有意

Y_3：10% 水準でも有意ではない。

第12節　報告利益の管理行動を考慮した横並び選択行動および水準適正化選択行動の検証

本章第11節では，割引率の選択行動は，静態的な報告利益の管理行動の視点からは観察されなかったと結論付けた。しかし，全ての相関係数が負であることは仮説と整合しており，また，分析結果の2ケースが，それぞれ，5% 水準および10% 水準でも有意ではないことを除けば，適用初年度～適用4年目のその他全ての分析結果が，1% 水準で有意であった。

このため，本章の分析期間において，Y_1 が高くなった，Y_2 が高くなった，または，Y_3 が高くなったために，企業により選択された割引率が低くなったことが示されるのであれば，本章での仮説の採択の疑義は残ることになる。すなわち，横並び選択行動および水準適正化選択行動ではなく，Y_1，Y_2 および Y_3 の水準の推移によって割引率の選択が影響を受けている可能性もあるからである。このため，本節では，Y_1，Y_2 および Y_3 の水準の推移が，割引率の選択行動に影響を及ぼしている否かを分析する。つまり，動態的な報告利益の管理行動の視点から，割引率の選択行動を考察する。

以上から，以下のモデルを推定することによって検証する。具体的には，係数 β_1，β_2 および β_3 の符号が正であるか，または，有意でなければ，本章の仮

説の採択に疑義の可能性が低くなると考えられる。なお,以下のΔは変化分(％)
を示す。

$$\Delta割引率_{i,t \to t+1} = \beta_0 + \beta_{1,i,t \to t+1} \Delta Y_{1,i,t \to t+1} + \beta_{2,i,t \to t+1} \Delta Y_{2,i,t \to t+1} + \beta_{3,i,t \to t+1} \Delta Y_{3,i,t \to t+1}$$
$$+ \varepsilon_{i,t \to t+1} \qquad \text{【式 5-4】}$$

添え字:i,t→t+1は,i企業のt期からt+1期への変化分だということを示している。
また,ε:誤差項である。

なお,以下の分析対象ケースは,1,779ケースである。(報告利益の管理行動
の分析企業数が1,779社であり,前年度の利益金額が0である企業が存在しな
く,すなわち,$\Delta Y_1 \sim \Delta Y_3$が不定であるケースが存在ないため。)

最初に,適用初年度から適用2年目に対するリサーチ・デザインでは,多重
共線性の存在が問題となるので,まず,各独立変数間の相関係数を求める。

【図表 5-29】相関係数(適用初年度→適用2年目)

相関係数	$\Delta Y_{1,1 \to 2}$	$\Delta Y_{2,1 \to 2}$	$\Delta Y_{3,1 \to 2}$
$\Delta Y_{1,1 \to 2}$	1		
$\Delta Y_{2,1 \to 2}$	0.0506	1	
$\Delta Y_{3,1 \to 2}$	0.0113	0.0546	1

したがって,多重共線性が問題になるような高い相関はみられないため,本
節のリサーチ・デザインにより,実証分析を行う。

【図表 5-30】多重回帰分析結果(適用初年度→適用2年目)

	$\beta_{1,1 \to 2}$	$\beta_{2,1 \to 2}$	$\beta_{3,1 \to 2}$
期待符号	-	-	-
係数	-0.0010	-0.0018	0.0000 (>0)
t値(p値)	-0.9412 (0.3467)	-0.8814 (0.3782)	-
自由度調整済み決定係数(Adjusted R-squared):0.0006			

自由度調整済み決定係数が非常に低い。
$\beta_{1,1 \to 2}$:符号の正負は正しいが,10%水準でも有意ではない。
$\beta_{2,1 \to 2}$:符号の正負は正しいが,10%水準でも有意ではない。
$\beta_{3,1 \to 2}$:符号の正負が逆である。

次に，適用2年目から適用3年目に対するリサーチ・デザインでは，多重共線性の存在が問題となるので，まず，各独立変数間の相関係数を求める。

【図表5-31】相関係数（適用2年目→適用3年目）

相関係数	$\Delta Y_{1,2\to3}$	$\Delta Y_{2,2\to3}$	$\Delta Y_{3,2\to3}$
$\Delta Y_{1,2\to3}$	1		
$\Delta Y_{2,2\to3}$	0.1208	1	
$\Delta Y_{3,2\to3}$	0.0502	0.0366	1

したがって，多重共線性が問題になるような高い相関はみられないため，本節のリサーチ・デザインにより，実証分析を行う。

【図表5-32】多重回帰分析結果（適用2年目→適用3年目）

	$\beta_{1,2\to3}$	$\beta_{2,2\to3}$	$\beta_{3,2\to3}$
期待符号	—	—	—
係数	0.0009	-0.0006	-0.0000 （<0）
t値（p値）	—	-0.8043 （0.4213）	-0.3398 （0.7341）
自由度調整済み決定係数（Adjusted R $-$ squared）：0.0009			

自由度調整済み決定係数が非常に低い。
$\beta_{1,2\to3}$：符号の正負が逆である。
$\beta_{2,2\to3}$：符号の正負は正しいが，10%水準でも有意ではない。
$\beta_{3,2\to3}$：符号の正負は正しいが，10%水準でも有意ではない。

最後に，適用3年目から適用4年目に対するリサーチ・デザインでは，多重共線性の存在が問題となるので，まず，各独立変数間の相関係数を求める。

【図表5-33】相関係数（適用3年目→適用4年目）

相関係数	$\Delta Y_{1,3\to4}$	$\Delta Y_{2,3\to4}$	$\Delta Y_{3,3\to4}$
$\Delta Y_{1,3\to4}$	1		
$\Delta Y_{2,3\to4}$	0.0088	1	
$\Delta Y_{3,3\to4}$	-0.0041	0.0050	1

したがって，多重共線性が問題になるような高い相関はみられないため，本節のリサーチ・デザインにより，実証分析を行う。

【図表 5-34】 多重回帰分析結果（適用 3 年目→適用 4 年目）

	$\beta_{1,3\to4}$	$\beta_{2,3\to4}$	$\beta_{3,3\to4}$
期待符号	—	—	—
係数	0.0006	0.0012	0.0000（>0）
t 値（p 値）	—	—	—
自由度調整済み決定係数（Adjusted R-squared）: 0.0013			

自由度調整済み決定係数が非常に低い。
$\beta_{1,3\to4}$：符号の正負が逆である。
$\beta_{2,3\to4}$：符号の正負が逆である。
$\beta_{3,3\to4}$：符号の正負が逆である。

以上の分析結果から，分析期間において，Y_1 が高くなった，Y_2 が高くなった，または，Y_3 が高くなったために，割引率が低くなったとう結果は得られなかった。したがって，Y_1，Y_2 および Y_3 の水準の推移によって割引率の選択が重要な影響を受けておらず，つまり，動態的な報告利益の管理行動は観察されず，日本企業の割引率選択行動は，本章における分析の視点からは，横並び選択行動および水準適正化選択行動であると考えられる。

第13節　結　　論

本章では，日本企業による退職給付会計の割引率選択行動に関して，裁量の介入の余地が大きく，また，実際に裁量が介入していることを示したうえで，本章の考察対象とした 4 年間のデータのうち，3 年間のデータに基づき，横並び選択行動および水準適正化選択行動が採られているという結論が得られた。また，先行研究との整合性，および，動態的な報告利益の管理行動を考慮しても，横並び選択行動および水準適正化選択行動が採られているという結論も得られた。

しかし，横並び選択行動において「適用初年度の特殊性」が観察されたが，経験的考察にとどまっているため，何らかの分析結果によって担保する必要がある。具体的には，減損会計などにも，同様の「適用初年度の特殊性」が観察されるか否かを調査することが考えられる。

また，本章の考察対象とした 4 年間のデータのうち，仮説を支持したのは 3 年間のデータであり，短期間であるため，今後も「裁量の余地が小さくなると

ともに適正水準に落ち着いていく」のか否かを調査する必要もあるであろう。
さらに，外国の企業においても，「裁量の余地が小さくなる」および「適正水
準に落ち着いていく」ことが観察されるのか否か，また，「適用初年度の特殊性」
が観察されるのか否かを調査する必要もあるであろう。

　このように，本章では仮説を支持する結論が得られたが，同時に一定の限界
も存在し，また，今後の課題も露出したのである。

[注]

1）公益社団法人証券アナリスト協会「証券アナリストによるディスクロージャー優良企業
選定制度（http:／／www.saa.or.jp／standards／disclosure／index.html）」
2）母分散の比の検定結果は，適用初年度と適用4年目の比較のみ，5%水準で有意ではない。
3）多くの統計学および確率論の書籍等において，このような記述が存在するため，本研究
においても踏襲する。

第6章

期待運用収益率の会計方針選択行動
―裁量的選択行動，横並び選択行動
および水準適正化選択行動―

第1節　期待運用収益率選択行動に対する問題意識

　これまでの考察から，経営者による裁量の介入の余地が大きく，かつ，退職給付債務等の測定に与える影響が重要な会計方針の1つが，期待運用収益率である。期待運用収益率は，会計基準で一定の指針が示されているため，裁量の介入の余地があるにせよ，一定の適正水準なるものが存在し，経営者はその水準を会計方針として採用すべきである。しかし，退職給付会計基準導入当初の日本企業全体の期待運用収益率の選択は，裁量の介入が大きく，適正水準にあるとはいえなかった。具体的には，実際の収益率よりも期待収益率の方が明らかに高い傾向にあった。ただし，導入から時の経過とともに，裁量の介入は小さくなり，適正水準に近似していくように考えられる。

　本章では，このような日本企業による会計方針選択行動について経験的考察をし，実証的に明らかにすることを目的とする。具体的には，期待運用収益率の選択についての会計基準の考察を行ったうえで，日本企業の期待運用収益選択に関する実態データおよび事例を紹介し，いかに期待運用収益率の選択に裁量が介入しているのかを導き出す。本章では，このような会計方針選択行動を「裁量的選択行動」と定義する。

　そして，日本企業の期待運用収益率選択行動に関する時系列データを概観した結果を踏まえて，時の経過とともに裁量の余地が次第に小さくなっていくこと，および一定の適正水準に近似していくことを経験的考察に基づいた仮説をたて，実証的にデータ解析を行い解明する。本章では，このような会計方針選

84

択行動を「横並び選択行動」および「水準適正化選択行動」と定義する。

第2節　期待運用収益率─重要で裁量の介入の余地が大きい基礎率─

　退職給付費用の一部控除項目である期待運用収益は,「期首(前期末)年金資産×期待運用収益率」として計算される。つまり,実際の運用収益ではなく,経営者が会計方針として選択する期待運用収益率によって,当期の退職給付費用の金額が直接影響を受けるのである(実際の運用収益と期待運用収益の差額は,数理計算上の差異として次年度以降から償却され,遅延認識される。また,当期において一括認識することも認められる)。

　後述する図表6-5のサンプル企業を対象として,企業全体の年金資産を集計した結果が図表6-1に示されている。なお,本章における分析期間「適用初年度」〜「適用4年目」の定義は,第5章と同様である。

【図表6-1】年金資産合計　　　　　　　　　　　　　　　　　　(単位:百万円)

	適用2年目期首 = 適用初年度期末	適用3年目期首 =適用2年目期末	適用4年目期首 =適用3年目期末
年金資産合計	43,460,519	49,605,841	42,203,194

　図表6-1より,期待運用収益率が1%異なるだけで,適用2年目,適用3年目および適用4年目の各事業年度において,日本企業の退職給付費用合計として,それぞれ,434,605百万円,496,058百万円および422,032百万円の影響が出ることが示されている。このように,期待運用収益率の選択によって,退職給付費用が重要な影響を受けることが理解できる。また,詳しくは後述するが,将来の市場動向の予測を考慮して期待運用収益率を選択する必要があるなど,期待運用収益率は裁量の介入の余地が大きい基礎率である(企業会計審議会1998,日本公認会計士協会2005a,日本アクチュアリー会・日本年金数理人会2008)。

　以上から,期待運用収益率は非常に重要で裁量の介入の余地が非常に大きい基礎率であると考えられ,本章において期待運用収益率の選択行動を研究対象とすることは,意義が非常に大きいと考えられる。

第6章 期待運用収益率の会計方針選択行動 85

第3節 先行研究のレビュー

退職給付会計の期待運用収益率選択に関する先行研究を，以下に示す。

まず，米国企業を対象としたものは，Blankley and Swanson（1995），Amir and Benartzi（1998），Bergstresser *et al.*（2004），Bergstresser *et al.*（2006），Blankley *et al.*（2010），Adams *et al.*（2011），Chuk（2013），および Hsu and Chiang（2014）である。英国企業を対象としたものは，Li and Klumpes（2007），および Li and Klumpes（2013）である。

Blankley and Swanson（1995）は，長期的調査による米国企業の期待運用収益率選択行動のデータを示し，当該データを概観した。この結果，SFAS87 が長期的な投資期待を反映させるべきと要求している通りに，期待運用収益率は頻繁には変動していないことを示した。また，期待運用収益率が実際運用収益率を上回っている場合には，時の経過とともに徐々に，期待運用収益率が実際運用収益率に近付くように低下していく傾向にあることを確認した。Blankley *et al.*（2010）は同様に，長期的調査による米国企業の期待運用収益率選択行動のデータを示し，当該データを概観した。期待運用収益率選択の水準は基準となる指標（実際運用収益率の平均値等）に近似していることを確認したが，基準となる指標の変動ほど期待運用収益率選択の水準が変動しないことを示し，利益平準化を行っている可能性を示唆した。Adams *et al.*（2011）は，長期的調査による米国企業の期待運用収益率選択行動のデータを示し，当該データを概観した。期待運用収益率選択の水準は，基準となる指標（同会計期間の実際運用収益率等）と比較すると，過大ではないことを確認した。

Amir and Benartzi（1998）は，期待運用収益率と年金資産ポートフォリオに占める株式の保有割合の相関を調べたが，両者の間には弱い相関しか確認できなかった。そして，年金資産の将来の実際運用収益率と相関があるのは，年金資産ポートフォリオに占める株式の保有割合のみであることを確認した（当該先行研究は，年金資産ポートフォリオに関する注記を要する基準が廃止されることに対する批判を述べたものである。なお，現行制度では，年金資産ポートフォリオに関する注記を求める基準 SFAS132（R）が復活している）。Chuk（2013）は，バイアスある高い期待運用収益率を選択している経営者は，

SFAS132 (R) の導入により, 期待運用収益率を引き下げたこと, または, リスクの高い株式投資の年金資産構成割合を高めたことを確認した。

Bergstresser *et al.* (2004) および Bergstresser *et al.* (2006) は, 会計基準の規制が厳しい割引率よりも, 経営者が期待運用収益率を報告利益の管理行動に利用しており, 特に, その効果が大きいと考えられる状況 (目標利益の達成, M&A の計画およびストック・オプションの行使) において利用していることを確認した。

Hsu and Chiang (2014) は, 長期的調査による米国企業の期待運用収益率選択行動のデータを分布で示し, 当該データを概観した。高過ぎる期待運用収益率を選択している経営者は, SFAS132 (R) の導入により, 期待運用収益率を引き下げたことを確認した。また, 年金資産がリスクの高い投資で構成されている場合には経営者が高い期待運用収益率を選択することが考えられるが, リスク (代理変数：期待運用収益率の標準偏差) とリターン (代理変数：期待運用収益率の平均) に負の相関関係が確認されたため, 経営者が見通しに基づいて期待運用収益率を選択している可能性を示唆した。

Li and Klumpes (2007) および Li and Klumpes (2013) は, 負債比率が高い企業ほど, また, 年金資産の積立率が低い企業ほど, 高い期待運用収益率を選択する傾向が高いことを確認した。そして, 負債比率の増加率が高い企業ほど, 期待運用収益率の上昇率が高いことを確認し, サブ・サンプルとして積立不足の退職給付制度の企業を分析した結果も, 負債比率の増加率が高い企業ほど, 期待運用収益率の上昇率が高いことを確認した。さらに, FRS17 の導入前後の分析の結果, 会計基準が変更された後, 負債比率の増加率が高まったことで, 期待運用収益率上昇率が高いことが確認されたため, 経営者は機会主義的な意思決定を行っている可能性を示唆した。

次に, SEC 基準および IFRS を採用していない日本企業を対象としたものは, 吉田 (2008b), 吉田 (2009b), 木村 (2011), および, Kasaoka (2016a) であり, 日本基準と SEC 基準を採用している日本企業を対象としたものは, Kasaoka (2016b) である。

吉田 (2008b, 2009b) は, 報告利益の管理行動の視点から, 期待運用収益率の選択に関する経営者の意思決定について分析した。具体的には, 業績 (代理

変数：総資産経常利益率（（経常利益－期待運用収益）／総資産），負債比率（引当金以外の負債／総資産）および年金資産比率（年金資産／総資産））の良くない企業ほど，高い期待運用収益率を選択していることを，また，目標利益を達成するために，期待運用収益率の変更が行われていることを確認した。さらに，過去5年間の長期運用実績が良い（または，良くなった）企業ほど，高い期待運用収益率を選択（または，より高い期待運用収益率に変更）していること，いわば会計基準が遵守されていることを確認した。

　木村（2011）は，期待運用収益率の変更タイミングを裁量的に決定することによって，利益平準化（smoothing）を行っている可能性を示唆した。具体的には，業績（代理変数：営業利益および経常利益）の良くなった（または，悪くなった）企業ほど，低い（または高い）期待運用収益率に変更していることを確認した。さらに，業績の良い企業ほど，規模（代理変数：総資産）の小さい企業ほど，また，年金資産の小さい企業ほど，変更前の期待運用収益率が高ければ，大幅に低い期待運用収益率に変更していることを確認した。

　Kasaoka（2016a）は，レバレッジ（代理変数：（総負債－退職給付債務）／（純資産＋未認識退職給付債務））が高いほど，退職給付制度の規模（代理変数：POBの自然対数）が大きいほど，および，企業規模（代理変数：総資産の自然対数）が大きいほど，経営者が高い期待運用収益率を選択する傾向にあることを確認した。また，期待運用収益率は割引率と高い正の相関関係にあること，および日本の株式市場と債券市場の過去5年間の平均ベンチマーク（市場平均）収益率と正の相関関係にあることを確認した。Kasaoka（2016b）は，年金資産がリスクの高い株式投資の割合が高いほど，および実際の運用収益率が高いほど，経営者が高い期待運用収益率を選択することが確認されたため，年金資産ポートフォリオと実際の運用収益率に関する注記により経営者が期待運用収益率を選択している可能性を示唆した。

　以上から，Blankley and Swanson（1995）は長期データを概観することによって，そして，その他全ての先行研究は重回帰分析などの統計的手法によって，期待運用収益率選択のインセンティブ傾向を示している。つまり，期待運用収益率選択の相対的な傾向を示す研究である。本章では，これらの先行研究を範にとりながらも，実際に選択された期待運用収益率と会計基準が採用すべきと

する適正水準の関係の研究を行うべく，選択期待運用収益率の絶対的水準を基準として考察を行うアプローチを採用する。

第4節　裁量的選択行動

本節では，期待運用収益率の選択に際して，裁量が介入する余地が大きいことを述べる。そして，会計基準が採用すべきとする適正水準（規範値）を定義するとともに，日本企業の期待運用収益率の選択について裁量が介入しているという事実を述べる。

第1項　期待運用収益率選択行動における裁量の介入の余地

まず，本章の分析期間に対応する日本基準（企業会計審議会 1998，日本公認会計士協会 2005a）の考察を行い，規範的な期待運用収益率の選択行動を定義する。基準は，期待運用収益率を「期首の年金資産の額について合理的に予測される収益率」として定義している。そして，「期待運用収益率とは，各事業年度において，期首の年金資産について合理的に期待される収益額の当該年金資産額に対する比率をいう。年金資産は，将来の退職給付の支払に充てるために積み立てられているものであり，期待運用収益率は，保有している年金資産のポートフォリオ，過去の運用実績，運用方針及び市場の動向等を考慮して算定する。」と規定している。「過去の運用実績」は客観的な指標であるが，「運用方針及び市場の動向等」については，経営者が運用方針を意思決定して市場動向を予測することになるため，経営者の判断に依拠するところが大きい。また，基準上の文言からは，期待運用収益率選択の根拠となり得る指標は特に限定していないため，「運用方針及び市場の動向等」を判断するうえでは経営者による選択の幅が広いことを意味する。

以上のように，期待運用収益率の選択には，会計基準を遵守したとしても，また，「過去の運用実績」という客観的な指標が存在するとしても，裁量の介入の余地が非常に大きいと考えられる。

第2項　期待運用収益率選択行動－実務事例の紹介および経験的考察－

第5章で割引率の選択行動の経験的考察を行ったが，期待運用収益率の選択行動も同様に，過去5年間の平均の運用実績を「過去の運用実績」として採用する企業がほとんどである。これは，企業年金基金が決定する年金資産の予定利率を決定するうえで，過去5年間の運用実績を参考とする実務慣行に倣ったものだと考えられる。

ここで，企業年金基金における年金資産の予定利率は，中長期的な資産運用の見通しに基づくものの，掛金計算のために政策的に決定される率である。このため，期待運用収益率を決定するうえで，参考とはなるが絶対的な指針とはならない。また，年金資産を実際に運用している企業年金基金は，予定利率とは異なる予測の利回りを見込んだうえで，年金資産の運用方針を決定している場合もあると考えられるが，年金資産の運用の成果次第では，企業の将来の掛金負担に関わるため，企業年金基金は安易に予測運用利回りを企業には伝えないのである。

以上から，期待運用収益率の選択行動の実務事例は，「過去（5年間）の平均運用実績」に基づいたうえで，経営者の判断に依拠した「運用方針及び市場の動向等」を加味して，期待運用収益率を選択している企業がほとんどである。また，このように，経営者による恣意性を会計基準が容認しているため，会計監査上の判断も非常に難しいのである。

第3項　規範的な期待運用収益率選択行動

本項では，これまでの考察の結果を踏まえて，本章で分析の基準となる規範的な期待運用収益率を定義する。

まず，期待運用収益率の規範値を定義するために織り込むべき実績データの範囲を求める。前述したように，基準上は，過去実績（過去の運用実績）と将来傾向（運用方針及び市場の動向等）の両方を加味して，期待運用収益率を選択することを要求している。まず，適用初年度のサンプル企業の中で最も多い2001年3月31日決算企業は，実務的なタイミングの制約から1999年以前の過去実績のデータしか入手することができない（年金資産の実際運用収益率の

集計および発表が遅いためである)。また，前述したように，実務上は，過去5年間の実績データを考慮に入れることが多いため，織り込むべき最も古い過去実績データは1996年とする。さらに，将来傾向も織り込む必要があるため，本研究の分析期間において入手可能な最新データとして，2004年の実績データまで織り込むことにする（図表6-2, 6-3)。

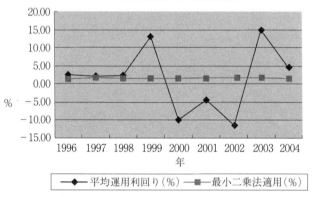

【図表6-2】企業年金制度の平均運用利回り

次に，たとえ期待運用収益率であっても，結果として実際の運用収益率に近似した率が選択されたことが規範的（理想的）なのである。したがって，本項では，実際の運用収益率を基礎として，各適用年度において採用すべきであった期待運用収益率の規範値を定義する。

【図表6-3】企業年金制度の平均運用利回り (単位: %)

年	1996	1997	1998	1999	2000	2001	2002	2003	2004
平均運用利回り	2.66	2.14	2.52	13.29	−9.67	−4.28	−11.34	15.16	4.54
最小二乗法適用	1.5829	1.6044	1.6259	1.6474	1.6689	1.6904	1.7119	1.7334	1.7549

(出典：日本経済新聞社 1998〜2005)

以上のように，運用収益率の過去実績および将来傾向をともに織り込むべく，各年の実際の平均運用利回りに最小二乗法を適用して求められた値を，当該事業年度に選択すべき期待運用収益率の規範値と定義する（図表6-4)。

第6章 期待運用収益率の会計方針選択行動 91

【図表6-4】期待運用収益率の規範的水準 (単位: %)

	最小二乗法適用	
2000年時点	1.6689	適用初年度に選択すべき期待運用収益率の規範値
2001年時点	1.6904	適用2年目に選択すべき期待運用収益率の規範値
2002年時点	1.7119	適用3年目に選択すべき期待運用収益率の規範値
2003年時点	1.7334	適用4年目に選択すべき期待運用収益率の規範値

第4項 実際の期待運用収益率選択行動

　以下のデータは，日本経済新聞社による情報提供サービスである NEEDS-Financial QUEST から入手したものである。なお，全国証券取引所の上場企業の全社を調査対象としているが，本章はあくまでも日本基準における期待運用収益率の選択行動を分析対象としていることから SEC 基準適用企業を除外し，連結対象企業間で選択している期待運用収益率が異なっている場合（期待運用収益率に幅あり）も除外し，そして，そもそも外部委託の確定給付企業年金制度の採用がない企業には期待運用収益率のデータが存在しないことから除外した（図表6-5）。

【図表6-5】サンプル選択 (単位: 社)

	適用初年度	適用2年目	適用3年目	適用4年目
データ収録企業数	2,740	2,858	2,988	3,038
除外				
SEC基準適用企業	25	25	34	34
期待運用収益率に幅あり	189	188	178	169
確定給付企業年金制度不採用企業	709	793	948	1,061
分析対象企業数	1,817	1,852	1,828	1,774

【図表6-6】期待運用収益率の実際水準

	適用初年度	適用2年目	適用3年目	適用4年目
平均(%)	**3.2655**	**2.9447**	**2.5538**	**2.2549**
中央値(%)	3.4	3.0	2.5	2.4
最頻値(%)	3.0	3.0	3.0	2.5
標準偏差	1.1191	1.1081	1.1453	1.0700
分散	1.2525	1.2278	1.3118	1.1449
歪度	0.3149	0.3142	0.5886	0.7468
尖度	1.0795	0.9952	3.0631	3.8496
最大値(%)	9.5	9.5	9.5	9.5
最小値(%)	0.1	−0.7	−3.0	−3.2

　図表6-4と図表6-6を比較すると，期待運用収益率の実際水準は規範的水準よりも高く，その選択には何らかの裁量が介入していると考えられる。また，その裁量は非常に大きいと結論付けられる。

第5項　期待運用収益と実際運用収益の代替値の相関関係

　本項では，図表6-5の分析対象企業に関して，期待運用収益（＝期首（前期末）年金資産×期待運用収益率）と実際運用収益（＝期末年金資産＋（退職給付金支払額−掛金拠出額）−期首（前期末）年金資産）の相関関係の代替的な分析を行う。ただし，「退職給付金支払額−掛金拠出額」のデータが入手不可能であるので，実際運用収益の代替値を「期末年金資産−期首（前期末）年金資産」として分析する。

　これまでの分析により，期待運用収益率の選択には大きな裁量が介入していると結論付けたが，そもそも，実際運用収益（率）の代替値が相対的に高い（低い）企業は，その採用する期待運用収益率も相対的に高い（低い）のか否かを分析する必要があろう。

　なお，図表6-7〜6-9に示されているサンプル企業数は，図表6-5の「分析対象企業数」の中から，各対象期間において，期待運用収益と実際運用収益の代替値の比較が可能な，つまり，データが連続2期存在する企業である。

第6章　期待運用収益率の会計方針選択行動　93

【図表6-7】期待運用収益と実際運用収益の代替値の比較（適用初年度→適用2年目）
　　　サンプル企業数：1,630社

	期待運用収益	実際運用収益の代替値
相関係数		−0.08306
平均（百万円）	893	−384
中央値（百万円）	93	−21
最頻値（百万円）	2	9
標準偏差	3,855.14373	7,797.98078
分散	14,862,133.15144	60,808,504.26793
歪度	11.35301	6.55052
尖度	161.90953	149.22420
最大値（百万円）	77,194	159,353
最小値（百万円）	−71	−67,973

【図表6-8】期待運用収益と実際運用収益の代替値の比較（適用2年目→適用3年目）
　　　サンプル企業数：1,975社

	期待運用収益	実際運用収益の代替値
相関係数		−0.61144
平均（百万円）	727	−4,973
中央値（百万円）	60	−185
最頻値（百万円）	2	5
標準偏差	3,478.24027	22,774.39164
分散	12,098,155.39668	518,672,914.42767
歪度	11.56448	−15.07957
尖度	165.42962	343.01488
最大値（百万円）	71,679	34,998
最小値（百万円）	−1,729	−639,317

【図表6-9】期待運用収益と実際運用収益の代替値の比較（適用3年目→適用4年目）
サンプル企業数：1,928社

	期待運用収益	実際運用収益の代替値
相関係数	0.240896	
平均（百万円）	587	1,917
中央値（百万円）	41	178
最頻値（百万円）	2	66
標準偏差	2,980.39529	22,670.85416
分散	8,882,756.11397	513,967,628.19590
歪度	10.28113	5.46059
尖度	120.59951	148.06711
最大値（百万円）	46,095	412,177
最小値（百万円）	−66	−256,479

　図表6-7および図表6-8においては，各対象期間において期待運用収益と実際運用収益の代替値が逆相関となっている。特に，図表6-8においては，逆相関がはっきりと読み取ることができる。また，図表6-9においては，正の相関関係であるが，相関係数が低いため，両者の間にははっきりとした相関を見出すことができない。このため，実際運用収益（率）の代替値が高い（低い）企業は，その採用する期待運用収益率も高い（低い）という，会計方針を選択するうえであるべき相関関係は存在しないと考えられる。

　この分析結果は，代替的な分析ではあるが，期待運用収益率選択において，非常に大きな裁量が介入しているという結論を，さらに支持するものであると考えられる。

第5節　期待運用収益率の推移

　本節では，日本企業の期待運用収益率選択行動に関する時系列データを概観することを目的とする。この結果を踏まえ，経験的考察に基づき，本章で実証すべき仮説を導き出す。

　サンプル企業数は，1,541社とする。これは，図表6-5の「分析対象企業数」の中から，適用初年度から適用4年目までの全ての期において含まれており，期待運用収益率の推移が全ての期において追える企業である。

第6章 期待運用収益率の会計方針選択行動　95

　日本企業の期待運用収益率選択行動に関する時系列データ（図表6-10〜6-15）を概観したところ，当該期間において，期待運用収益率の規範値が小さくなるにつれて，期待運用収益率の実績値も小さくなっている。また，時の経過とともに，規範値に相対する期待運用収益率選択のばらつきも小さくなっている。この現象は，期待運用収益率選択に対して，裁量の介入が小さくなって横並び傾向となっており，そして，規範値に向けて期待運用収益率の水準が適正化していると換言することができる。

　このため，このような日本企業の期待運用収益率選択行動を，横並び選択行動および水準適正化選択行動と定義する。そして，本章では以下，この選択行動の因果関係を含むメカニズムを考察したうえで，実証することを目的とする。

【図表6-10】期待運用収益率の分布 (単位: 社)

	適用初年度	適用2年目	適用3年目	適用4年目	合計
0.0%以下	0	1	2	3	6
0.0%超0.5%未満	1	2	14	22	39
0.5%	2	8	17	35	62
0.5%超1.0%未満	6	5	36	57	104
1.0%	47	71	122	151	391
1.0%超1.5%未満	13	17	26	37	93
1.5%	93	120	111	122	446
1.5%超2.0%未満	14	18	20	23	75
2.0%	88	118	193	280	679
2.0%超2.5%未満	27	30	34	35	126
2.5%	90	162	293	347	892
2.5%超3.0%未満	13	27	31	31	102
3.0%	366	373	299	186	1,224
3.0%超3.5%未満	17	20	14	9	60
3.5%	326	238	131	92	787
3.5%超4.0%未満	16	14	10	5	45
4.0%	212	170	115	68	565
4.0%超4.5%未満	11	15	6	3	35
4.5%	65	55	26	14	160
4.5%超5.0%未満	10	2	2	1	15
5.0%	36	28	15	6	85
5.0%超5.5%未満	10	5	0	1	16
5.5%	56	32	15	8	111
5.5%超6.0%未満	7	3	2	1	13
6.0%	4	2	3	2	11
6.0%超6.5%未満	4	1	0	0	5
6.5%	0	1	0	0	1
6.5%超7.0%未満	4	1	1	0	6
7.0%以上	3	2	3	2	10
合計	1,541	1,541	1,541	1,541	6,164

第6章 期待運用収益率の会計方針選択行動　97

【図表6-11】期待運用収益率の基本統計量

	適用初年度	適用2年目	適用3年目	適用4年目
平均(%)	3.2470	2.9676	2.5578	2.2479
分散	1.2088	1.1645	1.1705	1.0509
標準偏差	1.0995	1.0791	1.0819	1.0252
歪度	0.2716	0.2839	0.4883	0.4509
尖度	1.1653	1.1895	2.0460	2.9149
中央値(%)	3.2	3.0	2.5	2.5
最頻値(%)	3.0	3.0	3.0	2.5

【図表6-12】期待運用収益率の推移

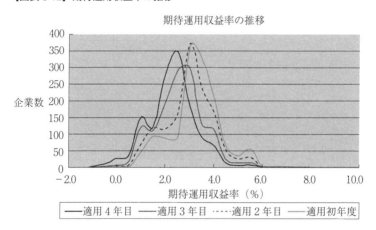

【図表6-13】期待運用収益率の推移（適用初年度→適用2年目）

適用初年度 \ 適用2年目	0.0%以下	〜	0.5%	〜	1.0%	〜	1.5%	〜	2.0%	〜	2.5%	〜	3.0%	〜	3.5%	〜	4.0%	〜	4.5%	〜	5.0%	〜	5.5%	〜	6.0%	〜	6.5%	〜	7%超	合計
0.0%以下																														0
〜	1																													1
0.5%		2																												2
〜	1				3	1	1																							6
1.0%		1		2	45																									47
〜				3	10																									13
1.5%				1	1		90		1																					93
〜					1		9		1	1	1						1													14
2.0%		1		1	6	9	77			1	1	1																		88
〜					1	3	3		6		21																			27
2.5%			1		5	6	1		1	1	72																			90
〜		1		1	7	1	1		2																					13
3.0%		1		7		6	6	3	19	2	45	8	277		1		1		1	1										366
〜		1				1	1	1	1	1	1	4	1		1		1	1	1			1			1					17
3.5%		3		4		6	1	1	4	1	32	8	58	2	204	2	1	1			1									326
〜				1	1	1	1		1		1	1		1	2			1												16
4.0%		1		1		4			7		3	2	24	9	10	155		7												212
〜							1				1	1		5		1	7		1											11
4.5%									1		2	1	3	1	7	1	5	1	45	1	1	1								65
〜										2		1	1	1	1				1	1	1									10
5.0%						1			1		2			1	2	1	4	4	1	1	24	2			1					36
〜													7	1			3		7		1									10
5.5%									1		1	1	7	1	7						1		32	3						56
〜												1	1		2	1	1													7
6.0%											1		1	1							1					1				4
〜		1						1											1								1	1		4
6.5%																														0
〜											1				1		1		1											4
7.0%以上															1													1	2	3
合計	1	2	8	5	71	17	120	18	118	30	162	27	373	20	238	14	170	15	55	2	28	5	32	3	2	1	1	1	2	1,541

【図表6-14】期待運用収益率の推移（適用2年目→適用3年目）

適用2年目 ＼ 適用3年目	0.0%以下	~	0.5%	~	1.0%	~	1.5%	~	2.0%	~	2.5%	~	3.0%	~	3.5%	~	4.0%	~	4.5%	~	5.0%	~	5.5%	~	6.0%	~	6.5%	~	7%超	合計
0.0%以下	1																													1
~	1	1																												2
0.5%			8																											8
~		2	1		2																									5
1.0%		2	1		67		1																							71
~					13		3	1																						17
1.5%		3	1		20		80		16																					120
~							10	6	2																					18
2.0%					2		3		95		18																			118
~									16		11		3																	30
2.5%									2		125		31		4															162
~											1		20		6															27
3.0%					6		6		51	7	100	4	197		4	1	3													373
~											1	1	11	2																20
3.5%		1	3		4		3	2	3	2	50	7	55	2	103	4	3													238
~													2	1	1			1												14
4.0%		2			5		3	1	7	3	7	2	25	1	16	3	99		1											170
~													2	1			5		5											15
4.5%		1	1							1	3	1	6	1	7	1	6		25			2								55
~																						2								2
5.0%			2	2	2			1	2	1	1		6			1					12		3						1	28
~					1										1		1													5
5.5%							3						2		2				1		3	15		2	3					32
~																	1													3
6.0%																	1				2									2
~																	1													1
6.5%																									1					1
~																												1		1
7.0%以上																													2	2
合計	2	14	17	37	122	26	111	20	193	34	293	31	299	14	131	10	115	6	26	2	15	15	2	2	3			1	3	1,541

第6章　期待運用収益率の会計方針選択行動　99

【図表6-15】期待運用収益率の推移（適用3年目→適用4年目）

適用3年目＼適用4年目	0.0%以下	～	0.5%	～	1.0%	～	1.5%	～	2.0%	～	2.5%	～	3.0%	～	3.5%	～	4.0%	～	4.5%	～	5.0%	～	5.5%	～	6.0%	～	6.5%	～	7%超	合計
0.0%以下	2																													2
～		12	2																											14
0.5%		2	15																											17
～		1	2		32		1																							36
1.0%	1	2	9		101		6		2		1																			122
～		2	2		5		6		1		2		4		1		1											2		26
1.5%			12		6		86		2		2		2		1															111
～					1		2		1		2								11											20
2.0%			1		11		12		159		1		2				1				5				1					193
～		2	1		1		1		2		24										1									34
2.5%		1	1		13		11		57		205						3													293
～							1		3		6		18		2						1									31
3.0%		2	2		5		6		38		93		138		1		2		1		5							5	1	299
～		1	1		1		1		1		1		3		1				1		1							1		14
3.5%					2		1		10		28		11		74		3				1							1		131
～			1		1								1		2															10
4.0%					5		1		6		13		19		7		60		1											115
～															1				1		2									6
4.5%			1								2		5		4		1		11		1									26
～																			1											2
5.0%		1							1		1		4				3				5									15
～																					1									0
5.5%											1		1		2		2		1		1		8							15
～																							1							2
6.0%																											1			3
～																														0
6.5%																									1					0
～																														1
7.0%以上											1																		2	3
合計	3	22	35	57	150	38	122	23	280	35	347	31	186	9	92	5	68	3	14	1	6	1	8	1	2	1	2		2	1,541

第6節　横並び選択行動

本節では，第5章7節と同様に，過去の実証的研究と実務事例から，横並び選択行動の可能性を説明する。なお，第4節で述べたように，期待運用収益率の選択に関しては，会計基準が認める範囲内で裁量が介入してもよいことになる。しかし，その裁量の介入の余地が小さくなっていくという現象は，特筆すべきである。

まず，日本企業自体がその企業行動において，一般的に横並び傾向にあるといわれている。これは，近年の実証研究の結果によっても，担保されていることである（Kin and Nofsinger 2005）。

次に，海外においては，証券アナリストの評価が，一般的に横並び傾向にあることが報告され，また，実証研究の結果によっても担保されている（Clement and Tse 2005, Welch 2000）。そして，経験的考察の結果であるが，日本の証券アナリストは，退職給付会計の期待運用収益率に関する評価について，割引率と同様に，他社動向との比較を重要視していると考えられる。経営者の選択する期待運用収益率は，会計基準に定める水準とは乖離しているという業界意識が高いのだが，証券アナリストとしては，その理由までは追求しきれていない。日本企業全体として適正水準にあるとはいえないため，期待運用収益率の絶対的水準の評価よりも，相対的水準において企業の採用する期待運用収益率の適否を評価する方が優先的になる。つまり，証券アナリストの判断は横並び傾向にあると考えられる。また，証券アナリストは，公認会計士と異なり，期待運用収益率選択の適正性ではなく相対性を吟味して評価することから，横並び選択行動に対してより大きな影響を与えると考えられる。

最後に，経験的考察の結果であるが，導入後間もない会計基準に対して，公認会計士の判断は横並び傾向にある。具体的に，絶対的な規範的水準のない会計方針の選択に関しては，監査を実施する過程で様々な情報を入手する結果，他社比較（もしくは，業界最大手比較）に依拠した形で，当該会計方針採用の是非を判断することが，広く採用されている監査実務と考えられる。

以上から，これらのような外部監視効果を受ける経営者による期待運用収益率の選択も，結果として，横並び傾向になると考えられる。

第7節 水準適正化選択行動

本節では，第5章8節と同様に，日米の実務事例と経験的考察に基づき，水準適正化選択行動の可能性を説明する。

まず，図表6-2および図表6-3より，2003年には運用利回りが回復しているが，それ以前の運用利回りの落ち込みが著しいため，将来見通しが明るいという理由を付けて期待運用収益率を高く保つのは難しい状況にある。したがって，期待運用収益率選択において，裁量の介入の余地が小さくなり，期待運用収益率は適正な水準へと向かうと考えられる。

次に，米国でも行われているように (Palepu *et al.* 2000: 斉藤監訳 2001: 55, Mark and Lundholm 1993)，日本でも企業内容開示制度に対する企業の取り組み姿勢の評価が行われている。そして，経験的考察の結果であるが，日本の証券アナリストは，退職給付会計においては，割引率と同様に，会計数値に重要な影響を与えるという意味で，期待運用収益率が重要な基礎率であると認識していると考えられる。また，第4章で考察したように，他の基礎率は年金数理計算の中でブラックボックスであるために評価が難しいのに対して，期待運用収益率は割引率と同様に，有価証券報告書に開示されているため，証券アナリストの評価の対象となり得る。このため，会計基準が導入されて時が経過し当該会計実務が醸成されていくと，期待運用収益率のような重要な会計方針は注目されやすく，証券アナリストの目が厳しくなっていく。また，証券アナリストは，公認会計士が適正と判断した期待運用収益率をさらに評価することになるため，結果として，経営者により選択期待運用収益率をより厳しく評価することになると考えられる。

最後に，経験的考察の結果であるが，前述した証券アナリストの評価と同様，会計基準が導入されて時が経過し当該会計実務が醸成されていくと，重要な会計方針は注目されやすく，公認会計士の判断が厳しくなっていく。

以上から，これらのような外部監視効果を受ける経営者の期待運用収益率の選択行動も，その結果として，水準適正化傾向になると考えられる。

第6章　期待運用収益率の会計方針選択行動　103

第8節　期待運用収益率の会計方針選択に関する実証分析

第1項　仮説の設定およびリサーチ・デザイン

これまでの期待運用収益率の推移のデータの概観および経験的考察を踏まえて，次の2つの仮説を設定する。

『退職給付会計基準が導入されて時が経過し当該会計実務が醸成されていくと，重要な会計方針である期待運用収益率は注目されやすく，証券アナリストの目および公認会計士の判断が厳しくなるため，企業の選択する期待運用収益率は，
　1．裁量の介入が小さくなる。
　2．適正水準に落ち着いていく。』
　なお，本章では，「裁量」を以下のように定義する。
　（裁量）＝（企業が実際に選択した期待運用収益率）
　　　　　　　－（本章の第4節第3項において定義した規範値）　　【式6-1】

そして，リサーチ・デザインとして，仮説でいう『裁量の介入が小さくなる』は，「「裁量」の分散が小さくなること」と定義する。また，『適正水準に落ち着いていく』は，「「裁量」の平均が0に近似すること」と定義する。

なお，「裁量」の絶対値ではなく，「裁量」の相対値（いわば「裁量率」）の検証を行う必要も考えられるが，本章ではあくまでも，絶対的水準（会計基準が採用すべきとする適正水準）を基準として考察を行うアプローチを採用しており，また，考察の対象期間において規範値がさほど変動していないため（「裁量」の相対値を検証する重要性が乏しいため），「裁量」の絶対値のみを分析の対象とする。

第2項　サンプル企業の特定

サンプル企業は，本章第5節で分析対象とした1,541社から，外れ値としてみなした以下の7社を除いた合計1,534社（＝1,541社－7社）とする。

まず，対象期間の各期のいずれかで，期待運用収益率が相対的に高水準であ

る7.0%以上である4社を外れ値としてみなす。日本経済新聞社（1998～2005）により当該4社の実績運用収益率を調べたが、いずれも平均的水準にとどまっており、期待運用収益率として7.0%以上を採用することは、会計基準の不遵守と考えられるからである。

　次に、対象期間の各期のいずれかで、期待運用収益率が0.0%以下である3社を外れ値としてみなす。たとえ、当該3社の実績運用収益率がマイナスであったとしても、会計基準上は運用方針を加味した「期待」運用収益率を設定する旨を要求している。もし、現在のポートフォリオの状況下では年金資産が損失を出してしまうと予想される場合は、年金資産を全て現金で保有するのが合理的な運用行動だと考えられる。すなわち、期待運用収益率を0.0%以下と設定することは、理論上あり得ないのである。

　そして、サンプル企業1,534社の「裁量」に関する分析結果は、図表6-16・6-17の通りである。

【図表6-16】裁量　　　　　　　　　　　　　　　　　　　　　　　　　（単位: 社）

裁　　量	適用初年度	適用2年目	適用3年目	適用4年目	合　　計
−2.0000未満	0	0	0	0	0
−2.0000以上−1.5000未満	1	1	8	15	25
−1.5000以上−1.0000未満	2	9	28	50	89
−1.0000以上−0.5000未満	53	78	167	221	519
−0.5000以上0.0000未満	107	139	134	149	529
0.0000以上0.5000未満	104	139	215	304	762
0.5000以上1.0000未満	114	189	325	380	1,008
1.0000以上1.5000未満	380	400	327	210	1,317
1.5000以上2.0000未満	342	254	137	99	832
2.0000以上2.5000未満	227	188	125	73	613
2.5000以上3.0000未満	79	63	31	16	189
3.0000以上3.5000未満	42	30	16	6	94
3.5000以上4.0000未満	66	36	15	10	127
4.0000以上4.5000未満	10	5	5	1	21
4.5000以上5.0000未満	5	3	1	0	9
5.0000以上	2	0	0	0	2
合計	1,534	1,534	1,534	1,534	6,136

第6章　期待運用収益率の会計方針選択行動　105

【図表6-17】裁量の基本統計量

	適用初年度	適用2年目	適用3年目	適用4年目
平均	1.5691	1.2717	0.8398	0.5122
標準偏差	1.0718	1.0517	1.0417	0.9747
分散	1.1488	1.1061	1.0851	0.9501

第3項　横並び選択行動の検定

図表6-18の見方は,「列」から「行」への母分散の比の検定：F値（片側検定）である。

【図表6-18】横並び選択行動の検定結果

	適用初年度	適用2年目	適用3年目
適用2年目	1.0387		
適用3年目	1.0587	1.0193	
適用4年目	1.2091***	1.1641***	1.1407***

***1%で有意
他は,5%水準で有意ではない。

以上から，本章の分析期間を通じた，それぞれの標本（サンプル）の分散に有意な比が生じているため，分析対象期間を通じて，期待運用収益率の横並び選択行動『裁量の余地が小さくなる』を採択できる。

第4項　水準適正化選択行動の検定

本節第3項における図表6-18の分散の比の検定結果により，適用初年度と適用2年目，適用初年度と適用3年目，および，適用2年目と適用3年目との検定においては，等分散性の仮定をおくことができないため，ウェルチのt検定（片側検定）によっている。また,これ以外の検定においては,t検定（片側）によっている。

図表6-19の見方は,「列」から「行」への標本（サンプル）の平均の差の検定：t値（片側検定）である。

【図表6-19】水準適正化選択行動の検定結果

	適用初年度	適用2年目	適用3年目
適用2年目	7.7566***		
適用3年目	19.1119***	11.4289***	
適用4年目	28.5731***	20.7458***	8.9937***

***1%で有意

　以上から，本章の分析期間を通じた，それぞれの標本（サンプル）の平均に有意な差が生じているため，期待運用収益率の水準適正化選択行動『適正水準に落ち着いていく』を採択できる。

第9節　先行研究との整合性

　奥村（2005）は，第3章第3節の先行研究のレビューで述べたように，日本基準における日本企業の割引率選択のインセンティブ傾向を分析対象とした最初の先行研究である。以下のように，重回帰分析により割引率選択行動を実証し，結論を得たのである。

従属変数：割引率に含まれる裁量部分

　　　　　（＝企業の選択した割引率－サンプル企業全体の割引率の中央値）

独立変数：

　X_1：未認識退職給付債務／期首総資産

　X_2：負債比率（＝総負債／総資産）

　X_3：企業規模（＝売上高の自然対数）

（結論）X_1，X_2 または X_3 が高い企業ほど，より高い割引率を選択する。

　換言すると，X_1，X_2 または X_3 が高い企業ほど，退職給付債務ないしは退職給付費用を低く算定したいというインセンティブを有していることが示されている。ならば，期待運用収益率の選択の場合も，X_1，X_2 または X_3 が高い企業ほど，より高い期待運用収益率を選択するという，先行研究と整合性が観察されるのか否かが問題となる。

　大日方（1999）および Obinata（2000b）は，第3章第3節の先行研究のレビューで述べたように，SEC 基準を採用している日本企業の割引率選択のインセン

第6章 期待運用収益率の会計方針選択行動　107

ティブ傾向を分析対象とした最初の先行研究である。以下のように，重回帰分析により割引率選択行動を実証し，結論を得たのである。

　従属変数：割引率

　独立変数：

　X_2：負債比率（＝総負債／総資産）

　X_4：ROE

　X_5：国債の利回り

　（結論）X_2 が高い企業ほど，または，X_4 が低い企業ほど，より高い割引率を選択する。また，X_5 が高いほど，企業はより高い割引率を選択する。

　換言すると，X_2 が高い企業ほど，または，X_4 が低い企業ほど，退職給付債務ないしは退職給付費用を低く算定したいというインセンティブを有していることが示されている。ならば，期待運用収益率の選択の場合も，X_2 が高い企業ほど，または，X_4 が低い企業ほど，より高い期待運用収益率を選択するという，先行研究と整合性が観察されるのか否かが問題となる。

　以上から，式 6-2 のモデルを推定することによって，当該命題を検証する。

$$期待運用収益率_{i,t} = \beta_0 + \beta_{1,i,t} X_{1,i,t} + \beta_{2,i,t} X_{2,i,t} + \beta_{3,i,t} X_{3,i,t} + \beta_{4,i,t} X_{4,i,t \to t+1} + \varepsilon_{i,t}$$

【式 6-2】

　添え字：i,t は，i 企業で t 期だということを示している。また，ε：誤差項である。

　サンプル企業は，本章の第 8 節第 3 項で特定し，これまでに分析対象とした1,534 社である。

　最初に，適用初年度の分析を行うが，本節のリサーチ・デザインでは，多重共線性の存在が問題となるので，まず，各独立変数間の相関係数を求める。

【図表6-20】相関係数(適用初年度)

相関係数	$X_{1,1}$	$X_{2,1}$	$X_{3,1}$	$X_{4,1}$
$X_{1,1}$	1			
$X_{2,1}$	0.1374	1		
$X_{3,1}$	0.0144	0.1579	1	
$X_{4,1}$	0.0133	0.1440	0.1287	1

　したがって,多重共線性が問題になるような高い相関はみられないため,本節のリサーチ・デザインにより,実証分析を行う。

【図表6-21】多重回帰分析結果(適用初年度)

	$\beta_{1,1}$	$\beta_{2,1}$	$\beta_{3,1}$	$\beta_{4,1}$
期待符号	+	+	+	+
係数	6.1105	0.4613	0.1591	2.6157
t値 (p値)	9.6451 (0.0000(>0)) ***	3.6385 (0.0003) ***	7.2352 (0.0000(>0)) ***	7.2115 (0.0000(>0)) ***
自由度調整済み決定係数(Adjusted R-Squared): 0.1099				

自由度調整済み決定係数が低い。
$\beta_{1,1}$:1%水準で有意である。
$\beta_{2,1}$:1%水準で有意である。
$\beta_{3,1}$:1%水準で有意である。
$\beta_{4,1}$:1%水準で有意である。

　次に,適用2年目の分析を行うが,本節のリサーチ・デザインでは,多重共線性の存在が問題となるので,まず,各独立変数間の相関係数を求める。

【図表6-22】相関係数(適用2年目)

相関係数	$X_{1,2}$	$X_{2,2}$	$X_{3,2}$	$X_{4,2}$
$X_{1,2}$	1			
$X_{2,2}$	0.1254	1		
$X_{3,2}$	0.0581	0.2595	1	
$X_{4,2}$	0.0501	0.2398	0.1489	1

　したがって,多重共線性が問題になるような高い相関はみられないため,本節のリサーチ・デザインにより,実証分析を行う。

第6章　期待運用収益率の会計方針選択行動　109

【図表6-23】多重回帰分析結果（適用2年目）

	$\beta_{1,2}$	$\beta_{2,2}$	$\beta_{3,2}$	$\beta_{4,2}$
期待符号	+	+	+	+
係数	5.7663	0.3616	0.1572	2.6923
t 値 （p値）	11.1805 (0.0000(>0)) ***	3.0654 (0.0022) ***	7.4482 (0.0000(>0)) ***	7.387 (0.0000(>0)) ***
自由度調整済み決定係数（Adjusted R-Squared）: 0.1284				

自由度調整済み決定係数が低い。
$\beta_{1,2}$：1%水準で有意である。
$\beta_{2,2}$：1%水準で有意である。
$\beta_{3,2}$：1%水準で有意である。
$\beta_{4,2}$：1%水準で有意である。

そして，適用3年目分析を行うが，本節のリサーチ・デザインでは，多重共線性の存在が問題となるので，まず，各独立変数間の相関係数を求める。

【図表6-24】相関係数（適用3年目）

相関係数	$X_{1,3}$	$X_{2,3}$	$X_{3,3}$	$X_{4,3}$
$X_{1,3}$	1			
$X_{2,3}$	0.0931	1		
$X_{3,3}$	0.0687	0.2322	1	
$X_{4,3}$	0.0442	0.2054	0.1266	1

したがって，多重共線性が問題になるような高い相関はみられないため，本節のリサーチ・デザインにより，実証分析を行う。

【図表6-25】多重回帰分析結果（適用3年目）

	$\beta_{1,3}$	$\beta_{2,3}$	$\beta_{3,3}$	$\beta_{4,3}$
期待符号	+	+	+	+
係数	5.8309	0.4379	0.1468	2.5987
t 値 （p値）	12.0591 (0.0000(>0)) ***	3.601 (0.0001) ***	7.1493 (0.0000(>0)) ***	7.387 (0.0000(>0)) ***
自由度調整済み決定係数（Adjusted R-Squared）: 0.1397				

自由度調整済み決定係数が低い。
$\beta_{1,3}$：1%水準で有意である。
$\beta_{2,3}$：1%水準で有意である。
$\beta_{3,3}$：1%水準で有意である。
$\beta_{4,3}$：1%水準で有意である。

最後に，適用4年目の分析を行うが，本節のリサーチ・デザインでは，多重共線性の存在が問題となるので，まず，各独立変数間の相関係数を求める。

【図表6-26】相関係数（適用4年目）

相関係数	$X_{1,4}$	$X_{2,4}$	$X_{3,4}$	$X_{4,4}$
$X_{1,4}$	1			
$X_{2,4}$	0.0795	1		
$X_{3,4}$	0.0179	0.1960	1	
$X_{4,4}$	0.0167	0.1799	0.1301	1

したがって，多重共線性が問題になるような高い相関はみられないため，本節のリサーチ・デザインにより，実証分析を行う。

【図表6-27】多重回帰分析結果（適用4年目）

	$\beta_{1,4}$	$\beta_{2,4}$	$\beta_{3,4}$	$\beta_{4,4}$
期待符号	+	+	+	+
係数	5.7826	0.3866	0.1208	2.401
t 値 （p値）	8.5761 （0.0000(>0)）***	3.5738 （0.0004)***	6.1543 （0.0000(>0)）***	6.007 （0.0000(>0)）***
自由度調整済み決定係数（Adjusted R-Squared）: 0.0835				

自由度調整済み決定係数が低い。
$\beta_{1,4}$：1%水準で有意である。
$\beta_{2,4}$：1%水準で有意である。
$\beta_{3,4}$：1%水準で有意である。
$\beta_{4,4}$：1%水準で有意である。

以上の分析結果から，適用初年度〜適用4年目の全ての検定結果の特筆すべき事項は，自由度調整済み決定係数が低いことである。このため，各年度におけるモデル推定式の説明力が非常に低く，$X_1 \sim X_4$ と期待運用収益率の相関関係はほとんどないということになる。

ただし，適用初年度〜適用4年目の全てのモデル推定式の係数（$\beta_1 \sim \beta_3$）は1%水準で有意であるという検定結果が得られた。しかし，この検定の帰無仮説が「係数は0である。」ということを考えると，有意であるという結果が得られやすい検定である。つまり，一定水準以上の自由度調整済み決定係数が得られない限り，仮説を採択することはできないのである。

以上から，期待運用収益率選択行動において，本章において第8節第1項で

第6章　期待運用収益率の会計方針選択行動　111

定義したリサーチ・デザインによる分析の視点からは，先行研究との整合性は観察されないと結論付ける。

第10節　先行研究との整合性を考慮した横並び選択行動および水準適正化選択行動の検証

本章第9節より，期待運用収益率の選択行動は，先行研究との整合性は観察されなかったと結論付けた。しかし，全ての推定モデル式で符号の正負は先行研究と整合しており，また，適用初年度～適用4年目の全てのモデル推定式のモデル推定式の係数 $(\beta_1 \sim \beta_4)$ が1%水準で有意であった。

つまり，本章の分析期間において，X_1 が低くなった，X_2 が低くなった，X_3 が低くなった，または，X_4 が高くなったために，企業により選択された期待運用収益率が低くなったことが示されるのであれば，本章での仮説の採択の疑義が残ることになる。すなわち，横並び選択行動および水準適正化選択行動ではなく，X_1, X_2, X_3 または X_4 の水準の推移によって期待運用収益率の選択が影響を受けている可能性もあるからである。このため，本節では，X_1, X_2, X_3 または X_4 の水準の推移が，期待運用収益率の選択行動に影響を及ぼしている否かを分析する。つまり，先行研究との整合性に関して，動態的な視点から，期待運用収益率の選択行動を考察する。

以上から，式6-3のモデルを推定することによって，当該命題を検証する。具体的には，係数 β_1, β_2 および β_3 の符号が負であるか，または，有意でなければ，本章の仮説の採択に疑義の可能性が低くなると考えられる。なお，以下の Δ は変化分（％）を示す。

Δ 期待運用収益率 $_{i,t \to t+1}$

$$= \beta_0 + \beta_{1,i,t \to t+1}\Delta X_{1,i,t \to t+1} + \beta_{2,i,t \to t+1}\Delta X_{2,i,t \to t+1} + \beta_{3,i,t \to t+1}\Delta X_{3,i,t \to t+1}$$
$$+ \beta_{4,i,t \to t+1}\Delta X_{4,i,t \to t+1} + \varepsilon_{i,t \to t+1}$$

【式6-3】

添え字：$i,t \to t+1$ は，i 企業の t 期から $t+1$ 期への変化分だということを示している。また，ε：誤差項である。

最初に，適用初年度から適用 2 年目に対する分析対象ケースは，1,513 ケースとする。

裁量の推移の分析対象企業数が 1,534 社であることから，1,534 ケース存在する。しかし，適用初年度の未認識退職給付債務が 0 である場合は ΔX_1 を求めることができないため（不定），当該 21 ケースを除外した。なお，適用初年度の未認識退職給付債務が 0 であっても適用 2 年目の未認識退職給付債務が 0 の場合は，正確には不定であるが，ΔX_1 を 0 とした。

本節のリサーチ・デザインでは，多重共線性の存在が問題となるので，まず，各独立変数間の相関係数を求める。

【図表6-28】相関係数（適用初年度→適用2年目）

相関係数	$\Delta X_{1,1 \to 2}$	$\Delta X_{2,1 \to 2}$	$\Delta X_{3,1 \to 2}$	$\Delta X_{4,1 \to 2}$
$\Delta X_{1,1 \to 2}$	1			
$\Delta X_{2,1 \to 2}$	0.0501	1		
$\Delta X_{3,1 \to 2}$	0.0355	0.1579	1	
$\Delta X_{4,1 \to 2}$	0.0307	0.1431	0.1417	1

したがって，多重共線性が問題になるような高い相関はみられないため，本節のリサーチ・デザインにより，実証分析を行う。

【図表6-29】多重回帰分析結果（適用初年度→適用2年目）

	$\beta_{1,1 \to 2}$	$\beta_{2,1 \to 2}$	$\beta_{3,1 \to 2}$	$\beta_{4,1 \to 2}$
期待符号	+	+	+	+
係数	0.0004	−0.0820	0.0191	2.8112
t 値（p値）	1.1825(0.2372)	—	0.6312(0.5280)	0.6113(0.5397)
自由度調整済み決定係数（Adjusted R-Squared）: 0.0009				

自由度調整済み決定係数が非常に低い。
$\beta_{1,1 \to 2}$：符号の正負は正しいが,10%水準でも有意ではない。
$\beta_{2,1 \to 2}$：符号の正負が逆である。
$\beta_{3,1 \to 2}$：符号の正負は正しいが,10%水準でも有意ではない。
$\beta_{4,1 \to 2}$：符号の正負は正しいが,10%水準でも有意ではない。

次に，適用 2 年目から適用 3 年目に対する分析対象ケースは，1,530 ケースとする。

裁量の推移の分析対象企業数が 1,534 社であることから，1,534 ケース存在

する。しかし，適用2年目の未認識退職給付債務が0である場合はΔX_1を求めることができないため，当該4ケースを除外した。なお，同様に，適用2年目の未認識退職給付債務が0であっても適用3年目の未認識退職給付債務が0の場合は，ΔX_1を0とした。

本節のリサーチ・デザインでは，多重共線性の存在が問題となるので，まず，各独立変数間の相関係数を求める。

【図表6-30】相関係数（適用2年目→適用3年目）

相関係数	$\Delta X_{1.2\to3}$	$\Delta X_{2.2\to3}$	$\Delta X_{3.2\to3}$	$\Delta X_{4.2\to3}$
$\Delta X_{1.2\to3}$	1			
$\Delta X_{2.2\to3}$	−0.0015	1		
$\Delta X_{3.2\to3}$	0.0023	0.1699	1	
$\Delta X_{4.2\to3}$	0.0018	0.1581	0.1319	1

したがって，多重共線性が問題になるような高い相関はみられないため，本節のリサーチ・デザインにより，実証分析を行う。

【図表6-31】多重回帰分析結果（適用2年目→適用3年目）

	$\beta_{1.2\to3}$	$\beta_{2.2\to3}$	$\beta_{3.2\to3}$	$\beta_{4.2\to3}$
期待符号	+	+	+	+
係数	0.0002	−0.0380	−0.0078	−0.2232
t値（p値）	0.3933（0.6941）	—	—	—
自由度調整済み決定係数（Adjusted R-Squared）: 0.0013				

自由度調整済み決定係数が非常に低い。
$\beta_{1.2\to3}$：符号の正負は正しいが,10%水準でも有意ではない。
$\beta_{2.2\to3}$：符号の正負が逆である。
$\beta_{3.2\to3}$：符号の正負が逆である。
$\beta_{4.2\to3}$：符号の正負が逆である。

最後に，適用3年目から適用4年目に対する分析対象ケースは，1,532ケースとする。

裁量の推移の分析対象企業数が1,534社であることから，1,534ケース存在する。しかし，適用3年目の未認識退職給付債務が0である場合はΔX_1を求めることができないため，当該2ケースを除外した。なお，同様に，適用3年目の未認識退職給付債務が0であっても適用4年目の未認識退職給付債務が0

の場合は，ΔX_1 を 0 とした。

　本節のリサーチ・デザインでは，多重共線性の存在が問題となるので，まず，各独立変数間の相関係数を求める。

【図表6-32】相関係数（適用3年目→適用4年目）

相関係数	$\Delta X_{1,2\to3}$	$\Delta X_{2,2\to3}$	$\Delta X_{3,2\to3}$	$\Delta X_{4,3\to4}$
$\Delta X_{1,2\to3}$	1			
$\Delta X_{2,2\to3}$	0.0216	1		
$\Delta X_{3,2\to3}$	0.0207	0.1180	1	
$\Delta X_{4,3\to4}$	0.0177	0.1021	0.1400	1

　したがって，多重共線性が問題になるような高い相関はみられないため，本節のリサーチ・デザインにより，実証分析を行う。

【図表6-33】多重回帰分析結果（適用3年目→適用4年目）

	$\beta_{1,3\to4}$	$\beta_{2,3\to4}$	$\beta_{3,3\to4}$	$\beta_{4,3\to4}$
期待符号	＋	＋	＋	＋
係数	−0.0008	0.0343	−0.0257	−0.6002
t 値（p値）	—	0.6171（0.5373）	—	—
自由度調整済み決定係数（Adjusted R-Squared）：0.0015				

自由度調整済み決定係数が非常に低い。
$\beta_{1,3\to4}$：符号の正負が逆である。
$\beta_{2,3\to4}$：符号の正負は正しいが,10%水準でも有意ではない。
$\beta_{3,3\to4}$：符号の正負が逆である。
$\beta_{4,3\to4}$：符号の正負が逆である。

　以上の分析結果から，分析期間において，X_1 が低くなった，X_2 が低くなった，X_3 が低くなった，または，X_4 が高くなったために，期待運用収益率が低くなったという結果は得られなかった。したがって，X_1，X_2，X_3 または X_4 の水準の推移によって期待運用収益率の選択が重要な影響を受けておらず，本章において第8節第1項で定義したリサーチ・デザインによる分析の視点からは，日本企業の期待運用収益率選択行動は，横並び選択行動および水準適正化選択行動であると考えられる。

第11節 報告利益の管理行動の視点からの実証分析

本節では，経営者はより大きな報告利益を計上するインセンティブを有しているという前提のもと，報告利益の管理行動の視点から，期待運用収益率の選択行動を考察する。

第1項 仮説の設定

期待運用収益率の選択によって，相対的に高い期待運用収益率を選択すれば退職給付費用のマイナス項目である期待運用収益が高く測定されるため，退職給付費用が相対的に低く測定される。また，逆も真なりである。このため，報告利益の管理行動の視点から，仮説を以下のように設定する。

『低い利益を計上している企業は，高い期待運用収益率を選択する傾向にある。また，逆も真なりである。』

そして，分析対象とする利益は，営業利益，経常利益および税金等調整前当期純利益とする。期待運用収益率の選択によって影響を受ける退職給付費用は，営業費用として計上されるため，営業利益，経常利益および税金等調整前当期純利益に影響が及ぶ。したがって，この3つの利益区分を分析対象とする。なお，経営者は，期待運用収益を計上する前の利益をもとに，報告利益の管理行動に関する意思決定を行うと考える。したがって，分析対象とする利益は，期待運用収益の計上前の利益とする。

また，期待運用収益＝期首年金資産×期待運用収益率であるため，期首年金資産が大きければ大きいほど，期待運用収益率の選択によって報告利益が影響を受けることになる。したがって，本節での分析では，期首年金資産でデフレートした報告利益を分析対象とする。このため，分析対象とする報告利益を，Y_1'：期待運用収益計上前営業利益／期首年金資産，Y_2'：期待運用収益計上前経常利益／期首年金資産，および，Y_3'：期待運用収益計上前税金等調整前当期純利益／期首年金資産と定義する。

なお，分析対象とするサンプル企業は，これまでの分析対象である1,534社から，銀行・証券・保険80社を除いた1,454社とする。これは，当該3つの

利益区分に対する報告利益の管理行動を分析するため，一般事業会社と利益の細区分が異なる銀行・証券・保険を除くべきだからである。

第2項　実証分析

適用初年度～適用4年目の全ての検定結果の特筆すべき事項は，図表6-34が示すように，期待運用収益率と分析対象とする報告利益（Y_1' ～ Y_3'）の相関係数が非常に低いことである。一般的に，相関係数の絶対値が0.4以上あれば相関関係がはっきりと存在すると定義されているため，各年度において，Y_1' ～ Y_3'と期待運用収益率の相関関係はほとんどないということになる。

ただし，全ての相関係数は，符号の負であり仮説と整合している。また，適用3年目のY_3'の分析結果が5%水準で有意であることを除けば，その他全ての分析結果が，1%水準で有意であるという検定結果が得られた。しかし，この検定の帰無仮説が「相関係数は0である。」ということを考えると，有意であるという結果が得られやすい検定である。つまり，一定水準以上（一般的に絶対値0.4以上）の相関係数が得られない限り，仮説を採択することはできないのである。

以上から，本節の仮説を棄却する。すなわち，期待運用収益率の選択行動において，本章における報告利益の管理行動の視点から，低い利益を計上している企業は，高い期待運用収益率を選択する傾向にあることは観察されないと結論付ける。

第6章　期待運用収益率の会計方針選択行動　117

【図表6-34】期待運用収益率と分析対象報告利益の相関係数

	Y_1'	Y_2'	Y_3'
適用初年度			
相関係数	−0.0687	−0.0779	−0.1039
t値(p値)	−2.6249(0.0064) ***	−2.9759(0.0030) ***	−3.9807(0.0000(>0)) ***
適用2年目			
相関係数	−0.07118	−0.0823	−0.0852
t値(p値)	−2.7194(0.0066) ***	−3.1450(0.0017) ***	−1.0297(3.2600) ***
適用3年目			
相関係数	−0.0822	−0.0917	−0.0628
t値(p値)	−3.1440(0.0017) ***	−3.5096(0.0005) ***	−2.3969(0.0167) **
適用4年目			
相関係数	−0.0716	−0.0821	−0.0717
t値(p値)	−2.7353(0.0063) ***	−3.1375(0.0017) ***	−2.7408(0.0062) ***

***1%で有意　**5%で有意

第12節　報告利益の管理行動を考慮した横並び選択行動および水準適正化選択行動の検証

　本章第11節では，期待運用収益率の選択行動は，静態的な報告利益の管理行動の視点からは観察されなかったと結論付けた。しかし，全ての相関係数が負であることは仮説と整合しており，また，分析結果の1ケースが5%水準で有意であることを除けば，適用初年度～適用4年目のその他全ての分析結果が，1%水準で有意であった。

　このため，本章の分析期間において，Y_1' が高くなった，Y_2' が高くなった，または Y_3' が高くなったために，企業により選択された期待運用収益率が低くなったことが示されるのであれば，本章での仮説の採択の疑義は残ることになる。すなわち，横並び選択行動および水準適正化選択行動ではなく，Y_1'，Y_2' および Y_3' の水準の推移によって期待運用収益率の選択が影響を受けている可能性もあるからである。このため，本節では，Y_1'，Y_2' および Y_3' の水準の推移が，期待運用収益率の選択行動に影響を及ぼしている否かを分析する。つまり，動態的な報告利益の管理行動の視点から，期待運用収益率の選択行動を考察する。

以上から，式6-4のモデルを推定することによって検証する。具体的には，係数 β_1，β_2 および β_3 の符号が正であるか，または，有意でなければ，本章の仮説の採択に疑義の可能性が低くなると考えられる。なお，以下の Δ は変化分（％）を示す。

Δ 期待運用収益率 $_{i,t \rightarrow t+1}$

$$= \beta_0 + \beta_{1,i,t \rightarrow t+1}\Delta Y_{1,i,t \rightarrow t+1}{}' + \beta_{2,i,t \rightarrow t+1}\Delta Y_{2,i,t \rightarrow t+1}{}' + \beta_{3,i,t \rightarrow t+1}\Delta Y_{3,i,t \rightarrow t+1}{}' + \varepsilon_{i,t \rightarrow t+1}$$

【式6-4】

添え字：$i,t \rightarrow t+1$ は，i 企業の t 期から $t+1$ 期への変化分だということを示している。また，ε：誤差項である。

なお，以下の分析対象ケースは，1,454 ケースである（報告利益の管理行動の分析企業数が 1,454 社であり，前年度の利益金額が 0 である企業が存在しなく，すなわち，$\Delta Y_1{}' \sim \Delta Y_3{}'$ が不定であるケースが存在ないため）。

最初に，適用初年度から適用 2 年目に対するリサーチ・デザインでは，多重共線性の存在が問題となるので，まず，各独立変数間の相関係数を求める。

【図表6-35】相関係数（適用初年度→適用2年目）

相関係数	$\Delta Y_{1,1 \rightarrow 2}{}'$	$\Delta Y_{2,1 \rightarrow 2}{}'$	$\Delta Y_{3,1 \rightarrow 2}{}'$
$\Delta Y_{1,1 \rightarrow 2}{}'$	1		
$\Delta Y_{2,1 \rightarrow 2}{}'$	0.1881	1	
$\Delta Y_{3,1 \rightarrow 2}{}'$	−0.0229	−0.0089	1

したがって，多重共線性が問題になるような高い相関はみられないため，本節のリサーチ・デザインにより，実証分析を行う。

【図表6-36】多重回帰分析結果（適用初年度→適用2年目）

	$\beta_{1,1\to2}$	$\beta_{2,1\to2}$	$\beta_{3,1\to2}$
期待符号	−	−	−
係数	−0.0000（<0）	0.0004	0.0000（>0）
t 値（p値）	−0.0213（0.9830）	—	—
自由度調整済み決定係数（Adjusted R-Squared）: 0.0016			

自由度調整済み決定係数が非常に低い。
$\beta_{1,1\to2}$：符号の正負は正しいが,10%水準でも有意ではない。
$\beta_{2,1\to2}$：符号の正負が逆である。
$\beta_{3,1\to2}$：符号の正負が逆である。

次に，適用2年目から適用3年目に対するリサーチ・デザインでは，多重共線性の存在が問題となるので，まず，各独立変数間の相関係数を求める。

【図表6-37】相関係数（適用2年目→適用3年目）

相関係数	$\Delta Y_{1,2\to3}{}'$	$\Delta Y_{2,2\to3}{}'$	$\Delta Y_{3,2\to3}{}'$
$\Delta Y_{1,2\to3}{}'$	1		
$\Delta Y_{2,2\to3}{}'$	0.0324	1	
$\Delta Y_{3,2\to3}{}'$	−0.0448	−0.0056	1

したがって，多重共線性が問題になるような高い相関はみられないため，本節のリサーチ・デザインにより，実証分析を行う。

【図表6-38】多重回帰分析結果（適用2年目→適用3年目）

	$\beta_{1,2\to3}$	$\beta_{2,2\to3}$	$\beta_{3,2\to3}$
期待符号	−	−	−
係数	−0.0002	−0.0001	0.0003
t 値（p値）	−0.4530（0.6506）	−1.0807（0.2800）	—
自由度調整済み決定係数（Adjusted R-Squared）: 0.0003			

自由度調整済み決定係数が非常に低い。
$\beta_{1,2\to3}$：符号の正負は正しいが,10%水準でも有意ではない。
$\beta_{2,2\to3}$：符号の正負は正しいが,10%水準でも有意ではない。
$\beta_{3,2\to3}$：符号の正負が逆である。

最後に，適用3年目から適用4年目に対するリサーチ・デザインでは，多重共線性の存在が問題となるので，まず，各独立変数間の相関係数を求める。

【図表6-39】相関係数（適用3年目→適用4年目）

相関係数	$\Delta Y_{1,3\to4}{}'$	$\Delta Y_{2,3\to4}{}'$	$\Delta Y_{3,3\to4}{}'$
$\Delta Y_{1,3\to4}{}'$	1		
$\Delta Y_{2,3\to4}{}'$	0.0211	1	
$\Delta Y_{3,3\to4}{}'$	−0.0064	0.0104	1

したがって，多重共線性が問題になるような高い相関はみられないため，本節のリサーチ・デザインにより，実証分析を行う。

【図表6-40】多重回帰分析結果（適用3年目→適用4年目）

	$\beta_{1,3\to4}$	$\beta_{2,3\to4}$	$\beta_{3,3\to4}$
期待符号	−	−	−
係数	0.0002	0.0001	−0.0003
t 値（p値）	──	──	−0.8621（0.3888）
自由度調整済み決定係数（Adjusted R-Squared）: 0.0015			

自由度調整済み決定係数が非常に低い。
$\beta_{1,3\to4}$：符号の正負が逆である。
$\beta_{2,3\to4}$：符号の正負が逆である。
$\beta_{3,3\to4}$：符号の正負は正しいが，10%水準でも有意ではない。

以上の分析結果から，分析期間において，$Y_1{}'$ が高くなった，$Y_2{}'$ が高くなった，または $Y_3{}'$ が高くなったために，期待運用収益率が低くなったという結果は得られなかった。したがって，$Y_1{}'$，$Y_2{}'$ および $Y_3{}'$ の水準の推移によって期待運用収益率の選択が重要な影響を受けておらず，つまり，動態的な報告利益の管理行動は観察されず，日本企業の期待運用収益率選択行動は，本章における分析の視点からは，横並び選択行動および水準適正化選択行動であると考えられる。

第13節　期待運用収益率選択行動と割引率選択行動の関係

当時の英国の退職給付会計基準 FRS17 は，退職給付債務は年金資産に賄われていると考え，原則として，期待運用収益率と割引率は一致させる。これに対して，国際会計基準 IAS19（Rev.）や米国基準 SFAS87 をはじめ，日本の会計基準（日本公認会計士協会 2005a，企業会計審議会 1998，日本アクチュアリー会・

日本年金数理人会 2008）では一致させる必要はなく，それぞれ別個の会計方針の選択行為として規定されている。

ここで，期待運用収益率と割引率の両者を考慮した会計方針選択行動において，企業が報告利益の管理行動の視点から両者の会計方針の選択を行う可能性が存在する。具体的には，期待運用収益率を相対的に低く選択しなければならない状況下で，割引率を相対的に高く選択して，退職給付費用が高く測定されることを抑制する行動などが考えられる。

以上から，本節では，期待運用収益率選択行動と割引率選択行動の関係を分析する。会計基準上考えられる相関関係として，経済環境が悪い状況下では，期待運用収益率および割引率は，両者ともに相対的に高い水準が選択される可能性が高く，また，逆も真なりである。つまり，正の相関関係であることが予想される。しかし，前述したように，両者の選択水準が負の相関関係であれば，報告利益の管理行動の視点から会計方針の選択を行っている可能性がある。

なお，以下の分析対象企業数および分析対象ケースは，1,491社である。これまで期待運用収益率の推移に関して分析対象とした1,541社のうち，適用初年度から適用4年目まで全ての期において，割引率の推移も追える企業である。

まず，静態的分析を行う。図表6-41が示すように，むしろ正の相関関係であるため，両者の選択行動の関係は，本章における報告利益の管理行動の視点から行われているとはいえず，別個の会計方針として選択行動が行われていると考えられる（ただし，はっきりとした正の相関関係は示されていない）。

【図表6-41】期待運用収益率と割引率の相関係数

	適用初年度	適用2年目	適用3年目	適用4年目
相関係数	0.2994	0.2654	0.3355	0.3062
t値 （p値）	12.1049 (0.0000 (>0)) ***	10.6235 (0.0000 (>0)) ***	13.7436 (0.0000 (>0)) ***	12.4127 (0.0000 (>0)) ***

***1％で有意

次に，動態的分析を行う。静態的分析結果と同様の結果であるが，図表6-42が示すように，非常に低い相関係数でありながらも，むしろ正の相関関係であるため，両者の選択行動の関係は，本章における報告利益の管理行動の視点から行われているとはいえず，別個の会計方針として選択行動が行われて

いると考えられる（ただし，非常に低い正の相関関係が示されている）。

【図表6-42】 期待運用収益率の変化分と割引率の変化分の相関係数

	適用初年度→適用2年目	適用2年目→適用3年目	適用3年目→適用4年目
相関係数	0.1255	0.0923	0.0988
t値 （p値）	4.8827 (0.0000（>0)) ***	3.5772 (0.0000（>0)) ***	3.8327 (0.0000（>0)) ***

***1%で有意

　なお，非常に相関係数が低いながらも正の相関関係が示されているのは，第5章と本章の分析結果から，水準適正化選択行動のために，両者の水準が共に低くなっているからであると考えられる。

第14節　結　　論

　本章では，日本企業による退職給付会計の期待運用収益率選択行動に関して，裁量の介入の余地が大きく，また，実際に裁量が介入していることを示したうえで，本章の考察対象とした4年間のデータに基づき，横並び選択行動および水準適正化選択行動が採られているという結論が得られた。また，先行研究との整合性，および，動態的な報告利益の管理行動を考慮しても，横並び選択行動および水準適正化選択行動が採られているという結論も得られた。

　しかし，本章の考察対象とした4年間のデータは，短期間であるため，今後も「裁量の余地が小さくなるとともに適正水準に落ち着いていく」のか否かを調査する必要もあるであろう。さらに，外国の企業においても，「裁量の余地が小さくなる」および「適正水準に落ち着いていく」ことが観察されるのか否かを調査する必要もあるであろう。

　このように，本章では仮説を支持する結論が得られたが，同時に一定の限界も存在し，また，今後の課題も露出したのである。

第7章

会計基準変更時差異の償却に関する会計方針選択行動
―裁量的選択行動，横並び選択行動
および水準適正化選択行動―

第1節　会計基準変更時差異の償却に関する会計方針選択行動に対する問題意識

　第2章で会計基準（日本公認会計士協会 2005a）のレビューを行ったように，会計基準変更時差異の償却年数は，上限が15年という一定の条件が付されているだけであり，その条件内であれば経営者が自由裁量のもとで選択できる。つまり，第5章および第6章でそれぞれ考察した割引率および期待運用収益率とは異なり，会計基準がその償却年数の選択に対して上限年数を規定しただけで，それ以外の一定の指針を規定している会計方針ではない。このため，会計基準変更時差異の償却年数の選択は，裁量の介入の余地が大きい会計方針ということができる。

　また，5年以内の償却年数を選択した場合には，会計基準変更時差異の償却額は，特別損益として計上される。一方，5年超の償却年数を選択した場合には，他の退職給付費用と同様に，営業損益として計上される（日本公認会計士協会 2000）。このため，償却年数の選択によって，報告利益の細区分の管理が可能となる。

　そして，詳しくは第6章第4節および第10章第2節に示しているように，企業年金基金での資産運用状況が非常に悪い時期に退職給付会計基準が導入されたため，ほとんどの企業では損失となる会計基準変更時差異が発生し，かつ，その金額は非常に多額にのぼっていた。このため，会計基準変更時差異の償却年数の選択は，非常に重要な会計方針である。そして，日本公認会計士協会

(2002a) によって[1]，正当な理由のない限り償却年数の変更が認められていないため，適用初年度における会計基準変更時差異の償却年数の選択は，次期以降にまでその影響の及ぶ非常に重要な会計方針である。

　以上から，本章では，会計基準変更時差異の償却に関する会計方針選択行動を裁量的選択行動として位置付けたうえで，まず，本章第3節で特定する分析対象企業（サンプル企業）が選択した償却年数の実態を示す。次に，日本企業の償却年数の選択行動の実態を踏まえて，過去の実証的研究と実務事例，および，経験的考察に基づき，横並び選択行動の可能性を説明する。そして，会計理論のレビューおよび経験的考察に基づき，水準適正化選択行動（本章では，第6章までの分析と異なり適用初年度だけの分析であるため，むしろ会計理論の遵守行動と定義した方が正しい。）の可能性を説明する。

　さらに，日本企業による会計基準変更時差異の償却年数の選択行動を，報告利益の管理行動および貸借対照表アプローチの視点から分析する。具体的には，報告利益の管理行動および貸借対照表アプローチの様々な視点から分析することをもって，当該視点では説明できない部分については，横並び選択行動および水準適正化選択行動（会計理論の遵守行動）の存在の可能性を示唆することを目的とする。

第2節　先行研究のレビュー

　第1に，会計基準変更時差異の償却に関する先行研究を，以下に示す。

　まず，米国企業を対象としたものは，Ali and Kumar（1993）である。

　Ali and Kumar（1993）は，SFAS87導入時の利益変動に関する経営者の意思決定要因を分析している。経営者は，利益平準化を目的とした報告利益の管理行動，および財務制限条項を回避する目的で，会計基準変更時差異の償却年数を決定していることを確認した。また，経営者報酬の増大を目的として会計基準変更時差異の償却年数が決定されていることが，若干ながら確認された。

　次に，SEC基準およびIFRSを採用していない日本企業を対象としたものは，高橋（2002），挽（2003），吉田・吉田（2004），吉田（2005），吉田（2008a: 111-129），乙政（2006a），乙政（2006b），乙政（2008a），乙政（2008b），上野（2008:

159-178），Tokuga and Miyauchi（2011），および徳賀・宮宇地（2011）である。

高橋（2002）は，前期の業績（代理変数：税金等調整前当期純利益／連結従業員数）が悪いほど，また，退職給付会計基準の導入直前期に退職給与引当金を積み増すなどの先行処理が大きい企業ほど，短い償却年数を選択することを確認した。これらは，前期の企業業績が悪いのは先行処理を行った結果とみなして，先行処理に積極的な企業は早期償却を行う傾向にあることを示唆している。さらに，当期の企業業績（代理変数：（税金等調整前当期純利益＋会計基準変更時差異の費用処理額）／連結従業員数）が良く，広義変更時差異（代理変数：（会計準変更時差異＋会計基準変更時差異の費用処理額＋先行処理額）／連結従業員数）が小さく，また，退職給付信託設定益（代理変数：（退職給付信託設定益／連結従業員数）が大きい企業ほど，短い償却年数を選択することを確認した。

挽（2003）は，会計基準変更時差異の一括償却企業は，一括償却しても赤字転換しない企業であり，また，複数年数償却企業は，一括償却すると赤字転落（もしくは赤字拡大）企業であることを確認した。

吉田・吉田（2004）は，会計基準変更時差異の償却に関して，社債契約の財務上の特約の視点から，経営者の意思決定を分析している。特約が付された企業のみを分析対象として，以下の仮説を設定し，全ての仮説を支持する結果を得た。

純資産特約仮説：純資産維持条項が課されている企業ほど，長い償却年数を選択する。なお，償却年数が長いほど，償却費用は少なくなるため，純資産は大きくなる。したがって，純資産を一定額以上に維持しようとする経営者は長い償却年数を選択すると考えられる。

経常利益特約仮説：利益維持条項あるいは配当制限が課されている企業ほど，5 年以内の短い償却年数を選択する。なお，利益維持条項および配当制限は，経常利益を基準として特約が決められている。償却年数が 5 年を超える場合，償却費用は営業損益項目に計上される。一方，5 年以内の場合，特別損益項目に計上される。したがって，経常利益を一定額以上に維持しようとする経営者は，5 年以内の短い償却年数を選択すると考えられる。

利益管理仮説：利益と比べて会計基準変更時差異が大きい企業ほど，長い償

却年数を選択する。つまり，報告利益の管理行動の視点から，報告利益に対する会計基準変更時差異の割合が大きい企業ほど，報告利益の減少が大きく，これを抑えるために長い償却年数を選択すると考えられる。

さらに，産業別予定償却年数に関する分析も取り入れており，一産業を除いて全ての産業の償却年数の分布は統計的に近似していることから，償却年数選択において，横並び選択行動が行われていることを示唆した。

吉田（2005）および吉田（2008a: 111-129）は，吉田・吉田（2004）と同様のアプローチで純資産特約仮説および経常利益特約仮説を支持する結果を得た。また，吉田（2005）は同様に，産業内の償却年数選択において，横並び選択行動が行われていることを示唆している。

乙政（2006a）および乙政（2008a）は，退職給付会計基準の導入に備えた事前対応企業と事前未対応企業の区別を考慮しながら，企業業績（代理変数：(税金等調整前当期純利益＋会計基準変更時差異の費用処理額) ／期中平均総資産，および，(連結剰余金－税金等調整前当期純利益) ／期中平均総資産) が良いほど，短い償却年数を選択することを確認した。また，企業規模（代理変数：総資産の対数値) が大きいほど，短い償却年数を選択することを確認した。さらに，負債比率（代理変数：(負債－会計基準変更時差異の費用処理額) ／期中平均総資産) が低いほど，短い償却年数を選択することを確認した。そのうえで，事前対応企業ほど，短い償却年数を選択することを確認した。

乙政（2006b）および乙政（2008b）は，損益計算書上の報告利益の細区分の管理行動の視点から，会計基準変更時差異の費用処理額を特別損益項目に計上するために，早期償却が選択される傾向が高いことを確認した。

上野（2008: 159-178）は，これまでレビューした日本企業を対象とした先行研究と同様に，債務契約における財務制限条項に抵触する可能性のある企業ほど，長い償却年数を選択することを確認した。また，会計基準変更時差異の発生額（代理変数：期首会計基準変更時差異／売上高) が大きい企業ほど，長い償却年数を選択することを確認した。さらに，規模仮説から，企業規模（代理変数：総資産の対数値) が大きいほど，短い償却年数を選択することを確認した。

Tokuga and Miyauchi（2011）および徳賀・宮宇地（2011）は，報告利益が

低いにも関わらず，短い償却年数を選択する行動を「横並び」選択行動である
と定義し，将来業績が改善している企業がその収益力に見合った範囲で短い償
却年数を選択していることを確認した。

　なお，乙政・音川（2004）は，研究開発投資の多い企業は，未認識退職給付
債務残高が多いことを確認した。ただし，その未認識退職給付債務に会計基準
変更時差異が占める割合，および，その選択された償却年数には言及していな
い。

　以上の先行研究に対して，本章では，社債契約の特約条項に捉われず，また，
特定企業をサンプリングするのではなく，全上場企業を分析対象とする。ただ
し，本章では，損益計算書上の報告利益の細区分の管理行動を分析対象とする
ため，一般事業会社とはその細区分の異なる，銀行・証券・保険を分析対象か
ら除外している。さらに，詳しくは後述するが，本章の分析は，報告利益の細
区分の管理行動を重視した分析であるが，売上のみを代理変数に組み込んだ上
野（2008: 159-178）とは異なるアプローチであり，また，本章の分析モデルで
用いる代理変数は，乙政（2006a）および乙政（2008a）で用いられている代理
変数とは異なっている。

　第2に，本章第4節で退職給付会計導入時の退職給付信託の分析を行うため，
退職給付会計基準の導入前における経営者行動（いわば，新会計基準導入に対
処する準備行動）に関する先行研究を，以下に示す。

　まず，米国企業を対象としたものは，Norton（1989），Senteney and
Strawser（1990a），Senteney and Strawser（1990b），Sami and Welsh（1992），
Langer and Lev（1993），Harper and Strawser（1993），および Tung and
Weygandt（1994）である。SFAS87 の適用初年度は 1985 年〜 1987 年の期間
で選択適用が認められていたため，SFAS87 の早期適用に関する分析を行って
いる。

　Norton（1989）は，早期適用企業（1985 年適用企業と 1986 年適用企業）と早
期適用以外の企業の割引率，期待運用収益率，および，年金資産の積立率をま
とめ，早期適用企業のうち 1985 年適用企業の年金資産の積立率が高い可能性
を示唆した。

　Senteney and Strawser（1990a）および Langer and Lev（1993）は，社債契

約に関する利益への影響が軽微，または，むしろ良い影響を受けることになる企業が，SFAS87の早期適用を行っていることを示した。具体的には，以下の仮説を設定し，仮説を支持する結果を得た。

　社債契約仮説：社債を発行している企業は，財務上の特約に抵触しないように利益が増加するように行動を選択する。

　代理変数として負債比率を採用し，報告利益の管理行動という視点から，SFAS87によって費用が減少する場合には負債比率の高い企業ほどSFAS87をより早く適用し，費用が増加する場合には負債比率が高い企業ほどSFAS87をより遅く適用することを確認した。

　Senteney and Strawser（1990b）は，早期適用企業（1985年適用企業と1986年適用企業）と早期適用以外の企業を比較し，積立不足率（代理変数：PBO／年金資産，および，ABO（Accumulated Benefit Obligation）／年金資産）が低ければ低いほど，および，SFAS87を適用すれば退職給付費用が減少するほど，より早く適用することを確認した。Sami and Welsh（1992）は，SFAS87の早期適用企業の方が，運転資本（working capital）が大きいこと，年金資産の積立率が高いこと，および，企業規模（代理変数：売上高の自然対数）が大きいことを確認した。また，早期適用企業のうちレバレッジ（代理変数：総資産負債比率または負債比率）が平均以上のサブ・サンプルでは，インタレスト・カバレッジ・レシオ（interest coverage ratio）が高いことを確認した。Harper and Strawser（1993）は，SFAS87の早期適用企業の方が，年金資産の積立不足が小さいことを確認した。Tung and Weygandt（1994）は，SFAS87の早期適用企業の方が，レバレッジ（代理変数：長期負債／自己資本）が高いことを確認し，Senteney and Strawser（1990a）とLanger and Lev（1993）と同様に，債務契約仮説を指示する結果を得た。また，SFAS87の早期適用企業の方が，インタレスト・カバレッジ・レシオが高く，および，企業規模（代理変数：売上高の自然対数）が大きいことを確認した。

　次に，SEC基準およびIFRSを採用していない日本企業を対象としたものは，高橋（2002），辻（2007b），辻（2015: 119-125），および榎本（2016）に分析がなされている。

高橋（2002）は，退職給付会計基準の導入直前期に退職給与引当金を積み増すなど先行処理を行った企業が相当数存在することを確認し，また，税金等調整前当期損益が赤字転落もしくは赤字拡大しても先行処理を行った企業が相当割合存在することを確認した。さらに，前期の企業業績（代理変数：先行処理前税金等調整前当期純利益／連結従業員数）が良いほど，金融機関・法人・海外持ち株比率が高いほど，先行処理を行っていることを確認した。

　辻（2007b）および辻（2015: 119-125）は，第2章第1節でも考察しているが，図表2-1に示されているように，退職給付会計基準の導入直前期に退職給与引当金を積み増した企業が相当数存在することを確認し，巨額となる損失を2年度に分けて計上するという「損失の平準化」の会計政策を示唆した。また，退職給付会計基準の導入により企業財務が受けた影響を，税効果会計適用による影響を加味したうえで示している。

　榎本（2016）は，負債比率が低いほど，また，金融機関持ち株比率が高いほど，退職給付会計基準の導入直前期に退職給与引当金を積み増していることを確認した。さらに，税金等調整前当期純利益の減少幅が大きいほど退職給与引当金を積み増していることを確認し，ビッグ・バスの実施の可能性を示唆した。

第3節　分析対象とするサンプル企業の特定

　以下のデータは，日本経済新聞社による情報提供サービスである NEEDS-Financial QUEST から入手したものである。なお，これまでの本研究の分析では全国証券取引所の上場企業の全社を調査対象としているが，前述したように本章では，損益計算書上の報告利益の細区分の問題から，銀行・証券・保険を除く一般事業会社を分析対象のサンプル企業とする。

　日本基準における会計基準変更時差異の償却年数に関する会計方針選択行動を分析対象としていることから SEC 基準適用企業を除外し，連結対象企業間で選択している償却年数が異なっている場合（償却年数に幅あり）を除外した。また，非常に少ないケースであるが利益となる会計基準変更時差異が発生している企業を除外した。年金資産の運用状況が悪い時期にあっても，利益となる会計基準変更時差異が発生した企業も存在する。その企業数（サンプル数）が

僅少であることから，本章の分析は，損失となる会計基準変更時差異が生じている企業を対象とする。そして，償却年数が15年超である会計基準不遵守企業，および，明らかにデータが不整合である企業（たとえば，会計基準変更時差異の償却年数が1年（一括）であるのに多額の未認識会計基準変更時差異が残っているなど，償却年数・償却額・未認識額の不整合性が著しい企業）を除外した（図表7-1）。

【図表7-1】サンプル企業　　　　　　　　（単位：社）

	適用初年度
データ収録企業数	1,678
除外	
SEC基準適用企業	7
償却年数に幅あり	27
利益となる会計基準変更時差異発生	69
会計基準不遵守企業	4
明らかなデータ不整合	36
分析対象企業数	1,535

以上から，本章ではサンプル数1,535社を対象として，会計基準変更時差異の償却年数に関する会計方針選択行動の分析を行うことにする。

第4節　退職給付信託

会計基準変更時差異の償却年数の分析に入る前に，サンプル企業を対象として，退職給付信託に関する分析を行う。具体的には，図表7-2に示す退職給付信託を採用した企業と採用しなかった企業との間で，その財務的特性の違いを分析する。

【図表7-2】退職給付信託を採用した企業と採用しなかった企業　　（単位：社）

退職給付信託を採用した企業	退職給付信託を採用しなかった企業	合計：サンプル企業数
133	1,402	1,535

退職給付信託とは，企業の保有資産を年金資産として信託することである。適用初年度に退職給付信託を設定することによって，当該保有資産の含み益を

会計上実現させることが認められ，当該含み益と相殺する形で，同額の会計基準変更時差異が費用処理される。つまり，会計基準変更時差異の早期償却を促した制度であるため，会計基準変更時差異の償却年数の分析を行うにあたって，退職給付信託を分析することは重要である。また，日本基準のみで認められた制度であり，著者の知る限り，先行研究は存在しない。なお，辻（2007b）および辻（2015: 121-122）は，退職給付会計基準導入時における退職給付信託の設定状況（企業数および影響額）を，税効果会計適用による影響に言及したうえで示している。高橋（2002）は，退職給付会計基準導入時における退職給付信託設定益の影響割合を示している。

　退職給付信託を採用した企業は，退職給付信託を設定した際に費用処理した金額を控除した後の未認識会計基準変更時差異の残高を，償却年数にわたって償却していくことになる。つまり，本章第5節以降における会計基準変更時差異の償却年数の分析は，退職給付信託の会計処理を終えてからの分析である。

第1項　仮説の設定

　日本公認会計士協会（2005a）の設例7の退職給付信託に関する仕訳（一部）を以下に示す。

①（借方）	退職給付引当金	3,000	（貸方）	信託した有価証券	1,000
				退職給付信託設定損益	2,000
②（借方）	退職給付費用	3,000	（貸方）	退職給付引当金	3,000

　①は，保有有価証券の信託を設定したときの，含み益実現の仕訳である。②は，①で取崩した退職給付引当金と同額の会計基準変更時差異を，費用処理する仕訳である。このため，退職給付信託を採用すると，早期償却を行うことで未認識会計基準変更時差異が減少するだけではなく，退職給付信託設定損益＜退職給付費用となるため，適用初年度の費用負担が増えることにもなる。

　したがって，以下の2つの仮説を設定し検定する。

　仮説1：『多額の会計基準変更時差異が発生した企業は，退職給付信託を採用する。』

　仮説2：『利益の多い企業は，退職給付信託を採用する。』

また，奥村（2005）で確認されたように，規模の大きな企業は注目されやすいため，このような有利な形で積立不足を早期解決できる退職給付信託を採用する傾向にあると考えられる。したがって，以下の仮説を追加する。

仮説3：『規模の大きい企業は，退職給付信託を採用する。』

第2項　リサーチ・デザイン

まず，仮説1については，「会計基準変更時差異発生額／総資産」および「会計基準変更時差異発生額／負債」の2つの財務指標を用いて，退職給付信託を採用した企業と採用しなかった企業との間に，統計的に有意な差があるか否かを検定する。

会計基準変更時差異発生額は，償却されない限り未認識会計基準変更時差異として注記項目（オフバランス項目）となるが，その既償却額は退職給付引当金として貸借対照表上認識される。つまり，会計基準変更時差異発生額は結果として貸借対照表項目（ストック項目）となるため，その発生額の相対的な大小は，企業の貸借対照表項目によって測定するのが妥当である。このため，会計基準変更時差異発生額を総資産もしくは負債でデフレートした2つの財務指標を採用することが妥当である。

次に，仮説2については，「会計基準変更時差異償却額計上前税金等調整前当期純利益／会計基準変更時差異発生額」の財務指標を用いて，両者の間に統計的に有意な差があるか否かを検定する。なお，「会計基準変更時差異償却額」は，日本公認会計士協会（2005a）の設例7における「退職給付費用－退職給付信託設定損益」と定義する。

会計基準変更時差異償却額は，原則として，特別損失として計上されるため，影響の受ける報告利益は，税金等調整前当期純利益となる。まず，経営者は会計基準変更時差異償却額計上前の税金等調整前当期純利益の大小によって，退職給付信託を設定するか否かの意思決定を行っていると考えられる。このため，会計基準変更時差異償却額計上前の税金等調整前当期純利益を分析対象とする。次に，会計基準変更時差異償却額計上前税金等調整前当期純利益の相対的な大小は，会計基準変更時差異発生額によって測定するのが妥当である。この

ため，会計基準変更時差異償却額計上前税金等調整前当期純利益を会計基準変更時差異発生額でデフレートした財務指標を採用することが妥当である。

最後に，仮説3については，奥村（2005）と同様に，企業規模の代理変数を売上高とみなし，売上高の自然対数が両者の間に統計的に有意な差があるか否かを検定する。

売上高は企業の活動規模を反映するため，企業規模の代理変数となり得る。「規模の大きな企業は注目されやすいため」という，仮説3を設定するための前提条件を考えると，対外的な企業活動規模を示す売上高を財務指標として採用することは妥当である。

第3項　仮説の検定

まず，仮説1に関する財務指標の諸統計数値は，図表7-3および図表7-4の通りである。

【図表7-3】会計基準変更時差異発生額／総資産の比較

	退職給付信託を採用した企業	退職給付信託を採用しなかった企業	サンプル企業全社
平均	**0.0544**	**0.0318**	**0.0338**
中央値	**0.0458**	**0.0173**	**0.0191**
第1四分位	0.0239	0.0033	0.0037
第3四分位	0.0746	0.0440	0.0484
標準偏差	0.0407	0.0433	0.0436
分散	0.0017	0.0019	0.0019
歪度	1.1756	2.4475	2.2751
尖度	1.4981	9.8591	8.6553

【図表7-4】 会計基準変更時差異発生額／負債の比較

	退職給付信託を 採用した企業	退職給付信託を 採用しなかった企業	サンプル 企業全社
平均	**0.0983**	**0.0541**	**0.0579**
中央値	**0.0825**	**0.0312**	**0.0341**
第1四分位	0.0380	0.0060	0.0080
第3四分位	0.1336	0.0783	0.0850
標準偏差	0.0824	0.0723	0.0742
分散	0.0068	0.0052	0.0055
歪度	2.2961	1.7473	1.7927
尖度	10.4992	4.6899	5.5000

　以上から，退職給付信託を採用した企業の方が，採用しなかった企業に比べて，上記2つの財務指標の平均値および中央値が大きい。つまり，多額の会計基準変更時差異が発生した企業の方が，会計基準変更時差異の早期償却を促すインセンティブが強いことを反映した結果であると考えられる。

　したがって，平均値の差に有意性があるか否かを検定する。母平均の差の検定を行う前に，母分散の比の検定：F値（片側検定）を行う。

【図表7-5】 母分散の比の検定

	会計基準変更時差異発生額／総資産	会計基準変更時差異発生額／負債
F値	1.1336	1.3001**

**5%水準で有意

　このため，「会計基準変更時差異発生額／総資産」については等分散性の仮定をおくことができるが，「会計基準変更時差異発生額／負債」については等分散性の仮定をおくことができない。したがって，母平均の差の検定を行うにあたって，「会計基準変更時差異発生額／総資産」についてはt検定（片側検定）を行い，「会計基準変更時差異発生額／負債」についてはウェルチのt検定（片側検定）を行う。

第7章　会計基準変更時差異の償却に関する会計方針選択行動　135

【図表7-6】 母平均の差の検定

	会計基準変更時差異発生額／総資産	会計基準変更時差異発生額／負債
t値	5.7676***	5.9668***

***1%水準で有意

　さらに，中央値の差に有意性があるか否かを検定するため，χ^2検定（片側検定）を行う。

【図表7-7】 中央値の差の検定

	会計基準変更時差異発生額／総資産	会計基準変更時差異発生額／負債
χ^2値	10.1652***	12.0298***

***1%水準で有意

　以上の結果から，2つの財務指標の平均値および中央値については，退職給付信託を採用した企業の方が，採用しなかった企業に比べて，有意に大きいという結論が導かれた。したがって，仮説1は支持される。

　なお，図表7-8 ～ 7-11 に示すように，負債比率の平均値および中央値についても同様の検定を行ったが，退職給付信託を採用した企業と採用しなかった企業の間には，10%水準でも有意ではなかった。すなわち，負債全体の大きさではなく，会計基準変更時差異の発生額の大きさによって，企業は早期償却を促すインセンティブが左右される結果が導かれたと考えられる。

【図表7-8】 負債比率の比較

	退職給付信託を採用した企業	退職給付信託を採用しなかった企業	サンプル企業全社
平均	0.6039	0.5966	0.5972
中央値	0.5887	0.6118	0.6105
第1四分位	0.5051	0.4424	0.4480
第3四分位	0.7403	0.7588	0.7553
標準偏差	0.1744	0.2091	0.2063
分散	0.0304	0.0437	0.0425
歪度	−0.1558	−0.2385	−0.2375
尖度	−0.1625	−0.6118	−0.5777

【図表 7-9】 母分散の比の検定

	負債比率
F値	1.4371**

**5%水準で有意

　このため，等分散性の仮定をおくことができない。したがって，母平均の差
の検定を行うにあたって，ウェルチの t 検定（片側検定）を行う。

【図表 7-10】 母平均の差の検定

	負債比率
t値	0.4542

10%水準でも有意ではない。

【図表 7-11】 中央値の差の検定

	負債比率
χ^2値	1.2689

10%水準でも有意ではない。

　次に，仮説2に関する財務指標の諸統計数値は，図表 7-12 の通りである。

【図表 7-12】 会計基準変更時差異償却額計上前税金等調整前当期純利益／会計基準変更時差異発生額の比較

	退職給付信託を採用した企業	退職給付信託を採用しなかった企業	サンプル企業全社
平均	1.6197	−2.5194	−2.1398
中央値	1.0718	0.8960	0.9476
第1四分位	0.6383	−0.0193	0.0642
第3四分位	1.8998	3.4311	3.1357
標準偏差	5.1515	32.54881	31.0810
分散	26.5378	1,059.4252	966.0291
歪度	5.8070	−6.8841	−7.2126
尖度	64.4910	60.2536	66.4236

　以上から，退職給付信託を採用した企業の方が，採用しなかった企業に比べ
て，上記の財務指標の平均値および中央値が大きい。つまり，当該利益の多い
企業の方が，会計基準変更時差異の早期償却を促すインセンティブが強いこと

を反映した結果であると考えられる。

したがって，平均値の差に有意性があるか否かを検定する。母平均の差の検定を行う前に，母分散の比の検定：F値（片側検定）を行う。

【図表7-13】母分散の比の検定

	会計基準変更時差異償却額計上前税金等当期純利益／会計基準変更時差異発生額
F値	39.9214**

**5%水準で有意

このため，等分散性の仮定をおくことができない。したがって，母平均の差の検定を行うにあたって，ウェルチのt検定（片側検定）を行う。

【図表7-14】母平均の差の検定

	会計基準変更時差異償却額計上前税金等当期純利益／会計基準変更時差異発生額
t値	3.9030***

***1%水準で有意

さらに，中央値の差に有意性があるか否かを検定するため，χ^2検定（片側検定）を行う。

【図表7-15】中央値の差の検定

	会計基準変更時差異償却額計上前税金等当期純利益／会計基準変更時差異発生額
χ^2値	7.8832***

***1%水準で有意

以上の結果から，当該財務指標の平均値および中央値については，退職給付信託を採用した企業の方が，採用しなかった企業に比べて，有意に大きいという結論が導かれた。したがって，仮説2は支持される。

最後に，仮説3に関する財務指標の諸統計数値は，図表7-16の通りである。

【図表7-16】売上高の自然対数の比較

	退職給付信託を 採用した企業	退職給付信託を 採用しなかった企業	サンプル 企業全社
平均	**11.7250**	**10.7914**	**10.8723**
中央値	**11.7030**	**10.6377**	**10.7314**
第1四分位	10.7633	9.8700	9.9242
第3四分位	12.7127	11.5742	11.6975
標準偏差	1.3213	1.3532	1.3754
分散	1.7459	1.8311	1.8916
歪度	0.0729	0.5933	0.5337
尖度	−0.6928	0.8125	0.5355

　以上から，退職給付信託を採用した企業の方が，採用しなかった企業に比べて，売上高の自然対数の平均値および中央値が大きい。つまり，規模の大きい企業の方が，会計基準変更時差異の早期償却を促すインセンティブが強いことを反映した結果であると考えられる。

　したがって，平均値の差に有意性があるか否かを検定する。母平均の差の検定を行う前に，母分散の比の検定：F値（片側検定）を行う。

【図表7-17】母分散の比の検定

	売上高の自然対数
F値	1.0488

5%水準で有意ではない。

　このため，等分散性の仮定をおくことができる。したがって，母平均の差の検定を行うにあたって，t検定（片側検定）を行う。

【図表7-18】母平均の差の検定

	売上高の自然対数
t値	4.4320***

***1%水準で有意

　さらに，中央値の差に有意性があるか否かを検定するため，χ^2検定（片側検定）を行う。

第7章　会計基準変更時差異の償却に関する会計方針選択行動　139

【図表 7-19】中央値の差の検定

	売上高の自然対数
χ^2値	9.3567***

***1%水準で有意

以上の結果から，売上高の自然対数の平均値および中央値については，退職給付信託を採用した企業の方が，採用しなかった企業に比べて，有意に大きいという結論が導かれた。したがって，仮説3は支持される。

第5節　サンプル企業の会計基準変更時差異の償却年数の選択実態

本節では，会計基準変更時差異の償却年数の選択行動を分析する前提として，図表7-20に，サンプル企業の償却年数の選択実態を示す。

【図表 7-20】サンプル企業の会計基準変更時差異の償却年数の選択実態

償却年数	企業数	全体に占める割合	
1	824	53.68%	
2	20		
2.5	1		
3	61		
4	9		5年以内企業数
5	276	17.98%	合計：1,191（**77.59%**）
6	4		
7	11		
7.5	1		
8	5		
9	2		
10	72		
11	1		
12	4		
13	0		
14	3		5年超企業数
15	241	15.70%	合計：344（22.41%）
合計	1,535	100%	

140

　図表 7-20 のサンプル企業の会計基準変更時差異の償却年数の選択実態から，一括償却を選択した企業の割合が非常に大きい。具体的には，サンプル企業の過半数である約 54％が一括償却企業であり，償却年数は 1 年～ 15 年の間で裁量的に選択できる余地が存在することを考えると，非常に大きな割合である。なお，このような償却年数の選択傾向は，本章第 8 節の分析結果から，財務状況によって影響を受けているものの，企業規模や ROE からは特に影響を受けていないと考えられる。また，第 8 章第 14 節の分析結果から，平均残存勤務期間を基準として選択される数理計算上の差異の償却年数と相関関係がほとんどないため，平均残存勤務期間からは特に影響を受けていないと考えられる。

　このため，まずは，一括償却企業に注目して，その会計方針選択行動の分析を行う。具体的には，①一括償却企業（824 社），②一括償却を除く 5 年内償却企業（367 社），および，③ 5 年超償却企業（344 社）の 3 グループに分けたうえで，①の会計方針選択行動から受ける財務的影響と，②および③の財務的影響を比較する。

第 1 項　会計基準変更時差異償却額による利益の減少率もしくは損失の拡大率

　本項では，①～③のグループごとに，会計基準変更時差異償却額による税金等調整前当期純利益の減少率もしくは損失の拡大率を比較する。なお，利益の減少率もしくは損失の拡大率は，それぞれ，「会計基準変更時差異償却額／会計基準変更時差異償却額計上前税金等調整前当期純利益」もしくは「会計基準変更時差異償却額／会計基準変更時差異償却額計上前税金等調整前当期純損失」（の絶対値）として定義する。

第7章　会計基準変更時差異の償却に関する会計方針選択行動　141

【図表7-21】会計基準変更時差異償却額による税金等調整前当期純利益の減少率
　　　　　　　（損失の拡大率）

グループ	①	②	③
	税金等調整前当期純利益の減少率もしくは損失の拡大率		
平均	**0.5469**	**0.2642**	**0.0950**
中央値	0.1671	0.0826	0.0938
第1四分位	0.0079	0.0171	−0.0139
第3四分位	0.5836	0.2185	0.2539
標準偏差	4.4046	1.9361	1.5862
分散	19.4007	3.7484	2.5160
歪度	2.0257	12.8794	0.7688
尖度	103.6451	204.2933	122.9043

　図表7-21から，①一括償却企業の利益の減少率（損失の拡大率）が際立っていることが観察される。

　したがって，①の母平均が，②および③の母平均よりも有意に大きいか否かを検定する。

　図表7-22の見方は，「列」から「行」への母分散の比の検定：F値（片側検定）である。

【図表7-22】母分散の比の検定

	①	②
②	5.1758**	
③	7.7111**	1.4898**

**5%水準で有意

　このため，等分散性の仮定をおくことができない。したがって，母平均の差の検定として，ウェルチの t 検定（片側検定）を行う。

【図表7-23】標本（サンプル）の母平均の差の検定

	①	②
②	1.5379*	
③	2.3296***	1.2782

***1%水準で有意　*10%水準で有意
他は,10%水準でも有意ではない。

　以上の結果から，①の利益の減少率（損失の拡大率）の平均値は，②および

③に比べて，有意に大きいという結論が導かれた。一方，②と③の平均値には，有意な差は観察されなかった。この結果から，①の会計方針選択行動は，②および③と比較して，利益が大きく減少もしくは損失が大きく拡大してまで，あえて一括償却を選択したということが示されているため，特異な選択行動であると考えられる。

第2項　会計基準変更時差異償却額による黒字から赤字転落企業

　本項では，①〜③のグループについて，黒字から赤字転落企業の割合の比較を行う。なお，①に帰属する，会計基準変更時差異償却額計上前税金等調整前当期純利益が 0 百万円（＞0）の 1 社は，黒字から赤字転落企業に算入している。

【図表7-24】黒字から赤字転落企業

グループ	黒字→赤字	赤字→赤字	黒字→黒字	合計
①	**15.30%** 126社	10.19% 84社	74.51% 614社	100% 824社
②	**3.54%** 13社	13.08% 48社	83.38% 306社	100% 367社
③	**3.20%** 11社	25.00% 86社	71.80% 247社	100% 344社

　図表7-24 の結果から，①における黒字から赤字への転落企業の割合は，②および③と比較して明らかに大きい。つまり，①の会計方針選択行動は，②および③と比較して，黒字にも関わらず赤字に転落してまで，あえて一括償却を選択したということが示されているため，特異な選択行動であると考えられる。

　これまでの本節の分析結果によると，サンプル企業全体の約 54％を占める 824 社の一括償却企業は，特異にもあえて一括償却を選択した企業であると考えられる。また，償却年数 5 年以内の企業を早期償却企業と定義するならば，早期償却企業はサンプル全体の約 78％をも占めることになる。このような日本企業の会計基準変更時差異の償却年数選択行動を，横並び選択行動と定義する。

　また，会計基準変更時差異は過年度損益修正項目であるため，一括償却（ないしは早期償却）することが会計理論を遵守した会計方針選択行動と考えられ

る。このような日本企業の会計基準変更時差異の償却年数選択行動を，水準適正化選択行動（会計理論の遵守行動）と定義する。

以上から，本章の分析の出発点として，横並び選択行動および水準適正化選択行動（会計理論の遵守行動）と定義した日本企業の会計基準変更時差異の償却年数選択行動の可能性を，その因果関係を含むメカニズムを考察したうえで説明する。

第6節　横並び選択行動

本節では，第6章までと同様に，過去の実証的研究と実務事例，および経験的考察に基づき，会計基準変更時差異の償却年数選択の横並び選択行動の可能性を説明する。

まず，日本企業自体がその企業行動において，一般的に横並び傾向にあるといわれている。これは，近年の実証研究の結果によっても，担保されていることである（Kin and Nofsinger 2005）。

次に，海外においては，証券アナリストの評価が，一般的に横並び傾向にあることが報告され，また，実証研究の結果によっても担保されている（Clement and Tse 2005，Welch 2000）。そして，経験的考察の結果であるが，日本の証券アナリストは，退職給付会計の会計基準変更時差異の償却に関する評価について，他社動向との比較を重要視していると考えられる。会計基準上は償却年数の選択について絶対的な規範尺度が存在しないことから，非常に裁量性の大きな会計方針の選択である。このため，他社動向との比較において経営者の選択する償却年数を評価する方が優先的になり，つまりは，証券アナリストの判断は横並び傾向にあると考えられる。さらに，公認会計士は会計基準が許容されている範囲内の償却年数が選択されていれば適正と判断するのに対して，証券アナリストはその適正性ではなく相対性を吟味して評価することから，横並び選択行動に対してより大きな影響を与えると考えられる。

そして，経験的考察の結果であるが，導入後間もない会計基準に対して，公認会計士の判断は横並び傾向にある。具体的に，絶対的な規範的水準のない会計方針の選択に関しては，監査を実施する過程で様々な情報を入手する結果，

他社比較（もしくは，業界最大手比較）に依拠した形で，当該会計方針採用の是非を判断することが，広く採用されている監査実務と考えられる（ただし，経営者は会計基準が許容している範囲内で償却年数を選択すれば，会計監査上は特に問題はないため，第5章の割引率，および第6章の期待運用収益率とは異なり，公認会計士の横並び選択行動の影響は薄れることになるであろう）。

　以上から，これらのような外部監視効果の影響を受ける経営者による会計基準変更時差異の償却年数の選択も，その結果として，横並び傾向になると考えられる。

　さらに，第5章の第9節第5項によると，退職給付会計の割引率の選択行動において，適用初年度は，より強い横並び選択行動が観察された。最も考えられる点としては，適用初年度であることから手探り状態の中で，むしろ横並び選択行動に陥るのではないかということである。具体的には，第5章の第4節第3項に示したように，複数の企業が割引率の選択に関して同じ理由付けを行い，相対的に高い割引率を選択した事例が観察されている（泉本 2000）。また，経験的考察の結果であるが，会計方針選択に関する業界各社間でのネットワークが存在する可能性があるということである。特に，会計基準変更時差異の償却をはじめ，会計方針の選択に関して話し合うため，各社の経理担当者が会合を開くことは実務上存在する。ならば，何も拠り所のないタイミングでは，他社動向が唯一の拠り所となるのではないか，つまり，適用初年度においては，横並び選択行動がより強い影響を持つのではないかと考えられる。

　最後に，会計基準変更時差異の償却年数は適用初年度に選択しなければならなく，また，その償却年数の変更は認められない（日本公認会計士協会 2002a）[2]。このため，経営者は，将来の報告利益の金額が不確実であるにも関わらず，適用初年度に償却年数を選択する意思決定を行わなければならない（適用初年度において，適用2年目以降の会計基準変更時差異償却額を決定しなければならない）。つまり，報告利益の管理行動を行おうとしても，それは適用初年度にとどまり，適用2年目以降はその効果が発揮することは不確実であるため，報告利益の管理行動に関するインセンティブは低いのではないかと考えられる。

　以上から，このような将来の不確実性の中での意思決定は，他社動向への依存度が高くなると考えられ，結果として，横並び選択行動となるのではないか

と考えられる。

第7節　水準適正化選択行動（会計理論の遵守行動）

　本節では，第6章までと同様に，会計理論のレビューおよび経験的考察に基づき，会計基準変更時差異の償却年数選択の水準適正化選択行動（会計理論の遵守行動）の可能性を説明する。

　まず，会計基準変更時差異は，様々な考え方が存在するが，その性質は過年度損益修正項目であると考えられる。なぜならば，過年度において退職給付会計を適用していたと仮定するならば，過年度において損益処理されていた項目だからである。このため，一括して特別費用として計上するのが最も望ましいと考えられ，また，（会計基準変更時差異を複数年にわたって償却することによって，損益の変動額が抑えられるという意味での）期間損益の平準化の必要性を考慮したとしても，できる限り早期償却が望ましいと考えられる。ならば，多数の日本企業が一括償却もしくは早期償却を選択したということは，本研究のこれまでの分析で導かれた「水準適性化選択行動」を，会計理論の遵守も含むというように広義に解釈するのであれば，日本企業が水準適正化選択行動（会計理論の遵守行動）に従っていると考えられる。

　次に，米国でも行われているように（Palepu *et al.* 2000; 斉藤監訳 2001: 55, Mark and Lundholm 1993），日本でも企業の企業内容開示制度に対する取り組み姿勢の評価を行っている。そして，経験的考察の結果であるが，日本の証券アナリストは，退職給付会計において，会計数値に重要な影響を与えるという意味で，会計基準変更時差異の償却年数は，重要な会計方針として証券アナリストにより注目された会計方針と考えられる。また，ほとんどの他の会計方針（基礎率）は年金数理計算の中でのブラックボックスであるのに対して，会計基準変更時差異の償却年数は，有価証券報告書に開示されているため，証券アナリストの評価の対象となり得る。さらに，公認会計士は会計基準が許容されている範囲内の償却年数が経営者により選択されていれば適正と判断するのに対して，証券アナリストは，より厳しい目を向けることになるであろう。

　そして，経験的考察であるが，前述した証券アナリストの場合と同様，公認

会計士にとっても，会計基準変更時差異の償却年数は特に，評価および注目の対象となった重要な会計方針である（ただし，経営者は会計基準が許容している範囲内で償却年数を選択すれば，会計監査上は特に問題はないため，第5章の割引率，および第6章の期待運用収益率とは異なり，公認会計士の水準適正化選択行動（会計理論の遵守行動）の影響は薄れることになるであろう）。

以上から，これらのような外部監視効果を受ける経営者の会計基準変更時差異の償却年数は，その結果として，水準適正化傾向（会計理論の遵守行動）になると考えられる。

最後に，第6節で述べたように，報告利益の管理行動のインセンティブが低い将来の不確実性の中での意思決定として，会計基準変更時差異の償却年数を選択しなければならない。このような環境下では，前述したように他社動向への依存度が高くなるだけではなく，報告利益に与える影響を考慮して，企業は以下の2つの両極の意思決定を行うと考えられる。

意思決定①：将来の報告利益が不確実であるため，当期において会計基準変更時差異の一括償却（もしくは，早期償却）を行い，次期以降における影響を（なるべく）排除する。

意思決定②：将来の報告利益が不確実であるため，会計基準変更時差異をできる限り長い年数で償却し，政策的に期間損益の平準化を図る。

第5節で示したように，ほとんどの企業は意思決定①を行っているため，将来の不確実性の中では，（次期以降の影響回避という意図があったとしても）結果的に，会計理論を遵守する傾向にあったと考えられる。当然のことではあるが，会計方針を選択するうえで最も尊重されるべきは，会計理論なのである。

第8節　先行研究との整合性を考慮した償却年数選択のインセンティブ傾向の検証

本節では，第6章までと同様に，先行研究との整合性を分析する。

奥村（2005）は，第3章第3節の先行研究のレビューで述べたように，日本基準における日本企業の割引率選択のインセンティブ傾向を分析対象とした最

初の先行研究である。以下のように，重回帰分析により割引率選択行動を実証
し，結論を得たのである。

　従属変数：割引率に含まれる裁量部分

　　　　　　　（＝企業の選択した割引率－サンプル企業全体の割引率の中央値）

　独立変数：

　　X_1：未認識退職給付債務／期首総資産

　　X_2：負債比率（＝総負債／総資産）

　　X_3：企業規模（＝売上高の自然対数）

（結論）X_1，X_2またはX_3が高い企業ほど，より高い割引率を選択する。

　換言すると，X_1，X_2またはX_3が高い企業ほど，退職給付債務ないしは退職
給付費用を低く算定したいというインセンティブを有していることが示されて
いる。ならば，会計基準変更時差異の償却年数の選択の場合も，X_1，X_2また
はX_3が高い企業ほど，より長い償却年数を選択するという，先行研究と整合
性が観察されるのか否かが問題となる。

　大日方（1999）および Obinata（2000b）は，第3章第3節の先行研究のレビュー
で述べたように，SEC 基準を採用している日本企業の割引率選択のインセン
ティブ傾向を分析対象とした最初の先行研究である。以下のように，重回帰分
析により割引率選択行動を実証し，結論を得たのである。

　従属変数：割引率

　独立変数：

　　X_2：負債比率（＝総負債／総資産）

　　X_4：ROE

　　X_5：国債の利回り

（結論）X_2が高い企業ほど，または，X_4が低い企業ほど，より高い割引率
　　　　を選択する。また，X_5が高いほど，企業はより高い割引率を選択する。

　換言すると，X_2が高い企業ほど，または，X_4が低い企業ほど，退職給付債
務ないしは退職給付費用を低く算定したいというインセンティブを有している
ことが示されている。ならば，会計基準変更時差異の償却年数の選択の場合も，

X_2が高い企業ほど，または，X_4が低い企業ほど，より長い償却年数を選択するという，先行研究と整合性が観察されるのか否かが問題となる。

以上から，式7-1のモデルを推定することによって，当該命題を検証する。

会計基準変更時差異の償却年数は，適用初年度に選択しなければならないので，インセンティブの分析期間は，適用初年度のみである。

$$償却年数_{i,1} = \beta_0 + \beta_{1,i,1}X_{1,i,1} + \beta_{2,i,1}X_{2,i,1} + \beta_{3,i,1}X_{3,i,1} + \beta_{4,i,1}X_{4,i,1} + \varepsilon_{i,1} \qquad 【式7-1】$$

添え字：i,1 は，i企業で適用初年度（第1期）だということを示している。また，ε：誤差項である。

サンプル企業は，図表7-1における分析対象企業の1,535社である。

本節のリサーチ・デザインでは，多重共線性の存在が問題となるので，まず，各独立変数間の相関係数を求める。

【図表7-25】相関係数（適用初年度）

相関係数	$X_{1,1}$	$X_{2,1}$	$X_{3,1}$	$X_{4,1}$
$X_{1,1}$	1			
$X_{2,1}$	0.2072	1		
$X_{3,1}$	0.0091	0.2264	1	
$X_{4,1}$	0.0080	0.1998	0.1391	1

したがって，多重共線性が問題になるような高い相関はみられないため，本節のリサーチ・デザインにより，実証分析を行う。

第7章　会計基準変更時差異の償却に関する会計方針選択行動　149

【図表7-26】多重回帰分析結果（適用初年度）

	$\beta_{1.1}$	$\beta_{2.1}$	$\beta_{3.1}$	$\beta_{4.1}$
期待符号	+	+	+	+
係数	34.7089	6.9644	−0.5505	−12.2132
t 値 （p値）	12.7124 (0.0000(>0))***	11.7651 (0.0000(>0))***	−6.3383 (0.0000(>0))***	−6.002 (0.0000(>0))***
自由度調整済み決定係数（Adjusted R-Squared）: 0.2026				

自由度調整済み決定係数がある程度の説明力[3]を示す水準である。
$\beta_{1.1}$：1%水準で有意である。
$\beta_{2.1}$：1%水準で有意である。
$\beta_{3.1}$：符号が逆であり,1%水準で有意である。
$\beta_{4.1}$：符号が逆であり,1%水準で有意である。

　以上の結果から，自由度調整済み決定係数の水準が，推定モデルの説明力をある程度示す水準であるため，償却年数選択のインセンティブ傾向に関しては$X_{1.1}$および$X_{2.1}$について，先行研究との整合性が確認されたと考えられる。

　しかし，問題は$X_{3.1}$および$X_{4.1}$であり，何らかの解釈が必要であり，また，何らかの情報を含んでいる可能性を探る必要がある。つまり，注目すべきは，符合が逆ではあるが，強い有意性が確認されていることである。この$X_{3.1}$および$X_{4.1}$に関する結果は，会計基準変更時差異の償却に関する会計方針選択において，報告利益の管理行動の可能性があるものと考えられる。なお，企業規模の代理変数として用いた売上高は，報告利益のトップラインであるため，通常，利益との正の相関関係を有している。このため，売上高が大きいほど償却年数が短いという関係は，利益が大きいほど償却年数が短いというように推定でき，報告利益の管理行動の可能性を示唆していると考えられる[4]。

第9節　報告利益の管理行動の視点からの実証分析

　本節では，会計基準変更時差異の償却年数の選択行動に関して，報告利益の管理行動等の視点から分析する。報告利益の管理行動等における様々な視点から分析することをもって，これらの視点からの会計方針選択行動の可能性を探るとともに，これらの視点からでは説明できない部分については，横並び選択行動および水準適正化選択行動（会計理論の遵守行動）の可能性が存在するこ

とを示唆することを目的とする。このため，①サンプル企業全社，②5年超の償却年数を選択した企業，および③5年以内の償却年数を選択した企業の3パターンで実証分析を行う。なぜならば，②の企業は，会計基準変更時差異の償却額を営業損益として計上することになり，一方，③の企業は，特別損益として計上することになる。このように，償却年数の選択によって報告利益の細区分の管理が可能となるため，当該3パターンでの分析を行う必要がある（図表7-27）。

【図表7-27】サンプル企業の償却年数サマリー（図表7-20より）

償却年数	①合計	②5年超	③5年以内
企業数	1,535	344	1,191

なお，本章では報告利益の管理行動の様々な視点から分析するが，本節では報告利益の管理行動を，経営者はより大きな報告利益を計上するインセンティブを有していると定義する[5]。

第1項　仮説の設定および実証分析―サンプル企業全社を対象―

まず，サンプル企業全社（1,535社）を分析対象として，以下の仮説を設定し検定する。

仮説：『低い利益を計上している企業は，長い償却年数を選択する傾向にある。また，逆も真なりである。』

分析対象とする利益は，①営業利益，②経常利益，および，③税金等調整前当期純利益とする。経営者は会計基準変更時差異の償却額計上前の利益の大小によって，報告利益の管理行動に関する意思決定を行うと考えられる。このため，会計基準変更時差異償却額計上前の利益を分析対象とする。そして，償却額計上前の利益の相対的な大小は，会計基準変更時差異発生額によって測定するのが妥当である。このため，償却額計上前の利益を会計基準変更時差異発生額でデフレートした財務指標を分析対象として採用することが妥当である。このため，分析対象とする利益を，Z_1：「会計基準変更時差異償却額計上前営業利益／会計基準変更時差異発生額」，Z_2：「会計基準変更時差異償却額計上前経

常利益／会計基準変更時差異発生額」，および，Z_3：「会計基準変更時差異償却
額計上前税金等調整前当期純利益／会計基準変更時差異発生額」と定義する。

　なお，償却年数ではなく，償却費計上額について分析するアプローチも考え
られる。しかし，償却費計上額＝会計基準変更時差異発生額／償却年数である
ため，償却年数と償却費計上額は，会計基準変更時差異発生額を介した1対1
の写像である。また，つまり，本節での分析は，償却年数を対象とすることと
償却費計上額を対象とすることは同義である。したがって，本章の趣旨は償却
年数の選択行動の分析であるため，本節の分析では償却年数を対象とするアプ
ローチを採用する[6]。

　サンプル企業全社を対象とした分析結果の特筆すべき事項は，以下の図表7
-28が示すように，償却年数と分析対象とする報告利益（$Z_1 \sim Z_3$）の相関係
数が非常に低いことである。一般的に，相関係数の絶対値が0.4以上あれば相
関関係がはっきりと存在すると定義されているため，本研究でもその定義を踏
襲する。

【図表7-28】償却年数と分析対象報告利益の相関係数（全企業）

	Z_1	Z_2	Z_3
相関係数	0.0323	0.0499	0.0244
t値(p値)	1.2638(0.2065)	1.9559(0.0507)*	0.9568(0.3388)

*10%水準で有意

　また，帰無仮説が「相関係数は0である。」という検定のもと，経常利益に
関する1ケースが10%水準で有意であるだけであり，他は有意性が観察され
なかったため，$Z_1 \sim Z_3$と償却年数の相関関係は全く（もしくは，ほとんど）
ないということになる。さらに，全ての相関係数は，符号が正であり仮説と整
合していない。

　以上から，本節の仮説を棄却する。すなわち，サンプル企業全社を対象とし
た償却年数の選択行動において，本節における報告利益の管理行動の視点から，
低い利益を計上している企業は，長い償却年数を選択する傾向にあることは観
察されないと結論付ける。

第2項　仮説の設定および実証分析—5年超の償却年数を選択した企業を対象—

次に，5年超の償却年数を選択した企業（1,535社中，344社）のみを分析対象として，以下の仮説を設定し検定する。前述したように，5年超の償却年数を選択した企業は，会計基準変更時差異償却額を営業損益として計上しなければならないため，営業利益および経常利益が影響を受けることになる。

仮説：『5年超の償却年数を選択した企業は，特に営業利益もしくは経常利益をもとに報告利益の管理行動を行っている。つまり，低い営業利益もしくは経常利益を計上している企業は，長い償却年数を選択する傾向にある。また，逆も真なりである。』

5年超の償却年数を選択した企業を対象とした分析結果の特筆すべき事項は，図表7-29が示すように，償却年数と分析対象とする報告利益（$Z_1 \sim Z_3$）の相関係数が低いことである。

【図表7-29】償却年数と分析対象報告利益の相関係数（5年超償却年数選択企業）

	Z_1	Z_2	Z_3
相関係数	−0.1862	−0.2131	−0.0662
t値（p値）	−3.5040（0.0005）***	−4.0344（0.0002）***	−1.2277（0.2204）

***1%水準で有意

ただし，全ての相関係数は，符号が負であり仮説と整合している。また，分析結果の当期純利益に関する1ケースが10%水準でも有意ではないことを除けば，その他全ての分析結果が，1%水準で有意であるという検定結果が得られた。しかし，前述したように，この検定の帰無仮説が「相関係数は0である。」ということを考えると，有意であるという結果が得られやすい検定である。つまり，一定水準以上（一般的に絶対値0.4以上）の相関係数が得られない限り，仮説を採択することはできないのである。

しかし，サンプル企業全社を分析対象にした場合と比較して，5年超の償却年数を選択した企業のみを分析対象にした場合は，符号が負であり仮説と整合しているうえに，Z_1およびZ_2は，Z_3と比較して，相関係数が高く，また，1%水準で有意である。つまり，税金等調整前当期純利益よりも，営業利益もしく

第7章　会計基準変更時差異の償却に関する会計方針選択行動　153

は経常利益をもとに，本節における報告利益の管理行動を行っている可能性を
示唆する結果が得られたことは，特筆すべきである。

第3項　仮説の設定および実証分析
―5年以内の償却年数を選択した企業を対象―

最後に，5年以内の償却年数を選択した企業（1,535社中，1,191社）のみを分
析対象として，以下の仮説を設定し検定する。5年以内の償却年数を選択した
企業は，会計基準変更時差異償却額を特別損益として計上しなければならない
ため，税金等調整前当期純利益が影響を受けることになる。

> 仮説：『5年以内の償却年数を選択した企業は，特に税金等調整前当期純利
> 益をもとに報告利益の管理行動を行っている。つまり，低い税金等調
> 整前当期純利益を計上している企業は，長い償却年数を選択する傾向
> にある。また，逆も真なりである。』

5年以内の償却年数を選択した企業を対象とした分析結果の特筆すべき事項
は，図表7-30が示すように，償却年数と分析対象とする報告利益（$Z_1 \sim Z_3$）
の相関係数が非常に低いことである。

【図表7-30】償却年数と分析対象報告利益の相関係数（5年以内償却年数選択企業）

	Z_1	Z_2	Z_3
相関係数	−0.0604	−0.0663	−0.0695
t値(p値)	−2.0734(0.0383)**	−2.3921(0.0169)**	−2.4886(0.0227)**

**5%水準で有意

ただし，全ての相関係数は，符号が負であり仮説と整合している。また，全
ての分析結果が，5%水準で有意であるという検定結果が得られた。しかし，
前述したように，この検定の帰無仮説が「相関係数は0である。」ということ
を考えると，有意であるという結果が得られやすい検定である。つまり，一定
水準以上（一般的に絶対値0.4以上）の相関係数が得られない限り，仮説を採択
することはできないのである。

しかし，サンプル企業全社を分析対象にした場合と比較して，5年以内の償
却年数を選択した企業のみを分析対象にした場合は，符号が負であり仮説と整

合している。ただし，5年超の償却年数を選択した企業を分析対象にした場合と比較すると，サンプル企業全社を分析対象にした場合と同様，相関係数が非常に低い。つまり，5年以内の償却年数を選択した企業のみを分析対象にした場合は，本節における報告利益の管理行動を行っている可能性が示唆されない。一括償却企業，ないしは，早期償却企業を対象とした分析結果であるため，むしろ，本章で定義した横並び選択行動および水準適正化選択行動（会計理論の遵守行動）の可能性が存在することを示唆する結果が得られたことは，特筆すべきである。

本節における全ての分析結果より，分析対象とした企業の分布は，大まかではあるが，図表 7-31 のように示される。

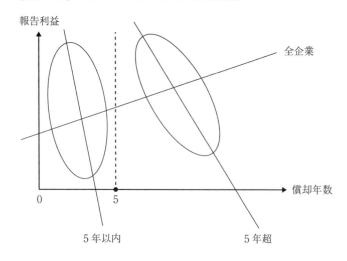

【図表 7-31】分布のイメージ（サンプル企業全社）

第 10 節　キリの良くない償却年数を選択した企業に関する報告利益の管理行動

本節では，1年，5年，10年および15年以外の償却年数を選択した，すなわち，キリの良くない償却年数を選択した企業を対象として，報告利益の管理行動の視点からの分析を行う。つまり，将来の不確実性の中で償却年数選択の

第7章　会計基準変更時差異の償却に関する会計方針選択行動　155

意思決定を行うが，あえてキリの良くない償却年数を選択した企業は，報告利益の管理行動のために当該意思決定を行ったか否かを分析する。

第1項　仮説の設定および実証分析
―6 ～ 9，11 ～ 14 年の償却年数を選択した企業を対象―

まず，6 ～ 9，11 ～ 14 年の償却年数を選択した企業（図表 7-20 より，1,535社中，31 社）のみを分析対象として，以下の仮説を設定し検定する。前述したように，6 ～ 9，11 ～ 14 年の償却年数を選択した企業は，会計基準変更時差異償却額を営業損益として計上しなければならないため，営業利益および経常利益が影響を受けることになる。

仮説：『6 ～ 9，11 ～ 14 年の償却年数を選択した企業は，特に営業利益もしくは経常利益をもとに報告利益の管理行動を行っている。つまり，低い営業利益もしくは経常利益を計上している企業は，長い償却年数を選択する傾向にある。また，逆も真なりである。』

6 ～ 9，11 ～ 14 年の償却年数を選択した企業を対象とした分析結果の特筆すべき事項は，図表 7-32 が示すように，償却年数と分析対象とする報告利益（Z_1 ～ Z_3）の相関係数が，絶対値 0.4 に近い水準であることである。

【図表 7-32】償却年数と分析対象報告利益の相関係数
（6 ～ 9，11 ～ 14 年償却年数選択企業）

	Z_1	Z_2	Z_3
相関係数	−0.3594	−0.3893	−0.3816
t 値（p 値）	−2.0732（0.0471）**	−2.758（0.0304）**	−2.2232（0.0346）**

**5%水準で有意

そして，全ての相関係数は，符号が負であり仮説と整合している。また，全ての分析結果が，5% 水準で有意であるという検定結果が得られた。

ただし，仮説は「特に営業利益もしくは経常利益をもとに報告利益の管理行動を行っている。」と設定しているが，Z_1 ～ Z_3 の相関係数および t 値（p 値）がほぼ同様である。（Z_3 の方が Z_1 よりもその水準が高いが，営業利益よりも税金等調整前当期純利益をもとに報告利益の管理行動を行っているとはいえな

い，誤差程度の差である。）このため，「特に営業利益もしくは経常利益をもとに」とは結論付けられないが，本節における報告利益の管理行動を行っている可能性を示唆する結果が得られたことは特筆すべきである。

第2項　仮説の設定および実証分析
―2～4年の償却年数を選択した企業を対象―

次に，2～4年の償却年数を選択した企業（図表7-20より，1,535社中，91社）のみを分析対象として，以下の仮説を設定し検定する。前述したように，2～4年の償却年数を選択した企業は，会計基準変更時差異償却額を特別損益として計上しなければならないため，税金等調整前当期純利益が影響を受けることになる。

仮説：『2～4年の償却年数を選択した企業は，特に税金等調整前当期純利益をもとに報告利益の管理行動を行っている。つまり，低い税金等調整前当期純利益を計上している企業は，長い償却年数を選択する傾向にある。また，逆も真なりである。』

2～4年の償却年数を選択した企業を対象とした分析結果の特筆すべき事項は，図表7-33が示すように，償却年数と分析対象とする報告利益（Z_1～Z_3）の相関係数が非常に低いことである。

【図表7-33】償却年数と分析対象報告利益の相関係数（2～4年償却年数選択企業）

	Z_1	Z_2	Z_3
相関係数	0.0508	0.0762	0.0707
t値(p値)	0.4802(0.6323)	0.7213(0.4726)	0.6683(0.5057)

全て10%水準でも有意ではない。

また，帰無仮説が「相関係数は0である。」という検定のもと，全てのケースで有意性が観察されなかったため，Z_1～Z_3と償却年数の相関関係は全く（もしくは，ほとんど）ないということになる。さらに，全ての相関係数は，符号が正であり仮説と整合していない。

以上から，仮説を棄却する。すなわち，2～4年の償却年数を選択した企業を対象とした償却年数の選択行動において，本節における報告利益の管理行動

の視点から，低い利益を計上している企業は，長い償却年数を選択する傾向にあることは観察されないと結論付ける。

5年以内の償却年数を選択した企業を対象とした分析結果と比較して，あえてキリの良くない2～4年の償却年数を選択した企業だけを分析対象とすると，むしろ，報告利益の管理行動の可能性が観察されないことは特筆すべきである。

本節における全ての分析結果より，分析対象とした企業の分布は，大まかではあるが，図表7-34のように示される。

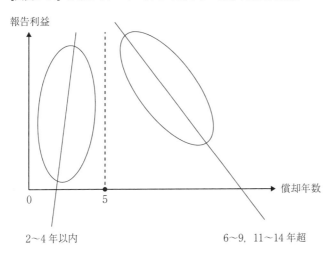

【図表7-34】分布のイメージ（キリの良くない償却年数選択企業）

本章第9節および第10節の結果から，6～9，11～14年の償却年数を選択した企業のみを対象とした分析結果を除いて，本節における報告利益の管理行動の視点からの償却年数選択行動が観察されなかった（ただし，6～9，11～14年の償却年数を選択した企業はサンプル企業全体に占める割合は，ほんの約2%（1,535社中, 31社）である）。また，本章第9節および第10節の結果から，5年超の償却年数を選択した企業と比較して，5年以内の償却年数を選択した企業は，報告利益の管理行動に関する説明力がかなり低い。

したがって，本章第11節以降において，5年以内の償却年数を選択する早期償却傾向が，横並び選択行動および水準適正化選択行動（会計理論の遵守行

動）であることの可能性を担保するため，報告利益の管理行動に関する異なる
視点から，さらなる分析を行う。

第11節　5年以内償却年数選択企業における利益平準化およびビッグ・バス

第1項　利益平準化仮説およびビッグ・バス仮説

　5年以内の償却年数を選択した企業は，相対的に多額の特別損失を計上する
ことになる。このため，5年以内の償却年数を選択した企業の会計方針選択行
動を，税金等調整前当期純利益に対する，利益平準化（smoothing）およびビッ
グ・バス（big bath）の視点から説明できるかどうかを検証する。つまり，本
節では報告利益の管理行動を「利益平準化」および「ビッグ・バス」と定義し
て，分析を行う。ここで，利益平準化とは，業績が非常に良い場合により多く
の損失を計上することによって，期間利益の変動を抑える報告利益の管理行動
である。これに対して，ビッグ・バスとは，業績が非常に悪い場合により多く
の損失を計上することによって，次期以降の業績急回復を演出する報告利益の
管理行動である。

　本節では，利益平準化およびビッグ・バスの視点から会計基準変更時差異の
償却年数を分析するにあたって，Riedl（2004）の方法論を参考にする。Riedl
（2004）では，減損損失計上前の税金等調整前当期純利益が大幅に増益となる
企業，および大幅に減益になる企業について，それぞれ，利益平準化およびビッ
グ・バスが観察されることを実証している。この際，大幅か否かを判断する基
準として，増益分または減益分のそれぞれにおける中央値を採用している。

　これに対して，本節では，会計基準変更時差異償却額計上前の税金等調整前
当期純利益が大幅な利益である企業，および税金等調整前当期純損失が大幅な
損失である企業について，それぞれ，利益平準化およびビッグ・バスが観察さ
れるか否かの視点から分析する。ただし，「大幅な」利益または損失というの
は相対的概念であるため，企業規模を考慮する必要がある。このデフレーター
として，これまでの分析と同様に，企業規模の代理変数としての売上高を用い

第7章　会計基準変更時差異の償却に関する会計方針選択行動　159

ることにする。このため，大幅な利益か損失か否かを判断する基準として，「会計基準変更時差異償却額計上前税金等調整前当期純利益／売上高」または「会計基準変更時差異償却額計上前税金等調整前当期純損失／売上高」のそれぞれにおける中央値を採用する（図表7-35）。

【図表7-35】大幅な利益および大幅な損失の定義

会計基準変更時差異償却額計上前税金等調整前当期純損失／売上高		会計基準変更時差異償却額計上前税金等調整前当期純利益／売上高	
中央値	0	中央値	
大幅な損失	損失	利益	大幅な利益

以上から，5年以内の償却年数を選択した企業について，以下の2つの仮説を設定する。

　利益平準化仮説：『大幅な税金等調整前当期純利益の企業は，償却年数がより短い。』

　ビッグ・バス仮説：『大幅な税金等調整前当期純損失の企業は，償却年数がより短い。』

第2項　リサーチ・デザイン

　前述したように，5年以内の償却年数を選択した企業は1,191社存在する。このうち，会計基準変更時償却額計上前の税金等調整前当期純利益が0百万円となる1社を除いて，1,190社を分析対象とする。

　また，図表7-36～7-38に示すように，「会計基準変更時差異償却額計上前税金等調整前当期純利益（損失）／売上高」の中央値を基準として，大幅な利益もしくは損失を出している企業とそれ以外の企業に区分した。これを受けて，利益平準化仮説およびビッグ・バス仮説について，大幅な利益もしくは損失を出している企業の会計基準変更時差異の償却年数が，それぞれ，それ以外の企業の償却年数よりも有意に短いのか否かを検定する。

【図表 7-36】 会計基準変更時差異償却額計上前税金等調整前当期純利益（損失）／売上高

	会計基準変更時差異償却額計上前税金等調整前当期純利益／売上高	会計基準変更時差異償却額計上前税金等調整前当期純損失／売上高	サンプル企業全社
企業数	1,057	133	1,190
平均	0.0730	−0.1147	0.0520
中央値	**0.0516**	**−0.0378**	**0.0444**
第1四分位	0.0260	−0.0812	0.0176
第3四分位	0.0877	−0.0113	0.0824
標準偏差	0.1176	0.2918	0.1588
分散	0.0138	0.0851	0.0252
歪度	17.0944	−6.1676	0.8580
尖度	426.5028	46.9001	195.8739

【図表 7-37】 会計基準変更時差異償却額計上前税金等調整前当期純利益／売上高

	大幅な利益	大幅な利益ではない	サンプル企業全社
企業数	529	528	1,057
平均	**0.1197**	**0.0262**	**0.0730**
中央値	0.0877	0.0259	0.0516
第1四分位	0.0666	0.0149	0.0260
第3四分位	0.1293	0.0382	0.0877
標準偏差	0.1520	0.0141	0.1176
分散	0.0231	0.0002	0.0138
歪度	14.9524	−0.0038	17.0904
尖度	287.6716	−1.0801	426.5028

【図表 7-38】 会計基準変更時差異償却額計上前税金等調整前当期純損失／売上高

	大幅な損失	大幅な損失ではない	サンプル企業全社
企業数	67	66	133
平均	**−0.2122**	**−0.0156**	**−0.1147**
中央値	−0.0812	−0.0112	−0.0378
第1四分位	−0.1594	−0.0267	−0.0812
第3四分位	−0.0531	−0.0052	−0.0113
標準偏差	0.3882	0.0122	0.2918
分散	0.1507	0.0001	0.0851
歪度	−4.5437	−0.4986	−6.1677
尖度	24.9766	−1.1873	46.9010

第3項　利益平準化仮説の検定

「会計基準変更時差異償却額計上前税金等調整前当期純利益」企業の選択した償却年数の諸統計数値は，図表 7-39 の通りである。

【図表7-39】「会計基準変更時差異償却額計上前税金等調整前当期純利益」企業の償却年数

	大幅な利益	大幅な利益ではない	サンプル企業全社
企業数	529	528	1,057
平均	**1.7958**	**2.2793**	**2.0374**
中央値	1	1	1
最頻値	1	1	1
標準偏差	1.5050	1.7876	1.6691
分散	2.2651	3.1955	2.7857
歪度	1.5052	0.7830	1.1025
尖度	0.4560	−1.2960	−0.6598

図表 7-39 から，大幅な利益を出している企業の方が，それ以外の企業に比べて，償却年数の平均値が短い。

したがって，平均値の差に有意性があるか否かを検定する。母平均の差の検定を行う前に，母分散の比の検定：F 値（片側検定）を行う。

【図表7-40】母分散の比の検定（利益平準化）

	会計基準変更時差異の償却年数
F値	1.4108*

*5%水準で有意

このため，等分散性の仮定をおくことができない。したがって，母平均の差の検定として，ウェルチの t 検定（片側検定）を行う。

【図表7-41】母平均の差の検定（利益平準化）

	会計基準変更時差異の償却年数
t値	4.7564***

***1%水準で有意

以上の結果から，償却年数の平均値については，大幅な利益を出している企業の方が，それ以外の企業に比べて，有意に短いという結論が導かれた。したがって，本節における利益平準化仮説は支持される。

第4項 ビッグ・バス仮説の検定

「会計基準変更時差異償却額計上前税金等調整前当期純損失」企業の選択した償却年数の諸統計数値は，図表7-42の通りである。

【図表7-42】「会計基準変更時差異償却額計上前税金等調整前当期純損失」企業の償却年数

	大幅な損失	大幅な損失ではない	サンプル企業全社
企業数	67	66	133
平均	2.2537	2.4242	2.3383
中央値	1	1	1
最頻値	1	1	1
標準偏差	1.8036	1.8816	1.8377
分散	3.2528	3.5403	3.3771
歪度	0.8212	0.6147	0.7081
尖度	−1.2740	−1.6125	−1.4484

図表7-42から，大幅な損失を出している企業の方が，それ以外の企業に比べて，償却年数の平均値が短い。

したがって，平均値の差に有意性があるか否かを検定する。母平均の差の検定を行う前に，母分散の比の検定：F値（片側検定）を行う。

【図表7-43】 母分散の比の検定（ビッグ・バス）

	会計基準変更時差異の償却年数
F値	1.0084

5%水準で有意ではない。

このため，等分散性の仮定をおくことができる。したがって，母平均の差の検定として，t検定（片側検定）を行う。

第7章　会計基準変更時差異の償却に関する会計方針選択行動　163

【図表7-44】母平均の差の検定（ビッグ・バス）

	会計基準変更時差異の償却年数
t 値	0.5336

10%水準でも有意ではない。

　以上の結果から，償却年数の平均値については，大幅な損失を出している企業の方が，それ以外の企業に比べて，有意に短いという結論が導かれなかった。したがって，本節におけるビッグ・バス仮説は棄却される。

　本節のこれまでの分析の結果をまとめると，利益平準化は観察されたが，ビッグ・バスは観察されなかった。つまり，5年以内の償却年数を選択した企業の償却年数選択行動は，ある一部の視点からのみ，報告利益の管理行動の可能性が示唆されたと考えられる。

　なお，本節の分析は償却年数の平均値の差を分析したものであるが，4つの全てのカテゴリー（「大幅な利益」，「大幅な利益ではない」，「大幅な損失」および「大幅な損失ではない」）の償却年数の中央値および最頻値が1（年）であった。すなわち，そのほとんどを占める一括償却企業は，全てのカテゴリーにまんべんなく含まれていることが示されている。このため，ある一部の視点からの報告利益の管理行動の可能性が示されるとともに，報告利益の管理行動では説明できない部分については，横並び選択行動および水準適正化選択行動（会計理論の遵守行動）の可能性が存在することを示唆する分析結果が得られたと考えられる。

第12節　償却年数選択に関する貸借対照表アプローチ

　本節では，会計基準変更時差異の償却年数の選択行動に関して，貸借対照表アプローチの視点からの分析を行う。なお，本節では貸借対照表アプローチを，経営者は負債をより小さく計上するインセンティブを有していると定義する。

第1項　仮説の設定

　貸借対照表アプローチの視点からの分析を行うためには，会計基準変更時差異発生額の相対的な大小を考慮する必要があり，会計基準変更時差異発生額を

デフレートした財務指標を分析対象として採用することが妥当である。このため，本章第4節の分析結果にならって，総資産および負債によって会計基準変更時差異発生額をデフレートした2つの財務指標を分析対象とする。したがって，分析対象とする財務指標を，K_1：「会計基準変更時差異発生額／総資産」および，K_2：「会計基準変更時差異発生額／負債」と定義する。

また，本節では，第9節にならって，①サンプル企業全社，②5年超の償却年数を選択した企業，そして，③5年以内の償却年数を選択した企業の3パターンで実証分析を行う。本節は貸借対照表アプローチの視点からの分析であるため，報告利益の細区分の管理を考慮した当該3パターンでの分析を行う必要はないかもしれないが，本章第9節の分析結果と比較するという趣旨で，本節も当該3パターンでの分析を行う。

本節では，全ての分析パターンにおいて，以下の仮説を設定し検定する。

仮説：『会計基準変更時差異発生額が大きい企業は，長い償却年数を選択する傾向にある。また，逆も真なりである。』

第2項　実証分析結果－サンプル企業全社を対象－

サンプル企業全社を対象とした分析結果の特筆すべき事項は，図表7-45が示すように，償却年数と分析対象とする財務指標（K_1のみ）の相関係数が，絶対値0.4に近い水準であることである。

【図表7-45】償却年数と分析対象財務指標の相関係数（サンプル企業全社）

	K_1	K_2
相関係数	0.3535	0.2330
t値（p値）	14.7960（0.0000（>0））***	9.3801（0.0000（>0））***

***1%水準で有意

そして，全ての相関係数は，符号が正であり仮説と整合している。また，全ての分析結果が，1%水準で有意であるという検定結果が得られた。

以上から，K_2に関しては仮説を支持することはできない。一方，K_1に関しては仮説を支持するまでには至らないが，貸借対照表アプローチの視点から，償却年数の選択行動を行っている可能性があるという結果が得られたことは特

第7章　会計基準変更時差異の償却に関する会計方針選択行動　165

筆すべきである。

第3項　実証分析—5年超の償却年数を選択した企業を対象—

5年超の償却年数を選択した企業を対象とした分析結果の特筆すべき事項は，図表7-46が示すように，償却年数と分析対象とする財務指標（K_1およびK_2）の相関係数が低いことである。

【図表7-46】償却年数と分析対象財務指標の相関係数
（5年超償却年数選択企業）

	K_1	K_2
相関係数	0.1226	0.0387
t値（p値）	2.2846（0.0229）**	0.7153（0.4749）

**5%水準で有意

　ただし，全ての相関係数は，符号が正であり仮説と整合している。また，K_2の分析結果が10%水準でも有意ではないが，K_1の分析結果が5%水準で有意であるという検定結果が得られた。しかし，前述したように，この検定の帰無仮説が「相関係数は0である。」ということを考えると，有意であるという結果が得られやすい検定である。つまり，一定水準以上（一般的に絶対値0.4以上）の相関係数が得られない限り，仮説を採択することはできないのである。

　しかし，サンプル企業全社を分析対象にした場合と比較して，5年超の償却年数を選択した企業のみを分析対象にした場合は，貸借対照表アプローチの視点からは償却年数の選択行動を行っていない可能性があるという結果が得られた。この分析結果の解釈は，本章第13節の最後に譲ることにする。

第4項　実証分析—5年以内の償却年数を選択した企業を対象—

5年以内の償却年数を選択した企業を対象とした分析結果の特筆すべき事項は，図表7-47が示すように，償却年数と分析対象とする財務指標（K_1およびK_2）の相関係数が非常に低いことである。

【図表 7-47】償却年数と分析対象財務指標の相関係数
(5 年以内償却年数選択企業)

	K_1	K_2
相関係数	−0.0076	−0.0340
t 値(p値)	−0.2615(0.7938)	−0.1716(0.2416)

全て10%水準でも有意ではない。

　また，帰無仮説が「相関係数は 0 である。」という検定のもと，全てのケースで有意性が観察されなかったため，K_1 および K_2 と償却年数の相関関係は全く（もしくは，ほとんど）ないということになる。さらに，全ての相関係数は，符号が負であり仮説と整合していない。

　以上から，仮説を棄却する。すなわち，5 年以内の償却年数を選択した企業を対象とした償却年数の選択行動において，貸借対照表アプローチの視点から，会計基準変更時差異発生額が大きい企業は，長い償却年数を選択する傾向にあることは観察されないと結論付ける。

　しかし，サンプル企業全社を分析対象にした場合と比較して，5 年以内の償却年数を選択した企業のみを分析対象にした場合は，貸借対照表アプローチの視点からは償却年数の選択行動を行っていない可能性があるという結果が得られた。これは，5 年超の償却年数を選択した企業のみを分析対象にした場合と同様の結果である。この分析結果の解釈は，本章第 13 節の最後に譲ることにする。

　本節におけるこれまでの分析結果より，分析対象とした企業の分布は，大まかではあるが，図表 7-48 のように示される。

第13節　キリの良くない償却年数を選択した企業に関する貸借対照表アプローチ

　本節では，本章第 10 節と同様に，1 年，5 年，10 年および 15 年以外の償却年数を選択した，すなわち，キリの良くない償却年数を選択した企業を対象として，貸借対照表アプローチの視点からの分析を行う。つまり，将来の不確実性の中で償却年数選択の意思決定を行うが，あえてキリの良くない償却年数を選択した企業は，貸借対照表アプローチに従って当該意思決定を行ったか否か

【図表7-48】分布のイメージ（サンプル企業全社）

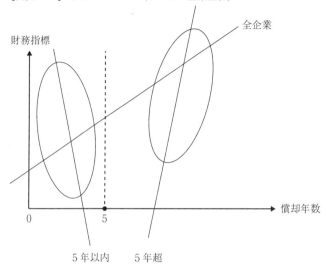

を分析する。この場合，①キリの良くない償却年数（2～4，6～9，11～14年）を選択した企業全社の分析を行うとともに，本章第12節と同様に，本章第10節の分析結果と比較するという趣旨で，②6～9，11～14年の償却年数を選択した企業，そして，③2～4年の償却年数を選択した企業の3パターンで実証分析を行う。

第1項　実証分析―キリの良くない償却年数を選択した企業全社を対象―

最初に，キリの良くない償却年数（2～4，6～9，11～14年）を選択した企業全社（図表7-20より，1,535社中，122社）を分析対象として，仮説を検定する。

サンプル企業全社を対象とした分析結果の特筆すべき事項は，図表7-49が示すように，償却年数と分析対象とする財務指標（K_1およびK_2）の相関係数が，それぞれ，絶対値0.4を超えている，および，絶対値0.4に近い水準であることである。特に，K_1についてはその相関関係が明確に示されている。

【図表7-49】償却年数と分析対象財務指標の相関係数
（キリの良くない償却年数選択全企業）

	K_1	K_2
相関係数	0.4822	0.3610
t 値（p値）	6.0300（0.0000（>0））***	4.2403（0.0000（>0））***

***1%水準で有意

　そして，全ての相関係数は，符号が正であり仮説と整合している。また，全ての分析結果が，1%水準で有意であるという検定結果が得られた。

　以上から，キリの良くない償却年数を選択した企業全社を分析対象にした場合，貸借対照表アプローチの視点から，償却年数の選択行動を行っている可能性があるという結果が得られたことは特筆すべきである。また，サンプル企業全社を分析対象にした場合と比較すると，あえてキリの良くない償却年数を選択した企業全社を分析対象にした場合の方が，その説明力が高いことも特筆すべきである。

第2項　実証分析―6〜9，11〜14年の償却年数を選択した企業を対象―

　次に，6〜9，11〜14年の償却年数を選択した企業（図表7-20より，1,535社中，31社）を分析対象として，仮説を検定する。

　6〜9，11〜14年の償却年数を選択した企業を対象とした分析結果の特筆すべき事項は，図表7-50が示すように，償却年数と分析対象とする財務指標（K_1およびK_2）の相関係数が低いことである。

【図表7-50】償却年数と分析対象財務指標の相関係数
（6〜9，11〜14年償却年数選択企業）

	K_1	K_2
相関係数	0.2813	0.1408
t 値（p値）	1.5787（0.1253）	0.7658（0.4500）

全て10%水準でも有意ではない。

　ただし，全ての相関係数は，符号が正であり仮説と整合している。しかし，帰無仮説が「相関係数は0である。」という検定のもと，全てのケースで有意性が観察されなかったため，K_1およびK_2と償却年数の相関関係は全く（もし

くは，ほとんど）ないということになる。

以上から，仮説を棄却する。すなわち，6〜9，11〜14年の償却年数を選択した企業を対象とした償却年数の選択行動において，貸借対照表アプローチの視点から，会計基準変更時差異発生額が大きい企業は，長い償却年数を選択する傾向にあることは観察されないと結論付ける。

しかし，本章第12節と同様に，キリの良くない償却年数を選択した企業全社を分析対象にした場合と比較して，6〜9，11〜14年の償却年数を選択した企業のみを分析対象にした場合は，貸借対照表アプローチの視点からは償却年数の選択行動を行っていないという結果が得られた。この分析結果の解釈は，本節の最後に譲ることにする。

第3項　実証分析―2〜4年の償却年数を選択した企業を対象―

最後に，2〜4年の償却年数を選択した企業（図表7-20より，1,535社中，91社）を分析対象として，仮説を検定する。

2〜4年の償却年数を選択した企業を対象とした分析結果の特筆すべき事項は，図表7-51が示すように，償却年数と分析対象とする財務指標（K_1 および K_2）の相関係数が非常に低いことである。

【図表7-51】償却年数と分析対象財務指標の相関係数
（2〜4年償却年数選択企業）

	K_1	K_2
相関係数	−0.1296	−0.0279
t 値（p値）	−1.2326（0.2210）	−0.2632（0.7930）

全て10％水準でも有意ではない。

また，帰無仮説が「相関係数は0である。」という検定のもと，全てのケースで有意性が観察されなかったため，K_1 および K_2 と償却年数の相関関係は全く（もしくは，ほとんど）ないということになる。さらに，全ての相関係数は，符号が負であり仮説と整合していない。

以上から，仮説を棄却する。すなわち，2〜4年の償却年数を選択した企業を対象とした償却年数の選択行動において，貸借対照表アプローチの視点から，会計基準変更時差異発生額が大きい企業は，長い償却年数を選択する傾向にあ

ることは観察されないと結論付ける。

　しかし，キリの良くない償却年数を選択した企業全社を分析対象にした場合と比較して，2〜4年の償却年数を選択した企業のみを分析対象にした場合は，貸借対照表アプローチの視点からは償却年数の選択行動を行っていないという結果が得られた。この分析結果の解釈は，本節の最後に譲ることにする。

　本節におけるこれまでの分析結果より，分析対象とした企業の分布は，大まかではあるが，図表7-52のように示される。

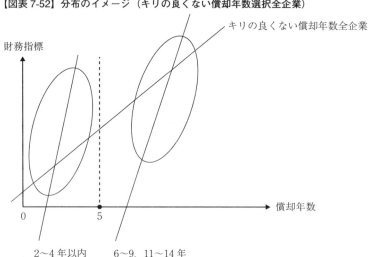

【図表7-52】分布のイメージ（キリの良くない償却年数選択全企業）

　本章第12節および第13節の結果から，サンプル企業全社（もしくは，キリの良くない償却年数を選択した企業全社）を分析対象とした場合は，貸借対照表アプローチの視点から償却年数の選択行動の可能性が観察された。一方，5年超の償却年数を選択した企業（もしくは，6〜9，11〜14年の償却年数を選択した企業）および5年以内の償却年数を選択した企業（もしくは，2〜4年の償却年数を選択した企業）を分析対象とした場合は，貸借対照表アプローチの視点から償却年数の選択行動の可能性が観察されなかったと考えられる。

しかし，5年以内の償却年数を選択した企業（もしくは，2～4年の償却年数を選択した企業）がサンプルとなる企業の大半（約78%）を占めているため，その分析結果（相関係数が非常に低いばかりではなく，逆相関）から，また，分布のイメージ図表7-48および図表7-52を考えると，貸借対照表アプローチによる償却年数の選択行動が行われていない可能性があると解釈するのが妥当である。

このため，ある一部の視点からの貸借対照表アプローチによる償却年数の選択行動の可能性が示されるとともに，貸借対照表アプローチでは説明できない部分については，横並び選択行動および水準適正化選択行動（会計理論の遵守行動）の可能性が存在することを示唆する分析結果が得られたと考えられる。

第14節　結　　論

本章では，会計基準変更時差異の償却年数に関する会計方針選択行動が裁量的選択行動であることを示した。そして，サンプル企業の償却年数の選択行動の実態を踏まえて，過去の実証的研究と実務事例，および経験的考察に基づき，横並び選択行動の可能性を示した。また，会計理論のレビューおよび経験的考察に基づき，水準適正化選択行動（会計理論の遵守行動）の可能性を示した。

さらに，報告利益の管理行動および貸借対照表アプローチの様々な視点から分析することをもって，当該視点からでは説明できない部分については，横並び選択行動および水準適正化選択行動（会計理論の遵守行動）の可能性が存在することを示唆した。

ただし，本章では，横並び選択行動および水準適正化選択行動（会計理論の遵守行動）であることの結論付けについて，本章の選択実態の実証分析に基づいているが，過去の実証的研究と実務事例，および経験的考察などにその多くを依存している。また，報告利益の管理行動および貸借対照表アプローチでは説明できない部分が存在することをもって結論を担保するという，いわば消極的なアプローチによっている。このため，横並び選択行動および水準適正化選択行動（会計理論の遵守行動）であることを導くために，積極的なアプローチによって実証するという方法論が必要である。

さらに，報告利益の管理行動および貸借対照表アプローチの視点から分析するにあたっては，将来の不確実性の中で適用初年度の財務指標によって選択行動が影響を受けるという前提をおいているが，経営者は中長期的な視点から選択行動を行っている可能性も存在する。このため，中長期的な視点からも報告利益の管理行動および貸借対照表アプローチを分析する必要がある。

このように，本章では，第6章までの仮説と整合する同様の結論を導出したのであるが，同時に一定の限界も存在し，また，今後の課題も露出したのである。

[注]

1）会計基準変更時差異の償却年数に関して，正当な理由のない限りその変更が認められない旨の規定は，会計基準や実務指針等には明記がなく，審理情報に明記されていた。
2）償却年数の変更が認められる正当な理由の例として，平均残存勤務期間の延長または短縮が挙げられている。しかし，償却年数が平均残存勤務期間によって決定されるのは，数理計算上の差異および過去勤務債務であるので，会計基準変更時差異の償却年数は，原則，変更してはならないと考えられる。なお，第6章までの分析期間（適用初年度～適用4年目）において，会計基準変更時差異の償却年数を変更したサンプル企業は，存在しない。
3）（自由度調整済み）決定係数は，重相関係数の二乗である。本研究では，相関係数の絶対値が0.4以上あれば相関関係がはっきりと存在すると定義しているため，（自由度調整済み）決定係数が0.16（＝0.4^2）以上あれば，ある程度の説明力を示すと定義する。
4）別の視点の解釈として，規模の大きな企業は，会計基準変更時差異を早期償却する傾向があり，相対的に多額の退職給付引当金が認識されることから，それに対応するために相対的に高い割引率を選択していると考えられる。つまり，このように解釈すると，奥村（2005）と整合的な結果であると考えられる。
5）適用初年度の報告利益を基準として償却年数の選択の分析を行っているが，過年度からの損益傾向や次年度以降の損益見込みによっても，償却年数の選択が影響を受ける可能性がある。
6）償却年数ではなく償却費計上額を対象として，本章における分析も行ってみたが，当然に，本章と同様の分析結果が得られた。

第8章

数理計算上の差異の償却に関する会計方針選択行動
―裁量的選択行動，横並び選択行動
および水準適正化選択行動―

第1節　数理計算上の差異の償却に関する会計方針選択行動に対する問題意識

　第2章で会計基準（企業会計審議会 1998, 日本公認会計士協会 2005a）のレビューを行ったように，数理計算上の差異の償却年数は，上限が平均残存勤務期間という一定の条件が付されているだけであり，その条件内であれば経営者が自由裁量のもとで選択できる。つまり，第5章および第6章でそれぞれ考察した割引率および期待運用収益率とは異なり，会計基準がその償却年数の選択に対して上限年数を規定しただけで，それ以外の一定の指針を規定している会計方針でもない。このため，第7章で考察した会計基準変更時差異の償却年数と同様，数理計算上の差異の償却年数の選択は，裁量の介入の余地が大きい会計方針ということができる。

　ただし，数理計算上の差異の償却額は，第7章で示した会計基準変更時差異の償却額とは異なり，常に退職給付費用の一部として営業損益に計上されるため，報告利益の細区分の管理は不可能である。

　また，数理計算上の差異の発生原因は，基礎率（数理計算上の仮定）と実際発生事象の相違，もしくは，基礎率の変更であるため，その発生金額は事前には予測が不可能である。そして，基礎率と実際発生事象は完全には一致することはないため，数理計算上の差異は原則として，毎期発生する。このため，数理計算上の差異の償却年数は，発生事実は確実であるが，その将来の発生金額が不確実であるという状況下で，適用初年度に選択しなければならない。さら

に，日本公認会計士協会（2002a）および日本公認会計士協会（2006a）によって[1]，正当な理由のない限り償却年数の変更が認められていないため，適用初年度における数理計算上の差異の償却年数の選択は，次期以降にまでその影響の及ぶ非常に重要な会計方針である。

　以上から，本章では，数理計算上の差異の償却に関する会計方針選択行動を裁量的選択行動として位置付けたうえで，まず，本章第3節で特定する分析対象企業（サンプル企業）が選択した償却年数の実態を示す。次に，日本企業の償却年数の選択行動の実態を踏まえて，過去の実証的研究と実務事例，および経験的考察に基づき，横並び選択行動の可能性を説明する。そして，会計理論のレビューおよび経験的考察に基づき，水準適正化選択行動（本章では，第6章までの分析と異なり適用初年度だけの分析であるため，むしろ会計理論の遵守行動と定義した方が正しい。）の可能性を説明する。

　さらに，日本企業による数理計算上の差異の償却年数の選択行動を，報告利益の管理行動および貸借対照表アプローチの視点から分析する。具体的には，報告利益の管理行動および貸借対照表アプローチの様々な視点から分析することをもって，当該視点では説明できない部分については，横並び選択行動および水準適正化選択行動（会計理論の遵守行動）の存在の可能性を示唆することを目的とする。

第2節　先行研究のレビュー

　数理計算上の差異の償却に関する先行研究は，著者の知る限り，存在しない。
　主要外国においては，SFAS87やIAS19（Rev.）に規定された回廊アプローチ（corridor approach）[2]という方法で数理計算上の差異を償却するので，そもそも，数理計算上の差異の償却年数の選択という会計方針は存在しない。ただし，IAS19（Rev.）では，回廊アプローチ，一括償却，または，その他の包括利益における即時認識の選択ができる。Morais（2008a）およびMorais（2008b）は，欧州企業を対象として，この3つの会計方針の選択は，国，業種または総資産負債比率が決定要因であることを確認した。Cole *et al.*（2011）は，欧州企業を対象として，この3つの会計方針の選択状況（企業数および割合）を示

している。

なお，乙政・音川（2004）は，研究開発投資の多い企業は，未認識退職給付債務残高が多いことを確認した。ただし，その未認識退職給付債務に数理計算上の差異が占める割合，および，その選択された償却年数には言及していない。

第3節　分析対象とするサンプル企業の特定

以下のデータは，日本経済新聞社による情報提供サービスである NEEDS-Financial QUEST から入手したものである。なお，第7章を除くこれまでの本研究の分析では全国証券取引所の上場企業の全社を調査対象としているが，本章では第7章と同様に，損益計算書上の報告利益の細区分の問題から，銀行・証券・保険を除く一般事業会社を分析対象のサンプル企業とする。

日本基準における数理計算上の差異の償却に関する会計方針選択行動を分析対象としていることから SEC 基準適用企業を除外し，連結対象企業間で選択している償却年数が異なっている場合（償却年数に幅あり）を除外した。また，非常に少ないケースであるが利益となる数理計算上の差異が発生している企業を除外した。年金資産の運用状況が悪い時期にあっても，利益となる数理計算上の差異が発生している企業も存在する。その企業数（サンプル数）が僅少であることから，本章の分析は，損失となる数理計算上の差異が生じている企業を対象とする。そして，適用初年度に生じた数理計算上の差異は一括認識（償却年数1年）を採用している企業以外は適用2年目から償却を開始するべきなのに適用初年度から償却を開始している会計基準不遵守企業[3]，および，適用初年度において数理計算上の差異が生じていない企業（期首 PBO および期首年金資産から転がし計算[4] を行って，それぞれ期末 PBO および期末年金資産を求めている企業と考えられる。）を除外した（図表8-1）。

176

【図表 8-1】サンプル企業　　　　　　　　　　　　　　　　（単位：社）

	適用初年度
データ収録企業数	1,678
除外	
SEC基準適用企業	7
償却年数に幅あり	180
利益となる数理計算上の差異発生	41
会計基準不遵守企業	174
適用初年度において数理計算上の差異が生じていない	21
分析対象企業数	1,245

　以上から，本章ではサンプル数 1,245 社を対象として，数理計算上の差異の償却年数に関する会計方針選択行動の分析を行うことにする。

第4節　サンプル企業の数理計算上の差異の償却年数の選択実態

　本節では，数理計算上の差異の償却年数の選択行動を分析する前提として，図表 8-2 に，サンプル企業の償却年数の選択実態を示す。

　労務行政研究所（2005: 48-50）に示されている調査結果より，ほとんどの企業の平均残存勤務期間は，約 10 年〜約 20 年程度の間に落ち着いている。したがって，ほとんどの企業が，会計基準上，約 10 年〜約 20 年程度の平均残存勤務期間内の償却年数によって数理計算上の差異を償却しなければならないことを考えると，サンプル企業は会計基準を遵守して償却年数を決定していると考えることができる。

　ただし，償却年数の上限が約 10 年〜約 20 年程度の幅を持っていることを考えれば，サンプル企業全体の約 71% を占める 883 社の償却年数が 10 年以内であり，さらに，サンプル企業全体の約 97% を占める 1,205 社の償却年数が 15 年以内である選択実態からは，早期償却の意向を持っている企業が，全体の多くを占めているということである。

　平均残存勤務期間よりも短い償却年数を選択している企業を早期償却企業と定義するならば，早期償却企業はサンプル全体の大部分を占めることになる。このような日本企業の数理計算上の差異の償却年数選択行動を，横並び選択行

第8章　数理計算上の差異の償却に関する会計方針選択行動　177

【図表 8-2】数理計算上の差異の償却年数の選択実態

償却年数	企業数	全体に占める割合	
1	58	4.66%	
2	0		
3	17		
4	4		5年以内企業数
5	228	18.31%	合計：307（24.66%）
6	6		
7	20		
8	11		
9	7		10年以内企業数
10	**532**	**42.73%**	合計：883（**70.92%**）
11	20		
12	46		
13	35		
14	51		15年以内企業数
15	**170**	**13.65%**	合計：1,205（**96.79%**）
15.6	1		
16	17		
17	12		
17.5	1		
18	4		
19	2		
19.4	1		
20	2		
合計	1,245	100%	

動と定義する。

　また，数理計算上の差異が過年度損益修正項目の場合には，一括償却（ないしは早期償却）することが会計理論を遵守した会計方針選択行動と考えられる。このような日本企業の数理計算上の差異の償却年数選択行動を，水準適正化選択行動（会計理論の遵守行動）と定義する。

　以上から，本章の分析の出発点として，横並び選択行動および水準適正化選択行動（会計理論の遵守行動）と定義した日本企業の数理計算上の差異の償却年数選択行動の可能性を，その因果関係を含むメカニズムを考察したうえで説明する。

第5節　横並び選択行動

本節では，第7章までと同様に，過去の実証的研究と実務事例，および経験的考察に基づき，数理計算上の差異の償却年数選択の横並び選択行動の可能性を説明する。

まず，日本企業自体がその企業行動において，一般的に横並び傾向にあるといわれている。これは，近年の実証研究の結果によっても，担保されていることである（Kin and Nofsinger 2005）。

次に，海外においては，証券アナリストの評価が，一般的に横並び傾向にあることが報告され，また，実証研究の結果によっても担保されている（Clement and Tse 2005, Welch 2000）。そして，経験的考察の結果であるが，日本の証券アナリストは，退職給付会計の数理計算上の差異の償却に関する評価について，他社動向との比較を重要視していると考えられる。会計基準上は償却年数の選択について絶対的な規範尺度が存在しないことから，非常に裁量性の大きな会計方針の選択である。このため，他社動向との比較において経営者の選択する償却年数を評価する方が優先的になり，つまりは，証券アナリストの判断は横並び傾向にあると考えられる。さらに，公認会計士は会計基準が許容されている範囲内の償却年数が選択されていれば適正と判断するのに対して，証券アナリストはその適正性ではなく相対性を吟味して評価することから，横並び選択行動に対してより大きな影響を与えると考えられる。

そして，経験的考察であるが，導入後間もない会計基準に対して，公認会計士の判断は横並び傾向にある。具体的に，絶対的な規範的水準のない会計方針の選択に関しては，監査を実施する過程で様々な情報を入手する結果，他社比較（もしくは，業界最大手比較）に依拠した形で，当該会計方針採用の是非を判断することが，広く採用されている監査実務と考えられる（ただし，経営者は会計基準が許容している範囲内で償却年数を選択すれば，会計監査上は特に問題はないため，第5章の割引率，および第6章の期待運用収益率とは異なり，公認会計士の横並び選択行動の影響は薄れることになるであろう）。

以上から，これらのような外部監視効果の影響を受ける経営者による数理計算上の差異の償却年数の選択も，その結果として，横並び傾向になると考えら

れる。

さらに，第5章の第9節第5項によると，退職給付会計の割引率の選択行動において，適用初年度は，より強い横並び選択行動が観察された。最も考えられる点としては，適用初年度であることから手探り状態の中で，むしろ横並び選択行動に陥るのではないかということである。具体的には，第5章の第4節第3項に示したように，複数の企業が割引率の選択に関して同じ理由付けを行い，相対的に高い割引率を選択した事例が観察されている（泉本 2000）。また，経験的考察の結果であるが，会計方針選択に関する業界各社間でのネットワークが存在する可能性があるということである。また，会計基準変更時差異の償却年数と同様，数理計算上の差異の償却をはじめ，会計方針の選択に関して話し合うため，各社の経理担当者が会合を開くことは実務上存在する。ならば，何も拠り所のないタイミングでは，他社動向が唯一の拠り所となるのではないか，つまり，適用初年度においては，横並び選択行動がより強い影響を持つのではないかと考えられる。

最後に，数理計算上の差異の償却年数は適用初年度に選択しなければならなく，また，その償却年数の変更は，原則として，認められない（日本公認会計士協会 2002a[5]，2006a[6]）。このため，経営者は，将来の報告利益の金額が不確定であるにも関わらず，適用初年度に償却年数を選択する意思決定を行わなければならない。適用初年度において，適用2年目以降の，適用初年度に発生した数理計算上の差異の償却額を決定しなければならない。また，適用2年目以降に発生する数理計算上の差異の金額は不確実であるため，発生年度以降の当該償却額（＝適用2年目以降に発生する数理計算上の差異／適用初年度において選択した償却年数）も不確定である。つまり，報告利益の管理行動を行おうとしても，それは適用初年度にとどまり，適用2年目以降はその効果が発揮することは不確実であるため，報告利益の管理行動に関するインセンティブは低いのではないかと考えられる。また，前述したように，数理計算上の差異は，原則として毎期発生するものであるため，会計基準変更時差異と比較しても，その不確定性が非常に高いのである。

以上から，このような将来の不確定性の中での意思決定は，他社動向への依存度が高くなると考えられ，結果として，横並び選択行動となるのではないか

と考えられる。

第6節　水準適正化選択行動（会計理論の遵守行動）

本節では，第7章までと同様に，会計理論のレビューおよび経験的考察に基づき，数理計算上の差異の償却年数選択の水準適正化選択行動（会計理論の遵守行動）の可能性を説明する。

まず，数理計算上の差異は，様々な要因によって発生するが，それが過去の見積り誤りに起因する場合には，その性質は過年度損益修正項目であると考えられる。この場合は，一括して特別費用として計上するのが最も望ましいと考えられ，また，（数理計算上の差異を複数年にわたって償却することによって，損益の変動額が抑えられるという意味での）期間損益の平準化を考慮したとしても，できる限り早期償却が望ましいと考えられる。ならば，多数の日本企業が一括償却もしくは早期償却を選択したということは，本研究のこれまでの分析で導かれた「水準適性化選択行動」を，会計理論の遵守も含むというように広義に解釈するのであれば，日本企業が水準適正化選択行動（会計理論の遵守行動）に従っていると考えられる。

次に，米国でも行われているように（Palepu *et al.* 2000; 斉藤監訳 2001: 55, Mark and Lundholm 1993），日本でも企業の企業内容開示制度に対する取り組み姿勢の評価を行っている。そして，経験的考察の結果であるが，日本の証券アナリストは，退職給付会計において，会計数値に重要な影響を与えるという意味で，数理計算上の差異の償却年数は，重要な会計方針として証券アナリストにより注目された会計方針と考えられる。また，ほとんどの他の会計方針（基礎率）は年金数理計算の中でのブラックボックスであるのに対して，数理計算上の差異の償却年数は，有価証券報告書に開示されているため，証券アナリストの評価の対象となり得る。さらに，公認会計士は会計基準が許容されている範囲内の償却年数が経営者により選択されていれば適正と判断するのに対して，証券アナリストは，より厳しい目を向けることになるであろう。

そして，経験的考察であるが，前述した証券アナリストの場合と同様，公認会計士にとっても，数理計算上の差異の償却年数は，評価および注目の対象と

なった重要な会計方針である（ただし，経営者は会計基準が許容している範囲内で償却年数を選択すれば，会計監査上は特に問題はないため，第5章の割引率，および第6章の期待運用収益率とは異なり，公認会計士の水準適正化選択行動（会計理論の遵守行動）の影響は薄れることになるであろう）。

以上から，これらのような外部監視効果を受ける経営者の数理計算上の差異の償却年数は，その結果として，水準適正化傾向（会計理論の遵守行動）になると考えられる。

最後に，本章第5節で述べたように，報告利益の管理行動のインセンティブが低い将来の不確実性の中での意思決定として，数理計算上の差異の償却年数を選択しなければならない。また，数理計算上の差異は，会計基準変更時差異と比較しても，その不確実性が非常に高いのである。このような環境下では，前述したように他社動向への依存度が高くなるだけではなく，報告利益に与える影響を考慮して，企業は以下の2つの両極の意思決定を行うと考えられる。

意思決定①：将来の報告利益および将来の数理計算上の差異の発生額が不確実であるため，当期において数理計算上の差異の一括償却（もしくは，早期償却）を行い，次期以降における影響を（なるべく）排除する。

意思決定②：将来の報告利益および将来の数理計算上の差異の発生額が不確実であるため，数理計算上の差異をできる限り長い年数で償却し，政策的に期間損益の平準化を図る。

本章第4節で示したように，ほとんどの企業は意思決定①を行っているため，将来の不確実性の中では，（次期以降の影響回避という意図があったとしても）結果的に，会計理論を遵守する傾向にあったと考えられる。当然のことではあるが，会計方針を選択するうえで最も尊重されるべきは，会計理論なのである。

第7節　先行研究との整合性を考慮した償却年数選択のインセンティブ傾向の検証

本節では，第7章までと同様に，先行研究との整合性を分析する。

奥村（2005）は，第3章第3節の先行研究のレビューで述べたように，日本基準における日本企業の割引率選択のインセンティブ傾向を分析対象とした最初の先行研究である。以下のように，重回帰分析により割引率選択行動を実証し，結論を得たのである。

従属変数：割引率に含まれる裁量部分

　　　　　（＝企業の選択した割引率－サンプル企業全体の割引率の中央値）

独立変数：

　X_1：未認識退職給付債務／期首総資産

　X_2：負債比率（＝総負債／総資産）

　X_3：企業規模（＝売上高の自然対数）

（結論）X_1，X_2またはX_3が高い企業ほど，より高い割引率を選択する。

換言すると，X_1，X_2またはX_3が高い企業ほど，退職給付債務ないしは退職給付費用を低く算定したいというインセンティブを有していることが示されている。ならば，数理計算上の差異の償却年数の選択の場合も，X_1，X_2またはX_3が高い企業ほど，より長い償却年数を選択するという，先行研究と整合性が観察されるのか否かが問題となる。

大日方（1999）および Obinata（2000b）は，第3章第3節の先行研究のレビューで述べたように，SEC 基準を採用している日本企業の割引率選択のインセンティブ傾向を分析対象とした最初の先行研究である。以下のように，重回帰分析により割引率選択行動を実証し，結論を得たのである。

従属変数：割引率

独立変数：

　X_2：負債比率（＝総負債／総資産）

　X_4：ROE

　X_5：国債の利回り

第8章　数理計算上の差異の償却に関する会計方針選択行動　183

（結論）X_2 が高い企業ほど，または，X_4 が低い企業ほど，より高い割引率
を選択する。また，X_5 が高いほど，企業はより高い割引率を選択する。

換言すると，X_2 が高い企業ほど，または，X_4 が低い企業ほど，退職給付債
務ないしは退職給付費用を低く算定したいというインセンティブを有している
ことが示されている。ならば，数理計算上の差異の償却年数の選択の場合も，
X_2 が高い企業ほど，または，X_4 が低い企業ほど，より長い償却年数を選択す
るという，先行研究と整合性が観察されるのか否かが問題となる。

以上から，式 8-1 のモデルを推定することによって，当該命題を検証する。
　数理計算上の差異の償却年数の変更は原則認められないため，適用初年度に
選択した償却年数を次年度以降も継続して採用しなければならない。したがっ
て，数理計算上の差異の償却年数は適用初年度に選択することになるため，イ
ンセンティブの分析期間は，適用初年度のみである。

$$償却年数_{i,1} = \beta_0 + \beta_{1,i,1}X_{1,i,1} + \beta_{2,i,1}X_{2,i,1} + \beta_{3,i,1}X_{3,i,1} + \beta_{4,i,1}X_{4,i,1} + \varepsilon_{i,1} \qquad 【式8-1】$$

添え字:i,1 は,i 企業で適用初年度（第 1 期）だということを示している。また，ε:
誤差項である。

サンプル企業は，図表 8-1 における分析対象企業の 1,245 社である。
　本節のリサーチ・デザインでは，多重共線性の存在が問題となるので，まず，
各独立変数間の相関係数を求める。

【図表8-3】相関係数（適用初年度）

相関係数	$X_{1,1}$	$X_{2,1}$	$X_{3,1}$	$X_{4,1}$
$X_{1,1}$	1			
$X_{2,1}$	0.0244	1		
$X_{3,1}$	0.1538	0.2213	1	
$X_{4,1}$	0.1339	0.2060	0.1441	1

したがって，多重共線性が問題になるような高い相関はみられないため，本
節のリサーチ・デザインにより，実証分析を行う。

【図表 8-4】多重回帰分析結果（適用初年度）

	$\beta_{1,1}$	$\beta_{2,1}$	$\beta_{3,1}$	$\beta_{4,1}$
期待符号	+	+	+	+
係数	67.7004	1.9359	0.3149	9.601
t 値 （p値）	9.5453 (0.0000(>0))***	3.6381 (0.0000(>0))***	3.4517 (0.0000(>0))***	3.1045 (0.0000(>0))***
自由度調整済み決定係数（Adjusted R−Squared）: 0.0981				

自由度調整済み決定係数が低い。
$\beta_{1,1}$：1%水準で有意である。
$\beta_{2,1}$：1%水準で有意である。
$\beta_{3,1}$：1%水準で有意である。
$\beta_{4,1}$：1%水準で有意である。

　以上の結果から，自由度調整済み決定係数が低く，推定モデルの説明力に乏しいため，たとえ，モデル推定式の係数（$\beta_{1,1} \sim \beta_{4,1}$）が 1% 以内の水準で有意であるとしても，先行研究との整合性は確認されないと考えられる。つまり，全ての係数は，符号が正であり仮説と整合しており，また，1% 水準で有意であるという検定結果が得られたが，前述したように，この検定の帰無仮説が「相関係数は 0 である。」ということを考えると，有意であるという結果が得られやすい検定である。したがって，数理計算上の差異の償却年数の選択は，先行研究との整合性が観察されないと考えられる。

　また，第 7 章での会計基準変更時差異の償却年数の分析結果は，自由度調整済み決定係数の水準が高くはないとはいえ，$X_{3,1}$ および $X_{4,1}$ とは非常に強い有意性で逆相関が観察されたため，その償却年数の選択において報告利益の管理行動が採られている可能性があるものと示唆された。しかし，数理計算上の差異の償却年数の分析においては，このような報告利益の管理行動を示唆する結果が得られなかった。このように第 7 章との分析結果が異なるのは，本章第 5 節で分析したように，数理計算上の差異の償却年数の選択は，将来の非常に高い不確実性のもとで行わなければならないことに起因すると考えられる。

第 8 節　報告利益の管理行動の視点からの実証分析

　本節では，数理計算上の差異の償却年数の選択行動に関して，報告利益の管

第8章　数理計算上の差異の償却に関する会計方針選択行動　185

理行動等の視点から分析する。報告利益の管理行動等における様々な視点から分析することをもって，これらの視点からの会計方針選択行動の可能性を探るとともに，これらの視点からでは説明できない部分については，横並び選択行動および水準適正化選択行動（会計理論の遵守行動）の可能性が存在することを示唆することを目的とする。数理計算上の差異の償却額は，会計基準変更時差異の償却額とは異なり，常に営業損益として計上されることになる。このため，第7章のように報告利益の細区分を考慮した3パターンでの分析を行う必要はなく，サンプル企業全社（1,245社）を対象とした1パターンでの分析を行う。

第1項　仮説の設定

サンプル企業全社（1,245社）を分析対象として，以下の仮説を設定し検定する。

仮説：『低い利益を計上している企業は，長い償却年数を選択する傾向にある。また，逆も真なりである。』

分析対象とする利益は，①営業利益，②経常利益，および，③税金等調整前当期純利益とする。前述したように，数理計算上の差異の償却額は，常に営業損益に計上されることから，①～③の利益が影響を受けることになる。経営者は数理計算上の差異の償却額計上前の利益の大小によって，報告利益の管理行動に関する意思決定を行うと考えられる。このため，数理計算上の差異の償却額計上前の利益を分析対象とする。そして，償却額計上前の利益の相対的な大小は，数理計算上の差異発生額によって測定するのが妥当である。このため，償却額計上前の利益を数理計算上の差異発生額でデフレートした財務指標を分析対象として採用することが妥当である。このため，分析対象とする利益を，Z_1'：「数理計算上の差異償却額計上前営業利益／数理計算上の差異発生額」，Z_2'：「数理計算上の差異償却額計上前経常利益／数理計算上の差異発生額」，および，Z_3'：「数理計算上の差異償却額計上前税金等調整前当期純利益／数理計算上の差異発生額」と定義する。

なお，償却年数ではなく，償却費計上額について分析するアプローチも考え

られる。しかし，償却費計上額＝数理計算上の差異発生額／償却年数であるため，償却年数と償却費計上額は，数理計算上の差異発生額を介した1対1の写像である。つまり，本節での分析は，償却年数を対象とすることと償却費計上額を対象とすることは同義である。したがって，本章の趣旨は償却年数の選択行動の分析であるため，本節の分析では償却年数を対象とするアプローチを採用する[7]。

第2項　実証分析

分析結果の特筆すべき事項は，図表8-5が示すように，償却年数と分析対象とする報告利益（$Z_1' \sim Z_3'$）の相関係数が非常に低いことである。

【図表 8-5】償却年数と分析対象報告利益の相関係数（全企業）

	Z_1'	Z_2'	Z_3'
相関係数	−0.0952	−0.0967	−0.1099
t 値（p値）	−3.3707（0.0008）***	−3.4248（0.0006）***	−3.8998（0.0000（>0））***

***1％水準で有意

ただし，全ての相関係数は，符号が負であり仮説と整合している。また，全ての分析結果が，1％水準で有意であるという検定結果が得られた。しかし，前述したように，この検定の帰無仮説が「相関係数は0である。」ということを考えると，有意であるという結果が得られやすい検定である。つまり，一定水準以上（一般的に絶対値0.4以上）の相関係数が得られない限り，仮説を採択することはできないのである。

以上から，本節の仮説を棄却する。すなわち，サンプル企業全社を対象とした償却年数の選択行動において，本節における報告利益の管理行動の視点から，低い利益を計上している企業は，長い償却年数を選択する傾向にあることは観察されないと結論付ける。

第8章　数理計算上の差異の償却に関する会計方針選択行動　187

第9節　キリの良くない償却年数を選択した企業に関する報告利益の管理行動

本節では，第7章第10節と同様に，1年，5年，10年，15年および20年以外の償却年数を選択した，すなわち，キリの良くない償却年数を選択した企業を対象として，報告利益の管理行動の視点からの分析を行う。つまり，将来の不確実性の中で償却年数選択の意思決定を行うが，あえてキリの良くない償却年数を選択した企業は，報告利益の管理行動のために当該意思決定を行ったか否かを分析する。

キリの良くない償却年数を選択した企業（図表8-2より，1,245社中，255社）のみを分析対象として，以下の仮説を設定して検定する。

仮説：『低い利益を計上している企業は，長い償却年数を選択する傾向にある。また，逆も真なりである。』

キリの良くない償却年数を選択した企業を対象として分析結果の特筆すべき事項は，図表8-6が示すように，償却年数と分析対象とする報告利益（Z_1' ～ Z_3'）の相関係数が非常に低いことである。

【図表8-6】償却年数と分析対象報告利益の相関係数
（キリの良くない償却年数選択企業）

	Z_1'	Z_2'	Z_3'
相関係数	−0.1205	−0.0920	−0.1282
t値(p値)	−2.0732(0.0471)*	−2.758(0.0304)	−2.2232(0.0346)**

**5%水準で有意　*10%水準で有意

ただし，全ての相関係数は，符号が負であり仮説と整合している。また，Z_1' および Z_3' の分析結果が，それぞれ，10%水準および5%水準で有意であるという検定結果が得られた。しかし，前述したように，この検定の帰無仮説が「相関係数は0である。」ということを考えると，有意であるという結果が得られやすい検定である。つまり，一定水準以上（一般的に絶対値0.4以上）の相関係数が得られない限り，仮説を採択することはできないのである。

以上から，本節の仮説を棄却する。すなわち，キリの良くない償却年数を選

択した企業を対象とした償却年数の選択行動において，本節における報告利益
の管理行動の視点から，高い利益を計上している企業は，短い償却年数を選択
する傾向にあることは観察されないと結論付ける。また，サンプル企業全社を
対象とした分析結果と比較しても，両者の違いは特に存在しない。

第10節　5年以内償却年数選択企業における利益平準化およびビッグ・バス

　本節では，第7章第11節と同様に，数理計算上の差異の償却年数の選択行
動に関して，利益平準化仮説およびビッグ・バスの視点からの分析を行う。
　後述するように，当該分析は，相対的に多額の費用を計上する企業を対象と
する必要がある。このため，早期償却企業を分析対象とするが，第7章の分析
と比較する意味でも，5年以内の償却年数を選択した企業（図表8-2より，1,245
社中，307社）を，早期償却企業として定義し分析対象とする。

第1項　利益平準化仮説およびビッグ・バス仮説

　5年以内の償却年数を選択した企業は，相対的に多額の営業費用（最終的に
は特別損失となる。）を計上することになる。このため，5年以内の償却年数
を選択した企業の会計方針選択行動を，税金等調整前当期純利益に対する，利
益平準化およびビッグ・バスの視点から説明できるかどうかを検証する。つま
り，本節では報告利益の管理行動を「利益平準化」および「ビッグ・バス」と
定義して，分析を行う。ここで，利益平準化とは，非常に業績が良い場合によ
り多くの損失を計上することによって，期間利益の変動を抑える報告利益の管
理行動である。これに対して，ビッグ・バスとは，非常に業績が悪い場合によ
り多くの損失を計上することによって，次期以降の業績急回復を演出する報告
利益の管理行動である。
　本節では，利益平準化およびビッグ・バスの視点から数理計算上の差異の償
却年数を分析するにあたって，第7章第11節と同様に，Riedl（2004）の方法
論を参考にする。Riedl（2004）では，減損損失計上前の税金等調整前当期純利
益が大幅に増益となる企業，および大幅に減益になる企業について，それぞれ，

第8章　数理計算上の差異の償却に関する会計方針選択行動　189

利益平準化およびビッグ・バスが観察されることを実証している。この際，大幅か否かを判断する基準として，増益分または減益分のそれぞれにおける中央値を採用している。

　これに対して，本節では，第7章第11節と同様に，数理計算上の差異償却額計上前の税金等調整前当期純利益が大幅な利益である企業，および，税金等調整前当期純損失が大幅な損失である企業について，それぞれ，利益平準化およびビッグ・バスが観察されるか否かの視点から分析する。ただし，「大幅な」利益または損失というのは相対的概念であるため，企業規模を考慮する必要がある。このデフレーターとして，これまでの分析と同様に，企業規模の代理変数としての売上高を用いることにする。このため，大幅な利益か損失か否かを判断する基準として，「数理計算上の差異償却額計上前税金等調整前当期純利益／売上高」または「数理計算上の差異償却額計上前税金等調整前当期純損失／売上高」のそれぞれにおける中央値を採用する（図表8-7）。

【図表8-7】大幅な利益および大幅な損失の定義

数理計算上の差異償却額計上前税金等調整前当期純損失／売上高		数理計算上の差異償却額計上前税金等調整前当期純利益／売上高	
中央値	0	中央値	
大幅な損失	損失	利益	大幅な利益

　以上から，5年以内の償却年数を選択した企業について，以下の2つの仮説を設定する。

　利益平準化仮説：『大幅な税金等調整前当期純利益の企業は，償却年数がより短い。』

　ビッグ・バス仮説：『大幅な税金等調整前当期純損失の企業は，償却年数がより短い。』

第2項　リサーチ・デザイン

　図表8-8 ～ 8-10に示すように，「数理計算上の差異償却額計上前税金等調整前当期純利益（損失）／売上高」の中央値を基準として，大幅な利益もしくは損失を出している企業とそれ以外の企業に区分した。これを受けて，利益平準

190

化仮説およびビッグ・バス仮説について，大幅な利益もしくは損失を出している企業の数理計算上の差異の償却年数が，それぞれ，それ以外の企業の償却年数よりも有意に短いのか否かを検定する。

【図表 8-8】数理計算上の差異償却額計上前税金等調整前当期純利益（損失）／売上高

	数理計算上の差異償却額計上前税金等調整前当期純利益／売上高	数理計算上の差異償却額計上前税金等調整前当期純損失／売上高	サンプル企業全社
企業数	262	45	307
平均	0.0776	−0.1265	0.0477
中央値	**0.0479**	**−0.0470**	**0.0388**
第1四分位	0.0158	−0.0897	0.0106
第3四分位	0.0772	−0.0236	0.0723
標準偏差	0.0919	0.4006	0.1884
分散	0.0084	0.1605	0.0355
歪度	3.0047	−6.2213	−9.8020
尖度	12.9264	40.2619	146.0889

【図表 8-9】数理計算上の差異償却額計上前税金等調整前当期純利益／売上高

	大幅な利益	大幅な利益ではない	サンプル企業全社
企業数	131	131	262
平均	**0.1322**	**0.0230**	**0.0776**
中央値	0.0758	0.0227	0.0491
第1四分位	0.0688	0.0133	0.0271
第3四分位	0.1373	0.0371	0.0883
標準偏差	0.1038	0.0131	0.0919
分散	0.0108	0.0002	0.0084
歪度	2.6402	0.1670	3.0047
尖度	9.4138	−1.1323	12.9264

第8章　数理計算上の差異の償却に関する会計方針選択行動　191

【図表 8-10】 数理計算上の差異償却額計上前税金等調整前当期純損失／売上高

	大幅な損失	大幅な損失ではない	サンプル企業全社
企業数	22	23	45
平均	**−0.2407**	**−0.0172**	**−0.1265**
中央値	−0.0884	−0.0132	−0.0470
第1四分位	−0.1472	−0.0276	−0.0826
第3四分位	−0.0552	−0.0069	−0.0123
標準偏差	0.5561	0.0130	0.4006
分散	0.3093	0.0002	0.1605
歪度	−4.4419	−0.7222	−6.2213
尖度	20.2456	−0.0075	40.2619

第3項　利益平準化仮説の検定

「会計基準変更時差異償却額計上前税金等調整前当期純利益」企業の選択した償却年数の諸統計数値は，図表 8-11 の通りである。

【図表 8-11】「数理計算上の差異償却額計上前税金等調整前当期純利益」企業の償却年数

	大幅な利益	大幅な利益ではない	サンプル企業全社
企業数	131	131	262
平均	**3.9008**	**4.2519**	**4.5406**
中央値	5	5	5
最頻値	5	5	5
標準偏差	1.6818	1.5107	1.6052
分散	2.8285	2.2822	2.5765
歪度	−1.0237	−1.6343	−1.2903
尖度	−0.7951	0.7997	−0.1903

　図表 8-11 から，大幅な利益を出している企業の方が，それ以外の企業に比べて，償却年数の平均値が短い。

　したがって，平均値の差に有意性があるか否かを検定する。母平均の差の検定を行う前に，母分散の比の検定：F 値（片側検定）を行う。

【図表 8-12】母分散の比の検定（利益平準化）

	数理計算上の差異の償却年数
F値	0.8069**

**5%水準で有意

　このため，等分散性の仮定をおくことができない。したがって，母平均の差の検定として，ウェルチのt検定（片側検定）を行う。

【図表 8-13】母平均の差の検定（利益平準化）

	数理計算上の差異の償却年数
t値	1.7778*

*10%水準で有意

　以上の結果から，償却年数の平均値については，大幅な利益を出している企業の方が，それ以外の企業に比べて，有意に短いという結論が導かれた。したがって，本節における利益平準化仮説は支持される。

第4項　ビッグ・バス仮説の検定

　「会計基準変更時差異償却額計上前税金等調整前当期純損失」企業の選択した償却年数の諸統計数値は，図表 8-14 の通りである。

【図表 8-14】「数理計算上の差異償却額計上前税金等調整前当期純損失」企業の償却年数

	大幅な損失	大幅な損失ではない	サンプル企業全社
企業数	22	23	45
平均	4.0909	4.6523	4.3778
中央値	5	5	5
最頻値	5	5	5
標準偏差	1.6009	1.1524	1.4027
分散	2.5628	1.3281	1.9677
歪度	−1.3878	−3.1404	−1.9608
尖度	0.1761	8.6054	2.1248

　図表 8-14 から，大幅な損失を出している企業の方が，それ以外の企業に比べて，償却年数の平均値が短い。

第8章　数理計算上の差異の償却に関する会計方針選択行動　193

　したがって，平均値の差に有意性があるか否かを検定する。母平均の差の検定を行う前に，母分散の比の検定：F値（片側検定）を行う。

【図表8-15】母分散の比の検定（ビッグ・バス）

	数理計算上の差異の償却年数
F値	1.9297

5%水準で有意ではない。

　このため，等分散性の仮定をおくことができる。したがって，母平均の差の検定として，t検定（片側検定）を行う。

【図表8-16】母平均の差の検定（ビッグ・バス）

	数理計算上の差異の償却年数
t値	1.3544

10%水準でも有意ではない。

　以上の結果から，償却年数の平均値については，大幅な損失を出している企業の方が，それ以外の企業に比べて，有意に短いという結論が導かれなかった。したがって，本節におけるビッグ・バス仮説は棄却される。

　本節のこれまでの分析の結果をまとめると，利益平準化は観察されたが，ビッグ・バスは観察されなかった。つまり，5年以内の償却年数を選択した企業の償却年数選択行動は，ある一部の視点からのみ，報告利益の管理行動の可能性が示唆されたと考えられる。

　なお，本節の分析は償却年数の平均値の差を分析したものであるが，4つの全てのカテゴリー（「大幅な利益」，「大幅な利益ではない」，「大幅な損失」および「大幅な損失ではない」）の償却年数の中央値および最頻値が5（年）であった。すなわち，そのほとんどを占める5年償却企業（約74％；307社中，228社）は，全てのカテゴリーにまんべんなく含まれていることが示されている。このため，ある一部の視点からの報告利益の管理行動の可能性が示されるとともに，報告利益の管理行動では説明できない部分については，横並び選択行動および水準適正化選択行動（会計理論の遵守行動）の可能性が存在することを示唆する分析結果が得られたと考えられる。

第11節　償却年数選択に関する貸借対照表アプローチ

本節では，数理計算上の差異の償却年数の選択行動に関して，貸借対照表アプローチの視点からの分析を行う。なお，本節では貸借対照表アプローチを，経営者は負債をより小さく計上するインセンティブを有していると定義する。

貸借対照表アプローチの視点からの分析を行うためには，数理計算上の差異発生額の相対的な大小を考慮する必要があり，数理計算上の差異発生額をデフレートした財務指標を分析対象として採用することが妥当である。このため，総資産および負債によって数理計算上の差異発生額をデフレートした2つの財務指標を分析対象とする。したがって，分析対象とする財務指標を，K_1'：「数理計算上の差異発生額／総資産」およびK_2'：「数理計算上の差異発生額／負債」と定義する。

なお，本節では，以下の仮説を設定し検定する。

仮説：『数理計算上の差異発生額が大きい企業は，長い償却年数を選択する傾向にある。また，逆も真なりである。』

そして，サンプル企業全社を対象とした分析結果の特筆すべき事項は，図表8-17が示すように，償却年数と分析対象とする財務指標（K_1' および K_2'）の相関係数が低いことである。

【図表8-17】償却年数と分析対象財務指標の相関係数（サンプル企業全社）

	K_1'	K_2'
相関係数	−0.1293	−0.1059
t 値(p値)	−4.5983(0.0000(>0))***	−3.7554(0.0002)***

***1%水準で有意

さらに，全ての相関係数は，符号が負であり仮説と整合していない。また，全ての分析結果が1%水準で有意であるという検定結果が得られた。しかし，前述したように，この検定の帰無仮説が「相関係数は0である。」ということを考えると，有意であるという結果が得られやすい検定である。つまり，一定

第 8 章　数理計算上の差異の償却に関する会計方針選択行動　195

水準以上（一般的に絶対値 0.4 以上）の相関係数が得られない限り，仮説を採択
することはできないのである。

　以上から，サンプル企業全社を分析対象にした場合は，貸借対照表アプロー
チの視点からは償却年数の選択行動を行っていない可能性があるという結果が
得られた。

第 12 節　キリの良くない償却年数を選択した企業に関する貸借対照表アプローチ

　本節では，本章第 5 節と同様に，1 年，5 年，10 年，15 年および 20 年以外
の償却年数を選択した，すなわち，キリの良くない償却年数を選択した企業を
対象として，貸借対照表アプローチの視点からの分析を行う。つまり，将来の
不確実性の中で償却年数選択の意思決定を行うが，あえてキリの良くない償却
年数を選択した企業は，貸借対照表アプローチに従って当該意思決定を行った
か否かを分析する。

　キリの良くない償却年数を選択した企業を対象とした分析結果の特筆すべき
事項は，図表 8-18 が示すように，償却年数と分析対象とする財務指標（K_1' お
よび K_2'）の相関係数が低いことである。

【図表 8-18】償却年数と分析対象財務指標の相関係数
（キリの良くない償却年数選択全企業）

	K_1'	K_2'
相関係数	−0.2379	−0.2354
t 値(p値)	−3.8961 (0.0001)***	−3.8520 (0.0001)***

***1％水準で有意

　さらに，全ての相関係数は，符号が負であり仮説と整合していない。また，
全ての分析結果が 1％ 水準で有意であるという検定結果が得られた。しかし，
前述したように，この検定の帰無仮説が「相関係数は 0 である。」ということ
を考えると，有意であるという結果が得られやすい検定である。つまり，一定
水準以上（一般的に絶対値 0.4 以上）の相関係数が得られない限り，仮説を採択

することはできないのである。

　以上から，キリの良くない償却年数を選択した企業を分析対象にした場合は，貸借対照表アプローチの視点からは償却年数の選択行動を行っていない可能性があるという結果が得られた。

　以上の本章第 11 節および第 12 節の結果から，サンプル企業全社（もしくは，キリの良くない償却年数を選択した企業）を分析対象とした場合は，貸借対照表アプローチの視点から償却年数の選択行動の可能性が観察されなかったと考えられる。また，相関係数が非常に低いばかりではなく，むしろ，逆相関であった。

　このため，貸借対照表アプローチでは説明できない部分については，横並び選択行動および水準適正化選択行動（会計理論の遵守行動）の可能性が存在することを示唆する分析結果が得られたと考えられる。

第 13 節　償却年数の変更

　償却年数の変更に関しては，日本公認会計士協会（2002a）で認められた場合にのみ，その変更が認められるが，原則としては，その変更は許容されていない（日本公認会計士協会 2006a）。本節では，サンプル企業全社について，本研究での分析期間（適用初年度〜適用 4 年目）における償却年数の変更を分析する。

　償却年数の変更は，適用 2 年目〜適用 3 年目および適用 3 年目〜適用 4 年目では観察されなかった。適用初年度〜適用 2 年目だけに観察され，変更企業の全社が，償却年数を短縮している。適用初年度〜適用 2 年目における償却年数の変更は，図表 8-19 および図表 8-20 に示している。

第8章 数理計算上の差異の償却に関する会計方針選択行動　197

【図表8-19】適用初年度〜適用2年目における償却年数変更

適用初年度 償却年数	適用2年目 償却年数	短縮年数
10	1	−9
10	1	−9
10	1	−9
10	1	−9
10	1	−9
12	5	−7
16	10	−6
16	10	−6
15	11	−4
14	10	−4
10	6	−4
5	1	−4
5	1	−4
20	17	−3
16	13	−3
15	12	−3
15	12	−3
15	12	−3
13	10	−3
10	7	−3
18	16	−2
18	16	−2
17	15	−2
15	13	−2
15	13	−2
15	13	−2
15	13	−2
15	13	−2
15	13	−2
15	13	−2
14	12	−2
14	12	−2
12	10	−2
10	8	−2
9	7	−2
17	16	−1

17	16	-1
16	15	-1
16	15	-1
15	14	-1
15	14	-1
15	14	-1
15	14	-1
14	13	-1
14	13	-1
14	13	-1
14	13	-1
14	13	-1
13	12	-1
12	11	-1
12	11	-1
12	11	-1
11	10	-1
10	9	-1
10	9	-1
17.5	17	-0.5
合計：56社(4.34%)		
平均		
13.5268	10.7500	-2.7768

【図表 8-20】 適用初年度～適用 2 年目における償却年数変更サマリー

短縮年数	企業数	一括償却への変更
9	5	内5社
7	1	
6	2	
4	5	内2社
3	7	
2	15	
1	20	
0.5	1	
合計	56	合計7社

　以上の結果から，償却年数の変更に関しても，早期償却の選択傾向が強いと考えられる。このため，前述したように，早期償却することを会計理論の遵守

行動と定義する視点からは，このような償却年数の変更が，結果として，会計理論の遵守行動の傾向を示唆していると，解釈できる。

また，前述したように，日本公認会計士協会（2002a）および日本公認会計士協会（2006a）は，償却年数の変更を原則として認めていない。したがって，サンプル企業全社 1,245 社のうち，56 社（約 4%）しか償却年数を変更しておらず，かつ，償却年数の変更は，適用 2 年目〜適用 3 年目および適用 3 年目〜適用 4 年目では観察されなかったことから，会計基準を遵守している企業が非常に多いと考えられる。

第14節　会計基準変更時差異の償却年数との関係

本節では，数理計算上の差異の早期償却傾向が強い企業ほど，会計基準変更時差異の早期償却傾向も強いのか否かを分析する。このため，本章のサンプル企業全社について，数理計算上の差異の償却年数と会計基準変更時差異の償却年数の相関係数を求めたところ，その値は約 0.1911 であった。つまり，両者の相関関係は非常に低いという結果が得られた。

この理由として，第 7 章で分析したように，当該サンプル企業 1,245 社のうち 592 社（約 48%）が，会計基準変更時差異を一括償却していることが挙げられる。つまり，数理計算上の差異と会計基準変更時差異の償却年数と比較すれば，前者は早期償却が多いのに対して，後者は早期償却でも一括償却が多い。この違いは，数理計算上の差異の将来発生額の不確定性にあると考えられる。つまり，会計基準変更時差異はその償却額が将来も確定しているのに対して，数理計算上の差異は不確定の金額が将来も発生し続けるため，その償却額およびその与える将来の影響が不確定であることから，とりあえず償却年数を選択しなければならないのである。したがって，この不確実な将来の影響を緩和するために一括償却ではなく，償却年数が複数年である早期償却を選択する企業が多いと考えられる。

また，数理計算上の差異と会計基準変更時差異はその性質が異なることから，その償却年数の意思決定を連動させることなく，別個に行うことは，当然のことであると考えられる。

第15節　結　　論

本章では，数理計算上の差異の償却年数に関する会計方針選択行動が裁量的選択行動であることを示した。そして，サンプル企業の償却年数の選択行動の実態を踏まえて，実務事例および経験的考察に基づき，横並び選択行動の可能性を示した。また，会計理論のレビューおよび経験的考察に基づき，水準適正化選択行動（会計理論の遵守行動）の可能性を示した。

さらに，報告利益の管理行動および貸借対照表アプローチの様々な視点から分析することをもって，当該視点からでは説明できない部分については，横並び選択行動および水準適正化選択行動（会計理論の遵守行動）の可能性が存在することを示唆した。

ただし，本章では，横並び選択行動および水準適正化選択行動（会計理論の遵守行動）であることの結論付けについて，本章の選択実態の実証分析に基づいているが，実務事例および経験的考察などにその多くを依存している。また，報告利益の管理行動および貸借対照表アプローチでは説明できない部分が存在することをもって結論を担保するという，いわば消極的なアプローチによっている。このため，横並び選択行動および水準適正化選択行動（会計理論の遵守行動）であることを導くために，積極的なアプローチによって実証するという方法論が必要である。

さらに，報告利益の管理行動および貸借対照表アプローチの視点から分析するにあたっては，将来の不確定性の中で適用初年度の財務指標によって選択行動が影響を受けるという前提をおいているが，経営者は中長期的な視点から選択行動を行っている可能性も存在する。このため，中長期的な視点からも報告利益の管理行動および貸借対照表アプローチを分析する必要がある。

このように，本章では，第7章までの仮説と整合する同様の結論を導出したのであるが，同時に一定の限界も存在し，また，今後の課題も露出したのである。

[注]

1）数理計算上の差異の償却年数に関して，正当な理由のない限りその変更が認められない旨の規定は，会計基準や実務指針等には明記がなく，審理情報およびニュースに明記されていた。

2）回廊アプローチとは，期末時点での未認識数理計算上の差異が，退職給付債務と年金資産のいずれか大きい方の10%を超えた場合には，当該超過額を平均残存勤務期間で除した金額を，次期に償却するという方法である。

3）退職給付債務は原則として期末日時点で計算され，その時点で数理計算上の差異が発生することになる。このため，一括認識（償却年数1年）を採用している企業以外は，次年度から償却が開始されることになる。

4）転がし計算とは，期中のある一時点の退職給付債務（PBO）および（または）年金資産から，基礎率等を適用して，期末の金額を予測計算する方法である。日本基準では，1年間の転がし計算が認められている。

5）償却年数の変更が認められる正当な理由の例として，平均残存勤務期間の延長または短縮が挙げられているが，原則として，償却年数の変更は認められてないと解釈することができる。

6）日本公認会計士協会（2002a）と同様の趣旨であるが，償却年数の変更は原則認められない旨をより強調している。

7）償却年数ではなく償却費計上額を対象として，本章における分析も行ってみたが，当然に，本章と同様の分析結果が得られた。

第9章

過去勤務債務の償却に関する会計方針選択行動
―退職給付制度の改定と償却年数の選択―

第1節　過去勤務債務の償却に関する会計方針選択行動に対する問題意識

第2章で会計基準(企業会計審議会 1998, 日本公認会計士協会 2005a)のレビューを行ったように，過去勤務債務の償却年数は，上限が平均残存勤務期間という一定の条件が付されているだけであり，その条件内であれば経営者が自由裁量のもとで選択できる。つまり，第5章および第6章でそれぞれ考察した割引率および期待運用収益率とは異なり，会計基準がその設定に対して上限年数を規定しただけで，それ以外の一定の指針を規定している会計方針でもない。このため，第7章および第8章でそれぞれ考察した，会計基準変更時差異および数理計算上の差異の償却年数と同様，過去勤務債務の償却年数の選択は，裁量の介入の余地が大きい会計方針ということができる。

ただし，過去勤務債務の償却額は，第7章で示した会計基準変更時差異の償却額とは異なり，常に退職給付費用の一部として営業損益に計上されるため，報告利益の細区分の管理は不可能である。これは，数理計算上の差異の償却額と同様である。

また，過去勤務債務の償却年数は，日本公認会計士協会 (2002a) によって[1]，正当な理由のない限り変更が認められていない。このため，退職給付制度改定をはじめて行ったときにおける過去勤務債務の償却年数の選択は，次期以降に影響を及ぼす非常に重要な会計方針である。

なお，過去勤務債務の発生原因は退職給付制度の改定であり，制度改定前後

の退職給付債務の差額が，過去勤務債務の発生額となる。ここで，第10章で考察するように，制度改定は，経営者の意図により，企業年金基金における増大した積立不足に対処すべく給付水準を減額する目的で行われているケースがほとんどである。つまり，将来，当該償却額が利益となる過去勤務債務が発生するケースがほとんどである。また，第10章第7節でケース分析を行っているが，経営者は人事政策・給与政策の一環として退職給付制度を改定するとしても，企業の財政状態および経営成績に与える影響を考慮したうえで制度改定を行うという側面も大きいのである。いわば，経営者は，退職給付制度自体の操作によって，報告利益の管理行動を行っているのである。

　以上から，本章では，第1に，本章の第3節第1項で特定する分析対象企業（サンプル企業）を対象として，給付水準の減額という退職給付制度改定を行った企業と，行わなかった企業の財務的特性の違いを分析し，その制度改定行動の特徴を示唆することを目的とする。

　第2に，過去勤務債務の償却に関する会計方針選択行動を裁量的選択行動として位置付けたうえで，まず，本章第4節で特定する分析対象企業（サンプル企業）が選択した償却年数の実態を示す。次に，日本企業の償却年数の選択行動の実態を踏まえて，日本企業による過去勤務債務の償却年数の選択行動を，報告利益の管理行動および貸借対照表アプローチの視点から分析し，その選択行動の特徴を示唆することを目的とする。

第2節　先行研究のレビュー

　まず，退職給付会計の会計的要因や財務的要因が，退職給付制度の改定に与えた影響に関する先行研究は，第10章第2節を参照されたい。

　次に，過去勤務債務の償却に関する先行研究は，SEC基準およびIFRSを採用していない日本企業を対象とした，澤田（2012）およびSawada（2014）である。退職給付債務を減額した企業をサンプルとして，そのサンプル企業による過去勤務債務の償却年数の選択行動は，目標利益を達成するために短い償却年数を選択し裁量的に行われていることを確認した。

　最後に，「会計上の過去勤務債務」ではなく，「企業年金制度上の過去勤務債

務」の償却に関する先行研究は，米国企業を対象とした，Zmijewski and Hagerman（1981）である。ここで，「企業年金制度上の過去勤務債務」とは，いわば，企業年金基金に生じた積立不足であり，企業が将来の期間にわたって追加の特別掛金を支払うことで補填する必要がある。つまり，当該先行研究は，この過去勤務債務（past service pension cost）の償却年数（特別掛金の払込年数）の選択行動を分析している。この当時，米国ではSFAS87が導入されていなかったため，掛金支払額がそのまま費用として計上されることになる。具体的に，Zmijewski and Hagerman（1981）は，報告利益の管理行動の視点から，過去勤務債務の償却年数の分析を行っており，報告利益を高く計上したい企業は長い償却年数を選択し，また，逆も真なり，という仮説を設定し検定している。しかし，この仮説を支持する結果は得られなかった。この分析結果は，過去勤務債務の償却年数は，退職給付制度の規制，人事政策，および将来キャッシュ・フロー政策などの影響を受けるため，報告利益の管理行動のみによっては決定されない可能性を示唆していると考えられる。

なお，乙政・音川（2004）は，研究開発投資の多い企業は，未認識退職給付債務残高が多いことを確認している。ただし，その未認識退職給付債務に過去勤務債務が占める割合，および，その選択された償却年数には言及していない。

第3節　退職給付制度の改定

本節では，退職給付制度の改定に関する分析を行う。具体的には，退職給付制度の改定を行った企業と，行わなかった企業との間で，その財務的特性の違いを分析する。

第1項　分析対象とするサンプル企業の特定

以下のデータは，日本経済新聞社による情報提供サービスであるNEEDS-Financial QUESTから入手したものである。なお，第7章および第8章を除くこれまでの分析では全国証券取引所の上場企業の全社を調査対象としているが，本章では第7章および第8章と同様に，損益計算書上の報告利益の細区分の問題から，銀行・証券・保険を除く一般事業会社を分析対象のサンプル企業

206

とする。

　また，本研究での分析期間（適用初年度～適用4年目）において，複数年度で過去勤務債務が発生している企業が存在する。つまり，退職給付制度の改定を，分析期間において複数回行った企業である。ここで，過去勤務債務の償却年数は原則として変更できないため，はじめて過去勤務債務が発生した年度に，償却年数が選択されることになる。このため，本章では，はじめて過去勤務債務が発生した年度における企業を分析対象とする。

　日本基準における過去勤務債務の償却に関する会計方針選択行動を分析対象としていることからSEC基準適用企業を除外し，そして，非常に少ないケースであるが損失となる過去勤務債務が発生している企業を除外した。年金資産の運用状況が悪い時期にあったため，一般的に給付減額を目的とした制度改定が行われていた反面，非常に少ないケースであるが，損失となる過去勤務債務が発生した企業も存在する。その企業数（サンプル数）が僅少であることから，本章の分析は，利益となる過去勤務債務が生じている企業を対象とする（図表9-1）。

【図表9-1】サンプル企業　　　　　　　　　　　　　　　　　　　　　　　　　　（単位：社）

	適用初年度	適用2年目	適用3年目	適用4年目	
データ収録企業	1,678	1,769	1,899	1,952	
除外					
SEC基準適用企業	7	8	10	9	
損失となる過去勤務債務発生	38	15	9	6	
過年度に過去勤務債務発生	－	194	225	162	全社合計
差引；サンプル数	1,633	1,552	1,655	1,775	6,615
過去勤務債務未発生 （制度未変更）企業	1,329	1,165	1,380	1,557	5,431
過去勤務債務初発生 （制度初変更）企業	304	387	275	218	1,184

第2項　仮説の設定

　本章では，退職給付制度の給付水準を減額し，利益となる過去勤務債務が生じている企業を分析対象としていることから，以下の仮説を設定し検定する。

仮説1：『多額の退職給付債務（－年金資産）が発生している企業は，退職給付制度の改定を行う。』

仮説2：『利益の少ない企業は，退職給付制度の改定を行う。』

なお，適用初年度のサンプル企業のみ，以下の仮説を追加し検定する。

仮説1'：『多額の会計基準変更時差異が発生した企業は，退職給付制度の改定を行う。』

また，第7章でも分析を行ったが，奥村（2005）で示されたように，規模の大きな企業は注目されやすいため，積立不足に対処するために制度改定を行う傾向にあると考えられる。したがって，以下の仮説を追加する。

仮説3：『規模の大きい企業は，退職給付制度の改定を行う。』

第3項　リサーチ・デザイン

まず，仮説1については，「退職給付債務（－年金資産）／総資産」および「退職給付債務（－年金資産）／負債」の2つの財務指標を用いて，サンプル企業全社について，制度改定を行った企業と行わなかった企業との間に，統計的に有意な差があるか否かを検定する。また，仮説1'については，「会計基準変更時差異発生額／総資産」および「会計基準変更時差異発生額／負債」の2つの財務指標を用いて，適用初年度のサンプル企業について，制度改定を行った企業と行わなかった企業との間に，統計的に有意な差があるか否かを検定する。つまり，第7章のリサーチ・デザインと同様であるが，退職給付債務（－年金資産）および会計基準変更時差異発生額は貸借対照表項目（ストック項目）であるため，その発生額の相対的な大小は，企業の貸借対照表項目によって測定するのが妥当である。このため，退職給付債務（－年金資産）および会計基準変更時差異発生額を，総資産もしくは負債でデフレートした2つの財務指標を採用することが妥当である。

次に，仮説2については，「税金等調整前当期純利益／退職給付債務（－年金資産）」の財務指標を用いて，サンプル企業全社について，両者の間に統計的に有意な差があるか否かを検定する。つまり，第7章のリサーチ・デザイン

と同様であるが, 税金等調整前当期純利益の相対的な大小は, 退職給付債務（－年金資産）によって測定するのが妥当である。このため, 退職給付債務（－年金資産）でデフレートした財務指標を採用することが妥当である。

最後に, 仮説3については, 奥村 (2005) と同様に, 企業規模の代理変数を売上高とみなし, サンプル企業全社について, 売上高の自然対数が両者の間に統計的に有意な差があるか否かを検定する。つまり, 第7章のリサーチ・デザインと同様であるが, 売上高は企業の活動規模を反映するため, 企業規模の代理変数となり得る。「規模の大きな企業は注目されやすいため」という, 仮説3を設定するための前提条件を考えると, 対外的な企業活動規模を示す売上高を財務指標として採用することは妥当である。

第4項　仮説の検定

まず, 仮説1に関する財務指標の諸統計数値は, 図表9-2および図表9-3の通りである。

【図表9-2】退職給付債務（－年金資産）／総資産の比較

	制度改定を行った企業	制度改定を行わなかった企業	サンプル企業全社
平均	0.0613	0.0399	0.0437
中央値	0.0520	0.0224	0.0287
第1四分位	0.0338	0.0131	0.0177
第3四分位	0.0842	0.0538	0.0564
標準偏差	0.0416	0.0421	0.0429
分散	0.0017	0.0018	0.0018
歪度	1.1809	2.4562	2.2808
尖度	1.5021	9.8664	8.6785

【図表9-3】退職給付債務（－年金資産）／負債の比較

	制度改定を行った企業	制度改定を行わなかった企業	サンプル企業全社
平均	0.1007	0.0610	0.0681
中央値	0.0921	0.0398	0.0411
第1四分位	0.0489	0.0172	0.0211
第3四分位	0.1546	0.0817	0.0956
標準偏差	0.0858	0.0768	0.0778
分散	0.0074	0.0059	0.0061
歪度	2.3117	1.7998	1.8244
尖度	10.5612	4.7392	5.6183

　以上から，制度改定を行った企業の方が，行わなかった企業に比べて，上記2つの財務指標の平均値および中央値が大きい。つまり，多額の退職給付債務（－年金資産）が発生した企業の方が，制度改定のインセンティブが強いことを反映した結果であると考えられる。

　したがって，平均値の差に有意性があるか否かを検定する。母平均の差の検定を行う前に，母分散の比の検定：F値（片側検定）を行う。

【図表9-4】母分散の比の検定

	退職給付債務(－年金資産)／総資産	退職給付債務(－年金資産)／負債
F値	1.1401	1.3026**

**5%水準で有意

　このため，「退職給付債務（－年金資産）／総資産」については等分散性の仮定をおくことができるが，「退職給付債務（－年金資産）／負債」については等分散性の仮定をおくことができない。したがって，母平均の差の検定を行うにあたって，「退職給付債務（－年金資産）／総資産」についてはt検定（片側検定）を行い，「退職給付債務（－年金資産）／負債」についてはウェルチのt検定（片側検定）を行う。

【図表9-5】母平均の差の検定

	退職給付債務(－年金資産)／総資産	退職給付債務(－年金資産)／負債
t値	5.9881***	6.1208***

***1%で有意

さらに，中央値の差に有意性があるか否かを検定するため，χ^2検定（片側検定）を行う。

【図表9-6】中央値の差の検定

	退職給付債務(−年金資産)／総資産	退職給付債務(−年金資産)／負債
χ^2値	12.8922***	13.2108***

***1%で有意

以上の結果から，2つの財務指標の平均値および中央値については，制度改定を行った企業の方が，行わなかった企業に比べて，有意に大きいという結論が導かれた。したがって，仮説1は支持される。

なお，図表9-7〜9-10に示すように，負債比率の平均値および中央値についても同様の検定を行ったが，制度改定を行った企業と行わなかった企業の間には，10％水準でも有意ではなかった。すなわち，負債全体の大きさではなく，退職給付債務（−年金資産）の発生額の大きさによって，企業は制度改定を行うインセンティブが左右される結果が導かれたと考えられる。

【図表9-7】負債比率の比較

	制度改定を行った企業	制度改定を行わなかった企業	サンプル企業全社
平均	0.6021	0.5887	0.5911
中央値	0.5808	0.6023	0.6001
第1四分位	0.4201	0.4314	0.4227
第3四分位	0.7153	0.7339	0.7315
標準偏差	0.1876	0.2264	0.2133
分散	0.0352	0.0513	0.0455
歪度	−0.1655	−0.2402	−0.2424
尖度	−0.1798	−0.6367	−0.6037

【図表9-8】母分散の比の検定

	負債比率
F値	1.4330**

*5%で有意

このため，等分散性の仮定をおくことができない。したがって，ウェルチのt検定（片側検定）を行う。

第9章 過去勤務債務の償却に関する会計方針選択行動 211

【図表 9-9】 母平均の差の検定

	負債比率
t 値	0.4502

10%水準でも有意ではない。

【図表 9-10】 中央値の差の検定

	負債比率
χ^2値	1.1392

10%水準でも有意ではない。

次に，仮説 1' に関する財務指標の諸統計数値は，図表 9-11 および図表 9-12 の通りである。

【図表 9-11】 会計基準変更時差異発生額／総資産の比較

	制度改定を行った企業	制度改定を行わなかった企業	サンプル企業（適用初年度）
平均	0.0551	0.0309	0.0354
中央値	0.0498	0.0171	0.0210
第1四分位	0.0280	0.0021	0.0058
第3四分位	0.0793	0.0422	0.0514
標準偏差	0.0423	0.0456	0.0448
分散	0.0018	0.0021	0.0020
歪度	1.2119	2.5687	2.4109
尖度	1.5006	9.9234	8.8671

【図表 9-12】 会計基準変更時差異発生額／負債の比較

	制度改定を行った企業	制度改定を行わなかった企業	サンプル企業（適用初年度）
平均	0.1023	0.0522	0.0615
中央値	0.0965	0.0309	0.0338
第1四分位	0.0592	0.0058	0.0079
第3四分位	0.1568	0.0734	0.0819
標準偏差	0.0938	0.0809	0.0788
分散	0.0088	0.0065	0.0062
歪度	2.3457	1.8233	1.9210
尖度	10.6719	4.8871	5.7818

以上から，制度改定を行った企業の方が，行わなかった企業に比べて，上記
2つの財務指標の平均値および中央値が大きい。つまり，多額の会計基準変更
時差異発生額が発生した企業の方が，制度改定のインセンティブが強いことを
反映した結果であると考えられる。

したがって，平均値の差に有意性があるか否かを検定する。母平均の差の検
定を行う前に，母分散の比の検定：F値（片側検定）を行う。

【図表9-13】 母分散の比の検定

	会計基準変更時差異発生額／総資産	会計基準変更時差異発生額／負債
F値	1.1218	1.2981**

**5%水準で有意

このため，「会計基準変更時差異発生額／総資産」については等分散性の仮
定をおくことができるが，「会計基準変更時差異発生額／負債」については等
分散性の仮定をおくことができない。したがって，母平均の差の検定を行うに
あたって，「会計基準変更時差異発生額／総資産」についてはt検定（片側検定）
を行い，「会計基準変更時差異発生額／負債」についてはウェルチのt検定（片
側検定）を行う。

【図表9-14】 母平均の差の検定

	会計基準変更時差異発生額／総資産	会計基準変更時差異発生額／負債
t値	5.8823***	6.0982***

***1%で有意

さらに，中央値の差に有意性があるか否かを検定するため，χ^2検定（片側
検定）を行う。

【図表9-15】 中央値の差の検定

	会計基準変更時差異発生額／総資産	会計基準変更時差異発生額／負債
χ^2値	10.2253***	11.7812***

***1%で有意

以上の結果から，2つの財務指標の平均値および中央値については，制度改
定を行った企業の方が，行わなかった企業に比べて，有意に大きいという結論

が導かれた。したがって，仮説 1' は支持される。

なお，図表 9-16 ～ 9-19 に示すように，負債比率の平均値および中央値については同様の検定を行ったが，制度改定を行った企業と行わなかった企業の間には，10％水準でも有意ではなかった。すなわち，負債全体の大きさではなく，会計基準変更時差異発生額の発生額の大きさによって，企業は制度改定を行うインセンティブが左右される結果が導かれたと考えられる。

【図表 9-16】 負債比率の比較

	制度改定を行った企業	制度改定を行わなかった企業	サンプル企業全社
平均	0.6102	0.5987	0.6008
中央値	0.5987	0.6238	0.6216
第1四分位	0.3912	0.4511	0.4324
第3四分位	0.7623	0.7701	0.7659
標準偏差	0.1798	0.2125	0.2099
分散	0.0323	0.0452	0.0441
歪度	−0.1571	−0.2425	−0.2504
尖度	−0.1633	−0.6208	−0.5980

【図表 9-17】 母分散の比の検定

	負債比率
F値	1.4401**

**5％で有意

このため，等分散性の仮定をおくことができない。したがって，母平均の差の検定を行うにあたって，ウェルチの t 検定（片側検定）を行う。

【図表 9-18】 母平均の差の検定

	負債比率
t 値	0.4609

10％水準でも有意ではない。

【図表 9-19】 中央値の差の検定

	負債比率
χ^2値	1.7539

10％水準でも有意ではない。

次に，仮説2に関する財務指標の諸統計数値は，図表9-20の通りである。

【図表9-20】税金等調整前当期純利益／退職給付債務（一年金資産）の比較

	制度改定を行った企業	制度改定を行わなかった企業	サンプル企業全社
平均	−1.8372	−1.9722	−1.9480
中央値	−1.5217	−0.9971	−1.3372
第1四分位	−0.7333	−0.5829	−0.6288
第3四分位	−1.9957	−2.0151	−2.0011
標準偏差	6.2810	31.0087	28.2281
分散	39.4510	961.5395	796.8256
歪度	5.7052	−9.6431	−7.8412
尖度	65.2287	61.6755	68.3397

　以上から，制度改定を行った企業の方が，行わなかった企業に比べて，上記の財務指標の平均値および中央値が大きい。つまり，当該利益の多い企業の方が，制度改定を行うインセンティブが強いことを反映した結果であると考えられる。

　したがって，平均値の差に有意性があるか否かを検定する。母平均の差の検定を行う前に，母分散の比の検定：F値（片側検定）を行う。

【図表9-21】母分散の比の検定

	税金等調整前当期純利益／退職給付債務（−年金資産）
F値	32.7762**

**5%水準で有意

　このため，等分散性の仮定をおくことができない。したがって，母平均の差の検定を行うにあたって，ウェルチのt検定（片側検定）を行う。

【図表9-22】母平均の差の検定

	税金等調整前当期純利益／退職給付債務（−年金資産）
t値	0.3901

10%水準でも有意ではない。

　さらに，中央値の差に有意性があるか否かを検定するため，χ^2検定（片側

検定）を行う。

【図表 9-23】中央値の差の検定

	税金等調整前当期純利益／退職給付債務(－年金資産)
χ^2値	0.9957

10%水準でも有意ではない。

　以上の結果から，当該財務指標の平均値および中央値については，制度改定を行った企業の方が，行わなかった企業に比べて，有意に大きいという結論は導かれなかった。したがって，仮説2は棄却される。

　最後に，仮説3に関する財務指標の諸統計数値は，図表9-24の通りである。

【図表 9-24】売上高の自然対数の比較

	制度改定を行った企業	制度改定を行わなかった企業	サンプル企業全社
平均	12.0698	10.7098	10.9532
中央値	11.7987	10.3681	10.8166
第1四分位	10.3623	9.7122	9.9357
第3四分位	13.1124	11.7421	12.1089
標準偏差	1.3712	1.3631	1.3885
分散	1.8802	1.8580	1.9279
歪度	0.0801	0.7211	0.6109
尖度	−0.6762	0.7899	0.4703

　以上から，制度改定を行った企業の方が，行わなかった企業に比べて，売上高の自然対数の平均値および中央値が大きい。つまり，規模の大きい企業の方が，制度改定を行うインセンティブが強いことを反映した結果であると考えられる。

　したがって，平均値の差に有意性があるか否かを検定する。母平均の差の検定を行う前に，母分散の比の検定：F値（片側検定）を行う。

【図表 9-25】母分散の比の検定

	売上高の自然対数
F値	1.0522

5%水準で有意ではない。

このため，等分散性の仮定をおくことができる。したがって，母平均の差の
検定を行うにあたって，t検定（片側検定）を行う。

【図表9-26】母平均の差の検定

	売上高の自然対数
t値	4.6083***

***1％で有意

さらに，中央値の差に有意性があるか否かを検定するため，χ^2検定（片側
検定）を行う。

【図表9-27】中央値の差の検定

	売上高の自然対数
χ^2値	9.2174***

***1％で有意

以上の結果から，売上高の自然対数の平均値および中央値については，制度
改定を行った企業の方が，行わなかった企業に比べて，有意に大きいという結
論が導かれた。したがって，仮説3は支持される。

本節では，退職給付制度の改定に関する分析を行った結果，制度改定を行っ
た企業と，行わなかった企業との間で，仮説2を除いて，その財務的特性の違
いが確認された。仮説1（および仮説1'）と仮説2の結果を比較すると，経営
者が給付減額を行う大きな目的は，退職給付費用を軽減することよりも，退職
給付債務を減額することであると考えられる。なお，この分析結果の解釈は，
本章第4節以降の分析結果も踏まえて，本章第8節において行う。

そして，退職給付制度の改定を終えてから，経営者は，本章第4節以降の分
析対象である，過去勤務債務の償却年数を選択する意思決定を行うのである。

第4節　過去勤務債務の償却年数

第1項　分析対象とするサンプル企業の特定

図表9-28のデータは，図表9-1から，連結対象企業間で選択している償却

第9章　過去勤務債務の償却に関する会計方針選択行動　217

年数が異なっている場合等（償却年数に幅あり）を除外して特定したサンプル
企業である。

　図表9-1は，はじめて過去勤務債務が発生した年度における企業を分析対象
としている。償却年数の変更は原則認められないため，はじめて発生する過去
勤務債務の償却年数を選択することは，今後発生する過去勤務債務の償却年数
も選択することを意味する。このため，本節の分析において，はじめて過去勤
務債務が発生した年度における企業を分析対象とする。

【図表9-28】サンプル企業　　　　　　　　　　　　　　　　　（単位：社）

	適用初年度	適用2年目	適用3年目	適用4年目
過去勤務債務初発生企業数(図表9-1)	304	387	275	218
除外				
償却年数に幅あり	37	121	86	91
分析対象企業数	267	266	189	127

第2項　過去勤務債務の償却年数の選択実態

　本項では，過去勤務債務の償却年数の選択行動を分析する前提として，図表
9-29～9-32に，サンプル企業の償却年数の選択実態を示す。

【図表9-29】過去勤務債務の償却年数の選択実態（適用初年度）

償却年数	企業数	全体に占める割合	
1	55	20.60%	5年以内企業数 合計：122(45.69%)
2	4		〃
3	14		〃
4	2		〃
5	47	17.60%	〃
6	1		10年以内企業数 合計：205(**76.78%**)
7	2		〃
8	0		〃
9	3		〃
10	77	28.84%	〃
11	2		〃
12	8		〃
13	8		〃

			15年以内企業数
14	5		合計：258（**96.63%**）
15	30	11.24%	
16	4		
17	3		
18	0		
19	0		
19.4	1		
20	1		
合計	267	100%	

【図表 9-30】過去勤務債務の償却年数の選択実態（適用 2 年目）

償却年数	企業数	全体に占める割合	
1	49	18.42%	
2	3		
3	7		
4	1		5年以内企業数
5	50	18.80%	合計：110（41.35%）
6	4		
7	5		
8	2		
9	1		10年以内企業数
10	86	32.33%	合計：208（**78.20%**）
11	2		
12	5		
13	11		
14	9		15年以内企業数
15	20	7.52%	合計：255（**95.86%**）
15.5	1		
16	4		
16.5	1		
17	4		
17.38	1		
18	0		
19	0		
20	0		
合計	266	100%	

第9章　過去勤務債務の償却に関する会計方針選択行動　219

【図表9-31】過去勤務債務の償却年数の選択実態（適用3年目）

償却年数	企業数	全体に占める割合	
1	29	15.34%	
2	1		
3	8		
4	2		5年以内企業数
5	35	18.52%	合計：75（39.68%）
6	2		
7	3		
8	2		
9	0		10年以内企業数
10	58	30.69%	合計：140（**74.07%**）
11	5		
11.5	1		
12	8		
13	5		
14	8		15年以内企業数
15	19	10.05%	合計：186（**98.41%**）
15.5	1		
16	2		
17	1		
18	0		
19	0		
20	0		
合計	189	100%	

【図表9-32】過去勤務債務の償却年数の選択実態（適用4年目）

償却年数	企業数	全体に占める割合	
1	0	0.00%	
2	0		
3	7		
4	0		5年以内企業数
5	26	20.47%	合計：33（25.98%）
6	1		
7	1		
8	5		
9	3		10年以内企業数
10	49	38.58%	合計：92（**72.44%**）

11	3		
12	5		
13	6		
14	7		15年以内企業数
15	12	9.45%	合計：125(**98.43%**)
16	1		
17	1		
18	0		
19	0		
20	0		
合計	127	100%	

　労務行政研究所（2005: 48-50）に示されている調査結果より，ほとんどの企業の平均残存勤務期間は，約10年〜約20年程度の間に落ち着いている。したがって，ほとんどの企業が，会計基準上，約10年〜約20年程度の平均残存勤務期間内の償却年数によって過去勤務債務を償却しなければならないことを考えると，サンプル企業は会計基準を遵守して償却年数を決定していると考えることができる。

　ただし，償却年数の上限が約10年〜約20年程度の幅を持っていることを考えれば，図表9-29を例にとると，サンプル企業全体の約77%を占める205社の償却年数が10年以内であり，さらに，サンプル企業全体の約97%を占める258社の償却年数が15年以内である選択実態からは，早期償却の意向を持っている企業が，全体の多くを占めているということである。早期償却については，図表9-30〜9-32も同様の傾向であり，また，第8章で考察した数理計算上の差異の償却年数の選択実態とも同様の傾向である。しかし，数理計算上の差異の償却年数の選択実態と比較すると，過去勤務債務の償却年数の選択実態は，一括償却の傾向が高いことが示されている。

　これまでの本節の分析結果によると，平均残存勤務期間よりも短い償却年数を選択している企業を早期償却企業と定義するならば，早期償却企業はサンプル全体の大部分を占めることになる。このような日本企業の過去勤務債務の償却年数選択行動を，横並び選択行動と定義する。

　また，会計基準変更時差異および数理計算上の差異とは異なり，過去勤務債

務は過年度損益修正項目ではないため[2)]，一括償却（ないしは早期償却）することが会計理論を遵守した会計方針選択行動とは考えることはできない。したがって，第7章および第8章の考察とは異なり，日本企業の過去勤務債務の償却年数選択行動を，水準適正化選択行動（会計理論の遵守行動）と定義することはできないと考えられる。むしろ，一括償却が会計基準を遵守したことにはならない過去勤務債務において，一括償却の傾向が高いのは特筆すべきである。

第5節　先行研究との整合性を考慮した償却年数選択のインセンティブ傾向の検証

本節では，第8章までと同様に，先行研究との整合性を分析する。

奥村（2005）は，第3章第3節の先行研究のレビューで述べたように，日本基準における日本企業の割引率選択のインセンティブ傾向を分析対象とした最初の先行研究である。以下のように，重回帰分析により割引率選択行動を実証し，結論を得たのである。

従属変数：割引率に含まれる裁量部分

　　　　　（＝企業の選択した割引率－サンプル企業全体の割引率の中央値）

独立変数：

　X_1：未認識退職給付債務／期首総資産

　X_2：負債比率（＝総負債／総資産）

　X_3：企業規模（＝売上高の自然対数）

（結論）X_1，X_2またはX_3が高い企業ほど，より高い割引率を選択する。

換言すると，X_1，X_2またはX_3が高い企業ほど，退職給付債務ないしは退職給付費用を低く算定したいというインセンティブを有していることが示されている。ならば，過去勤務債務の償却年数の選択の場合も，X_1，X_2またはX_3が高い企業ほど，より短い償却年数を選択するという，先行研究と整合性が観察されるのか否かが問題となる。

大日方（1999）およびObinata（2000b）は，第3章第3節の先行研究のレビューで述べたように，SEC基準を採用している日本企業の割引率選択のインセン

ティブ傾向を分析対象とした最初の先行研究である。以下のように，重回帰分析により割引率選択行動を実証し，結論を得たのである。

従属変数：割引率

独立変数：

X_2：負債比率（＝総負債／総資産）

X_4：ROE

X_5：国債の利回り

（結論）X_2が高い企業ほど，または，X_4が低い企業ほど，より高い割引率を選択する。また，X_5が高いほど，企業はより高い割引率を選択する。

換言すると，X_2が高い企業ほど，または，X_4が低い企業ほど，退職給付債務ないしは退職給付費用を低く算定したいというインセンティブを有していることが示されている。ならば，過去勤務債務の償却年数の選択の場合も，X_2が高い企業ほど，または，X_4が低い企業ほど，より短い償却年数を選択するという，先行研究と整合性が観察されるのか否かが問題となる。

以上から，式9-1のモデルを推定することによって，当該命題を検証する。

$$償却年数_{i,t} = \beta_0 + \beta_{1,i,t}X_{1,i,t} + \beta_{2,i,t}X_{2,i,t} + \beta_{3,i,t}X_{3,i,t} + \beta_{4,i,t}X_{4,i,t} + \varepsilon_{i,t} \qquad 【式9-1】$$

ここで，添え字：i,t は，i 企業で t 期だということを示している。また，ε：誤差項である。

最初に，適用初年度の実証分析サンプル企業は，図表9-28に示した267社である。

本節のリサーチ・デザインでは，多重共線性の存在が問題となるので，まず，各独立変数間の相関係数を求める。

第9章 過去勤務債務の償却に関する会計方針選択行動　223

【図表9-33】相関係数（適用初年度）

相関係数	$X_{1,1}$	$X_{2,1}$	$X_{3,1}$	$X_{4,1}$
$X_{1,1}$	1			
$X_{2,1}$	0.0474	1		
$X_{3,1}$	0.0007	0.1575	1	
$X_{4,1}$	0.0001	0.1478	0.1311	1

したがって，多重共線性が問題になるような高い相関はみられないため，本節のリサーチ・デザインにより，実証分析を行う。

【図表9-34】多重回帰分析結果（適用初年度）

	$\beta_{1,1}$	$\beta_{2,1}$	$\beta_{3,1}$	$\beta_{4,1}$
期待符号	—	—	—	—
係数	6.1464	0.4185	0.1167	3.1060
t値(p値)	−	−	−	−
自由度調整済み決定係数(Adjusted R-Squared): 0.0099				

自由度調整済み決定係数が低い。
$\beta_{1,1}$：符号の正負が逆である。
$\beta_{2,1}$：符号の正負が逆である。
$\beta_{3,1}$：符号の正負が逆である。
$\beta_{4,1}$：符号の正負が逆である。

次に，適用2年目の実証分析のサンプル企業は，図表9-28に示した266社である。

本節のリサーチ・デザインでは，多重共線性の存在が問題となるので，まず，各独立変数間の相関係数を求める。

【図表9-35】相関係数（適用2年目）

相関係数	$X_{1,2}$	$X_{2,2}$	$X_{3,2}$	$X_{4,2}$
$X_{1,2}$	1			
$X_{2,2}$	0.0729	1		
$X_{3,2}$	0.0796	0.2232	1	
$X_{4,2}$	0.0552	0.1980	0.1468	1

したがって，多重共線性が問題になるような高い相関はみられないため，本節のリサーチ・デザインにより，実証分析を行う。

【図表9-36】多重回帰分析結果（適用2年目）

	$\beta_{1,2}$	$\beta_{2,2}$	$\beta_{3,2}$	$\beta_{4,2}$
期待符号	―	―	―	―
係数	−88.2938	−0.8247	0.6726	14.0769
t値(p値)	−3.7792(0.0002)***	−0.6072(0.5442)	―	―
自由度調整済み決定係数(Adjusted R-Squared): 0.0686				

自由度調整済み決定係数が低い。
$\beta_{1,2}$：1％水準で有意である。
$\beta_{2,2}$：符号の正負は正しいが,10％水準でも有意ではない。
$\beta_{3,2}$：符号の正負が逆である。
$\beta_{4,2}$：符号の正負が逆である。

そして，適用3年目のサンプル企業は，図表9-28に示した189社である。

本節のリサーチ・デザインでは，多重共線性の存在が問題となるので，まず，各独立変数間の相関係数を求める。

【図表9-37】相関係数（適用3年目）

相関係数	$X_{1,3}$	$X_{2,3}$	$X_{3,3}$	$X_{4,3}$
$X_{1,3}$	1			
$X_{2,3}$	0.0073	1		
$X_{3,3}$	0.0915	0.2370	1	
$X_{4,3}$	0.0855	0.2178	0.1422	1

したがって，多重共線性が問題になるような高い相関はみられないため，本節のリサーチ・デザインにより，実証分析を行う。

【図表9-38】多重回帰分析結果（適用3年目）

	$\beta_{1,3}$	$\beta_{2,3}$	$\beta_{3,3}$	$\beta_{4,3}$
期待符号	―	―	―	―
係数	−1.7132	0.1724	0.2516	6.1581
t値(p値)	−0.0702(0.9441)	―	―	―
自由度調整済み決定係数(Adjusted R-Squared): 0.0110				

自由度調整済み決定係数が低い。
$\beta_{1,3}$：符号の正負は正しいが,10％水準でも有意ではない。
$\beta_{2,3}$：符号の正負が逆である。
$\beta_{3,3}$：符号の正負が逆である。
$\beta_{4,3}$：符号の正負が逆である。

第9章　過去勤務債務の償却に関する会計方針選択行動　225

最後に，適用4年目のサンプル企業は，図表9-28に示した127社である。

本節のリサーチ・デザインでは，多重共線性の存在が問題となるので，まず，各独立変数間の相関係数を求める。

【図表9-39】相関係数（適用4年目）

相関係数	$X_{1,4}$	$X_{2,4}$	$X_{3,4}$	$X_{4,4}$
$X_{1,4}$	1			
$X_{2,4}$	−0.1209	1		
$X_{3,4}$	−0.0149	0.2759	1	
$X_{4,4}$	−0.0123	0.2569	0.1472	1

したがって，多重共線性が問題になるような高い相関はみられないため，本節のリサーチ・デザインにより，実証分析を行う。

【図表9-40】多重回帰分析結果（適用4年目）

	$\beta_{1,4}$	$\beta_{2,4}$	$\beta_{3,4}$	$\beta_{4,4}$
期待符号	—	—	—	—
係数	−3.6798	1.2607	0.4610	11.4729
t値（p値）	−0.1846（0.8539）	—	—	—
自由度調整済み決定係数（Adjusted R-Squared）：0.0249				

自由度調整済み決定係数が低い。
$\beta_{1,4}$：符号の正負は正しいが，10%水準でも有意ではない。
$\beta_{2,4}$：符号の正負が逆である。
$\beta_{3,4}$：符号の正負が逆である。
$\beta_{4,4}$：符号の正負が逆である。

以上の結果から，過去勤務債務の償却年数の選択は，先行研究との整合性が観察されないと考えられる。この分析結果は，第7章の会計基準変更時差異の償却年数の分析結果とは異なる。また，第8章の数理計算上の差異の償却年数の分析結果は，先行研究との整合性が観察されないと考えられたが，かなり弱い水準ながらも先行研究との整合性を示す傾向だけは観察されたため，本章の分析結果は，第8章の分析結果とも異なっている。

ただし，本章第3節の分析における仮説1を，本節の分析におけるX_1およびX_2の分析に当てはめて解釈すると，退職給付債務ないしは退職給付費用を低く算定するために，給付水準を減額する制度改定を行うか否かというインセ

ンティブ傾向は，先行研究と整合していると考えられる。また，本章第3節の
分析における仮説3を，本節の分析における X_3 の分析に当てはめると，規模
の大きい企業は注目されやすいので，給付水準を減額する制度改定を行うか否
かというインセンティブ傾向は，先行研究と整合していると考えられる。つま
り，本節における償却年数の選択行動の分析結果は先行研究と整合しないのに
対して，本章第3節における制度改定の分析結果は先行研究と整合すると考え
られる。

第6節　報告利益の管理行動の視点からの実証分析

　本節では，過去勤務債務の償却年数の選択行動に関して，報告利益の管理行
動の視点からの分析を行う。

　なお，本節では報告利益の管理行動を，経営者はより大きな報告利益を計上
するインセンティブを有していると定義する[3]。

第1項　仮説の設定

サンプル企業全社（849社）を分析対象として，以下の仮説を設定し検定する。

　仮説：『低い利益を計上している企業は，短い償却年数を選択する傾向にある。
　　　　また，逆も真なりである。』

　分析対象とする利益は，①営業利益，②経常利益，および③税金等調整前当
期純利益とする。前述したように，過去勤務債務の償却額は，常に営業損益に
計上されることから，①～③の利益が影響を受けることになる。経営者は過去
勤務債務の償却額計上前の利益の大小によって，報告利益の管理行動に関する
意思決定を行うと考えられる。このため，過去勤務債務の償却額計上前の利益
を分析対象とする。そして，償却額計上前の利益の相対的な大小は，過去勤務
債務発生額によって測定するのが妥当である。このため，償却額計上前の利益
を過去勤務債務発生額でデフレートした財務指標を分析対象として採用するこ
とが妥当である。このため，分析対象とする利益を，$Z_1{}''$：「過去勤務債務償却
額計上前営業利益／過去勤務債務発生額」，$Z_2{}''$：「過去勤務債務償却額計上前

経常利益／過去勤務債務発生額」，および，$Z_3{}''$：「過去勤務債務償却額計上前
税金等調整前当期純利益／過去勤務債務発生額」と定義する。

　なお，償却年数ではなく，償却費計上額について分析するアプローチも考え
られる。しかし，償却費計上額＝過去勤務債務発生額／償却年数であるため，
償却年数と償却費計上額は，過去勤務債務発生額を介した1対1の写像である。
つまり，本節での分析は，償却年数を対象とすることと償却費計上額を対象と
することは同義である。したがって，本章の趣旨は償却年数の選択行動の分析
であるため，本節の分析では償却年数を対象とするアプローチを採用する[4]。

第2項　実証分析

　分析結果の特筆すべき事項は，図表9-41〜9-44が示すように，償却年数と
分析対象とする報告利益（$Z_1{}''$〜$Z_3{}''$）の相関係数が非常に低いことである。

【図表9-41】償却年数と分析対象報告利益の相関係数（適用初年度）

	$Z_1{}''$	$Z_2{}''$	$Z_3{}''$
相関係数	0.0374	0.0809	0.0523
t 値（p値）	0.6094（0.5428）	1.3207（0.1807）	0.8525（0.3947）

全て10%水準でも有意ではない。

【図表9-42】償却年数と分析対象報告利益の相関係数（適用2年目）

	$Z_1{}''$	$Z_2{}''$	$Z_3{}''$
相関係数	−0.0181	−0.0371	−0.0647
t 値（p値）	−0.2934（0.7694）	−0.6038（0.5465）	−1.0526（0.2935）

全て期待と逆相関であり,10%水準でも有意ではない。

【図表9-43】償却年数と分析対象報告利益の相関係数（適用3年目）

	$Z_1{}''$	$Z_2{}''$	$Z_3{}''$
相関係数	−0.0611	−0.0590	−0.0147
t 値（p値）	−0.8368（0.4038）	−0.8082（0.4200）	−0.2011（0.8409）

全て期待と逆相関であり,10%水準でも有意ではない。

【図表9-44】 償却年数と分析対象報告利益の相関係数（適用4年目）

	Z_1''	Z_2''	Z_3''
相関係数	−0.0140	−0.0018	0.0125
t値（p値）	−0.1568（0.8756）	−0.0197（0.9843）	0.1394（0.8894）

Z_1''およびZ_2''：期待と逆相関であり,10%水準でも有意ではない。
Z_3''：10%水準でも有意ではない。

さらに，いくつかの相関係数は，符号が正であり仮説と整合していない。また，いくつかの相関係数は，符号が正であり仮説と整合しているが，10%水準で有意性が確認されなかったため，$Z_1'' \sim Z_3''$と償却年数の相関関係は全く（もしくは，ほとんど）ないということになる。

以上から，本節の仮設を棄却する。すなわち，サンプル企業全社を対象とした償却年数の選択行動において,本節における報告利益の管理行動の視点から，低い利益を計上している企業は，短い償却年数を選択する傾向にあることは観察されないと結論付ける。

第7節　償却年数選択に関する貸借対照表アプローチ

本節では,過去勤務債務の償却年数の選択行動に関して,貸借対照表アプローチの視点からの分析を行う。

なお，本節では貸借対照表アプローチを，経営者は負債をより小さく計上するインセンティブを有していると定義する。

貸借対照表アプローチの視点からの分析を行うためには，過去勤務債務発生額の相対的な大小を考慮する必要があり，過去勤務債務発生額をデフレートした財務指標を分析対象として採用することが妥当である。このため，総資産および負債によって過去勤務債務発生額をデフレートした2つの財務指標を分析対象とする。したがって，分析対象とする財務指標を，K_1''：「過去勤務債務発生額／総資産」および，K_2''：「過去勤務債務発生額／負債」と定義する。

本節では，以下の仮説を設定し検定する。

仮説：『過去勤務債務発生額が大きい企業は，短い償却年数を選択する傾向

にある。また，逆も真なりである。』

　そして，サンプル企業全社を対象とした分析結果の特筆すべき事項は，図表9-45 ～ 9-48 が示すように，償却年数と分析対象とする財務指標（K_1'' および K_2''）の相関係数が低いことである。

【図表 9-45】償却年数と分析対象財務指標の相関係数（適用初年度）

	K_1''	K_2''
相関係数	−0.1371	−0.0998
t 値（p値）	−0.5021（0.6475）	−0.4978（0.6892）

全て10%水準でも有意ではない。

【図表 9-46】償却年数と分析対象財務指標の相関係数（適用 2 年目）

	K_1''	K_2''
相関係数	−0.0811	−0.1201
t 値（p値）	−0.5185（0.6295）	−0.5224（0.6201）

全て10%水準でも有意ではない。

【図表 9-47】償却年数と分析対象財務指標の相関係数（適用 3 年目）

	K_1''	K_2''
相関係数	−0.1070	−0.0844
t 値（p値）	−0.3662（0.7103）	−0.5098（0.6312）

全て10%水準でも有意ではない。

【図表 9-48】償却年数と分析対象財務指標の相関係数（適用 4 年目）

	K_1''	K_2''
相関係数	−0.1002	−0.0823
t 値（p値）	−0.4132（0.6872）	−0.4413（0.6652）

全て10%水準でも有意ではない。

　さらに，全ての相関係数は，符号が正であり仮説と整合しているが，10%水準で有意性が確認されなかったため，K_1'' および K_2'' と償却年数の相関関係は全く（もしくは，ほとんど）ないということになる。

　以上から，サンプル企業全社を分析対象にした場合は，貸借対照表アプローチの視点からは償却年数の選択行動を行っていない可能性があるという結果が得られた。

第8節　結　　論

　本章では，過去勤務債務の償却年数に関する会計方針選択行動が裁量的選択行動であることを示した。そして，サンプル企業の償却年数の選択行動の実態を踏まえて，横並び選択行動の可能性を示した。

　しかし，本章の分析結果で明確になったことは，経営者は，過去勤務債務の償却年数の選択よりも，顕在化した退職給付債務に対処するため，退職給付制度を給付減額するか否かの意思決定を重視しているということである。それは，償却年数の選択行動に関する仮説を棄却した本章第4節以下の分析結果に対して，制度改定に関する仮説を支持した本章第3節の分析結果によって担保されると考えられる。

　また，経営者が，制度改定の意思決定をより重視していることを示唆する根拠として，過去勤務債務を一括償却する傾向が大きいことが挙げられる。そもそも，制度改定は，退職給付引当金を減額することが目的であるため，その効果を会計上明確に表すためには，過去勤務債務を一括償却（ないしは，早期償却）する必要がある。このため，日本企業の償却年数の選択実態として，過去勤務債務の一括償却の傾向が高いと考えられる。このように考えると，経営者は過去勤務債務の償却年数を，報告利益の管理行動でもなく，また，貸借対照表アプローチでもなく，すなわち，制度改定の目的に付随した形で選択していると考えられる。

　本章では過去勤務債務の償却に関する分析を行ったが，以上の分析結果からは，過去勤務債務の償却年数の選択行動よりも，給付減額を目的とした退職給付制度改定行動を分析することが重要だと考えられる。したがって，第10章において，退職給付債務を減額もしくは消滅させるべく，会計数値のデザインのために退職給付制度を改定するという，経営者行動を分析する。

第9章　過去勤務債務の償却に関する会計方針選択行動　231

[注]

1）過去勤務債務の償却年数に関して，正当な理由のない限りその変更が認めらない旨の規定は，会計基準や実務指針等には明記がなく，審理情報に明記されていた。

2）企業会計審議会（1998）によると，「過去勤務債務の発生要因である給付水準の改定が従業員の勤労意欲が将来にわたって向上するとの期待のもとに行われる面がある」ため，過去勤務債務を一括償却するのではなく，将来にわたって償却することが合理的である旨の記載がある。ただし，この複数年償却の根拠は，給付水準を増額した制度改定によって生じる，損失となる過去勤務債務に対してのみ成立するものである。つまり，給付水準を減額した制度改定によって生じる，（本章の分析対象とした）利益となる過去勤務債務には成立しないのである。

3）過去勤務債務の発生初年度の報告利益を基準として償却年数の選択の分析を行っているが，過年度からの損益傾向や次年度以降の損益見込みによっても，償却年数の選択が影響を受ける可能性がある。

4）償却年数ではなく償却費計上額を対象として，本章における分析も行ってみたが，当然に，本章と同様の分析結果が得られた。

第10章

退職給付会計基準の導入が
企業財務および経営者行動に与えた影響
―給付減額を目的とした退職給付制度改定―

第1節　退職給付会計基準の導入が企業財務および経営者行動に与えた影響に対する問題意識

　退職給付会計基準の導入を契機として，経営者は退職給付制度の再構築への駆け足を早めたように感じられる。ここで問題なのが，経営者は退職給付会計基準導入以前から，年金受託機関からの「財政再計算報告書」により[1]，年金資産の運用状況悪化を原因として年金財政上の多額の積立不足が発生していることを認識していたのに，本格的に対処を開始した契機が「退職給付会計基準の導入」ということである。すなわち，多額の債務が企業外部に顕在化してしまう会計基準の導入によって，経営者行動が影響を受けたと考えられる。本章での退職給付会計基準とは，当該会計基準の導入当初から存在した主たる基準（企業会計審議会 1998，日本公認会計士協会 2005a，2005b および日本アクチュアリー会・日本年金数理人会 2008）を指す。

　このため，本章では，退職給付会計基準の導入が経営者行動に与えた影響を考察する。具体的には，まず，実態データを収集・分析し，退職給付会計基準の導入により企業財務が受けた影響を示す。次に，①退職給付会計基準導入前後のタイムシリーズ・データ，および②会計基準適用対象企業・非適用企業別のクロスセクション・データの2ケースを分析対象とし，当該データの概観および実証分析を行うことにより，退職給付会計基準の導入が経営者行動に影響を与えている可能性を示唆する。

　本章では，企業に生じている退職給付債務を減額もしくは消滅させるという，

給付減額を目的として退職給付制度を改定する経営者行動を分析したうえで，その本質的意義を考察する。

第2節　先行研究のレビュー

第1に，退職給付会計の会計的要因や財務的要因が，退職給付制度の改定に与えた影響に関する先行研究を，以下に示す。

まず，米国企業を対象としたものは，Stone（1991），Haw *et al.*（1991），Petersen（1994），D'Souza *et al.*（2004），D'Souza *et al.*（2008），Beaudoin *et al.*（2011），Comprix and Muller（2011），D'Souza *et al.*（2013），Jones（2013），Choy *et al.*（2014），および Rauh *et al.*（2017）である。英国企業を対象としてものは，Klumpes *et al.*（2003），Klumpes *et al.*（2007）および Klumpes *et al.*（2009）である。蘭国企業を対象としたものは Swinkels（2006a），Swinkels（2006b），Swinkels（2011b），および Yu（2016）である。

Stone（1991）は，負債の減少や配当維持を目的として，業績（代理変数：純利益／総資産）の悪い企業ほど，確定拠出企業年金制度を採用する傾向が高いことを確認した。Petersen（1994）は，営業キャッシュ・フローが過去10年平均の半分未満に落ち込んだ企業ほど，また，株式の時価簿価比率が低いほど，確定拠出企業年金制度を採用する傾向が高いことを確認した。

Haw *et al.*（1991）は，積立超過の退職給付制度の企業を対象分析対象として，収益性（代理変数：EPS（primary Earnings Per Share excluding extraordinary items）の変動額／時価総額）の低い企業ほど，レバレッジ（代理変数：長期負債／自己資本）の高い企業ほど，また，負債契約における財務制限条項に抵触する可能性のある企業ほど，退職給付制度を終了させ，SFAS88 に基づく制度終了益を計上する傾向が高いことを確認した。

D'Souza *et al.*（2004）および D'Souza *et al.*（2008）は，退職給付費用の高い企業ほど，確定給付企業年金制度からキャッシュ・バランス・プランへの制度移行を行う傾向が高いことを確認した。D'Souza *et al.*（2013）は，キャッシュ・バランス・プランへの制度移行を行った企業は，確定給付企業年金制度を維持した企業よりも，積立率（代理変数：（年金資産－PBO）／PBO）が高く，イ

ンタレスト・カバレッジ・レシオが低く，また，企業規模（代理変数：総資産の自然対数）が大きいことを確認した。キャッシュ・バランス・プランへの制度移行を行った企業は，確定給付企業年金制度を廃止した企業よりも，積立率（代理変数：(年金資産−PBO)／PBO）が高く，収益性（代理変数：ROA（Return on Assets））が高く，企業規模（代理変数：総資産の自然対数と時価総額の自然対数）が大きく，また，PBO／総資産が大きいことを確認した。さらに，キャッシュ・バランス・プランへの制度移行を行った企業と確定給付企業年金制度を維持した企業を比較すると，収益性（代理変数：ROE）が低い企業ほど，また，PBO／総資産が小さい企業ほど，キャッシュ・バランス・プランへの制度移行を行う傾向が高いことを確認した。キャッシュ・バランス・プランへの制度移行を行った企業と確定給付企業年金制度を廃止した企業を比較すると，収益性（代理変数：ROE）が高い企業ほど，PBO／総資産が大きい企業ほど，積立率（代理変数：(年金資産−PBO)／PBO）が高いほど，また，企業規模（代理変数：総資産の自然対数）が大きい企業ほど，キャッシュ・バランス・プランへの制度移行を行う傾向が高いことを確認した。積立率が高い企業がキャッシュ・バランス・プランへの制度移行を行う傾向が高いことは，移行前の確定給付企業年金制度に積立不足がある場合は，積立不足分を一括拠出して移行する必要があるためと考えられる。

Beaudoin *et al.*（2011）は，SFAS158の導入により，年金資産の積立不足が大きい企業ほど，PBOが大きい企業ほど，年金資産が小さい企業ほど，また，業績（代理変数：EBIT（Earnings before Interests and Taxes）／総資産）の悪い企業ほど，確定給付企業年金制度の改定または廃止を行う傾向が高いことを確認した。

Comprix and Muller（2011）と Choy *et al.*（2014）は同様のリサーチ・デザインにより，年金資産の積立率が高い企業ほど，また，規模（代理変数：総資産の自然対数）が小さい企業ほど，確定給付企業年金制度の廃止を行う傾向が高いことを確認した。しかし，Comprix and Muller（2011）は，売上の増加率が小さい企業ほど，廃止を行う傾向が高いことを確認したのに対して，Choy *et al.*（2014）は，売上の増加率が大きい企業ほど，廃止を行う傾向が高いことを確認した。

Jones（2013）は，SFAS158 の導入の影響を抑えるため，未認識退職給付債務が大きい企業ほど，また，規模（代理変数：株式の市場価値）が小さい企業ほど，確定給付企業年金制度の改定または廃止を行う傾向が高いことを確認した。

Rauh *et al.*（2017）は，キャッシュ・バランス・プランを除く確定給付企業年金制度の廃止を行った企業は，廃止を行っていない企業よりも，総資産が小さく，インタレスト・カバレッジ（代理変数：EBIT ／支払利息）が高く，EBITDA（Earnings Before Interest, Taxes, Depreciation, and Amortization）／売上高が高く，ABO，ABO ／総資産および ABO ／総給与支給額が大きく，総給与支給額，総給与支給額／総資産および制度加入者一人当たりの給与支給額が大きく，積立率（代理変数：（年金資産－ABO）／ ABO）が高く，および，勤務費用／総給与支給額および勤務費用／ ABO が大きいことを確認した。また，キャッシュ・バランス・プランの廃止を行った企業は，廃止を行っていない企業よりも，インタレスト・カバレッジが高く，ABO が大きく，総給与支給額／総資産が大きく，積立率が高く，勤務費用／ ABO が大きく，および，昇給率が高いことを確認した。

Klumpes *et al.*（2003）は，年金資産の積立率が低い企業ほど，確定給付企業年金制度の廃止を行う傾向が高いことを確認した。また，廃止を行った企業は，廃止を行っていない企業よりも，年金資産の積立率とフロー積立率（代理変数：掛金拠出額／給付額）が低いこと，また，レバレッジ（代理変数：長期負債／総有形資産）が高いことを確認した。Klumpes *et al.*（2007）は，年金レバレッジ（代理変数：積立不足（または超過）調整後の長期負債／総有形資産）が高い企業ほど，確定給付企業年金制度の廃止を行う傾向が高いことを確認した。さらに，廃止を行った企業は，廃止を行っていない企業よりも，フロー積立率が低く，年金レバレッジが高いことを確認した。Klumpes *et al.*（2009）は，積立率とフロー積立率が低い企業ほど，確定給付企業年金制度の廃止を行う傾向が高いことを確認した。また，廃止を行った企業は，廃止を行っていない企業よりも，積立率が低いことを確認した。

Yu（2016）は，PBO が ABO よりも大きい（代理変数：（PBO－ABO）／自己資本）ほど，また，積立不足の退職給付制度の企業の方が，現在の制度加入

者に追加的な給付を発生させない，確定給付企業年金制度の硬凍結（Hard Freeze）を行う傾向が高いことを確認した。

Swinkels（2006a），Swinkels（2006b）および Swinkels（2011b）は，IFRS の導入により，資本金に比して年金基金の規模（代理変数：年金資産）が大きい企業ほど，確定給付企業年金制度から確定拠出企業年金制度へ移行する傾向が高い可能性を示唆した。

次に，日本企業を対象としたものは，上野（2004），吉田（2007），吉田（2009a），上野（2007a），および上野（2008: 179-200）である。

上野（2004）は，労務行政研究所（2001）等のデータをまとめ，退職給付会計基準の導入後における経営者の実体的裁量行動（制度改定による給付減額，企業年金制度の予定利率の引下げによる給付利率の削減，確定拠出型年金への移行，および厚生年金の代行返上など）を概観している。

吉田（2007）は，電機機器産業と商業（卸売小売業）が確定給付企業年金制度を導入している企業数の最も多いため，この2つの業種を分析対象として，積立不足が多い企業ほど，また，業績（代理変数：総資産経常利益率）の悪い企業ほど，確定拠出企業年金制度やキャッシュ・バランス・プランを採用していることを確認した。吉田（2009a）は，退職給付債務や負債が多い企業ほど，また，キャッシュ・フローの変動が大きい企業ほど，確定給付企業年金制度やキャッシュ・バランス・プランを採用していることを確認した。さらに，業績（代理変数：総資産経常利益率，または，営業キャッシュ・フロー／総資産）の良くない企業ほど，また，積立不足が多い企業ほど，確定拠出企業年金制度やキャッシュ・バランス・プランを採用するインセンティブが強いが，確定拠出企業年金制度については制度移行時の積立不足を補填しなければならないことから，業績の良い企業ほど，また，積立不足が少ない企業ほど採用していることを確認した。

上野（2007a）および上野（2008: 179-200）は，退職給付費用が多額であるほど，また，未認識数理計算上の差異が多額であるほど，厚生年金基金の代行返上する傾向が高いことを確認した。

第2に，退職給付会計の会計的要因や財務的要因が，経営者行動や企業の収益性に与えた影響に関する先行研究を，以下に示す。

まず，米国企業を対象としたものは，Rauh（2009）である。

Rauh（2009）は，企業年金制度への掛金拠出と企業の資本的支出の関係を検証し，掛金拠出が多い企業ほど，資本的支出が抑制されることを確認した。

次に，日本企業を対象としたものは，佐々木（2006），上野・柳瀬（2011），野間（2015），およびSasaki（2015b）である。

佐々木（2006）およびSasaki（2015b）は，退職給付債務または退職給付費用が経営者の投資行動に与えた影響を検証し，退職給付債務または退職給付費用の発生による過少投資効果の存在を確認した。

上野・柳瀬（2011）は，退職給付債務の積立率が経営者の投資行動と企業の収益性に与えた影響を検証し，高い成長機会を持つ低い積立率の企業ほど，経営者が投資を抑制することを確認した。そして，低い積立率の企業ほど，将来の利益とキャッシュ・イン・フローの水準を低下させるが，その経路として，経営者が投資を抑制することで，企業の将来の収益性を低下させる要因となる可能性を確認した。

野間（2015）は，EBITDAの標準偏差を経営者のリスク・テイクと定義し，退職給付に係る負債がリスク・テイクに与えた影響を検証した。その結果，企業年金制度における未積立債務が大きい企業ほど，経営者はリスク・テイクに消極的であることを確認した。また，この未積立債務を，退職給付引当金と未認識債務に区分すると，退職給付引当金が大きい企業ほど，経営者はリスク・テイクに消極的であることが確認できたが，未認識債務とリスク・テイクとの関連性は確認できなかった。換言すれば，経営者行動は，オンバランスの未積立債務に影響を受けるが，オフバランスの未積立債務に影響を受けないという可能性を示唆している。さらに，退職給付引当金は，銀行借入や社債などの金融負債よりも，経営者のリスク・テイクに消極性な影響を与えることを確認した。

第3節　退職給付会計基準が企業財務に与えた影響

退職給付会計基準導入前は，外部委託の企業年金制度を有する企業は，掛金の支払い時に費用処理するにとどまり，外部受託機関に生じている積立不足の

影響は会計上認識されることはなかった。また，注記等においても，その影響は記載されることはなかった。そして，第1章第1節に示したように，内部積立の退職一時金制度を有する企業の多くは，従業員が期末に自己都合事由で退職したと仮定した場合の期末要支給額を積み立てていたが，旧法人税法の影響もあり，期末要支給額の40%しか積み立てていない企業も多く存在していた(辻2007b，2015: 119)。

このような退職給付会計基準不在の問題点を受け，退職給付会計基準は，企業外部に生じている積立不足の影響を認識し，また，人件費としての退職給付費用を適正な会計期間に配分することを目的とする。なお，当該会計基準の導入は，年金資産の運用状況が著しく悪化している時期であったため，企業財務に大きな影響を与えたのである。

本節では，日本経済新聞社による情報提供サービスである NEEDS-Financial QUEST から入手した全国証券取引所の上場企業データを用いて，退職給付会計基準が企業財務に与えた影響を示す。あくまでも，日本企業全体としての影響を示すものであって，個別企業における影響を示すものではないことに留意されたい。

第1項　適用初年度における影響

退職給付会計基準は，2000年4月1日より始まる事業年度からその適用が義務付けられた。適用初年度の特記すべき事項は，期首時点において，企業の積み立てている退職給与引当金残高と，退職給付債務（－年金資産）の差額である会計基準変更時差異が発生することである。この会計基準変更時差異を，5年以内に償却する場合には会計基準変更時差異償却額を特別損益に計上できるという規定（日本公認会計士協会 2000）があるものの，15年以内の年数であれば，経営者が恣意的に償却年数を選択できる。ただし，会計基準変更時差異は過年度修正損益という性格を有しているため，早期償却が望ましいことになる。このため，適用初年度においては，退職給付信託の設定により生じた退職給付信託設定損益を認識して，会計基準変更時差異償却額と相殺できるようになっている（日本公認会計士協会 2005a）。

まず，会計基準変更時差異および退職給付信託設定損益が損益計算書に与え

る影響を示す。なお，費用側および負債側をプラスで表記している。分析対象
とするサンプル企業は，第7章の図表7-1における1,535社から，外部委託の
確定給付企業年金制度の採用がない企業96社，および本研究の分析期間であ
る適用初年度から適用4年目まで全ての期に含まれておらず，全ての期におい
て企業財務の影響を追えない32社を除外した，1,407社とする。このサンプル
企業1,407社のうち，会計基準変更時差異5年以内償却企業は1,046社で，5
年超償却企業は361社である。

【図表10-1】会計基準変更時差異5年以内償却企業　　　　　　　　　　（単位：百万円）

会計基準変更 時差異 (①=②+③)	未認識会計基 準変更時差異 (②)	会計基準変更 時差異償却額 (③)	退職給付信託 設定損益 (④)	相殺額 (⑤=③+④)
6,838,071	1,081,163	5,756,908	−2,029,404	3,727,504

【図表10-2】会計基準変更時差異5年超償却企業（単位：百万円）

会計基準変更 時差異 (①=②+③)	未認識会計基 準変更時差異 (②)	会計基準変更 時差異償却額 (③)
4,814,922	3,862,495	952,497

　適用初年度においては，会計基準変更時差異償却額（③）が貸借対照表上，
認識されることになる。会計基準変更時差異5年以内償却企業と会計基準変更
時差異5年超償却企業で，それぞれ，5,756,908百万円と952,497百万円が貸借
対照表上，認識された。また，会計基準変更時差異償却額（③）もしくは相殺
額（⑤）が損益計算書上，認識されることになる。会計基準変更時差異5年以
内償却企業は，5,756,908百万円もしくは3,727,504百万円が特別損益として，
会計基準変更時差異5年超償却企業は，952,497百万円が営業損益として損益
計算書上，認識された。

第 10 章　退職給付会計基準の導入が企業財務および経営者行動に与えた影響　241

【図表 10-3】会計基準変更時差異 5 年以内償却企業　　　　　　　（単位：百万円）

営業利益	経常利益	税金等調整前当期純利益	
15,206,050	12,985,727	8,774,269	
図表10-1⑤の与える影響			図表10-1① の与える影響
－	－	29.8%[1]	54.7%[2]

1) 影響の計算式の例（以下，同様）：3,727,504÷(3,727,504+8,774,269)×100（%）
2) 影響の計算式の例（以下，同様）：6,838,071÷(3,727,504+8,774,269)×100（%）

【図表 10-4】会計基準変更時差異 5 年超償却企業　　　　　　　（単位：百万円）

営業利益	経常利益	税金等調整前当期純利益	
3,427,854	2,551,800	1,762,702	
図表10-2③の与える影響			図表10-2① の与える影響
21.7%	27.2%	35.1%	177.3%

　このように，会計基準の導入が，適用初年度の期間利益に大きな影響を与えていることが確認された。特に，退職給付信託を行わずに，会計基準変更時差異を一括償却したと仮定した場合の税金等調整前当期純利益に与える影響は，非常に大きい。会計基準変更時差異 5 年以内償却企業は，税金等調整前当期純利益が 29.8% もしくは 54.7% 減少することになる。会計基準変更時差異 5 年超償却企業は，営業利益が 21.7% 減少，経常利益が 27.2% 減少，税金等調整前当期純利益が 35.1% 減少もしくは 177.3% 減少（利益の絶対額の 77.3% に相当する損失額に転換）することになる。

　次に，会計基準変更時差異および退職給付信託設定損益を除く退職給付費用（勤務費用，利息費用，過去勤務債務償却額および数理計算上の差異償却額）が損益計算書に与える影響を示す。当該損益は，営業損益として認識される。図表 10-5 および図表 10-6 は，会計基準変更時差異 5 年以内償却企業と 5 年超償却企業の合算である。当該損益 3,143,022 百万円が営業損益として損益計算書上，認識され，営業利益が 14.4% 減少，経常利益が 16.8% 減少，税金等調整前当期純利益が 23.0% 減少した。

【図表 10-5】全企業 (単位：百万円)

会計基準変更時差異および退職給付信託設定損益を除く退職給付費用（①）	（内;過去勤務債務償却額）	営業利益	経常利益	税金等調整前当期純利益
		18,633,904	15,537,527	10,536,971
3,143,022	−112,016	①の与える影響		
		14.4%	16.8%	23.0%

　最後に，貸借対照表に与える影響を示す。退職給付制度の積立不足が27,575,564 百万円存在しており，そのうち退職給付引当金 18,128,295 百万円が貸借対照表上，認識され，負債が 5.9% 増加した。

【図表 10-6】全企業 (単位：百万円)

退職給付債務（①）	年金資産（②）	純債務額（③=①−②）	未認識債務合計（④）	（内;未認識過去勤務債務）	退職給付引当金（⑤=③−④）
57,266,883	−29,691,319	27,575,564	9,447,269	−601,758	18,128,295
負　債			総資産		
327,924,611			448,413,482		
③の与える影響	⑤の与える影響		③の与える影響	⑤の与える影響	
8.9%[3]	5.9%[4]		6.4%	4.2%	

3) 影響の計算式の例（以下，同様）：27,575,564÷(327,924,611−18,128,295)×100（%）
4) 影響の計算式の例（以下，同様）：18,128,295÷(327,924,611−18,128,295)×100（%）

第2項　適用2年目から適用4年目における影響

　適用初年度の場合と同様に，適用2年目〜適用4年目における影響を示すが，退職給付会計基準が企業財務に大きな影響を与えているのには変わりない（図表 10-7 〜 10-12）。しかし，特記すべき事項は，退職給付制度の改定（給付額の減額）に伴う過去勤務債務の発生，そして，代行返上に伴う代行返上益および確定拠出企業年金制度への移行に伴う（一部）終了損益（企業会計基準委員会 2002a，2002b）の発生が，時系列で影響が大きくなっていくことである。

第 10 章　退職給付会計基準の導入が企業財務および経営者行動に与えた影響　243

【図表 10-7】損益計算書に与える影響（適用 2 年目）　　　（単位：百万円）

退職給付費用（①）	内;特別損益の会計基準変更時差異償却額（②）	（内;過去勤務債務償却額）	代行返上益および終了損益（③）	営業利益	経常利益	税金等調整前当期純利益	
				7,832,490	6,025,315	−232,139	
4,019,955	1,273,796	−98,725	−296,063	①−②の与える影響		②の与える影響	③の与える影響
				26.0%5)	31.3%	170.8%6)	−39.7%7)

5) 影響の計算式の例（以下，同様）：
　　　　　　（4,019,955 − 1,273,796）÷（4,019,955 − 1,273,796 + 7,832,490）× 100（%）
6) 影響の計算式の例（以下，同様）：1,273,796 ÷（1,273,796 − 296,063 − 232,139）× 100（%）
7) 影響の計算式の例（以下，同様）：− 296,063 ÷（1,273,796 − 296,063 − 232,139）× 100（%）

【図表 10-8】損益計算書に与える影響（適用 3 年目）　　　（単位：百万円）

退職給付費用（①）	内;特別損益の会計基準変更時差異償却額（②）	（内;過去勤務債務償却額）	代行返上益および終了損益（③）	営業利益	経常利益	税金等調整前当期純利益	
				8,096,726	6,438,117	3,356,494	
3,067,735	304,838	−115,510	−440,673	①−②の与える影響		②の与える影響	③の与える影響
				25.4%	30.0%	9.5%	−13.7%

【図表 10-9】損益計算書に与える影響（適用 4 年目）　　　（単位：百万円）

退職給付費用（①）	内;特別損益の会計基準変更時差異償却額（②）	（内;過去勤務債務償却額）	代行返上益および終了損益（③）	営業利益	経常利益	税金等調整前当期純利益	
				8,802,454	7,601,239	6,106,501	
2,866,094	215,865	−65,733	−450,862	①−②の与える影響		②の与える影響	③の与える影響
				23.1%	25.9%	3.7%	−7.7%

【図表 10-10】貸借対照表に与える影響（適用 2 年目）　　　　　　　　（単位：百万円）

退職給付債務 （①）	年金資産 （②）	純債務額 （③=①-②）	未認識債務 合計（④）	（内:未認識過去 勤務債務）	退職給付 引当金 （⑤=③-④）
37,586,495	−18,406,122	19,180,373	10,436,994	−717,408	8,743,379

負　債		負債+純資産	
186,829,578		250,183,307	
③の与える影響	⑤の与える影響	③の与える影響	⑤の与える影響
10.8%	4.9%	7.9%	3.6%

【図表 10-11】貸借対照表に与える影響（適用 3 年目）　　　　　　　　（単位：百万円）

退職給付債務 （①）	年金資産 （②）	純債務額 （③=①-②）	未認識債務 合計（④）	（内:未認識過去 勤務債務）	退職給付 引当金 （⑤=③-④）
30,527,149	−12,084,434	18,442,715	11,011,509	−652,333	7,431,206

負　債		負債+純資産	
156,915,816		209,053,290	
③の与える影響	⑤の与える影響	③の与える影響	⑤の与える影響
12.3%	5.0%	9.1%	3.7%

【図表 10-12】貸借対照表に与える影響（適用 4 年目）　　　　　　　　（単位：百万円）

退職給付債務 （①）	年金資産 （②）	純債務額 （③=①-②）	未認識債務 合計（④）	（内:未認識過去 勤務債務）	退職給付 引当金 （⑤=③-④）
26,419,709	−12,335,811	14,083,898	6,632,360	−787,326	7,451,538

負　債		負債+純資産	
150,263,691		203,957,074	
③の与える影響	⑤の与える影響	③の与える影響	⑤の与える影響
9.9%	5.2%	7.2%	3.8%

　以上から，退職給付会計基準の導入が企業財務に大きな影響を与えていることが確認された。そのうえで，過去勤務債務の発生，そして，適用 2 年目以降の代行返上益および終了損益の発生による影響も大きいことが確認され，企業は企業年金制度の給付額の減額を行うことによって，もしくは，制度を廃止す

ることによって，退職給付引当金および退職給付費用の負担を軽減させたと考えられる。

この経営者行動は，多額の債務が企業外部に顕在化してしまう退職給付会計基準の導入によって，影響を受けたと考えられる。このため，本章では以下，退職給付会計基準の導入が経営者行動に影響を与えた因果関係を含むメカニズムを考察したうえで，実証することを目的とする。

第4節　退職給付会計基準導入前の経営者行動
—多額の積立不足対する消極的姿勢—

年金資産運用状況の長引く停滞から多額の積立不足が企業年金制度に生じていたことは，退職給付会計基準導入前も同様である。すなわち，経営者は多額の積立不足が生じていることを知っていたにも関わらず，積立不足の対処に消極的な姿勢を示していたのである。このため，本節では，このような退職給付会計基準導入前の経営者行動について経験的考察を行う。

まず，現時点で多額の積立不足が発生しているにも関わらず，現在の退職給付金の水準を維持するのであれば，企業に対する将来の掛金負担が重くなってくる。しかし，経営者がこのことに目を覆い，給付水準の減額に消極的だったのは，年金契約の長期性が1つの理由である。すなわち，従業員が入社して退社するまでには数十年という長期間を要するので，たとえ一時点で積立不足が発生していたとしても，数十年という長期的視点から考えると，年金資産の運用状況も改善される可能性もあり，その一時点での対処の緊急性はさほど必要ないことになる。また，将来の掛金負担が重くなるといっても，将来の一定期間に渡って掛金を平準的に払い込むような設計になっており，企業負担を極力緩和させるような制度になっている。そして，現時点で従業員が全員退職することはあり得ないため，退職従業員の退職金を支払うだけの余力がその時点であれば，企業年金制度自体の維持はできることになる。

次に，このように，むやみに給付水準の減額を行わなかったのは，従業員を大切にするという「日本的経営」の1つの現れではないであろうか。積立不足の対処に消極的であるというよりも，従業員の退職後の生活水準をも左右する

給付水準を，維持できるものなら維持しようという，経営者の姿勢を示唆している行動だということもできる（経営者の立場にある者は，原則として企業年金制度に加入することはできないため，経営者の保身と考えることはできない）。

　最後に，積立不足に対する経営者の認知の頻度（もしくは程度）が比較的低かったことも1つの理由である。年金受託機関から「財政再計算報告書」による報告を受けるのは，5年ごと（または3年ごと）である。このため，経営者は次回の「財政再計算報告書」により報告を受けるまでは受託機関に掛金を払い込んでいるだけであり，適時に自らの年金ファンドの状況を知ることのできる環境にはなかったのである。また，退職給付会計基準導入後になって，「財政再計算報告書」が社長の目に触れる頻度が高まったといわれている。

　ただし，積立不足の対処に消極的といっても，経営者は何らかの対処を検討していたことは事実である。しかし，経営者は，重い腰をなかなか上げようとはしなかった。この重い腰を上げさせ経営者に具体的な行動を採らせたのも，退職給付会計基準の導入が最も大きな原因ではないかと考えられる。

第5節　多額の積立不足に対応すべき経営者行動—分析対象の特定—

　本節では，多額の積立不足に直接対処したと考えられる経営者行動を考察し，本章の実証分析の対象とすべき経営者行動を特定する。

　まず，そもそもなぜ企業年金に多額の積立不足が生じているかというと，日本の経済情勢の悪化および停滞である。経済情勢の推移を示す1つの指標として，第5章で示した図表5-2の国債の年平均利回りが挙げられる。2004年以降，若干経済情勢が改善したのであるが，約20年前からの推移をみる限り，経済情勢は右肩下がりである。このため，企業年金制度が予定した運用利回りを達成することができず，多額の積立不足が生じたのである。

　このように，年金ファンドの積立状況は，マクロ経済の影響を大きく受けることになる。すなわち，年金ファンドの資産運用はその大部分が株式および債券などの証券投資であるため，証券市場の影響により積立状況が左右される。よって，年金ファンドの運用方針などの個別要因よりも証券市場の全体要因の

方がその影響力が大きいのは当然であり，個々の企業による多額の積立不足発生への対処は，年金資産側ではほとんど管理不可能であった。実際，年金負債側の「給付水準の減額」を行わないで，右肩下がりの運用悪化のもとで積立不足を解消した企業は存在しないと考えられる。

　以上から，多額の積立不足に対応できた経営者行動は，年金負債側の管理であり，つまり，年金債務の減額ということになる。この具体的な対応策としては，「積立不足解消のため年金ファンドへの追加拠出（過去勤務債務の早期償却）」と「給付水準の減額」が考えられる。しかし，本章では，前者の対応策を積立不足への本質的な対応とは考えないこととする。この対応策は，年金ファンドへの追加拠出によって年金債務自体を減額するのであるが，積立不足に対処すべき資産が企業内部から企業外部へと移動しただけで本質的な解決とはならない。また，追加拠出した資産は年金ファンド内で拘束されることになり，それよりは使途が自由なキャッシュ・ポジションを企業内部に蓄えておくことが，企業価値をより高める合理的な企業行動と考えられるからである（年金資産規模が大きくなることによりポートフォリオ効果が高まると考えられるが，一企業の市場全体に対する効果は微々たるものであろう）。

　したがって，本章で考察対象とする経営者行動は，「顕在化した退職給付債務の減額（積立不足への対処）」に本質的に対応する経営者行動として，「給付水準の減額」とする。これは，企業財務の改善および退職給付債務（会計数値）の減額に対して，直接的に結び付く経営者行動である。

第6節　タイムシリーズ・データの解析—退職給付会計基準導入前後における経営者行動の変化の分析—

　本節では，タイムシリーズ・データを分析対象とし，当該データを概観することによって，退職給付会計基準導入前後における経営者行動の変化の考察を行う。入手可能なタイムシリーズ・データのうち，本節における考察において最も有用であるものとして，労務行政研究所（1997），労務行政研究所（1999），労務行政研究所（2001），労務行政研究所（2003）および労務行政研究所（2005）を採用する。退職給付会計基準は 2000 年 4 月 1 日以後開始される事業年度か

ら適用されるので,労務行政研究所（1997）および労務行政研究所（1999）は
導入前のデータとして取り扱い,労務行政研究所（2001）,労務行政研究所（2003）
および労務行政研究所（2005）は導入後のデータとして取り扱う。

　なお,当該資料の調査対象および調査期間は,以下の通りである。

労務行政研究所（1997）

　調査対象：主要企業（上場企業および上場企業に匹敵する非上場企業（資本金5
　　億円以上かつ従業員500人以上））232社

　調査期間：1996年10月16日〜1997年1月23日

労務行政研究所（1999）

　調査対象：主要企業222社および中堅・中小企業（従業員100人以上）141社
　　の計363社

　調査期間：1998年10月6日〜1998年12月21日

労務行政研究所（2001）

　調査対象：主要企業239社および中堅・中小企業131社の計370社

　調査期間：2000年10月13日〜2000年12月21日

労務行政研究所（2003）

　調査対象：主要企業196社および中堅・中小企業147社の計343社

　調査期間：2002年11月14日〜2003年1月14日

労務行政研究所（2005）

　調査対象：主要企業193社および中堅・中小企業126社の計319社

　調査期間：2004年9月30日〜2004年12月6日

　労務行政研究所（2005: 214）における退職給付制度の改定理由（複数回答）
では,第1位の「資産の運用利回りが悪化し,積立不足が問題化したため」の
約58.3％に次いで,「退職給付会計が導入され,退職給付債務等が計上された
ため」が約41.7％と第2位に挙げられている。つまり,本節では,このアンケー
ト結果が,実際の経営者行動として表れているのか否かを分析することになる
（なお,改定理由の最多回答の「積立不足の問題化」とは,退職給付会計基準
の導入による顕在化と同義に解釈しても差し支えないであろう。ならば,この
両者は,実質的には会計基準の導入に関するものとして考えられる）。

　これらの資料では様々な調査項目の集計・分析がなされているが,前述した

ように，経営者行動「給付水準の減額」を示す調査項目のみを，本節における
考察の対象とする。具体的には，「モデル定年退職金の推移」，そして，企業年
金制度の改定として「確定拠出年金制度の導入」，「キャッシュ・バランス・プ
ランの導入」および「代行返上」の4項目のみを採用する。

第1項　モデル定年退職金の推移（給付水準の減額）

　本項では，給付水準の相場の目安として関心の高いモデル定年退職金を，退
職給付会計基準導入前後でその水準を比較し，会計基準の導入により経営者が
給付水準を減額したか否かを考察する。当該データにおけるモデル退職金とは，
学歴・職掌・勤続・年齢・扶養家族など設定されたモデル条件に合致する標準
者の退職金である。

　図表 10-13 およびに示されたモデル定年退職金は，各年次における調査対象
の平均値である。また，1996 年および 1998 年は「大学卒・男性」を対象とし
ているが，2000 年から 2004 年は「大学卒・総合職」を対象としている（もし，
1996 年および 1998 年においても「大学卒・総合職」を対象とした場合，以下
の数値よりも高い数値が報告されると考えられる）。

【図表 10-13】 モデル定年退職金　　　　　　　　　　　　　　　　（単位：万円）

年	1996	1998	2000	2002	2004
モデル定年退職金	2,524	2,613	2,470	2,253	2,368

　以上から，1998 年から 2002 年までのモデル給付水準の低下は約 13.8%（≒
(2,613-2,253)÷2,613×100）となり顕著であり，2000 年 4 月 1 日以後開始され
る事業年度から退職給付会計基準が導入されたため，会計基準の導入と経営者
行動に何らかの関係が存在するのではないかと考えられる。

　ただし，以上のデータは，あくまでもモデル定年退職金の推移であるため，
退職給付債務圧縮のために企業が行った退職給付制度の改定（給付水準の減額）
だけを示す訳ではない。たとえば，退職金算定の基礎となる基本給の変動も内
包されており，企業業績に連動した給与水準によりモデル金額も変動する（2002
年から 2004 年へのモデル給付水準の増加は，この時期における企業業績の回
復に依存するものと考えられる）。

しかし，給与水準の変動だけでは1998年から2002年までのモデル給付水準の顕著な低下を説明することはできないため，経営者が給付水準の減額を行ったことが主たる要因と考えられる。また，当該低下の時期が退職給付会計基準の導入時期と重なっているため，退職給付会計基準の導入によって経営者行動が影響を受けたと考えられる。

第2項　企業年金制度の改定—確定拠出年金制度への移行，キャッシュ・バランス・プランの導入および代行返上—

本項では，経営者行動における企業年金制度の改定を時系列に考察する。具体的には，「給付水準の減額」を示唆する確定拠出年金制度への移行，キャッシュ・バランス・プランの導入および代行返上を考察の対象とし，退職給付会計基準の導入により制度改定に拍車がかかったか否かを考察する。

ここで，確定拠出年金制度とは，拠出された掛金が個人ごとに明確に区分され，掛金とその運用損益の合計額をもとに給付額が決定される制度をいう。退職給付会計基準導入前のほとんどの企業年金が，給付額が約束されているという確定給付年金制度であったため，その給付額に見合うだけの年金資産が現時点では蓄積されていないという意味で，積立不足が発生していた。したがって，企業が運用リスクを負わない確定拠出年金制度の導入は，まさに積立不足に対する企業の積極的姿勢であり，退職給付債務を消滅させる1つの手段である。また，キャッシュ・バランス・プランとは，市場金利の変動に応じて給付額が変動するため，企業は金利変動リスクのみを負い，運用リスクを軽減することが期待できる制度であり，確定給付年金制度と確定拠出年金制度の性質を併せ持つ。ただし，キャッシュ・バランス・プランは，企業が追加拠出のリスクを負っているため，確定給付年金制度として会計上は取り扱われる。そして，代行返上とは，厚生年金基金が国に代わって厚生年金の給付や運用を代行する部分（代行部分）を，厚生労働省の認可に基づいて国に返上することをいう。当時，厚生年金基金においても，多額の積立不足が生じている現状にあったため，代行返上は退職給付債務を消滅させるために行われていたのである。

まず，確定拠出年金制度への移行およびキャッシュ・バランス・プランの導入を考察するが，1998年から2002年までの企業年金制度の改定状況を，図表

第 10 章　退職給付会計基準の導入が企業財務および経営者行動に与えた影響　251

10-14 に示す。

【図表 10-14】企業年金制度の改定状況

企業年金制度の改定状況	1998年	2000年	2002年
改定を行っていない	55.5%	52.6%	44.9%
改定を行った	44.5%	47.4%	55.1%

　図表 10-14 のデータは，1998 年および 2002 年は適格退職年金制度および厚生年金基金制度が混合している結果であるが，2000 年は厚生年金基金制度のみを対象としている。1998 年から 2002 年までにおける「改定を行った」企業の割合は，過半数を超えてきてはいるものの微増である。しかし，具体的な改定項目の比重は異なってきている。

　1998 年の主たる改定項目は，「掛金の変更（増額）」が基金；約 52.8％・適年；約 40.3％，「年金給付利率の引下げ」が基金；約 44.4％・適年；約 40.3％，「予定利率の変更」が基金；約 41.7％・適年；約 57.1％，および「資産運用方法の見直し・運用委託先の変更」が基金；約 25.0％・適年；約 35.1％である（ここで示されている割合（％）は，「改定を行った」企業の中に占める割合である）。また，2000 年の主たる改定項目は，「掛金の変更（増額）」が約 51.1％，「予定利率の変更」が約 35.6％，「資産運用方法の見直し・運用委託先の変更」が約 33.3％，および「年金給付利率の引下げ」が約 31.1％であり，1998 年と傾向はそれ程変わっていない。

　しかし，2002 年においては，「予定利率の変更」および「年金給付利率の引下げ」のみが，それぞれ，約 41.9％および約 38.4％とこれまで同様に主たる改定項目として挙がっているが，「確定拠出年金制度の採用」が約 30.2％および「キャッシュ・バランス・プランの採用」が約 24.4％としてはじめて登場した。これは，2002 年 4 月 1 日施行の確定拠出企業年金法を受けての経営者行動といえる。しかし，この法制は産業界からの要請があったために施行されたのであるが，そもそも，退職給付会計基準の導入がその施行の契機となったと表現しても過言ではないであろう。顕在化した退職給付債務の減額（積立不足への対処）に本質的に対応する企業年金制度改定を行うために，企業は確定拠出年金制度への移行およびキャッシュ・バランス・プランの導入の必要性を実感し

訴えて，当該法制の施行へたどり着いたのである。ならば，ここでいう退職給付会計基準の導入が経営者行動に与えた影響というのは，「関連法制の必要性の訴え」→「関連法制の施行」→「給付水準の減額」という一連の過程とも考えられる。

次に，厚生年金基金の代行返上について考察する。代行返上は，2002年4月1日施行の確定給付企業年金法により，将来分については2002年4月から，過去分については2003年9月から可能となっている。これも同様に，当該法制を受けての経営者行動であり，退職給付会計基準の導入がその施行の契機となったと表現しても過言ではないであろう。

法制施行時である2002年における代行返上の状況は，図表10-15に示す。日本企業の代行返上に対する非常に高い関心を示している。

【図表10-15】代行返上（将来分）の状況

代行返上(将来分)の状況	％
既に実施・2002年度中に実施	37.0
実施予定(時期は未定)	20.7
予定なし	12.0
未定	30.4

なお，全ての厚生年金基金において，2004年のデータでは，代行返上した基金が約35.0％である。また，絶対数でみると，2005年2月1日時点で800を超える基金が代行返上の認可を受けている。

本節のこれまでの分析結果により，退職給付会計基準導入前よりも導入後の方が，積立不足解消のための積極的な経営者行動が観察されたと考えられる。換言すると，退職給付会計基準の導入により退職給付債務が顕在化したために，経営者は積極的に給付水準の減額を開始したと考えられる。

また，退職給付会計基準の導入を契機として，積立不足の対処に必要な関連法制までも成立・施行させたと考えられる経営者行動は，特筆すべきである。

第10章　退職給付会計基準の導入が企業財務および経営者行動に与えた影響　253

第7節　クロスセクション・データの解析—退職給付会計基準適用・非適用別における経営者行動の相違の分析—

　本節では，クロスセクション・データを分析対象とし，当該データを実証分析することによって，退職給付会計基準適用・非適用別の企業における経営者行動の相違の考察を行う。

　入手可能なクロスセクション・データは，住友生命保険年金運用事業部 (2001) のみである。当該データは，住友生命保険が適格退職年金制度または厚生年金基金制度に関する保険契約を受託している団体のうち 683 団体を対象としたものである。ただし，上場企業・非上場企業別でのクロスセクション・データを提示しているにとどまり，退職給付会計基準適用・非適用別では提示されていない。本章の目的である退職給付会計基準の導入が経営者行動に与える影響を考察するためには，会計基準適用企業・非適用企業別で提示されたデータを採用すべきであるが，当該データが唯一入手可能であること，また，代替的に上場企業・非上場企業別でのデータを分析しても本節の趣旨を特段に阻害するものではないことを考慮し，当該データを採用して考察を行うことにする。

　当該データは，上場企業 239 社 (35.0%)・非上場企業 444 社 (65.0%) を調査対象としている。また，調査対象期間は 2001 年 6 月下旬から 8 月であるため，退職給付会計基準適用企業においては，会計基準導入後初の本決算を終え，多額の退職給付債務が顕在化した時期であるため，積立不足の対処に非常に高い関心が集まっている最中での分析結果と考えられる。

　この資料の中では様々な調査項目の集計・分析がなされているが，前述したように経営者行動「給付水準の減額」を示す調査項目のみを，本節における考察の対象とする。具体的には，「確定拠出年金制度の導入」，「予定利率の引下げ（給付利率の引下げの意味での回答も含まれる）」および「代行返上について」の 3 項目のみを対象とする。また，調査方法を解説すると，「現在の状況もしくは今後の方針」について各項目ごとに，「取り組み度の強弱」を数値化して聴き取り調査を行っている。数値項目の示す意味は，数値が増すごとに取り組み度が高くなり，「0：未検討，1 〜 3：情報収集，2 〜 4：検討中，3 〜 5：具体案策定，6：実施（決定）済」である。

本節では，以下の仮説を設定し検定する。

仮説：『会計基準適用企業は，非適用企業に比べて，給付水準の減額を伴う
退職給付制度の改定に対して積極的な姿勢を示している。』

第1項　確定拠出年金制度の導入

　確定拠出年金制度の導入について，このデータにおいて示されている調査結果をまとめたものは，図表10-16である。

【図表10-16】確定拠出年金制度の導入

		実施 (決定)済	強	取り組み度			弱	未検討	合計	該当 せず	総計
		6	5	4	3	2	1	0		−	
上場 企業	回答数	0	0	16	92	49	45	32	234	5	239
	占率	0.0%	0.0%	6.8%	39.3%	20.9%	19.2%	13.7%	100.0%		
非上場 企業	回答数	1	4	18	101	123	97	63	407	37	444
	占率	0.2%	1.0%	4.4%	24.8%	30.2%	23.8%	15.5%	100.0%		

　以上のデータを統計処理して結論を導き出す。まず，両者の取り組み度に関する母分散の比の検定（F検定）を行う。ここで，本節では，自由度（m_1, m_2）におけるF分布に従う検定統計量をFm_1, m_2とし，上側100α％点を$Fm_1, m_2 (\alpha)$と定義する。このとき，帰無仮説を両者の母分散は等しいとし，片側検定を行う。この場合，F233,406（=1.0172）＜ F233,406（0.05）（=1.2076）であるため（5％水準で有意でないため），等分散性の仮説は棄却されない。

　よって，等分散性を仮定して，両者の取り組み度に関する母平均の差の検定（t検定）を行う。ここで，本節では，自由度（m_1+m_2）におけるt分布に従う検定統計量をTm_1+m_2とし，上側100α％点を$Tm_1+m_2 (\alpha)$と定義する。このとき，帰無仮説を両者の母平均は等しいとし，対立仮説を上場企業の母平均は非上場企業の母平均よりも大きいとして，片側検定を行う。この場合，T639（=2.4385）＞ T639（0.05）（=1.6472）であるため（5％水準で有意であるため），帰無仮説は棄却される。

　したがって，上場企業は非上場企業よりも，確定拠出年金制度の導入に対し

第10章　退職給付会計基準の導入が企業財務および経営者行動に与えた影響　255

て積極的な姿勢を示していると考えられ，本節の仮説を採択できる。

第2項　予定利率の引下げ（給付利率の引下げの意味での回答も含まれる）

　予定利率とは，受託機関が運用方針として目指す運用予定利回りを意味し，給付利率とは，年金支給額を決定する際に退職時の年金原資に付与する年金換算利率を意味する。

　予定利率の引下げ自体は，給付水準を維持する限り，企業の支払う掛金が増加するだけであり，本質的な意味での退職給付債務の減額とはならない。しかし，給付利率の引下げは，年金支給額の減額を意味するため，退職給付債務の減額となる。このため，本章の趣旨からは，「給付利率の引下げ」に限って分析を行うべきである。しかし，「給付利率の引下げ」に限ったデータの入手ができないということ，そして，通常は予定利率の引下げと給付利率の引下げは，企業年金制度において，同時に採用される対応策であるため，両者の混在したデータを代替的に分析する。

　給付利率の引下げについて，このデータにおいて示されている調査結果をまとめたものは，図表10-17である。

【図表10-17】予定利率の引下げ（給付利率の引下げの意味での回答も含まれる）

		実施 (決定)済	強	取り組み度			弱	未検討	合計	該当 せず	総計
		6	5	4	3	2	1	0		－	
上場 企業	回答数	41	64	13	44	12	28	25	227	12	239
	占率	18.1%	28.2%	5.7%	19.4%	5.3%	12.3%	11.0%	100.0%		
非上場 企業	回答数	54	80	24	74	53	63	46	394	50	444
	占率	13.7%	20.3%	6.1%	18.8%	13.5%	16.0%	11.7%	100.0%		

　以上のデータを統計処理して結論を導き出す。まず，両者の取り組み度に関する母分散の比の検定（F検定）を行う。このとき，帰無仮説を両者の母分散は等しいとし，片側検定を行う。この場合，$F_{226,393}(=1.0371)<F_{226,393}(0.05)$（$=1.2112$）であるため（5％水準で有意でないため），等分散性の仮説は棄却されない。

　よって，等分散性を仮定して，両者の取り組み度に関する母平均の差の検定

（t 検定）を行う。このとき，帰無仮説を両者の母平均は等しいとし，対立仮説を上場企業の母平均は非上場企業の母平均よりも大きいとして，片側検定を行う。この場合，T619（=2.7605）＞ T619（0.05）（=1.6473）であるため（5%水準で有意であるため），帰無仮説は棄却される。

したがって，上場企業は非上場企業よりも，予定利率の引下げ（給付利率の引下げの意味も含まれる）に対して積極的な姿勢を示していると考えられ，本節の仮説を採択できる。

第3項　代行返上

代行返上について，このデータにおいて示されている調査結果をまとめたものは，図表 10-18 である。

【図表 10-18】代行返上

		実施 (決定)済	強	取り組み度			弱	未検討	合計	該当 せず	総計
		6	5	4	3	2	1	0		−	
上場 企業	回答数	0	1	12	59	11	44	8	137	104	239
	占率	0.0%	0.7%	8.9%	43.7%	8.1%	32.6%	5.9%	100.0%		
非上場 企業	回答数	2	2	6	40	19	87	21	177	267	444
	占率	1.1%	1.1%	3.4%	22.6%	10.7%	49.2%	11.9%	100.0%		

以上のデータを統計処理して結論を導き出す。まず，両者の取り組み度に関する母分散の比の検定（F 検定）を行う。このとき，帰無仮説を両者の母分散は等しいとし，片側検定を行う。この場合，F176,134（=1.0691）＜ F176,134（0.05）（=1.3104）であるため（5%水準で有意でないため），等分散性の仮説は棄却されない。

よって，等分散性を仮定して，両者の取り組み度に関する母平均の差の検定（t 検定）を行う。このとき，帰無仮説を両者の母平均は等しいとし，対立仮説を上場企業の母平均は非上場企業の母平均よりも大きいとして，片側検定を行う。この場合，T310（=3.98616）＞ T310（0.05）（=1.64978）であるため（5%水準で有意であるため），帰無仮説は棄却される。

したがって，上場企業は非上場企業よりも，代行返上に対して積極的な姿勢

第 10 章　退職給付会計基準の導入が企業財務および経営者行動に与えた影響　257

を示していると考えられ，本節の仮説を採択できる。

　本節のこれまでの分析結果により，上場企業は非上場企業よりも，積立不足解消に積極的な姿勢を示している可能性が示唆された。換言すると，上場企業は退職給付会計適用企業であるため，退職給付会計基準の導入により顕在化した退職給付債務の減額に対する姿勢を，より積極的に持っていると考えられる。

　このようなクロスセクション・データから，退職給付会計基準の導入が経営者行動に影響を与えていると考えられる。ただし，前述したように，より正確な分析を行うのであれば，会計基準適用企業・非適用企業別のデータを解析して結論を導き出す必要がある。しかし，本節の考察では，代替的に上場企業・非上場企業別のデータを代替的に用いたが，退職給付会計基準の導入が経営者行動に影響を与えたことについて，一定の結論を導出し得たと考えられる。

第 8 節　結　　論

　本章におけるこれまでの考察から，タイムシリーズ・データの分析結果およびクロスセクション・データの分析結果が示唆するように，退職給付会計基準の導入が経営者行動に影響を与えたと考えられる。退職給付会計基準の導入による退職給付債務の顕在化に端を発して，退職給付制度における多額の積立不足への対応を，経営者は実際の行動に移したのである。

　当然のことであるが，ここでいう「顕在化」とは，株主（株式市場における「潜在的株主」も含む。）に対して顕在化することである。このため，経営者の選択した行動は，企業財政を圧迫している退職給付制度の積立不足に対処することを目的として，株主の利益を優先するために従業員の利益を犠牲にして，給付水準の減額へと踏み出した（踏み出そうとしている）ことだといえる。

　前述したように，年金契約の長期性から，一時的に積立不足が生じたとしてもむやみに給付水準を減額すること（すなわち，むやみに従業員の利益を阻害すること）は，合理的な経営者行動ではないと考えられる。このため，年金総合研究センター（2004: 77）によると，退職給付会計が企業年金制度の普及を阻害するとの実務的な主張も存在する。

258

　以上から，退職給付会計基準の導入が企業行動に与えた影響は，「従業員重視型」から「株主重視型」退職給付制度設計への移行であったと考えることができる。また，企業に生じている退職給付債務を減少もしくは消滅させるという，給付減額を目的として退職給付制度を改定する経営者行動が観察されたのである。

[注]────────────────────────────

1）厚生年金基金制度においては，5年ごと（初回は3年後）に，基礎率の見直しを行ったうえで掛金を再計算する必要がある。また，確定給付企業年金制度（および当時の適格退職年金制度）においては，少なくとも5年ごとに基礎率の見直しを行ったうえで，または，給付設計の変更，加入者数の大幅な変動および継続基準への抵触などに伴って掛金を再計算する必要がある。

第11章

近年における会計方針選択行動

第1節　会計方針選択行動の変容に対する問題意識

　本研究の第5章の割引率および第6章の期待運用収益率に関する会計方針選択行動の分析期間は，退職給付会計基準導入以降の4年間にとどまっている。しかし，現時点では，退職給付会計基準導入から第17期目の決算を迎えており，当然ながら時勢も変化しているため，第5章および第6章の分析期間後において，割引率および期待運用収益率に関する会計方針選択行動が変容した可能性があると考えられる。

　特に，割引率は，長期の国債や優良債券の利回りの過去一定期間の平均値を採用すると規定されていたが（企業会計審議会 1998，日本公認会計士協会2005a），企業会計基準委員会（2008）において，「利回りの過去一定期間の平均値」ではなく「期末における利回り」を割引率として採用すると規定が改正された。なお，この改正は，2009年4月1日以後開始する事業年度から適用され，また，早期適用が可能である。

　一方，期待運用収益率の選択に関する規定は，企業会計審議会（1998）および日本公認会計士協会（2005a）から特に改正されていない。

　しかし，時勢の変化があったとしても，また，会計基準の改正があったとしても，経営者の選択した割引率および期待運用収益率の水準に，特に大きな変動がなかったと考えられる。このため，本章では，第5章および第6章の分析期間後において，時勢の変化および会計基準の改正が企業の会計方針選択行動に与えた影響を考察し，そして，その結果として，経営者の選択した割引率お

よび期待運用収益率の水準に特に大きな変化はなかった事実について，実態
データを概観したうえで，経験的考察を行う。

本章の分析期間の 2009 年度は，前述したように割引率の選択に関する改正
基準の適用初年度であるため，その影響が示されることになる。また，本章の
分析期間の最終年度の 2010 年度は，日本基準が今後改正される予定であるこ
とが公開草案として公表（企業会計基準委員会 2010a, 2010b）された年度でも
あり，基準改正に対する事前準備としての，経営者の選択行動が示唆されてい
ると考えられる。

さらに，国際会計基準の動向を踏まえて（IASB 2011），日本基準が改正され
たが（企業会計基準委員会 2012a, 2012b），この改正された日本基準が，今後の
日本企業の会計方針選択行動に与えると予想される影響を考察する。

なお，会計基準変更時差異，数理計算上の差異および過去勤務費用の償却年
数は，正当な理由のない限りその変更が認められておらず（日本公認会計士協
会 2002a, 2006a），また，償却年数に関する会計基準は改正されていない。さ
らに，改正された日本基準により，連結財務諸表上だけに限ったことではある
が，オフバランスであった未認識退職給付債務（未認識数理計算上の差異およ
び未認識過去勤務費用）はオンバランスされなければならなくなり，償却年数
の選択方針によって恣意的に，退職給付債務の認識額を変更できることができ
なくなった。このため，償却年数の選択行動は特に影響を受けないと考えられ
る。したがって，償却年数の選択行動は，本章における考察の対象外とする。

第2節　先行研究のレビュー

近年に至るまで，割引率選択および期待運用収益率選択に関する分析を行っ
た先行研究は，石川（2014）である。

3 月期決算の企業をサンプルとして，2005 年 3 月期から 2010 年 3 月期まで
に選択された割引率および期待運用収益率の分布から，この期間においては，
割引率および期待運用収益率の変動がほとんどなくなったことを示した。特に
割引率に関しては，退職給付会計基準の改正に際して PBO10% 重要性基準が
撤廃されなかったことから，過去に選択された裁量的な割引率が温存されたま

第11章　近年における会計方針選択行動　261

まである可能性を確認した。

　また，2001年3月期～2010年3月期において，割引率および期待運用収益率が裁量的に選択されている（割引率は裁量的に選択されたままである）ことを確認した。具体的には，積立不足および負債比率が低い企業ほど，また，それらを改善した企業ほど，割引率を低下させていることを確認した。そして，企業規模が大きい企業（代理変数：従業員数の自然対数）ほど，また，企業規模を拡大した企業ほど，期待運用収益率を上昇させていることを確認した。さらに，業績が悪い企業（代理変数：ROA）ほど，また，業績が悪化した企業ほど，期待運用収益率を上昇させていることを確認した。

　そして，2010年3月期において，部分的証拠にとどまるが，割引率および期待運用収益率の選択の裁量性が拡大していることを示した。具体的には，積立不足が低い企業ほど，また，積立不足を改善した企業ほど，割引率を低下させている傾向が有意に高まっていること，および企業規模が大きい企業ほど，高い割引率を選択している傾向が有意に高まっていることを確認した。そして，積立不足が高い（低い）企業ほど，高い（低い）期待運用収益率を選択している傾向が有意に高まっていること，および，負債比率を改善した企業ほど，期待運用収益率を低下させている傾向が有意に高まっていることを確認した。

　さらに，割引率と期待運用収益率は独立に選択されているのではなく，同方向に相互依存的に選択されている実態を示した。

第3節　割引率の選択水準の推移および選択行動

　本節では，まず，第5章および第6章の分析期間後（2004年度以降）における，日本企業の割引率選択水準の推移を示す。また，第5章で割引率選択の基準指標とした国債応募者利回り（年平均）の推移，および，企業会計基準委員会（2008）が初度適用される2009年度末（2010年3月末）と企業会計基準委員会（2010a，2010b）が公表された2010年度末（2011年3月末）の国債応募者利回りを示す。

　図表11-1のデータは，日本経済新聞社による情報提供サービスであるNEEDS-Financial QUESTから入手したものである。なお，全国証券取引所の上場企業の全社を調査対象としているが，本章はあくまでも日本基準におけ

る割引率の選択行動を分析対象としていることから SEC 基準適用企業を除外
し，連結対象企業間で選択している割引率が異なっている場合（割引率に幅あ
り）を除外し，そして，そもそも簡便法適用企業には割引率のデータが存在し
ないことから除外した。

なお，データの設定期間は第 5 章および第 6 章にならって，たとえば 2005
年のデータの場合，決算日が 2005 年 3 月 31 日～ 2006 年 3 月 30 日としている。

図表 11-1 より，経営者の選択した割引率の水準の推移には，特に大きな変
化がないことが示されている。また，図表 11-1 の割引率選択水準の推移と図
表 11-2 の国債応募者利回り（年平均）の推移を照らし合わせると，経営者は
会計基準を遵守して，適正水準の割引率を選択している傾向にあると考えられ
る。

さらに，図表 11-1 によると，図表 11-2 の傾向を反映して，割引率選択水準
は低下傾向にあり，かつ，平均値および中央値である「1.5% 超 2.0% 以下」に
集約してきている。

そして，リサーチ・デザインとして，割引率選択水準の推移において，分析
対象としたサンプル企業に占める，平均値および中央値である「1.5% 超 2.0%
以下」を選択した企業の割合の差に，統計的な有意性があるか否かを確認する。

図表 11-4 の見方は，「列」から「行」への母比率の差の検定：z 値（片側検定）
である。

以上から，図表 11-1 および図表 11-2 を総合的に概観するに，また，図表
11-4 に示された分析結果を解釈するに，第 5 章および第 6 章の分析期間後に
おいても，割引率の選択行動は，時の経過とともに裁量の余地が次第に小さく
なっていく横並び選択行動の傾向，および一定の適正水準に近似していく水準
適正化選択行動の傾向が観察されていると考えられる。

そして，改正後の会計基準（企業会計基準委員会 2008）および公開草案（企
業会計基準委員会 2010a，2010b）が，割引率選択行動に影響を与えたかどうか
を考察する。ほとんどの日本企業の平均残存勤務期間が約 10 年～約 20 年程度
の間に落ち着いている（労務行政研究所 2005: 48-50）ことを考慮すると，10 年
国債または 20 年国債の応募者利回りを基準として割引率を選択することにな
る（ただし，後述するように，日本企業の平均残存勤務期間は近年，短縮傾向

第 11 章　近年における会計方針選択行動　263

【図表 11-1】割引率の選択水準の推移

年	2005	2006	2007	2008	2009	2010	2011
分析対象企業数	2,149 社	2,232 社	2,289 社	2,332 社	2,334 社	2,298 社	2,243 社
割引率							
1.0% 以下	2.38%	1.74%	1.46%	1.70%	2.02%	2.03%	4.60%
1.0% 超 1.5% 以下	12.77%	12.55%	11.20%	13.87%	11.03%	14.30%	19.31%
1.5% 超 2.0% 以下	**52.31%**	**57.23%**	**58.20%**	**60.69%**	**63.53%**	**62.13%**	**63.77%**
2.0% 超 2.5% 以下	28.99%	25.07%	26.01%	20.87%	21.35%	19.53%	11.78%
2.5% 超 3.0% 以下	3.08%	2.97%	2.72%	2.67%	2.07%	2.01%	0.54%
3.0% 超 3.5% 以下	0.47%	0.44%	0.41%	0.20%	0.00%	0.00%	0.00%
合計	100%	100%	100%	100%	100%	100%	100%
平均値（%）	1.839	1.827	1.839	1.793	1.797	1.771	1.660

【図表 11-2】国債応募者利回り（年平均）の推移　（単位；%）

年	2005	2006	2007	2008	2009	2010	2011
10 年国債	1.361	1.751	1.697	1.515	1.358	1.187	1.147
20 年国債	2.018	2.162	2.145	2.185	2.045	1.974	1.896

（出典：財務省のホームページ http://www.mof.go.jp/jgbs/auction/calendar/index.htm）

【図表 11-3】退職給付会計基準の改正後の国債応募者利回り　（単位；%）

2009 年度末（2010 年 3 月末）

5 年国債	0.485
10 年国債	1.329
20 年国債	2.159
10 年国債と 20 年国債の平均値	1.744

2010 年度末（2011 年 3 月末）

5 年国債	0.597
10 年国債	1.310
20 年国債	2.130
10 年国債と 20 年国債の平均値	1.720

（出典：財務省のホームページ http://www.mof.go.jp/jgbs/auction/
calendar/index.htm）

にある）。また，日本の上場企業のほとんどが 3 月決算であることを考慮すると，
図表 11-3 における 2009 年度末（2010 年 3 月末）および 2010 年度末（2011 年 3
月末）の 10 年国債，20 年国債，または，その平均の応募者利回りを基準として，
経営者は基準改正後の割引率を初度選択すべきという前提をおくことができ

【図表 11-4】 割引率「1.5% 超 2.0% 以下」への集約選択行動の検定結果

	2005 年	2006 年	2007 年	2008 年	2009 年	2010 年	2011 年
2005 年							
2006 年	1.5283						
2007 年	1.6992*	0.8975					
2008 年	1.8832*	1.1087	0.9716				
2009 年	2.6710**	1.7132*	1.6821*	0.9221			
2010 年	2.5688**	1.6891*	1.6582*	0.8093	0.6731		
2011 年	2. 6836**	1.7789*	1.7012*	0.9582	0.4382	0.6990	

**5% で有意　*10% で有意
その他 10% 水準でも有意ではない。

る。

　以上から，図表 11-1 の 2009 年度および 2010 年度の割引率選択水準と，図表 11-3 の数値を照らし合わせると，経営者は改正後の会計基準を遵守して，適正水準の割引率を選択している傾向にあると考えられる。

　また，図表 11-1 によると，2009 年度以降には，割引率の選択水準が 1.0% 以下である企業が相対的に増加しており，また，2010 年度には，割引率の選択水準が 1.0% 超 1.5% 以下である企業が相対的に増加していることが示されている。これは，日本企業が改正後の日本基準を遵守している結果だけではなく，日本企業の平均残存勤務期間が近年，短縮傾向（労務行政研究所 2007, 2009）にあることを反映している結果も示していると考えられる。

　ただし，図表 11-1 における割引率選択水準の推移を概観するに，会計基準の改正により，経営者の割引率選択行動が大きく影響を受けたとは考えにくい。その大きな理由の 1 つとして，国債応募者利回り等が過去数年に渡ってほぼ同水準の低水準で推移していたため，「利回りの過去一定期間の平均値」が「期末における利回り」に近似している状況にあることが考えられる。つまり，基準とすべき指標が，会計基準の改正前後で事実上，変動がほとんどなかったことを反映している。

　しかし，2009 年度（2010 年 3 月末）以降の日本企業の割引率選択行動における経験的考察として本章第 4 節に示すが，会計基準の改正が経営者の割引率選択行動に，結果として大きな影響を与えなかったもう 1 つ大きな理由が存在する。また，この経験的考察により，日本企業の今後の割引率選択行動に関する

第11章　近年における会計方針選択行動　265

一定の予測が可能と考えられる。

第4節　割引率の見直しと PBO10% 重要性基準

　改正前の会計基準（日本公認会計士協会 2005a, 企業会計審議会 1998）において，割引率は毎期見直すことが原則とされていたが，PBO の計算結果に重要な影響を与えないと認められる場合には見直さないことができると規定されている。具体的に述べると，この重要性の判断基準として，「前期末に使用した割引率による当期末 PBO の計算結果」と「当期末の国債応募者利回り等に基づく割引率による当期末 PBO の計算結果」との差が 10% 未満であれば，前期末 PBO の計算に使用した割引率を当期末 PBO の計算にも使用することができるのである。

　ただし，このような試算は実務上ほとんど行われておらず（つまり，試算を行うためには，計算受託機関に報酬を支払わなければならないため），経営者が割引率を見直す必要があるか否かの判断基準として，日本公認会計士協会（2005a）の資料 3 の表「期末において割引率の変更を必要としない範囲」（日本アクチュアリー会・日本年金数理人会（2008）より一部引用）が広く利用されている（図表 11-5）。なお，当該表は，経営者が割引率を見直さないことができる大まかな許容範囲を示したものであり，かつ，多少許容範囲が狭くなっている可能性がある。つまり，当該表の許容範囲に該当するのであれば，たとえ試算を行ったとしてもその試算結果は，割引率を見直す必要のない PBO10% 重要性基準に収まる可能性が非常に高い。このため，当該表を利用して割引率の見直しを判断することは，経営者にとってより慎重な方法であると考えられる。

　ここで問題なのが，以上のような PBO10% 重要性基準が，改正後の会計基準である企業会計基準委員会（2008）において廃止されなかったことである。このため，多くの日本企業は，図表 11-5 に示すような割引率選択行動を行ったのである。

【図表 11-5】 表「期末において割引率の変更を必要としない範囲」（一部抜粋）

			1.0%		1.5%		2.0%		2.5%	
							前期末の割引率			
平均残存勤務期間	:		:		:		:		:	
	10 年	‥	0.1%−2.0%	‥	0.6%−2.5%	‥	1.1%−3.0%	‥	1.6%−3.5%	‥
	:		:		:		:		:	
	15 年	‥	0.4%−1.7%	‥	0.9%−2.2%	‥	1.4%−2.7%	‥	1.9%−3.2%	‥
	:		:		:		:		:	
	20 年	‥	0.6%−1.6%	‥	1.1%−2.0%	‥	1.6%−2.5%	‥	2.1%−3.0%	‥
	:		:		:		:		:	

　図表 11-5 を解説すると，前期末に割引率 2.0% を選択しており，平均残存勤務期間が 15 年である企業は，当期末に選択すべき割引率の指標（国債応募者利回り等）が「1.4%-2.7%」の範囲内に落ち着くのであれば，当期末においても前期末に選択した 2.0% を割引率として使用することが許容されるといえる。

　図表 11-1 が示すように，会計基準改正後において，最も多くの日本企業が選択している割引率（1.5%超 2.0% 以下）は，割引率を変更しないことが許容される図表 11-5 の範囲内におおよそ落ち着いた。この結果，会計基準の改正は，経営者の割引率選択行動に大きな影響を与えなかったのである。

　また，これまでの考察を踏まえると，経営者の選択している割引率，および国債応募者利回り等がともに低水準にある現状では，PBO10% 重要性基準が廃止されない限り，経営者の選択する割引率水準は今後も特に大きな変動がないことが予測される。

第 5 節　期待運用収益率の選択水準の推移および選択行動

　本節では，まず，第 5 章および第 6 章の分析期間後（2004 年度以降）における，日本企業の期待運用収益率選択水準の推移を示す。また，第 6 章で期待運用収益率選択の基準指標とした企業年金制度の平均運用利回りの推移を示す。

　図表 11-6 のデータは，日本経済新聞社による情報提供サービスである NEEDS-Financial QUEST から入手したものである。なお，全国証券取引所の上場企業の全社を調査対象としているが，本章はあくまでも日本基準におけ

第11章　近年における会計方針選択行動　**267**

る期待運用収益率の選択行動を分析対象としていることから SEC 基準適用企業を除外し，連結対象企業間で選択している期待運用収益率が異なっている場合等（期待運用収益率に幅あり）を除外し，そして，そもそも外部委託の確定給付企業年金制度の採用がない企業には期待運用収益率のデータが存在しないことから除外した。

【図表 11-6】期待運用収益率の選択水準の推移

年	2005	2006	2007	2008	2009	2010	2011
分析対象企業数	1,778 社	1,861 社	1,918 社	1,961 社	1,963 社	1,927 社	1,872 社
期待運用収益率							
1.0% 以下	18.85%	19.30%	15.67%	15.44%	17.24%	17.28%	16.64%
1.0% 超 1.5% 以下	15.44%	11.21%	11.20%	9.26%	8.36%	12.89%	12.81%
1.5% 超 2.0% 以下	**21.94%**	19.22%	19.81%	19.05%	20.87%	20.15%	21.47%
2.0% 超 2.5% 以下	21.85%	**21.56%**	**21.01%**	**23.78%**	**23.03%**	**23.11%**	**24.01%**
2.5% 超 3.0% 以下	13.29%	17.43%	16.12%	21.08%	17.78%	15.95%	14.46%
3.0% 超	8.63%	11.28%	16.19%	11.39%	12.72%	10.62%	10.61%
合計	100%	100%	100%	100%	100%	100%	100%
平均値（%）	1.768	2.078	2.011	2.232	2.169	2.053	2.127

【図表 11-7】企業年金制度の平均運用利回り　　　　　　　　　　　　（単位：%）

年	2005	2006	2007	2008	2009	2010	2011
平均運用利回り	19.16	4.50	− 10.58	− 17.80	14.29	− 0.52	2.06
最小二乗法適用	5.49	4.19	2.89	1.59	0.28	− 1.02	− 2.32

（出典：企業年金連合会のホームページ http://www.pfa.or.jp/jigyo/tokei/shisanunyo/shisanunyo01.html）

　図表 11-6 より，経営者の選択した期待運用収益率の水準の推移には，特に大きな変化がないことが示されている。また，第 6 章において期待運用収益率選択の基準指標としたものは，企業年金制度の平均運用利回りに最小二乗法を適用した結果の数値である。第 6 章における分析では，当該数値を基準として，時の経過とともに裁量の余地が次第に小さくなっていく横並び選択行動の傾向，および一定の適正水準に近似していく水準適正化選択行動の傾向が観察されていた。図表 11-6 の割引率選択水準の推移と図表 11-7 の企業年金制度の平

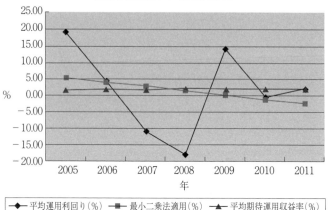

【図表 11-8】平均期待運用収益率および企業年金制度の平均運用利回り

均運用利回りの推移を照らし合わせると，経営者は第5章および第6章の分析期間後においても会計基準を遵守して，適正水準の期待運用収益率を選択している傾向にあると考えられる。具体的には，期待運用収益率は時勢を強く反映して低水準を推移しているだけではなく，経営者は過去実績だけはなく将来見通しも考慮したうえで，適正水準の期待運用収益率を選択している傾向にあると考えられる。

さらに，図表11-6によると，図表11-7の傾向を反映して，期待運用収益率選択水準は既に低位水準にあり，かつ，2006年〜2011年の平均値および中央値である「2.0%超2.5%以下」に集約されたままである。

そして，リサーチ・デザインとして，期待運用収益率選択水準の推移において，分析対象としたサンプル企業に占める，2006年〜2011年の平均値および中央値である「2.0%超2.5%以下」を選択した企業の割合の差に，統計的な有意性があるか否かを確認する。なお，2005年の平均値および中央値は「1.5%超2.0%以下」であるが，その選択割合は「2.0%超2.5%以下」とほとんど変わらないことから，2005年も「2.0%超2.5%以下」を選択した企業の割合を採用する。

図表11-9の見方は，「列」から「行」への母比率の差の検定：z値（片側検定）

第11章　近年における会計方針選択行動　269

【図表11-9】期待運用収益率「2.0% 超 2.5% 以下」への集約選択行動の検定結果

	2005 年	2006 年	2007 年	2008 年	2009 年	2010 年	2011 年
2005 年							
2006 年	0.8165						
2007 年	0.8921	0.8615					
2008 年	1.6314*	1.6971*	1.7244*				
2009 年	1.5018	1.5901	1.6005	0.7519			
2010 年	1.5066	1.5973	1.6092	0.7429	0.6081		
2011 年	1.7022*	1.8152*	1.8977*	0.7117	1.0038	0.9258	

*10% で有意
その他 10% 水準でも有意ではない。

である。

　以上から，図表11-6 〜 11-8 を概観するに，また，図表11-9 に示した分析結果を解釈するに，第5章および第6章の分析期間後においても，期待運用収益率の選択行動は，既に低位水準にあり，かつ，その低位水準に集約されたままであるという横並び選択行動の傾向，および，一定の適正水準を選択しているという水準適正化選択行動の傾向が観察されていると考えられる。

　ここで，ジャパン・ペンション・ナビゲーター（2009: 11）によると，経営者による期待運用収益率選択の根拠がアンケート形式で示されている。2008年度までは「前年度の実績を基に決定」が最も高い割合の回答であったが，2009 年度には「運用方法において定める基本ポートフォリオの期待運用収益率」が最も高い割合の回答になっており，つまり，年金制度受託機関の設定する期待運用収益率を指標にする傾向が高くなったと考えられる。

　本研究でも前述したが，期待運用収益率をマイナスとして選択することは理論上考えられない。つまり，期待運用収益率がマイナス予測されるのであれば，年金資産を現金で保有すべきであり，最低限度は0% なのである。このため，企業年金制度の平均運用利回りが結果としてマイナスで推移する時勢では，過去実績を基準としただけでは適正な期待運用収益率を設定することはできなく，将来見通しも考慮して設定することが必要である。この場合，企業が通常入手できる情報は，年金制度受託機関の設定する期待運用収益率に限られているのが現状である。

ただし，会計上の期待運用収益率の選択方針と，年金制度受託機関の期待運用収益率の設定方針は，同一のものとして扱われるべきではない。本書でも前述したが，後者は掛金計算を目的としており，つまり，政策的に平準化した掛金を計算するために，期待運用収益率を設定する目的が主であるからである。しかし，後者は，年金資産運用の専門家が，過去実績に加えて将来見通しも考慮して設定している期待運用収益率でもあるため，会計上の期待運用収益率を選択するにあたって，年金制度受託機関の設定期待運用収益率を基準することは，会計基準を遵守する視点から，特に問題はないと考えられる。

また，これまでの考察を踏まえると，企業年金制度の平均運用利回りがマイナスにあり，この状態が継続する現状では，経営者の選択する期待運用収益率水準は今後も，年金制度受託機関の設定期待運用収益率を基準として設定されること，もっと換言すれば，基準として設定せざるを得ないこと，が予測される。

第6節　会計基準の改正が会計方針選択行動に与える影響

本節では，改正された日本基準（企業会計基準委員会 2012a，2012b）が，会計方針選択行動に与えると予想される影響を考察する。

この改正は，2014 年 4 月 1 日以後開始する事業年度から適用されるが，退職給付債務の算定方法（特に，割引率の選択方法）に関しては，2015 年 4 月 1 日以後開始する事業年度から適用される。

第1項　未認識数理計算上の差異および未認識過去勤務費用の処理方法の変更―割引率の選択行動に与える影響―

改正された日本基準では，未認識数理計算上の差異および未認識過去勤務費用を，税効果を調整のうえで貸借対照表の純資産の部（その他の包括利益累計額）で認識することとし，積立状況を示す額をそのまま負債（退職給付に係る負債）または資産（退職給付に係る資産）として計上される。ただし，未認識数理計算上の差異および未認識過去勤務費用の費用処理方法については変更しておらず，改正前会計基準等と同様に一定の年数で規則的に費用処理され，当

期純利益の構成項目として計上される。

　ここで，図表11-10は，この改正された日本基準が適用された場合，企業財務に与える影響を示している。具体的には，日本企業全体で「未認識債務」金額が貸借対照表上認識され，それが純資産の割合に与える影響は「未認識債務／純資産」に示されている。

【図表11-10】積立状況の推移；平均割引率2.0%　　　　　　　　　　　（単位：10億円）

	PBO	年金資産額	差引；積立不足	積立比率	未認識債務	未認識債務／純資産
2010年3月期	− 28,557	17,477	− 11,080	87.2%	3,664	3.7%
2011年3月期	− 28,169	17,208	− 10,961	86.8%	3,726	3.7%

（出典：ニッセイ基礎研究所（2011）[1]）

　以上から，この改正は貸借対照表に影響を与え，損益計算書には影響を与えないことになる。しかし，経営者が退職給付に係る負債をできるだけ小さく計上したいインセンティブを有しているのであれば，PBOを小さく計算しなければならない。つまり，割引率をできるだけ高く選択しなければならないことになる。

　ここで問題なのが，この改正された日本基準においても，PBO10%重要性基準が廃止されなかったことである。本章第2節で考察したように，割引率の選択水準が低位に落ち着いており，かつ，当期末に選択すべき割引率の指標（国債応募者利回り等）が下落傾向にあるのが現状である。このような現状においては，本章第3節で考察したように，国債応募者利回り等が割引率を見直さないことができる許容範囲に落ち着くのであれば，経営者の会計方針選択行動として，割引率を見直さない，つまり，割引率を引き下げないという選択行動が予測される。

　ただし，もし，当期末に選択すべき割引率の指標（国債応募者利回り等）が上昇傾向に転じるのであれば，たとえ，国債応募者利回り等が割引率を見直さないことができる許容範囲に落ち着いたとしても，経営者の会計方針選択行動として，割引率を見直す，つまり，割引率を引き上げるという選択行動が予測される。

　笠岡（2017）は，2009年度から2014年度の割引率選択行動を分析しており，

選択された割引率は国債応募者利回りとほぼ連動していることを確認した。また，2013 年度と 2014 年度は，割引率の変更（引下げ）割合が他の年度と比較すると若干ではあるがやや高いことを確認した。これは，退職給付会計基準の改正前における経営者行動（いわば，改正会計基準導入に対処する準備行動）の若干ながらの可能性を示唆している。さらに，退職給付の支払見込期間ごとに設定された複数の割引率を使用できることから，複数の割引率を採用する企業は単一の割引率を採用する企業よりも，収益性（代理変数：ROE）が低いことを確認した。

第 2 項　PBO10% 重要性基準が廃止された場合の影響

本項では，これまでに議論した PBO10% 重要性基準の廃止が，経営者の割引率選択行動に与える影響，および，企業財務に与える影響を考察する。

まず，経営者の割引率選択行動に与える影響を考察するが，改正された日本基準は「期末における利回り」を割引率として選択するように規定しているため，経営者が選択する割引率は毎決算ごとに変動することになる。「割引率の基礎とする安全性の高い長期の債券の利回りとは，長期の国債，政府機関債及び優良社債の利回りをいう」という定義は，日本公認会計士協会（2005a）および企業会計審議会（1998）から改正されていない。このため，割引率選択の基準となる指標の選択肢が複数あることから，多くの日本企業は最も有利な，つまり，最も高い数値を基準として，割引率を選択すると予測される。

次に，企業財務に与える影響を考察するが，前述したように，経営者が選択する割引率は毎決算ごとに変動するため，積立不足を示す額（退職給付に係る負債）もこの影響を受け，毎決算ごとに変動することになる。つまり，未認識数理計算上の差異が貸借対照表に計上されるため，割引率変更の影響がそのまま貸借対照表上の財務数値に影響を与えることになる。

【図表 11-11】割引率変更が積立状況に与える影響（2011 年 3 月期）

	図表 11-10	割引率 0.1% 引下げ後
割 引 率	約 2.0%	1.9%
積立比率	86.8%	約 84%

（出典：ニッセイ基礎研究所（2011）[1]）

第11章　近年における会計方針選択行動　273

図表 11-11 によると，割引率を 2.0% から 1.9% に 0.1% 引き下げた場合には，積立比率が，86.8% から約 2.8% だけ下落し，約 84% となる。つまり，日本企業全体で，未認識債務が概算約 7,887 億円（≒ −28,169（図表 11-10　2011 年 3 月期 PBO（単位：10 億円））×約 2.8%）だけ増加するとともに，貸借対照表に追加計上されることになる。

第3項　長期期待運用収益率の選択行動に与える影響

改正された日本基準では，期待運用収益率は長期期待運用収益率と名称が改められ，長期期待運用収益率の算定は，退職給付の支払いに充てられるまでの期間等を考慮して設定することを規定している。つまり，相当な将来期間の動向を予想して，長期期待運用収益率を設定しなければならないことになる。

このように，退職給付の支払いに充てられるまでの相当な将来期間の動向を予想することは，一般企業にとってはかなり困難であると考えられる。結果として，本章第4節で考察したように，経営者の選択する長期期待運用収益率水準は，年金制度受託機関の設定期待運用収益率を基準とすることが現実的であり，これまでと同様な選択行動が観察されると予測される。

また，本節第1項で考察した改正（未認識数理計算上の差異および未認識過去勤務費用の処理方法の変更）に関しても，長期期待運用収益率の選択行動は，特に影響は受けないと考えられる。未認識数理計算上の差異が連結貸借対照表にオンバランスされるのであれば，長期期待運用収益率をどの水準に設定しようとも，連結貸借対照表は影響を受けることはないからである。

第7節　結　　論

本章では，第5章および第6章の分析期間後における，日本企業の退職給付会計の割引率および期待運用収益率選択行動の考察を行った。第5章および第6章の分析期間における横並び選択行動および水準適正化選択行動の結果，割引率および期待運用収益率の選択水準は，既に低位に落ち着いていた。それに加えて，それらの選択基準となる国債応募者利回り等，および運用利回りが低水準で推移している時勢を反映して，第5章および第6章の分析期間後におい

ても，それらの選択水準は低位のままであり，特に大きな変動がないという事実が観察された。

　また，特に割引率に関する会計基準が，その選択水準の指標として「利回りの過去一定期間の平均値」から「期末における利回り」を採用するように改正されたため，経営者の割引率選択行動が影響を受けると考えられた。しかし，結果として，PBO10％重要性基準が廃止されなかったため，割引率の選択水準は特に大きな変動がないという事実が観察された。

　ただし，以上のような観察結果および考察結果は，いわば，会計基準が改正されても「結果として，選択水準が特に大きく変動していない」ということであって，「会計方針選択行動が特に変容していない」という結論までは導き出せないのであって，今後，さらに考察する必要があるであろう。

　また，国際会計基準の動向を踏まえて日本基準が改正されたが，当該改正基準が適用された場合に，日本企業の会計方針選択行動がどのような影響を受けるかについて予測を行った。ただし，あくまでも予測にとどまるため，会計基準の改正が，今後，会計方針選択行動にどのような影響を与えるかについて，継続して研究する必要がある。

[注]
1）日経 NEEDS から過去 3 年度で継続性のあるデータが取得可能な金融・SEC 基準適用企業を除く 3 月期決算企業 1,103 社を対象としている。

第12章

近年における経営者行動
―退職給付会計基準の改正の影響による
確定給付企業年金制度の改定および廃止―

第1節　経営者行動の変容に対する問題意識

　本研究の退職給付会計の導入が経営者行動に与えた影響に関する分析期間は，退職給付会計基準導入前後の各4年間にとどまっている。しかし，現時点では，退職給付会計基準導入から第17期目の決算を迎えており，当然ながら時勢も変化している。さらに，経営者行動に対して，非常に重要な影響を与えたと考えられるのが，退職給付会計基準の改正である（企業会計基準委員会2012a，2012b）。この改正された退職給付会計基準により，連結財務諸表に限ったことではあるが，オフバランスであった未認識退職給付債務（未認識数理計算上の差異および未認識過去勤務費用）をオンバランスしなければならなくなり，よって，未認識退職給付債務の貸借対照表上の顕在化に対して，経営者は何らかの対応を行ったと考えられる。すなわち，経営者が純資産および包括利益額を一定水準に維持する動機を有しているならば，経営者は，注記開示であった未認識退職給付債務のオンバランス化による負の影響を軽減させたいと考えられる。

　ここで，会計基準の改正により未認識退職給付債務がオンバランスされるとしても，未認識退職給付債務は従来の会計基準から，注記によって開示されていた同一の内容の情報である。このため，もし，経営者行動が影響を受けているとすれば，注記情報よりもオンバランス表示による開示情報の方が重要視されていると考えられる。

　以上から，本章では，退職給付会計基準の改正が経営者行動に与えた影響の

メカニズムを，実証的にデータ解析を行い解明することを目的とする。改正退職給付会計基準の公開草案（企業会計基準委員会 2010a, 2010b）の公表後から退職給付会計基準改正以降を分析対象期間し，経営者が報告利益の管理を目的として制度改定する場合には，どのようなタイミングで，また，どのような企業で制度改定が行われるのか，その原因と結果の因果関係を考察する。このため，まず，本章第3節で特定する分析対象企業（サンプル企業）の経営者行動，すなわち，確定給付企業年金制度の改定および廃止に関する実態を示す。次に，日本企業の経営者行動の実態を踏まえて，①タイムシリーズ・データ，および，②クロスセクション・データの2ケースを分析対象とし，当該データの概観および実証分析を行うことにより，退職給付会計基準の改正が経営者行動に影響を与えている可能性を示唆する。具体的には，①改正された退職給付会計基準の公開草案の公表後に，日本企業の経営者行動が影響を受けている可能性を分析する。そして，②公開草案の公表後に，確定給付企業年金制度の改定および廃止が行われた企業と行われなかった企業には，財務的特質の差異があるか否かを分析する。

　さらに，タイムシリーズ・データおよびクロスセクション・データの2ケースの分析結果として，退職給付会計基準の改正が経営者行動に影響を与えている可能性が示唆されるのであれば，経営者は注記情報よりもオンバランス表示による開示情報の方を重要視している可能性を示唆する。

　なお，退職給付会計が影響を与えた経営者行動の先行研究のレビューは，第10章第2節を参照されたい。本章は，先行研究とは異なり，注記情報に開示されていた同一内容の未認識退職給付債務のオンバランス化による貸借対照表上の負の影響を軽減させるため，退職給付制度の積立不足に対応すべく制度改定に至る経営者行動の，原因と結果の因果関係の可能性を分析することを目的とする。

第2節　改正退職給付会計基準の概要—未認識退職給付債務のオンバランス，および，その公表時期—

　本節では，本章の分析に関わる部分について，改正された退職給付会計基準の概要をレビューする。

まず，連結貸借対照表に与える影響は，遅延認識としてオフバランスが認められていた未認識退職給付債務（未認識数理計算上の差異および未認識過去勤務費用）が，オンバランスされなければならなくなったことである。具体的には，未認識退職給付債務について，税効果会計を適用したうえで，連結貸借対照表の純資産の部に「退職給付に係る調整累計額」（その他の包括利益累計額）として認識されることとなり，かつ，それに対応する退職給付制度の積立状況を示す額が「退職給付に係る負債」（または「退職給付に係る資産」）として，負債（または資産）に計上されることになった。

次に，連結損益計算書に与える影響として，従来と同様に，未認識数理計算上の差異および未認識過去勤務費用を，平均残存勤務期間以内の一定の年数で規則的に費用処理することになるので，当期純利益への影響はない。ただし，包括利益計算書に与える影響は連結貸借対照表に与える影響と表裏一体の影響なので，未認識退職給付債務の当期発生額のうち，費用処理されない部分は「退職給付に係る調整額(その他の包括利益)」として計上されることになる。また，その他の包括利益累計額に計上されている未認識退職給付債務のうち，当期に費用処理された部分は包括利益計算書において，その他の包括利益の調整（組替調整）を行う。なお，これら処理には税効果会計が適用されることになる。

以上の改正の概要は，従来から注記により開示されていた情報と同様の内容である。しかし，前述したように，未認識退職給付債務は連結貸借対照表に対して，オンバランスという直接的な影響を与えるようになった。また，連結損益計算書の当期純利益には影響を与えないとしても，未認識退職給付債務が包括利益計算書で認識されることによって，連結損益計算書に対して間接的な影響を与えるようになった。

最後に，その公表時期であるが，公開草案は 2010 年 3 月 18 日（2009 年度）であり，また，改正基準は 2012 年 5 月 17 日（2012 年度）である。そして，改正基準は，2013 年 4 月 1 日以後開始する事業年度の年度末から適用されることになっており，また，2013 年 4 月 1 日以後開始する事業年度の期首から（つまり，四半期決算から）早期適用することも認められている。ここで，タイムシリーズ・データの分析において，経営者行動に影響を与えるタイミングとしては，改正基準の適用時期の前後ではなく，経営者が基準改正の可能性を知り

対応可能な状態となる，公開草案の公表後だと考えられる。

第3節　分析対象とするサンプル企業の特定

　図表 12-1 ～ 12-3 は，日本経済新聞社による情報提供サービスである NEEDS-Financial QUEST から入手したものである。なお，これまでの本研究の分析では全国証券取引所の上場企業の全社を調査対象としているが，本章では，連結損益計算書上の報告利益の細区分の問題から，銀行・証券・保険を除く一般事業会社を分析対象のサンプル企業とする。

　そして，改正された日本基準の影響による経営者行動を分析対象としていることから，連結財務諸表を作成していない企業，および，SEC 基準適用企業・IFRS 適用企業を除外した。さらに，非常に少ないケースであるが利益となる未認識退職給付債務が発生している企業，および，明らかにデータが不整合である企業（たとえば，償却年数・償却額・未認識額の不整合性が著しい企業）を除外した。

　NEEDS-Financial QUEST は，企業の退職給付制度の採用状況に関するデータ項目（各制度採用を示すフラグなど）は，2010 年から入手できるため，分析対象期間は，2010 年～ 2014 年とする。この分析対象期間は，改正された退職給付会計基準の公開草案の公表後であるため，改正された日本基準が経営者行動に与えた影響を分析できる期間である。ただし，NEEDS-Financial QUEST は時期的に入手できるデータに制約があるため，2014 年は，本章の分析時において入手可能であった，決算日が 2014 年 3 月 31 日の企業のみを分析対象とする（図表 12-1）。

　なお，データの設定期間は第 5 章および第 6 章にならって，たとえば 2010 年のデータの場合，決算日が 2010 年 3 月 31 日～ 2011 年 3 月 30 日としている。また，本章における確定給付企業年金制度とは，確定給付企業年金法に基づく確定給付企業年金制度だけではなく，適格退職年金制度や厚生年金基金制度を含む。

第 12 章　近年における経営者行動　279

【図表 12-1】サンプル企業　　　　　　　　　　　　　　　　　　　　　（単位：社）

年	2010	2011	2012	2013	2014
データ収録企業数（本章で分析対象とする項目が全て含まれている企業数）	2,724	2,739	2,758	2,777	1,961
除外					
連結財務諸表を作成していない企業	401	369	350	329	214
SEC 基準適用企業・IFRS 適用企業	37	37	37	46	51
利益となる未認識退職給付債務発生	70	73	71	75	53
明らかなデータ不整合	44	53	45	53	38
分析対象企業数	2,172	2,207	2,255	2,274	1,605

第 4 節　退職給付制度の採用状況の推移と確定給付企業年金制度の改定および廃止の状況の推移

【図表 12-2】退職給付制度の採用状況の推移　　　　　　　　　　　　　（単位：社）

年	2010	2011	2012	2013	2014
確定給付企業年金制度採用	1,110 (51.1%)	966 (43.8%)	865 (38.2%)	829 (36.5%)	560 (34.9%)
確定拠出企業年金制度採用	239 (11.0%)	333 (15.1%)	410 (18.2%)	433 (19.0%)	332 (20.7%)
2 制度の併用	466 (21.5%)	524 (23.7%)	567 (25.1%)	579 (25.5%)	418 (26.0%)
企業年金制度採用なし	357 (16.4%)	384 (17.4%)	413 (18.3%)	433 (19.0%)	295 (18.4%)
分析対象企業数	2,172	2,207	2,255	2,274	1,605

　図表 12-2 より，公開草案の公表後，かつ，改正基準の公表後に，確定給付企業年金制度を採用している企業の割合が減少しており，その反対の影響として，確定拠出企業年金制度を採用している企業および企業年金制度を採用していない企業の割合が増加している。また，2 制度を併用している企業のほとんどは，確定給付企業年金制度を採用していた企業が，その一部を確定拠出企業年金制度に移行した場合が一般的であり，このような 2 制度を併用している企業の割合も増加している。

【図表12-3】確定給付企業年金制度の改定および廃止　　　　　　　　（単位：社）

年	2010 → 2011	2011 → 2012	2012 → 2013	2013 → 2014
確定給付企業年金制度の改定	43	28	8	7
確定給付企業年金制度の廃止	89	70	25	12
合計	132	98	33	19
図表12-2「確定給付企業年金制度採用」に占める割合	11.9%	10.1%	3.8%	2.3%

　本章では，確定給付企業年金制度の改定を，確定給付企業年金制度の一部を確定拠出企業年金制度に移行することと定義する。一方，確定給付企業年金制度の廃止を，確定給付企業年金制度の全部を確定拠出企業年金制度に移行，または，その全部もしくは一部を廃止することと定義する。

　図表12-3より，公開草案の公表後に，確定給付企業年金制度の改定および廃止を行った企業が相対的に多いことが示されている。つまり，改正基準の公表後よりも，公開草案の公表後の方が，確定給付企業年金制度の改定および廃止を行った企業が多いということは，公開草案の公表後の方が，経営者行動により大きな影響を与えている可能性を示唆している。

　ここで，公開草案の公表ではなく，当時の経済情勢，つまり，企業年金制度の運用成績の悪化などによって，確定給付企業年金制度の改定および廃止が促された可能性も考えられる。

【図表12-4】企業年金制度の平均運用利回り（修正総合利回り）　　　（単位：%）

年度	2005	2006	2007	2008	2009	2010	2011	2012	2013	2014	2015
平均運用利回り	19.16	4.50	− 10.58	− 17.80	14.29	− 0.54	1.82	11.17	8.80	11.06	− 0.92

（出典：企業年金連合会のホームページ　http://www.pfa.or.jp/jigyo/tokei/shisanunyo/
　　　　shisanunyo01.html）

　前述したように，公開草案の公表時期は2010年3月18日（2009年度）であり，また，改正基準は2012年5月17日（2012年度）である。これらの公表後においては，図表12-4の企業年金制度の平均運用利回りの推移からは，企業年金制度の運用成績の悪化はなく，むしろ，運用成績が上向いていることが示されている。

　このため，本節で示した経営者行動の推移は，退職給付会計基準の改正の影響を受けている可能性を示唆していると考えられる[1]。

第 12 章　近年における経営者行動　281

第5節　タイムシリーズ・データの実証分析

第1項　仮説の設定およびリサーチ・デザイン

これまでの退職給付制度の採用状況の推移と確定給付企業年金制度の改定および廃止の状況の推移のデータの概観を踏まえて，次の仮説を設定する。

仮説：『未認識退職給付債務がオンバランスされる公開草案および改正基準の公表によって経営者行動は影響を受け，確定給付企業年金制度の改定および廃止が促進される。』

リサーチ・デザインとして，公開草案および改正基準の公表後の推移において，分析対象としたサンプル企業に占める，確定給付企業年金制度を採用していない企業の割合の差に，統計的な有意性があるか否かを確認する。具体的には，図表 12-2 のサンプル企業に占める，確定拠出企業年金採用，2 制度（確定給付企業年金および確定拠出企業年金）採用，および，企業年金制度を採用していない企業の割合を，分析対象の標本（サンプル）として検定の対象とする。

第2項　仮説の検定

図表 12-5 の見方は，「列」から「行」への母比率の差の検定：z 値（片側検定）である。

【図表 12-5】公開草案および改正基準の公表の影響による経営者行動の検定結果

	2010 年	2011 年	2012 年	2013 年	2014 年
2010 年					
2011 年	9.3225***				
2012 年	10.5718***	5.8775***			
2013 年	11.3387***	6.6943***	4.2111***		
2014 年	11.8723***	6.9812***	4.5322***	2.6593**	

***1% で有意　**5% で有意

以上から，本章の分析期間を通じた，公開草案および改正基準の公表後にお

ける標本（サンプル）の比率に有意な差が生じているため，『未認識退職給付債務がオンバランスされる公開草案および改正基準の公表によって経営者行動は影響を受け，確定給付企業年金制度の改定および廃止が促進される。』を採択できる。

第6節　クロスセクション・データの実証分析

第1項　仮説の設定およびリサーチ・デザイン

公開草案の公表後に，確定給付企業年金制度の改定および廃止が行われた企業と行われなかった企業には，財務的特質の差異があるか否かを分析する。すなわち，財政的余裕のある企業は，公開草案の公表後に未認識退職給付債務がオンバランスされるとしても，確定給付企業年金制度の改定および廃止を実施しない傾向にあると考えられる。

したがって，以下の2つの仮説を設定し検定する。

仮説1：『多額の未認識退職給付債務が発生している企業は，確定給付企業
　　　　年金制度の改定および廃止を実施する。』
仮説2：『利益の少ない企業は，確定給付企業年金制度の改定および廃止を
　　　　実施する。』

リサーチ・デザインとして，まず，仮説1については，「未認識退職給付債務／総資産」および「未認識退職給付債務／負債」の2つの財務指標を用いて，確定給付企業年金制度の改定および廃止を実施した企業と実施しなかった企業との間に，統計的に有意な差があるか否かを検定する。

未認識退職給付債務の発生額の相対的な大小は，企業の貸借対照表項目によって測定するのが妥当である。このため，未認識退職給付債務を総資産もしくは負債でデフレートした2つの財務指標を採用することが妥当である。

次に，仮説2については，「税金等調整前当期純利益／未認識退職給付債務」の財務指標を用いて，両者の間に統計的に有意な差があるか否かを検定する。

未認識退職給付債務の発生額は，一定の年数で規則的に費用処理することに

第 12 章　近年における経営者行動　283

なるので，企業の報告利益が影響を受けることになる。企業の報告利益として，
税金等調整前当期純利益を分析対象とする。そして，税金等調整前当期純利益
の相対的な大小は，未認識退職給付債務の発生額によって測定するのが妥当で
ある。このため，税金等調整前当期純利益を未認識退職給付債務の発生額でデ
フレートした財務指標を採用することが妥当である。

　なお，分析対象の標本（サンプル）は，図表 12-6 に示す。

【図表 12-6】確定給付企業年金制度の改定および廃止を実施した企業と実施しなかった企業

（単位：社）

確定給付企業年金制度の改定および廃止を実施した企業（図表 12-3　総合計）	確定給付企業年金制度の改定および廃止を実施しなかった企業	合計；サンプル企業数（図表 12-2「確定給付企業年金制度採用」2010 年～ 2013 年合計）
282	3,488	3,770

第 2 項　仮説の検定

　まず，仮説 1 に関する財務指標の諸統計数値は，図表 12-7 および図表 12-8
の通りである。

【図表 12-7】未認識退職給付債務／総資産の比較

	確定給付企業年金制度の改定および廃止を実施した企業	確定給付企業年金制度の改定および廃止を実施しなかった企業	サンプル企業全社
平均	0.0583	0.0301	0.0323
中央値	0.0467	0.0161	0.0185
第 1 四分位	0.0251	0.0022	0.0040
第 3 四分位	0.0783	0.0401	0.0505
標準偏差	0.0387	0.0402	0.0399
分散	0.0015	0.0016	0.0016
歪度	1.1836	2.3457	2.1517
尖度	1.5219	9.7032	8.3520

284

【図表 12-8】 未認識退職給付債務／負債の比較

	確定給付企業年金制度の改定および廃止を実施した企業	確定給付企業年金制度の改定および廃止を実施しなかった企業	サンプル企業全社
平均	0.1038	0.0522	0.0583
中央値	0.0929	0.0301	0.0331
第1四分位	0.0431	0.0052	0.0069
第3四分位	0.1562	0.0682	0.0789
標準偏差	0.0801	0.0715	0.0720
分散	0.0064	0.0051	0.0052
歪度	2.4872	1.6912	1.8136
尖度	9.8114	4.0953	5.0831

　以上から，確定給付企業年金制度の改定および廃止を実施した企業の方が，実施しなかった企業に比べて，上記2つの財務指標の平均値および中央値が大きい。つまり，多額の未認識退職給付債務が発生した企業の方が，確定給付企業年金制度の改定および廃止を実施するインセンティブが強いことを反映した結果であると考えられる。

　したがって，平均値の差に有意性があるか否かを検定する。母平均の差の検定を行う前に，母分散の比の検定：F値（片側検定）を行う。

【図表 12-9】 母分散の比の検定

	未認識退職給付債務／総資産	未認識退職給付債務／負債
F値	1.0218	1.3872**

**5%水準で有意

　このため，「未認識退職給付債務／総資産」については等分散性の仮定をおくことができるが，「未認識退職給付債務／負債」については等分散性の仮定をおくことができない。したがって，母平均の差の検定を行うにあたって，「未認識退職給付債務／総資産」についてはt検定（片側検定）を行い，「未認識退職給付債務／負債」についてはウェルチのt検定（片側検定）を行う。

第12章　近年における経営者行動　285

【図表 12-10】母平均の差の検定

	未認識退職給付債務／総資産	未認識退職給付債務／負債
t 値	6.0421***	6.0992***

***1% 水準で有意

さらに，中央値の差に有意性があるか否かを検定するため，χ^2 検定（片側検定）を行う。

【図表 12-11】中央値の差の検定

	未認識退職給付債務／総資産	未認識退職給付債務／負債
χ^2 値	12.0630***	12.0031***

***1% 水準で有意

以上の結果から，2つの財務指標の平均値および中央値については，確定給付企業年金制度の改定および廃止を実施した企業の方が，実施しなかった企業に比べて，有意に大きいという結論が導かれた。したがって，仮説1は支持される。

次に，仮説2に関する財務指標の諸統計数値は，図表 12-12 の通りである。

【図表 12-12】税金等調整前当期純利益／未認識退職給付債務の比較

	確定給付企業年金制度の改定および廃止を実施した企業	確定給付企業年金制度の改定および廃止を実施しなかった企業	サンプル企業全社
平均	− 2.6012	1.7553	− 2.0632
中央値	0.7421	1.1558	0.9892
第 1 四分位	0.6831	− 0.0203	0.0536
第 3 四分位	1.9252	3.6986	3.2902
標準偏差	28.8811	5.0193	27.8772
分散	834.12	25.1934	777.1383
歪度	− 7.0150	6.1368	− 6.9304
尖度	59.5346	62.9313	63.7798

以上から，確定給付企業年金制度の改定および廃止を実施した企業の方が，実施しなかった企業に比べて，上記の財務指標の平均値および中央値が小さい。

つまり，当該利益の少ない企業の方が，確定給付企業年金制度の改定および廃止を実施するインセンティブが強いことを反映した結果であると考えられる。

したがって，平均値の差に有意性があるか否かを検定する。母平均の差の検定を行う前に，母分散の比の検定：F値（片側検定）を行う。

【図表 12-13】母分散の比の検定

	税金等調整前当期純利益／未認識退職給付債務
F 値	40.0181**

**5% 水準で有意

このため，等分散性の仮定をおくことができない。したがって，母平均の差の検定を行うにあたって，ウェルチの t 検定（片側検定）を行う。

【図表 12-14】母平均の差の検定

	税金等調整前当期純利益／未認識退職給付債務
t 値	4.0856***

***1% 水準で有意

さらに，中央値の差に有意性があるか否かを検定するため，χ^2 検定（片側検定）を行う。

【図表 12-15】中央値の差の検定

	税金等調整前当期純利益／未認識退職給付債務
χ^2 値	7.1085***

***1% 水準で有意

以上の結果から，当該財務指標の平均値および中央値については，確定給付企業年金制度の改定および廃止を実施した企業の方が，実施しなかった企業に比べて，有意に小さいという結論が導かれた。したがって，仮説2は支持される。

第7節　結　　論

本章におけるこれまでの考察から，タイムシリーズ・データの分析結果およ

びクロスセクション・データの分析結果が示唆するように，退職給付会計基準の改正が経営者行動に影響を与えたと考えられる。退職給付会計基準の改正による未認識退職給付債務のオンバランス化に端を発して，経営者は，貸借対照表上に顕在化する負の影響を軽減させるため，退職給付制度における積立不足への対応を，実際の行動に移したのである。第10章の分析結果では，退職給付会計基準が導入されたことで，退職給付制度の積立不足の負の影響が顕在化したために，経営者が退職給付制度の給付水準の減額を行った可能性が示唆されている。これに対して，本章の分析結果は，注記情報に開示されていた未認識退職給付債務のオンバランス化によって，経営者行動が同様の影響を受けたという可能性を示唆する。

　さらに，前述したように，未認識退職給付債務が「オンバランス化」されるとしても，それは従来の会計基準から，注記情報により詳細に開示されていた同一の内容がオンバランスされるのである。つまり，退職給付会計に関する会計情報に限定されるが，本章の分析結果から導き出されるもう1つの結論として，経営者は，注記情報で開示する内容と，オンバランス化される内容を同等とみなしているのではなく，オンバランス情報をより重要視する可能性を示唆することができる。しかし，本章にはいくつかの限界が存在する。まず，データの入手可能性の制約から，分析対象期間を公開草案の公表後の2010年以降に限定している。このため，公表前の2010年以前のデータ傾向も分析することにより，公開草案の公表を契機として経営者行動が影響を受けたのか，検証すべきである。次に，実体経済が経営者行動に与える影響も考えられるため，実体経済が与える影響をできるだけ除去するリサーチ・デザインを構築し，退職給付会計基準の改正が主として経営者行動に影響を与えたのか，検証すべきである。また，他の要因（企業属性や企業年金制度環境等を据える年度属性など）をコントロールし，基準改正と，制度改定および廃止の因果関係をより精緻に特定化するリサーチ・デザインが必要と考えられる。これらの追加検証は，今後の課題としたい。

288

[注] ————————————————————

1）退職給付会計基準の改正が経営者行動に影響を与えている可能性を示唆していると結論
付けているが，実体経済が与える影響も考えられる。たとえば，移行前の確定給付企業年
金制度に積立不足がある場合は，積立不足分を一括拠出（一部移行の場合は，積立不足分
のうち移行割合相当分を一括拠出）する必要があるため，企業年金制度の運用成績が回復
すれば制度移行の一時拠出の負担も軽減されるので，制度移行しやすくなる。

第13章

お わ り に

第1節　本研究の要約

　第1章では，本研究の研究動機，研究意義および研究目的を示し，各章ごとの構成をまとめた。

　第2章では，退職給付会計基準のレビューを行ったうえで，退職給付会計における会計方針の選択には，経営者の裁量の介入の余地が非常に大きいことを示した。そして，会計方針は，基礎率と償却年数に大きく2つに分けることができるが，その中で経営者の裁量が事実上介入するものを抽出し，本研究の研究対象とした。この結果，本研究の研究対象とする会計方針を，基礎率では割引率および期待運用収益率と定め，また，償却年数では会計基準変更時差異の償却年数，数理計算上の差異の償却年数および過去勤務債務の償却年数と定めた。なお，過去勤務債務に関しては，退職給付債務等の減額もしくは消滅を目的とした退職給付制度の改定等が行われた結果生じたものであるため，会計数値を操作することを意図した経営者行動も研究対象とすべきことを示唆した。

　第3章では，退職給付債務等の測定モデルを示すことによって，それが複雑かつ難解であることを示唆した。このため，経営者は，原則として，退職給付債務等の測定を企業外部の計算受託機関に委託しなければならないのが，現行実務である。この結果，退職給付債務等の測定はブラックボックスとなるため，経営者の裁量が事実上介入する基礎率は割引率および期待運用収益率であると示され，第2章の結論を担保することになった。また，企業外部の第三者として会計方針を監査する公認会計士，および会計方針を分析・評価する証券アナ

リスト等にとって，可視的な基礎率は割引率および期待運用収益率であること
を示した。このため，経営者による割引率および期待運用収益率の選択行動を
研究する過程において，外部監視効果を考慮することが重要であると結論付け
た。なお，補論では，実例の退職金規程等を用いて，年金数理計算によって測
定される退職給付債務等の測定モデルの詳細な導出過程のケース分析を行って
いる。

　第4章では，退職給付会計監査の現行実務の実態調査を通じて，現行実務に
対するインプリケーションを示すとともに，会計監査上可視的な基礎率は，割
引率および期待運用収益率であることを示した。つまり，経営者による割引率
および期待運用収益率の選択行動を研究するにあたっては，外部監視効果を考
慮することが重要であるという，第3章の結論を担保することになった。

　第5章では，日本企業による割引率の会計方針選択行動を実証的にデータ解
析し，その特徴を明らかにすることを目的とした。具体的には，割引率の選択
についての会計基準の考察を行ったうえで，日本企業の割引率選択に関する事
例を紹介し，いかに割引率の選択に裁量が介入しているのかを導き出した。そ
して，日本企業の割引率選択行動に関する時系列データを概観した結果を踏ま
えて，時の経過とともに割引率選択の裁量の余地が次第に小さくなっていくこ
と，および割引率が一定の適正水準に近似していくことを先行研究と実務経験
に基づいた仮説をたて，実証的にデータ解析を行った。この結果，『退職給付
会計基準が導入されて時が経過し当該会計実務が醸成されていくと，重要な会
計方針である割引率は注目されやすく，証券アナリストの目および公認会計士
の判断が厳しくなるため，裁量の余地が小さくなる，および適正水準に落ち着
いていく』という横並び選択行動および水準適正化選択行動が確認された。さ
らに，報告利益の管理行動等の視点からも割引率の会計方針選択行動を分析し
たが，割引率の選択によって，利益をより大きく計上しようとする，または，
負債をより小さく計上しようとする傾向が観察されなかったため，本章での仮
説を支持する結果を得られたと考えられる。

　第6章では，日本企業による期待運用収益率の会計方針選択行動を実証的に
データ解析し，その特徴を明らかにすることを目的とした。具体的には，期待
運用収益率の選択についての会計基準の考察を行ったうえで，日本企業の期待

運用収益率選択に関する事例を紹介し，いかに期待運用収益率の選択に裁量が
介入しているのかを導き出した。そして，日本企業の期待運用収益率選択行動
に関する時系列データを概観した結果を踏まえて，時の経過とともに期待運用
収益率選択の裁量の余地が次第に小さくなっていくこと，および期待運用収益
率が一定の適正水準に近似していくことを先行研究と実務経験に基づいた仮説
をたて，実証的にデータ解析を行った。この結果，『退職給付会計基準が導入
されて時が経過し当該会計実務が醸成されていくと，重要な会計方針である期
待運用収益率は注目されやすく，証券アナリストの目および公認会計士の判断
が厳しくなるため，裁量の余地が小さくなる，および適正水準に落ち着いてい
く』という横並び選択行動および水準適正化選択行動が確認された。さらに，
報告利益の管理行動等の視点からも期待運用収益率の会計方針選択行動を分析
したが，期待運用収益率の選択によって，利益をより大きく計上しようとする，
または，負債をより小さく計上しようとする傾向が観察されなかったため，本
章の仮説をさらに支持する結果を得られたと考えられる。

　第7章では，日本企業による会計基準変更時差異の償却年数の会計方針選択
行動を実証的にデータ解析し，その特徴を明らかにすることを目的とした。会
計基準変更時差異の償却年数は，上限15年という一定の条件内であれば経営
者が自由裁量のもと決定でき，また，会計基準がその償却年数の選択に対して，
一定の指針を規定している会計方針でもない。すなわち，会計基準変更時差異
の償却年数の選択は，最も裁量の介入の余地が大きい会計方針である。また，
5年以内の償却年数を選択した場合には，会計基準変更時差異の償却額は，特
別損益として計上される。一方，5年超の償却年数を選択した場合には，他の
退職給付費用と同様に，営業損益として計上される。このため，償却年数の選
択によって，報告利益の細区分の管理が可能となることを示唆した。さらに，
企業年金基金での資産運用状況が非常に悪い時期に退職給付会計基準が導入さ
れたため，ほとんどの企業では損失となる会計基準変更時差異が発生し，かつ，
その金額は非常に多額にのぼるため，会計基準変更時差異の償却年数の選択は，
非常に重要な会計方針であることを示した。

　以上から，会計基準変更時差異の償却に関する会計方針選択行動を裁量的選
択行動として位置付け，報告利益の管理行動等の視点から分析した。その結果，

償却年数の選択によって，利益をより大きく計上しようとする，または，負債をより小さく計上しようとする傾向が観察されなかったため，報告利益の管理行動等では説明できない部分については，横並び選択行動および水準適正化選択行動（会計理論の遵守行動）の可能性があると結論付けた。

　第8章では，日本企業による数理計算上の差異の償却年数の会計方針選択行動を実証的にデータ解析し，その特徴を明らかにすることを目的とした。数理計算上の差異の償却年数は，上限が平均残存勤務期間という一定の条件内であれば経営者が自由裁量のもと決定でき，また，会計基準がその償却年数の選択に対して，一定の指針を規定している会計方針でもない。すなわち，数理計算上の差異の償却年数の選択は，裁量の介入の余地が大きい会計方針ある。ただし，数理計算上の差異の償却額は，第7章の会計基準変更時差異の償却額とは異なり，常に退職給付費用の一部として営業損益に計上されるため，報告利益の細区分の管理は不可能である。また，数理計算上の差異の発生原因は，基礎率（数理計算上の仮定）と実際発生事象の相違，もしくは，基礎率の変更であるため，その発生金額は事前には予測が不可能である。そして，基礎率と実際発生事象は完全には一致することはないため，数理計算上の差異は，原則として，毎期発生する。このため，数理計算上の差異の償却年数は，発生事実は確実であるが，その将来の発生金額が不確実であるという状況下で，適用初年度に選択しなければならない会計方針であることを示した。

　以上から，数理計算上の差異の償却に関する会計方針選択行動を裁量的選択行動として位置付け，報告利益の管理行動等の視点から分析した。その結果，償却年数の選択によって，利益をより大きく計上しようとする，または，負債をより小さく計上しようとする傾向が観察されなかったため，報告利益の管理行動等では説明できない部分については，横並び選択行動および水準適正化選択行動（会計理論の遵守行動）の可能性があると結論付けた。

　第9章では，日本企業による過去勤務債務の償却年数の会計方針選択行動を実証的にデータ解析し，その特徴を明らかにすることを目的とした。過去勤務債務の償却年数は，第8章の数理計算上の差異の償却年数と同様に，上限が平均残存勤務期間という一定の条件内であれば経営者が自由裁量のもと決定でき，また，会計基準がその償却年数の選択に対して，一定の指針を規定してい

る会計方針でもない。すなわち，過去勤務債務の償却年数の選択は，裁量の介入の余地が大きい会計方針ある。ただし，過去勤務差異の償却額は，第7章の会計基準変更時差異の償却額とは異なり，第8章の数理計算上の差異の償却額と同様に，常に退職給付費用の一部として営業損益に計上されるため，報告利益の細区分の管理は不可能である。

　また，過去勤務債務の発生原因は退職給付制度の改定であり，制度改定前後の退職給付債務の差額が，過去勤務債務の発生額となる。なお，制度改定は，経営者の意図により，企業年金基金における増大した積立不足に対処すべく給付水準を減額する目的で行われているケースがほとんどであった。つまり，経営者は人事政策・給与政策の一環として退職給付制度を改定するとしても，企業の財政状態および経営成績に与える影響を考慮したうえで，制度改定を行うのである。いわば，経営者は，退職給付制度自体の操作によって，報告利益の管理行動を行っているのである。

　以上から，過去勤務債務の償却に関する会計方針選択行動を裁量的選択行動として位置付け，報告利益の管理行動等の視点から分析した。その結果，償却年数の選択によって，利益をより大きく計上しようとする，または，負債をより小さく計上しようとする傾向が観察されなかったため，報告利益の管理行動等では説明できない部分については，会計数値を操作する目的で行われる，退職給付制度の改定の研究が重要であることを示唆した。

　第10章では，第9章の結果を受けて，退職給付債務等を減額もしくは消滅させるという，給付減額を目的として退職給付制度を改定する経営者行動を実証的にデータ解析し，その特徴を明らかにすることを目的とした。具体的には，①退職給付会計基準導入前後のタイムシリーズ・データ，および，②会計基準適用対象企業・非適用企業別のクロスセクション・データの2ケースを分析対象とし，当該データの概観および実証分析を行うことにより，多額の債務が企業外部に顕在化してしまう退職給付会計基準の導入によって，経営者行動が影響を受けた可能性があると結論付けた。これらの分析結果を踏まえて，本研究では，このような制度改定が行われた経営事象を，「従業員重視型」退職給付制度から「株主重視型」退職給付制度への変革と結論付けた。

　第11章では，第5章および第6章の分析期間後における，日本企業による

割引率および期待運用収益率選択行動を実証的にデータ解析し，その特徴を明らかにすることを目的とした。横並び選択行動および水準適正化選択行動の結果，割引率および期待運用収益率の選択水準は，既に低位に落ち着いていた。また，それらの選択基準となる国債応募者利回り等，および企業年金基金の運用利回りが低水準で推移していた。このような時勢を反映して，それらの選択水準は低位のままであり，特に大きな変動がないという事実が観察された。

また，割引率に関する会計基準が，その選択水準の指標として「利回りの過去一定期間の平均値」から「期末における利回り」を採用するように改正されたため，経営者の割引率選択行動が影響を受けると考えられた。しかし，結果として，PBO10%重要性基準が廃止されなかったため，割引率の選択水準は特に大きな変動がないという事実が観察された。

第12章では，退職給付会計基準の改正が経営者行動に与えた影響を実証的にデータ解析し，その特徴を明らかにすることを目的とした。具体的には，①改正会計基準の公開草案の公表後のタイムシリーズ・データ，および，②確定給付企業年金制度の改定および廃止が行われた企業と行われなかった企業のクロスセクション・データの2ケースを分析対象とし，当該データの概観および実証分析を行うことにより，多額の未認識退職給付債務がオンバランス化してしまう退職給付会計基準の改正によって，経営者行動が影響を受けた可能性があると結論付けた。また，退職給付会計に関する会計情報に限定されるが，経営者は，注記情報で開示する内容と，オンバランス化される内容を同等とみなしているのではなく，オンバランス情報をより重要視している可能性が示唆された。

第2節　本研究のインプリケーションおよび発展

以上のような本研究における各章ごとの研究結果を総括することをもって，企業によるディスクロージャーの適正化のために，経営者の会計方針選択行動実務に対するインプリケーション，およびディスクロージャー制度実務に対するインプリケーションを，以下に示す。ただし，あくまでも本研究の研究結果から得られた推測の域を超えないことに留意されたい。

第13章 お わ り に 295

第1に，経営者による会計方針選択行動実務に対するインプリケーションを示す。本研究では，日本企業による退職給付会計の会計方針選択行動に関して，経営者による裁量の介入の余地が大きく，また，実際に裁量が介入していることを示したうえで，考察対象期間を通じて，横並び選択行動および水準適正化選択行動が採られている可能性があるという結論が得られた。ここで，当該インプリケーションを示す視点からは，水準適正化選択行動が重要である。

本研究では，経営者が会計方針を選択するにあたり，その選択行動が適正な水準に落ち着くには，会計実務の醸成等を理由として，経営者の自主的な水準適正化選択行動を例に挙げた。しかし，様々な意図を持って会計方針を選択する経営者に対して，自主的な水準適正化選択行動を期待するだけでは，企業によるディスクロージャーが適正化されることは不可能であろう。つまり，経営者が適正な水準の会計方針を選択するためには，証券アナリストと公認会計士という，いわば主たる企業外部の監視者による，外部監視効果が重要かつ必要である。ただし，経営者による会計方針の選択を監視するのは，何も当該二者に限ったことではない。すなわち，経営者により裁量の介入の余地の大きい会計方針が適正に選択され，企業によるディスクロージャーが適正化されるためには，社会的な外部監視が効果的であるという可能性が存在する。当然，高度な判断が必要となる会計方針の選択に関して，一般投資家がその適否を評価することは難しいと考えられるが，難しいのはその絶対的評価であって，その相対的評価は十分に可能と考えられる。

第2に，会計基準導入により影響を受けた経営者行動に関する研究結果を受けて，ディスクロージャー制度実務に対するインプリケーションを示す。

本研究により，ディスクロージャー制度が経営者行動に影響を与えたことが確認されたと考えられる。具体的には，企業年金制度における増大した積立不足が企業外部に顕在化することによって，経営者は従業員の退職給付金の減額を行い，従業員の老後の生活にまで影響が及んだということである。このため，ディスクロージャー制度には大きな社会的影響を持つことを再認識するとともに，適正なディスクロージャー制度の構築自体が社会的に非常に重要であると考えられる。

また，退職給付会計基準が導入された当時は経済情勢が非常に悪い時期であ

り，積立不足の企業負担が一時的に重くのしかかっていたため，経営者は退職給付金の支給水準の引き下げを急いでいた。しかし，長期的な視点に立てば，それが果たして適切な意思決定であったか否かは疑問である。その数年後，株式市場等の急回復に伴い，年金資産の運用利回りも急回復したためである。ここで，退職給付制度は，従業員が入社してから退職するまでの期間に渡る超長期的制度なのである。これに反して，ディスクロージャー制度により，短期的視点からの意思決定が促されることも確かである。しかし，退職給付制度の運用のように，長期的視点に立った意思決定も経営者にとって必要であることを，本研究は示唆していると考えられる。

　本研究は，各章末ごとに，研究の結論だけではなく限界および今後の課題を示唆している。このため，以上のようなインプリケーションは，あくまでも限定された本研究の視点からの結果に基づくものであることに留意されたい。また，本研究には限界があることから，むしろ，様々な視点から追加的な研究を行うことができる。そして，本研究の研究対象期間を通じて退職給付会計基準も変わり（企業会計基準委員会 2005, 2007, 2008, 2012a, 2016b），また，国際会計基準（IASB 2011）への収斂も考えられるため（企業会計基準委員会 2015, 2016），本研究にとどまらず，会計基準改正が会計方針選択行動や経営者行動に与える影響を対象とする研究を行う必要があると考えられる。さらに，本研究から派生する研究の可能性も大いに存在し，社会的に有用なインプリケーションを示唆できるような研究を今後も継続することが重要である。

補論

PBO 等の測定モデル構築のケース分析

補論では，実例の退職金規程等を用いて，年金数理計算によって測定される PBO および勤務費用の測定モデルのケース分析を行う。補論において構築された測定モデルは，第3章において言及している。

第1節　退職一時金制度および確定給付企業年金制度を採用している場合

本節では，退職一時金制度および確定給付企業年金制度を採用している場合におけるケース分析を行う。具体的には，日本企業の確定給付企業年金制度の多くが採用している退職一時金制度からの一部移行・内枠方式のケース分析を行うことにする。

なお，その規程の名称は異なるが，一般的に，退職一時金制度の内容は「退職金規程」に記載され，確定給付企業年金制度の内容は「退職年金規程」に記載されている。

第1項　退職一時金制度「退職金規程」

本項では，退職一時金制度における退職金規程を例示し，その解読を行い，PBO 等の測定のケース分析を行う。

一般的な給付算定式（基本給×支給率）によって一時金が算定される制度を対象とするが，これに加えて，退職時の会社内部の役職（資格）等に応じて支給額が決定される制度も含まれているものをケース分析の対象とする。このような役職（資格）等によって支給額が決定する制度は，一般的な数理的測定モ

デルには当てはまらないため，本節第4項で取り扱う。

(1) 退職金規程の例示

退 職 金 規 程

第1条（目的）

　　この規程は，「給与規程」第30条に基づいて社員および常勤の嘱託（以下社員等という）の退職金に関する事項を定める。

第2条（退職金支給条件）

　①退職金は，社員等が退職を願い出，その手続が完了後1ヵ月以内に，この規程により退職金を支給する。

　②退職金は，社員等が勤続満3年以上で次の各号により退職し，または解雇された場合に支給する。

　　　(1) 定年，死亡，会社都合

　　　(2) 自己都合

第3条（退職金の種類）

　　退職金の種類は，基本退職金，職能加算金および特別加算金とする。

第4条（基本退職金）

　①基本退職金は次の算式により計算した額とする。

　　　退職時基本給×（別表1）基本退職金支給率＝基本退職金

　②満55歳以上の者が選択定年を希望した場合は，退職時の勤続年数に退職時から60歳までの年数を加えた定年扱いの支給率を乗じた額とする。

　　　ただし，勤続10年以上の者とする。

　③定年退職者の退職金の支払は別に定める「退職年金規程」による。

第5条（職能加算金）

　　職能加算金は，各職能資格在任1年につき，（別表2）職能加算金額表の額とする。

　　　ただし，自己都合により退職する場合の職能加算金は，勤続年数に応じた（別表3）自己都合退職乗率表の率を乗じた額とする。

第6条（特別加算金）

　　特別加算金は，在職中に著しい功労があったと会社が認めた者に対し支給することがある。

第7条（退職金の不払いと減額）

　①社員等が懲戒解雇処分により解雇されたときは退職金は支給しない。

　②組合員が勤務成績不良・勤務に対する不適格ならびに不祥事等，本人

の帰責により退職する場合は，退職金を減額することがある。

第8条（退職金の計算上の取扱）

　　　　勤続年数，職能資格在任年数，退職金額の計算は次の各号により行う。

①勤続年数は，社員等となった日から起算する。ただし，試用期間を経て社員になった者については，その期間を通算する。

②休職期間は，勤続年数，在任年数に通算する。ただし，「就業規則」第18条1項5号を除く休職中に勤続満3年に達した者が休職中または休職期間満了により退職した場合，および休職者が復職後1年未満に退職した場合の休職期間は除く。

③勤続年数，在任年数の計算は月数までとし，1ヵ月未満の端数は15日以上を1ヵ月とし，15日未満は切捨てる。

④基本退職金の支給率の算定は，次の算式による。

$$基本退職金支給率＝勤続年支給率 + \frac{端数月}{12}$$
$$× (次勤続年支給率 - 勤続年支給率)$$

小数点以下4位を四捨五入する。

⑤職能加算金の計算は，職能資格ごとの在任年数に応じて，次の算式により算出した額を合算する。

$$職能加算金（各資格）＝職能加算金（1年）× (在任年数 + \frac{端数月}{12})$$

⑥退職金合計に1,000円未満の端数がある場合は，その端数は切り上げる。

⑦退職金の総額は前年度計算金額を下回らないものとする。

　　　　ただし，第7条に規程する退職金の不払いと減額の条項が適用される場合はこの限りでない。

⑧関連会社その他への出向，社外派遣等あった場合，その期間は算入する。

⑨当社と関連会社間で転籍があった場合は，勤務期間は算入する。ただし，転籍時に退職金の精算を行った場合は算入しない。

付　　　則

（施行期日）

　　　　この規程は，1964年（昭和39年）3月22日から施行する。

（資格等級制度導入前の職能資格の取扱）

　　　　昭和45年3月21日（職能等級制度導入日）前の職能資格については，社員等登用日より同日までの間，等分に昇格したものとみなし在任年数を算出する。

　　　　1985年（昭和60年）3月16日　〔第4条（基本退職金）〕改訂施行

1988年（昭和63年）3月16日　〔第4条（基本退職金）〕改訂施行
1992年（平成4年）3月16日　〔第4条（基本退職金）〕改訂施行,〔付
　　　　　　　　　　　　　　　則（経過措置）〕削除施行
　　　　　　　　　　　　　　　〔第8条（退職金の計算上の取扱）〕
　　　　　　　　　　　　　　　改訂施行
1994年（平成6年）3月16日　〔第2条（退職金支給条件），第4条（基
　　　　　　　　　　　　　　　本退職金），
　　　　　　　　　　　　　　　第7条（退職金の不払と減額），
　　　　　　　　　　　　　　　第8条（退職金の計算上の取扱）〕改訂
　　　　　　　　　　　　　　　施行
1996年（平成8年）8月1日　〔第4条（基本退職金）〕改訂施行
1999年（平成11年）10月1日　〔第4条（基本退職金）〕,
　　　　　　　　　　　　　　　第4条2項（選択定年57才から55才
　　　　　　　　　　　　　　　に引下げ）改訂施行

（別表1）基本退職金支給率表

　定年，死亡，会社都合による場合はA支給率を，自己都合による場合はB支
給率を使用する。

勤続年数	A支給率	B支給率	勤続年数	A支給率	B支給率
3年	0.82	0.50	22年	16.27	16.09
4年	1.29	0.88	23年	17.40	17.28
5年	1.76	1.26	24年	18.53	18.47
6年	2.40	1.78	25年	19.66	19.66
7年	3.04	2.30	26年	20.89	20.89
8年	3.68	2.82	27年	22.12	22.12
9年	4.32	3.34	28年	23.35	23.35
10年	4.96	3.86	29年	24.58	24.58
11年	5.80	4.78	30年	25.81	25.81
12年	6.64	5.70	31年	27.15	27.15
13年	7.48	6.62	32年	28.49	28.49
14年	8.32	7.54	33年	29.83	29.83
15年	9.16	8.46	34年	31.17	31.17
16年	10.13	9.51	35年	32.51	32.51
17年	11.10	10.56	36年	33.96	33.96
18年	12.07	11.61	37年	35.41	35.41
19年	13.04	12.66	38年	36.85	36.85
20年	14.01	13.71	39年	38.29	38.29
21年	15.14	14.90	40年以上	39.73	39.73

補論　PBO等の測定モデル構築のケース分析　301

職能資格	金　　額
11 級	280,000 円
10 級	250,000 円
9 級	200,000 円
8 級	170,000 円
7 級	120,000 円
6 級	100,000 円
5 級	60,000 円
4 級	40,000 円

（別表2）職能加算金額表（1年につき）

勤 続 年 数	乗 率
満 　3 年以上　 4 年未満	0.60
満 　4 年以上　 6 年未満	0.70
満 　6 年以上　 8 年未満	0.75
満 　8 年以上 11 年未満	0.80
満 11 年以上 13 年未満	0.85
満 13 年以上 16 年未満	0.90
満 16 年以上 20 年未満	0.95
満 20 年以上 25 年未満	0.98
満 25 年以上	1.00

（別表3）自己都合退職乗率表

(2) 退職金規程の解読

　PBO等の測定を行うためには，退職金規程から必要な情報を抽出しなければならないため，必要な退職金規程の解読を行う。

　第1条（目的）：

　退職一時金が支給される者の資格が規程されており，ここでの該当者のみをPBO等の測定の対象とする。（本節では，この該当者を単に「従業員」という。）

　第2条（退職金支給条件）：

　①PBOの測定を行ううえで，特に考慮する必要はない。

　②退職一時金の受給資格は，「勤続満3年以上」である。また，退職事由は大きく2つに分けて，「(1) 定年，死亡」および「(2) 自己都合」である（第2章で述べたように，会社都合退職はPBO等の測定には考慮しない）。

　第3条（退職金の種類）：

　本制度から支給される退職一時金の種類は， i)「基本退職金」， ii)「職能加算金」およびiii)「特別加算金」の3種類である。

　第4条（基本退職金）：

　①基本退職金の給付算定式は，「退職時基本給×（別表1）基本退職金支給率」である。ここで，（別表1）をみると，退職事由が「(1) 定年，死亡」の場合は「A支給率」を，「(2) 自己都合」の場合は「B支給率」を適用する。なお，それぞれの支給率は勤続年数ごとに定められており，そして，「(2) 自己都合」

の場合の「B支給率」の方が低く設定されている。

②ここでは，「選択定年」の規程をおいている。現在，このような規程を設けている会社は多い。この趣旨は，一定の年齢は超えているが，定年に達する前の自己都合退職でも定年扱い（通常は，支給率のみである。しかし，この規程では，勤続年数も加算される。）とし，退職金を増額することによって，従業員に早期退職を促すものである。

本規程では，「満55歳以上」の従業員が「(2) 自己都合退職」をした場合であっても，「退職時の勤続年数に退職時から60歳までの年数」を加えた年数を，当該従業員の退職時勤続年数とみなす。そのうえで，その勤続年数に対応した「定年扱いの支給率」すなわち（別表1）の「A支給率」を適用する。

なお，この「選択定年」が適用される従業員は，「勤続10年以上の者」と条件が付されている。

③基本退職金において，定年退職者については確定給付企業年金制度に移行され，その給付に関しては「退職年金規程」に依拠することになる。つまり，一部移行・内枠方式であることを示す規程である。なお，後述する退職年金規程の「第11条（定年)」より，定年年齢は「60歳」である。

ここで，問題となるのは，②の「選択定年」の場合でも，確定給付企業年金制度に移行するか否かである。この点，後述する退職年金規程の「第11条（定年)」において，確定給付企業年金制度に移行する場合の定年とは，満60歳に達した場合の定年であることが規程されている。したがって，「選択定年」の場合は，退職一時金が支給されるのみであり，確定給付企業年金制度には移行しない。

第5条（職能加算金)：

職能加算金は，退職事由および勤続年数のみではなく，従業員の会社の内部的な職能資格によって，退職一時金の支給額に差を設けるものである。この趣旨は，昇進・昇格によって給付額が増加することから，従業員の職務に対するインセンティブを引出すことを目的とするものである。本規程では，（別表2)より，従業員の「職能資格」の4級から11級までが職能加算金の対象となる。そして，各「職能資格」に対応した1年当たりの金額に，対応する各職能資格在任年数を，それぞれ掛け合わせた累積合計額が，職能加算金の給付額となる。

ただし，自己都合退職の場合，退職時勤続年数に応じた（別表3）の率を乗じることによって，減額されることになる。

なお，この職能加算金は，第2章で取り上げた基礎率だけでは測定が不可能であるため，特異な給付算定式によりPBO等を測定しなければならない制度の一種であり，その測定モデルの構築のケース分析は，本節第4項で行う。

第6条（特別加算金）：

特別加算金の支給条件は，「在職中に著しい功労があったと会社が認めた」場合である。この特別加算金は，支給要件の偶発性が高く，合理的に予測することはできない。また，このような規程がおかれていても，支給実績がほとんどない会社が一般的である。したがって，PBO等の測定を行ううえで，特に考慮する必要はない（ただし，会社の担当者に支給実績等を確認する必要がある。もし，過去の支給実績が多く，会社のPBO等の測定のために考慮する必要性が高いと判断されるならば，会社の実情を反映した仮定を設けたうえで，測定モデルを構築する必要がある。本節では，支給実績がほとんどなく合理的に予測できないと確認が得られ，PBO等の測定上，考慮する必要はないと判断したものとして，ケース分析を進める）。

第7条（退職金の不払いと減額）：

懲戒解雇処分等は，通常，ほとんど発生しない退職事由である。したがって，PBO等の測定を行ううえで，特に考慮する必要はない（ただし，「退職金規程第6条（特別加算金）」と同様に，会社の担当者に支給実績等を確認する必要がある）。

第8条（退職金の計算上の取扱）：

①，②，⑧および⑨これらの規程に従って，従業員の勤続年数および職能資格在任年数を計算する。

③，④および⑤本節の測定モデルでは，勤続年数および職能資格在任年数を満年数で考え，月割りは考慮しない。したがって，PBO等の測定を行ううえで，特に考慮する必要はない。

ただし，「(3) 月割りを考慮するための一時金支給率等の再設定」の際に，④および⑤を参考にする必要がある。

⑥重要性に乏しいため，PBO等の測定を行ううえで，特に考慮する必要は

ない。

⑦「第7条（退職金の不払いと減額）」より，PBO 等の測定を行ううえで，特に考慮する必要はない。

付則：

PBO 等の測定を行ううえで，特に考慮する必要はない。

(3) 月割りを考慮するための一時金支給率等の再設定

本節では，勤続年数を満年数で考え，月割りは考慮しない測定モデルを構築する。これは，月割りを考慮することによって，より正確な測定モデリングを行ったとしても，追加的な労力を費やしたほど，計算の精度は上がらないためである。

しかし，退職金規程の「第8条（退職金の計算上の取扱）④および⑤」では，それぞれ，ⅰ）基本退職金およびⅱ）職能加算金の計算の月割りが規程されている。そこで，本節の測定モデルの基本前提である「月割りは考慮しない」との整合性を保ちながら，より精度の高い測定モデルを構築できないのかが問題となる。

まず，ⅰ）基本退職金の場合を考察する。ここで，勤続年数が満 m 年の従業員を，一律に勤続年数 $(m+\frac{1}{2})$ 年（すなわち，m 年6ヵ月）とみなすことが合理的であると考えられる。なぜならば，勤続年数が満 m 年の従業員の端数月は様々であるため，その全体的な平均を6ヵ月に近似させることが合理的だからである。このことを踏まえて，基本退職金支給率表（別表1）の再設定を行えば，測定モデル自体は月割りを考慮しなくとも，月割りを考慮した場合に近似した結果の得られる計算を行うことができる。そのための支給率の再設定は，以下のように行う。

「第8条（退職金の計算上の取扱）④」には，「基本退職金支給率＝勤続年支給率＋$\frac{端数月}{12}$×（次勤続年支給率－勤続年支給率）」の計算式によって，月割りを考慮することを規程している。したがって，勤続年数が満 m 年の従業員の支給率を一律に，「勤続年数 m 年の支給率＋$\frac{6}{12}$×（勤続年数 $(m+1)$ 年の

支給率 – 勤続年数 m 年の支給率)」と，(別表1) を再設定すればよいのである。勤続年数が満 m 年の場合は，このように再設定された勤続年数 m 年の支給率を乗じることによって，端数月が全体の平均と考えられる6ヵ月の場合の給付額が，結果的に計算されるからである。

　次に，ⅱ) 職能加算金の場合を考察する。この場合でも，ⅰ) 基本退職金の場合と同様に，各職能在位年数が満 A 年の従業員を一律に，各職能在位年数 $(A+\frac{1}{2})$ 年（すなわち A 年6ヵ月）とみなすことが考えられる。そのうえで，職能加算金額表（別表2）の設定を行うが，そのための金額表の再設定は，以下のように行う。

　「第8条（退職金の計算上の取扱）⑤」には，「職能加算金（各資格）＝職能加算金（1年）×（在任年数＋$\frac{端数月}{12}$)」の計算式によって，月割りを考慮することを規程している。したがって，各職能在位年数が満 A 年の従業員の職能加算金を一律に，「各職能在位年数 A 年の職能加算金×$(1+\frac{6}{12})$」と再設定すればよいのである。

　以上から，本節の測定モデルに適用すべき基本退職金支給率表および職能加算金額表は，(別表1) および (別表2) を再設定したものとして，それぞれ，以下の (別表1)' および (別表2)' となる。

（別表1）' 基本退職金支給率表

勤続年数	A支給率	B支給率	勤続年数	A支給率	B支給率
3年	1.055	0.690	22年	16.835	16.685
4年	1.525	1.070	23年	17.965	17.875
5年	2.080	1.520	24年	19.095	19.065
6年	2.720	2.040	25年	20.275	20.275
7年	3.360	2.560	26年	21.505	21.505
8年	4.000	3.080	27年	22.735	22.735
9年	4.640	3.600	28年	23.965	23.965
10年	5.380	4.320	29年	25.195	25.195
11年	6.220	5.240	30年	26.480	26.480
12年	7.060	6.160	31年	27.820	27.820
13年	7.900	7.080	32年	29.160	29.160
14年	8.740	8.000	33年	30.500	30.500
15年	9.645	8.985	34年	31.840	31.840
16年	10.615	10.035	35年	33.235	33.235
17年	11.585	11.085	36年	34.685	34.685
18年	12.555	12.135	37年	36.130	36.130
19年	13.525	13.185	38年	37.570	37.570
20年	14.575	14.305	39年	39.010	39.010
21年	15.705	15.495	40年以上	39.730	39.730

（別表2）' 職能加算金額表

職 能 資 格	金　　額
11級	280,000円
10級	265,000円
9級	225,000円
8級	185,000円
7級	145,000円
6級	110,000円
5級	80,000円
4級	50,000円

第2項　確定給付企業年金制度「退職年金規程」

　本項では，確定給付企業年金制度における退職年金規程を例示し，その解読を行い，PBO等の測定モデルのケース分析を行う。本節第1項の退職金規程では，従業員が定年退職した場合，その退職給付は確定給付企業年金制度へ移

補論　PBO等の測定モデル構築のケース分析　307

行されている。

(1) 退職年金規程の例示

退 職 年 金 規 程

第1章　総則

第1条（目的）

　①退職金規程第4条第3項により，定年退職者の基本退職金の支払いについて，本規程の定めるところにより，確定給付企業年金制度（以下「本制度」という）を設ける。

　②本制度は会社および関連会社（××工業株式会社および東北××株式会社）が共同して実施するものとする。

第2条（適用範囲）

　①本制度は，次に該当する者を除いた社員および嘱託（常時勤務する者）に適用する。

　　(1) 準社員

　　(2) 嘱託のうち随時勤務する者

　　(3) パートタイマー

　　(4) 定年までの予定勤続年数が満3年未満の者

　②役員には本制度を適用しない。

第3条（加入資格）

　　前条に該当する者は，試用期間経過後に，本制度への加入資格を取得する。ただし，関連会社より転籍した従業員で，既に関連会社の確定給付企業年金制度の加入者であった者は，転籍日をもって本制度への加入資格を取得する。

第4条（加入時期）

　①前条の加入資格を取得した者の本制度への加入時期は，加入資格取得直後の毎年の7月1日（資格取得日が7月1日の場合は当該7月1日）とする。

　②前条の但し書きにより加入資格を取得した者の本制度への加入時期は，加入資格を取得した日とする。

　③本制度に加入した者を加入者という。

第5条（勤続年数の計算）

　　本制度における勤続年数は，次の方法により計算する。

　①社員または嘱託（常時勤務する者）となった日から退職の日までとする。

②試用期間を経て社員となった者については試用期間を算入する。

③休職期間は算入する。ただし，就業規則第18条第1項第5号を除く休職中に勤続満3年に達した者が休職中または休職期間満了により退職した場合，および復職後1年未満で退職した場合は除く。

④育児休暇期間は算入する。ただし，休暇中に勤続満3年に達した者が休職中または休職期間満了により退職した場合は，および復職後1年未満で退職した場合は除く。

⑤定年を過ぎて勤務した期間は算入しない。

⑥1年未満の端数が生じたときは月割計算とし，1ヵ月未満の端数は15日未満は切り捨て，15日以上は1ヵ月とする。

⑦関連会社その他への出向，社外派遣等があった場合，その期間は算入する。

⑧第1号に関わらず，関連会社相互間で転籍があった場合は，退職とはみなさず転籍前の会社に勤務していた期間は算入する。

⑨その他の関連会社（関西××株式会社）に勤務した期間は算入する。

第6条（基準給与）

①本制度において基準給与とは，会社の「給与規程」第13条に定める基本給の額とする。

②給付額計算の基礎となる基準給与は加入者の退職時の基準給与の額とする。

③掛金額計算の基礎となる基準給与は毎年7月1日現在の基準給与の額とし，その年の7月から翌年の6月まで適用する。

第2章　給付

第1節　給付の通則

第7条（給付の種類）

本制度による給付は次の通りとする。

1. 退職年金
2. 退職一時金
3. 選択一時金
4. 小額一時金

第8条（支給日および支給方法）

①年金の支給日は年4回，1月，4月，7月および10月の各月1日とし，それぞれの支給日にその前月分までをまとめて支給する。

補論 PBO 等の測定モデル構築のケース分析　309

②一時金は請求手続終了後 1 ヵ月以内に支給する。

③年金および一時金はあらかじめ加入者または遺族が指定した金融機関
の口座に振り込む。

第 9 条（端数処理）

本制度の給付額については次の通りとする。

①年金を受給する者については，所定の計算により年金月額を計算し，
10 円未満の端数が生じた場合は 10 円に切り上げる。

②退職一時金または選択一時金を受給する者については，所定の計算に
より一時金額を計算し，1,000 円未満の端数が生じた場合は 1,000 円に
切り上げる。

第10条（遺族）

①本制度において遺族とは，加入者の配偶者（婚姻の届出がなくても事
実上婚姻と同様の関係にある者を含む）とする。

②配偶者がいない場合は，加入者の死亡当時その収入によって生計を維
持していた者または加入者の死亡当時，これと生計をともにしていた
者のうち，次の各号に掲げる者とし，その順位は次の順序による。

1. 子

2. 父母（養父母を先にして実父母を後にする）

3. 孫

4. 祖父母（養父母の父母を先にして，実父母の父母を後にして，父
母の養父母を先にして実父母を後にする）

③前 2 項の規定に該当する者がいない場合は次の通りとし，その順位は
次の順序による。

1. 子

2. 父母（前項第 2 号の順序による）

3. 孫

4. 祖父母（前項第 4 号の順序による）

5. 兄弟姉妹（加入者の死亡時その収入によって生計を維持していた
者または加入者の死亡当時にこれと生計をともにしていた者を先
にする）

④前 3 項の規定に該当する者がいない場合は，加入者の死亡当時その収
入によって生計を維持していた者とする。

⑤前 2 項の規定に関わらず，加入者が遺言または会社に対してした予告で，
前 2 項に該当する者のうち特に指定した者がいる場合には，その指定

した者とする。

⑥順位の同じ者が2人以上いる場合には，そのうちの最年長者を代表者としてその者に給付を行う。

⑦第1項から第5項までの規定に該当する遺族が死亡した場合には，その者に係る本制度の給付を受ける権利は消滅する。

⑧前項の場合には，第1項から第5項までの規定による順位の者から，その死亡者を除くものとする。

第11条（定年）

本制度において定年とは次の通りとする。

年齢満60歳に達した日の属する月の末日

第12条（給付の制限）

加入者が懲戒解雇されたときは，原則として本制度の給付は行わない。

第13条（その他の関連会社への転籍者に係わる特例）

加入者がその他の関連会社に転籍したときは，退職年金および退職一時金の受給権は取得しないものとする。

第2節　退職年金

第14条（退職年金の支給要件）

①本制度の加入者が次に該当したときは，退職年金の受給権を取得するものとし，当該加入者に退職年金を支給する。

勤続満20年以上で定年退職したとき

②前項により退職年金の受給権を取得した者を退職年金の受給権者という。

第15条（退職年金の月額）

退職年金の月額は次の通りとする。

基準給与に退職年金支給率（別表4）を乗じた額

第16条（退職年金の支給開始日）

退職年金の支給開始日は退職年金の受給権を取得した日とする。

第17条（退職年金の支給期間および保証期間）

退職年金の支給期間および保証期間は15年間とする。

第18条（退職年金の転給）

①退職年金受給権者が死亡した場合は，保証期間中その遺族に引き続き同額の年金を転給する。

②年金の転給を受けている者が死亡し，なお保証期間に残余がある場合は，次順位の遺族に引き続き同額の年金を転給する。

第3節　退職一時金

第19条（退職一時金の支給要件）

　　本制度の加入者が次に該当したときは，退職一時金の受給権を取得するものとし，当該加入者に退職一時金を支給する。

　　勤続満 3 年以上 20 年未満で定年退職したとき

第20条（退職一時金の額）

　　退職一時金の金額は次の通りとする。

　　基準給与に退職一時金支給率（別表 5）を乗じた額

第 4 節　選択一時金

第21条（選択一時金）

　①年金の受給権者が次の事由に該当したことにより，将来の年金の全部または一部について年金の支給に代えて年金の一時金を選択したときは会社の認定により，年金に代えて一時金（以下「選択一時金」という）を支給する。

　　(1) 災害

　　(2) 重疾病，後遺症を伴う重度の心身障害（生計を一にする親族の重疾病，後遺症を伴う重度の心身障害または死亡を含む）

　　(3) 住宅の取得

　　(4) 生計を一にする親族（配偶者を除く）の結婚または進学

　　(5) 債務の弁済

　　(6) その他上記に準ずる場合

　②年金の受給権者の死亡に際し，遺族から希望があった場合は選択一時金を支給する。

　③前 2 項に定める選択一時金の額は，その選択割合に応じて次表に定める額とする。

選択時期	選択割合	選　択　一　時　金　額
退　職　時	50%	第20条により算出された一時金額 × $\frac{1}{2}$
	100%	第20条により算出された一時金額

　④前項において選択割合 50% の選択を行った者には，選択を行う前に支給されるべき年金と同一の支給期間の年金を支給する。ただし，年金月額は，選択を行う前に支給されるべき額に 0.5 を乗じた額とする。

第 5 節　小額一時金

第22条（小額一時金）

年金額が 10,000 円以下となる場合は，年金の支給に代えて年金現価額を一時金とし支給する。

第 3 章　拠出

第23条（通常の掛金）

①本制度の給付の財源にあてるため，適正な年金数理に基づいて算定された通常の掛金は，全額会社が負担する。

②会社は前項の掛金として，加入者の基準給与の 3.5％相当額を加入した月から退職または死亡した月まで毎月拠出する。

第24条（過去勤務債務等の額の償却のための掛金）

①会社は本制度実施に伴う過去勤務債務等の額の償却に要する掛金を全額負担する。

②過去勤務債務等の額の計算は一括管理方式による。

③過去勤務債務等の額の償却は法人税法施行令第 159 条第 1 項第 6 号ロによることとし，同規定に定める 100 分の 35 に相当する金額以下の額とは，本制度においては 100 分の 15 に相当する額とする。

④会社は前項の掛金として，加入者の基準給与の 2.0％相当額を加入した月から退職または死亡した月まで毎月拠出する。

第25条（本制度運営の費用）

会社は，前 2 条の掛金のほか保険契約に係わる付加保険料を全額負担する。

第26条（拠出の停止）

会社は加入者が定年に達した日の属する月の翌月から第23条および第24条に定める掛金の拠出を停止する。

第 4 章　雑則

第27条（届出義務）

本制度の給付を受けようとする者は必要な書類を所定の期日までに提出し，かつ照会のあった事項について遅滞なく回答しなければならない。

第28条（本制度の運営）

①会社および関連会社は，本制度の掛金の管理，運用および給付を行うため，次に定める生命保険会社および信託会社との間に保険契約および信託契約を終結する。

1. 生命保険会社

　　　　　　慶應義塾生命保険相互会社
　2.　信託会社
　　　　　　福沢信託銀行株式会社
②本制度の掛金および給付のうち70％は前項の保険契約に基づき，30％
　は前項の信託契約に基づき配分する。
③振込等の給付事務は，別に会社および関連会社と慶應義塾生命保険相
　互会社および福沢信託銀行株式会社との間で締結した協定に基づき，
　慶應義塾生命保険相互会社がとりまとめて行う。
④本制度が廃止されたときは，次に定める方法により保険料積立金およ
　び信託財産を処分する。
　　1.　保険契約に係わる部分の取扱については，保険契約協定書に定め
　　　　るところによる。
　　2.　信託契約に係わる部分については，年金の受給権者および年金の
　　　　転給を受けている者に対して本制度廃止後受領すべき年金現価額
　　　　を計算し，その額に相当する信託財産を分配する。ただし，信託
　　　　財産に不足をきたす場合は，その額に比例して信託財産を分配する。
　　3.　前号による分配を行った後の残余の信託財産については，各加入
　　　　者の勤続年数に基準給与を乗じた数値で比例計算のうえ，それぞ
　　　　れに分配する。
第29条（財政決算および掛金の改訂要否の定期的検討）
　①本制度の財政決算は毎年1月末日に行う。
　②会社は本制度の掛金について，給付の状況に照らし，その改訂の要否
　　の検討を平成11年2月1日に行い，以降3年ごとに行う。
第30条（受給権の譲渡または担保の禁止）
　　本制度の給付を受ける権利は，これを譲渡し，または担保に供しては
　ならない。
第31条（超過積立金の返還）
　　第29条第2項に定める掛金改訂の定期的検討時において，保険料積立
　金および信託財産が法人税法施行令第159条第1項第7号に定める退職
　年金の給付に充てるため留保すべき金額を超える場合は，会社は当該超
　える部分の返還を受けこれを収受する。
第32条（事情変更による改廃）
　　本制度は，会社の経理状況および賃金体系の大幅な変更，社会保障制
　度の進展，金利水準の大幅な変動，その他社会情勢の変化により必要と

認めたときは改正または廃止することがある。

第33条（本制度と退職金規程との調整）

本制度は退職金規程の枠内にて制定されたものであり，本制度の一時金額および年金現価額（以下，「年金給付額」という）は，退職金規程により計算される金額に含まれるものとする。ただし，年金給付額が退職金規程により計算される金額を上回る場合は，退職金規程による支給に代えて年金給付額を支給する。

第34条（転籍者に係わる特例）

①本制度の加入者が平成4年4月16日以降，甲へ転籍し，甲の確定給付企業年金制度の加入者となったときは，本制度からの給付は行わない。

②会社は，法人税法施行令第159条第1項第8号ロの規定に基づき，前項により甲へ転籍した加入者に係わる要留保額の返還を受け，甲の確定給付企業年金制度に係わる過去勤務債務等の額の償却のための掛金として直ちに甲に払い込む。

③平成4年4月16日以降，甲の確定給付企業年金制度の加入者が会社へ転籍したときは，第4条に係わらず，転籍日に本制度に加入するものとする。

④会社は，法人税法施行令第159条第1項第8号ロの規定に基づき，前項により本制度に加入した者に係わる要留保額を甲より受領し，本制度の過去勤務債務等の額の償却のための掛金として直ちに払い込む。

付　　則

第1条（実施期日）

①本制度は，昭和59年7月1日から実施する。

②本制度は，平成2年8月1日から改正する。

③本制度は，平成5年8月1日から改正する。

④本制度は，平成7年10月1日から改正する。

⑤本制度は，平成10年7月1日から改正する。

第2条（経過措置）

昭和59年7月1日に第3条に定める加入資格を有する者は，本制度実施期日に加入する。

第3条（過去勤務債務等の額の償却のための掛金の拠出）

平成2年8月1日以降，第28条に定める保険契約ならびに信託契約について引受割合を変更したことにより，会社は早稲田生命保険相互会社および大隈生命保険相互会社よりの返還金を法人税法施行令第159条第8

号ハの規定に基づき，慶應義塾生命保険相互会社および福沢信託銀行株式会社に過去勤務債務等の額の償却のための掛金として直ちに拠出する。

第4条（過去勤務債務等の額の掛金の拠出）

　平成5年8月1日以降，第28条に定める保険契約ならびに信託契約について引受割合を変更したことにより，会社は早稲田生命保険相互会社，大隈生命保険相互会社および福沢信託銀行株式会社よりの返還金を法人税法施行令第159条第8号ハの規定に基づき，慶應義塾生命保険相互会社に過去勤務債務等の額の償却のための掛金として直ちに拠出する。

第5条（過去勤務債務等の額の掛金の拠出）

　平成7年10月1日以降第28条に定める保険契約ならびに信託契約について引受割合を変更したことにより，会社は早稲田生命保険相互会社および大隈生命保険相互会社よりの返還金を法人税法施行令第159条第8号ハの規定に基づき，慶應義塾生命保険相互会社および福沢信託銀行株式会社に過去勤務債務等の額の償却のための掛金として直ちに拠出する。

（別表4）退職年金支給率表

勤続年数	支給率（月額）
20 年	9.950 %
21 年	10.752
22 年	11.555
23 年	12.357
24 年	13.160
25 年	13.962
26 年	14.836
27 年	15.709
28 年	16.583
29 年	17.456
30 年	18.330
31 年	19.281
32 年	20.233
33 年	21.184
34 年	22.136
35 年	23.088
36 年	24.117
37 年	25.147
38 年	26.170
39 年	27.192
40 年以上	28.215

（別表5）退職一時金支給率表

勤続年数	支給率
3 年	0.82
4 年	1.29
5 年	1.76
6 年	2.40
7 年	3.04
8 年	3.68
9 年	4.32
10 年	4.96
11 年	5.80
12 年	6.64
13 年	7.48
14 年	8.32
15 年	9.16
16 年	10.13
17 年	11.10
18 年	12.07
19 年	13.04
（20 年）	（14.01）

（注）　月割計算方法

A 年 B ヵ月月の支給率＝A 年の支給率

$$+ \{(A 年＋1) 年の支給率－A 年の支給率\} \times \frac{B ヵ月}{12}$$

A　年：退職時の勤続年数

B ヵ月：端数月数（少数点以下の端数については，第4位を四捨五入）

(2) 退職年金規程の解読

　PBO 等の測定を行うためには，退職年金規程から必要な情報を抽出しなければならないため，必要な退職年金規程の解読を行う。

　第1章　総則

　第1条（目的）：

　PBO 等の測定を行ううえで，特に考慮する必要はない。

　第2条（適用範囲）：

　①および②年金もしくは一時金が支給される者の資格が規程されており，ここでの該当者のみを PBO 等の測定対象とする。ただし，本年金制度は退職一時金制度からの一部移行であるため，「退職金規程」の「第1条（目的）」の場合と同様の規程である（前述したように，本節では，この該当者を単に，「従業員」という）。

　第3条（加入資格）：

　PBO 等の測定を行ううえで，特に考慮する必要はない。

　第4条（加入時期）：

　PBO 等の測定を行ううえで，特に考慮する必要はない。

　第5条（勤続年数の計算）：

　これらの規程に従って，従業員の勤続年数を計算する。ただし，本年金制度は退職一時金制度からの一部移行であるため，「退職金規程」の「第8条（退職金の計算上の取扱）①，②，⑧および⑨」の場合と同様の規程である。

　なお，⑥については，本節の測定モデルでは，勤続年数を満年数で考え，月割りを考慮しない。したがって，PBO 等の測定を行ううえで，特に考慮する必要はない。

　第6条（基準給与）

①および②年金および一時金の給付額算定の基礎となる基本給は，「退職金規程」のⅰ）「基本退職金」の給付額算定の基礎と同様である。本制度は，ⅰ）「基本退職金」の一部移行であるため，給付額の算定基礎が一致する。

③掛金額についての規程であるため，PBO等の測定を行ううえで，特に考慮する必要はない。

第2章　給付

第1節　給付の通則

第7条（給付の種類）：

本制度から支給される退職給付金の種類は，ⅰ）「退職年金」，ⅱ）「退職一時金」，ⅲ）「選択一時金」およびⅳ）「小額一時金」の4種類である（詳しくは，後述）。

第8条（支給日および支給方法）：

①本節の測定モデルでは，年金は期首一括払いとして計算する（詳しくは，後述）。したがって，PBO等の測定を行ううえで，特に考慮する必要はない。

②および③PBO等の測定を行ううえで，特に考慮する必要はない。

第9条（端数処理）：

重要性に乏しいため，PBO等の測定を行ううえで，特に考慮する必要はない。

第10条（遺族）：

従業員本人であろうがその遺族であろうが，誰に年金もしくは一時金を支給するのかは，PBO等の測定を行ううえで関係はない。したがって，特に考慮する必要はない。

第11条（定年）：

定年年齢60歳に達した定年退職の場合に，確定給付企業年金制度に移行される。したがって，「退職金規程」の「第4条（基本退職金）」における「選択定年」は，移行の対象とはならない。

第12条（給付の制限）：

懲戒解雇は，通常，ほとんど発生しない退職事由である。したがって，PBO等の測定を行ううえで，特に考慮する必要はない（ただし，「退職金規程 第6条（特別加算金）」と同様に，会社の担当者に支給実績等を確認する必要がある）。

第13条（その他の関連会社への転籍者に係わる特例）：

PBO 等の測定を行ううえで，特に考慮する必要はない。

第2節　退職年金

第14条（退職年金の支給要件）：

退職年金の受給資格は，「勤続満 20 年以上で定年退職したとき」である。

第15条（退職年金の月額）：

年金の月額給付算定式は，「退職時基本給×退職年金支給率（別表4）」である。ただし，本節の測定モデルでは，年金を期首一括払いとみなして計算するため，年額を求める必要がある。年金の年額給付算定式は，「12×退職時基本給×退職年金支給率（別表4）」となる。

ここで，本節の測定モデルにおいて，年金を，年4回払いではなく期首一括払いとみなして計算する理由は，双方の測定結果の相違に重要性はないことから，計算を簡略化するためであり，また，保守的に PBO 等を測定するためである。

第16条（退職年金の支給開始日）：

この規程により，年金は定年退職時に支給が開始されるものとして，PBO 等の測定を行う。

第17条（退職年金の支給期間および保証期間）：

本制度は，保証期間「15 年」の有期確定年金である。

第18条（退職年金の転給）：

「第10条（遺族）」の場合と同様の理由により，PBO 等の測定を行ううえで，特に考慮する必要はない。

第3節　退職一時金

第19条（退職一時金の支給要件）：

退職一時金の受給資格は，年金受給資格を得ないで定年退職した場合，すなわち，「勤続満 3 年以上 20 年未満で定年退職したとき」である（本制度は退職一時金制度からの一部移行であるため，「勤続満 3 年以上」の支給条件は，「退職金規程」の「第 2 条（退職金支給条件）②」の場合と同様である）。

第20条（退職一時金の額）：

退職一時金の給付算定式は，「退職時基本給×退職一時金支給率（別表 5）」である。ここで，（別表 5）の支給率は，「退職金規程」の（別表 1）の A 支給

率と一致している。したがって，PBO 等の測定をするうえで（別表 5）ではなく，月割りを考慮した（別表 1）'を代替することになる。

第 4 節　選択一時金

第 21 条（選択一時金）：

①「年金の受給権者」，すなわち，年齢 60 歳および勤続年数 20 年に達して定年退職した者は，(1) ～ (6) の条件を満たした場合には，一時金を選択することができる。

②「第 10 条（遺族）」の場合と同様の理由により，PBO 等の測定を行ううえで，特に考慮する必要はない。

③選択一時金の給付算定式は，「第 20 条（退職一時金の額）」と同じである。ただし，「選択割合 50％」の選択をした場合，当該給付算定式に $\frac{1}{2}$ を乗じた金額となる。

④「選択割合 50％」の選択を行った者には，「第 15 条（退職年金の月額）」と同じ給付算定式によって計算される金額の $\frac{1}{2}$ の年金が，保証期間 15 年にわたって支給される。

ここで，③および④より，「選択割合 50％」の場合を考慮した測定モデルを，どのように構築すればよいのか問題となる。これは，一時金選択率を計算する際に，当該選択実績を $\frac{1}{2}$（人）とカウントすればよいのである。すなわち，一時金選択者および年金選択者は，それぞれ $\frac{1}{2}$（人）ずつ発生したとみなすことができるからである。

第 5 節　小額一時金

第 22 条（小額一時金）：

重要性に乏しいため，PBO 等の測定を行ううえで，特に考慮する必要はない。

第 3 章　拠出：

PBO 等の測定を行ううえで，特に考慮する必要はない。

第 4 章　雑則：

PBO 等の測定を行ううえで，特に考慮する必要はない。

付則：

PBO 等の測定を行ううえで，特に考慮する必要はない。

(3) 年額および月割りを考慮するための年金支給率の再設定

ここでは，本節第1項の「(3) 月割りを考慮するための一時的支給率等の再設定」にならって，また，算出される金額が月額から年額へ修正されるように，退職年金支給率（別表4）の再設定を行う。

つまり，勤続年数が満 m 年の従業員の年金支給率を一律に「$12 \times \{$勤続年数 m 年の年金支給率 $+ \frac{6}{12} \times$（勤続年数（$m+1$）年の年金支給率 − 勤続年数 m 年の年金支給率）$\}$」と（別表4）を再設定すればよいのである。

以上から，本節の測定モデルに適用すべき退職年金支給率表は，（別表4）を再設定した右の（別表4）'である。

第3項　退職一時金制度（基本退職金）および確定給付企業年金制度の PBO 等の測定モデルの構築

まず，退職金規程および退職年金規程から読み取った PBO 等の測定のための前提条件をまとめる。

（別表4）'退職年金支給率表

勤続年数	支給率（年額）
20 年	1.24212
21 年	1.33842
22 年	1.43472
23 年	1.53102
24 年	1.62732
25 年	1.72788
26 年	1.83270
27 年	1.93752
28 年	2.04234
29 年	2.14716
30 年	2.25666
31 年	2.37084
32 年	2.48502
33 年	2.59920
34 年	2.71344
35 年	2.83230
36 年	2.95584
37 年	3.07902
38 年	3.20172
39 年	3.32442
40 年以上	3.38580

※なお，（別表4）と異なり、％表示ではない。

＜退職一時金制度（基本退職金）＞
①基本退職金は，退職時の「基本給×支給率（別表1）'」に基づいて計算される。（別表1）'は，勤続年数および退職事由別に設定されており，月割りを考慮して，（別表1）を再設定したものである。
②基本退職金の受給資格は，勤続年数3年以上である。

③満55年以上かつ勤続年数10年以上での自己都合退職の場合は,「選択定年」となる。

　この場合,退職時の勤続年数に,退職時から60歳までの勤続年数を加えた年数を当該退職者の退職時勤続年数とみなす。さらに,定年退職の場合の支給率((別表1)'A支給率)を適用する。

＜確定給付企業年金制度＞
①年齢60歳に達して定年退職した場合,確定給付企業年金制度に移行する。
②年金は,退職時の「基本給×支給率(別表4)'」に基づいて計算される。
(別表4)'は勤続年数別に設定されており,年額に修正することを目的とし,そして,月割りを考慮して,(別表4)を再設定したものである。
③年金の受給資格は,勤続年数20年以上である。
④年金は,保証期間15年の有期確定年金である。
⑤年金受給資格を有する定年退職者には,一時金選択権が付与されている。なお,当該一時金の金額は,基本退職金と一致する。
⑥勤続年数3年以上20年未満の場合は,一時金が支給される。なお,当該一時金の金額は,基本退職金と一致する。

　そして,本ケース分析では,以下の前提条件および仮定をおく。
① PBO等の発生認識方法は,期間定額基準を採用する。
②年齢および勤続年数は満年数で考え,年数の月割りは考慮しない(ただし,支給率の再設定により,実質的には考慮されている)。
③退職は期中を通じて発生することから,その平均をとって,退職は期央に発生するとみなす。
④年金は期首一括払いとする。

　これらの前提条件および仮定から,以下の測定モデルを構築することができる。

(1) 従業員のPBO

　x　：現在の年齢　　　　　　　　t_0　：現在の勤続年数

$w(=60)$　：定年年齢および年金受給資格を得る年齢

$y_0(=3)$　：退職給付受給資格を得る勤続年数

$y(=20)$　：年金受給資格を得る勤続年数　　　B_x：x 歳（現在）の基本給

S_x　：x 歳の昇給指数（$\frac{S_{x+1}}{S_x}$：x 歳の（$x+t$）歳に対する昇給率）

$C^j{}_m$　：勤続年数 m 年の支給率（自己都合退職）（（別表1）' B 支給率）

$C^k{}_m$　：勤続年数 m 年の支給率（死亡退職および定年退職）（（別表1）' A 支給率）

$R^j{}_x$　：x 歳の自己都合退職率

D_x　：x 歳の死亡率　　　　　$P_{w(=60)}$：$w(=60)$ 歳（定年退職時）の一時金選択率

i　：割引率　　　　　　　　　$g(=15)$：年金の保証期間

$$
\begin{aligned}
\mathrm{PBO}_{x.t_0} =\ & \frac{t_0}{t_0+\frac{1}{2}}\cdot\left(\frac{1}{1+i}\right)^{\frac{1}{2}}\cdot\left(R^j{}_x\cdot C^j{}_{t_0}+D_x\cdot C^k{}_{t_0}\right)\cdot B_x \\[2mm]
& +\sum_{t=1}^{55-x-1}\frac{t_0}{t_0+t+\frac{1}{2}}\cdot\left(\frac{1}{1+i}\right)^{t+\frac{1}{2}}\cdot\prod_{u=x}^{x+t-1}\left\{1-\left(R^j{}_u+D_u\right)\right\} \\[2mm]
& \qquad\qquad\qquad\cdot\left(R^j{}_{x+t}\cdot C^j{}_{t_0+t}+D_{x+t}\cdot C^k{}_{t_0+t}\right)\cdot B_x\cdot\frac{S_{x+t}}{S_x} \\[2mm]
& +\begin{cases}
\displaystyle\sum_{t=55-x}^{w(=60)-x-1}\frac{t_0}{t_0+t+\frac{1}{2}}\cdot\left(\frac{1}{1+i}\right)^{t+\frac{1}{2}}\cdot\prod_{u=x}^{x+t-1}\left\{1-\left(R^j{}_u+D_u\right)\right\} \\[2mm]
\qquad\qquad\cdot\left(R^j{}_{x+t}\cdot C^j{}_{t_0+t}+D_{x+t}\cdot C^k{}_{t_0+t}\right)\cdot B_x\cdot\frac{S_{x+t}}{S_x} \\[1mm]
\hfill (t_0+t<10\text{のとき}) \\[3mm]
\displaystyle\sum_{t=55-x}^{w(=60)-x-1}\frac{t_0}{t_0+t+\frac{1}{2}}\cdot\left(\frac{1}{1+i}\right)^{t+\frac{1}{2}}\cdot\prod_{u=x}^{x+t-1}\left\{1-\left(R^j{}_u+D_u\right)\right\} \\[2mm]
\qquad\cdot\left(R^j{}_{x+t}\cdot C^j{}_{t_0+w(=60)-x}+D_{x+t}\cdot C^k{}_{t_0+t}\right)\cdot B_x\cdot\frac{S_{x+t}}{S_x} \\[1mm]
\hfill (t_0+t\leq 10\text{のとき})
\end{cases} \\[2mm]
& +\frac{t_0}{t_0+w-x}\cdot\left(\frac{1}{1+i}\right)^{w(=60)-x}\cdot\prod_{u=x}^{w(=60)-1}\left\{1-\left(R^j{}_u+D_u\right)\right\}
\end{aligned}
$$

$$\cdot \{P_{w(=60)} \cdot C^{k}{}_{t_0+w(=60)-x} \cdot B_x \cdot \frac{S_{w(=60)}}{S_x} + (1 - P_{w(=60)})$$
$$\cdot Q_{w(=60),\,t_0+w(=60)-x} \cdot 年金現価\}$$

$$(ただし,\ t_0+w(=60)-x < y(=20)\ のとき P_{w(=60)}=1)$$

$Q_{x,m}$ ：x 歳・勤続年数 m 年の予測年金支給額（年額）

※ $Q_{w(=60),\,t_0+w(=60)-x} = C'^{k}{}_{t_0+w(=60)-x} \cdot B_x \cdot \dfrac{S_{w(=60)}}{S_x}$

$C'^{k}{}_{m}$ ：勤続年数 m 年の年金支給率（定年退職）（別表 4）'

$$年金現価 = 1 + \sum_{v=1}^{g(=15)-1}\left(\frac{1}{1+i}\right)^v$$

年金現価とは，年金 1 円を毎年支給した場合の現価である。本ケースでは，有期確定年金であるため，死亡率を考慮する必要はない[1]。

＜解説＞

　上式は，第 1 項，第 2 項，第 3 項および第 4 項から構成されている。第 1 項は現在から翌 1 年の退職を計算対象としており，第 2 項は t（$\geqq 1$）年後から翌 1 年の退職を計算対象としており，それを「選択定年」退職が適用される満 55 歳に至るまでの期間を累積しているものである。そして，第 3 項は t（$\geqq 55-x$）年後から翌 1 年の「選択定年」退職が適用される満 55 歳以上の退職を計算対象としており，それを定年退職に至るまでの期間を累積しているものである（ただし，「選択定年」退職が適用されない勤続年数（$t_0+t<10$）の場合と，適用される勤続年数（$t_0+t\geqq 10$）の場合で，場合分けがなされる）。最後に，第 4 項は定年退職を計算対象としている。ここで，本節の測定モデルは，退職が期央に発生しているとみなしているため，第 1 項は $\frac{1}{2}$ 年後に，第 2 項および第 3 項は $\left(t+\frac{1}{2}\right)$ 年後に退職するとして計算している。

Ⅰ．最初に，第 2 項について，計算式の詳細な解説を行う。

　　まず，第 2 項において，t 年後から翌 1 年の退職を計算対象とした場合，計算式は以下のようになる。

$$\frac{t_0}{t_0+t+\frac{1}{2}} \cdot \left(\frac{1}{1+i}\right)^{t+\frac{1}{2}} \cdot \prod_{u=x}^{x+t-1}\{1-(R^j{}_u+D_u)\} \cdot (R^j{}_{x+t} \cdot C^j{}_{t_0+t}+D_{x+1} \cdot C^k{}_{t_0+t}) \cdot B_x \cdot \frac{S_{x+1}}{S_x}$$

ここで，退職給付受給資格を得ていない場合（$t_0+t<y_0$（$=3$））は，退職給付は発生しないことになる。したがって，この場合は，支給率（$C^j{}_{t_0+t}$ および $C^k{}_{t_0+t}$）が0となることから（（別表1)'参照），当該計算期間のPBO測定額は0となる。

次に，各構成部分ごとに解説を行う。

① $\dfrac{t_0}{t_0+t+\frac{1}{2}}$：期間定額基準によるPBO発生認識割合を示す。すなわち，

勤続年数（$t_0+t+\frac{1}{2}$）年での退職を計算対象としているため，会計上は，

予測退職給付額の $\dfrac{t_0}{t_0+t+\frac{1}{2}}$ だけ発生しているものとする。

② $\left(\dfrac{1}{1+i}\right)^{t+\frac{1}{2}}$：（$t+\frac{1}{2}$）年後の退職を計算対象としているため，$\left(\dfrac{1}{1+i}\right)^{t+\frac{1}{2}}$

を乗じて，割引現在価値にしている。

③ $\displaystyle\prod_{u=x}^{x+t-1}\{1-(R^j{}_u+D_u)\}$：$x$ 歳から（$x+t-1$）歳までの退職率および死亡率を加味した，（$x+t$）歳すなわち t 年後の期首在籍率である。t 年後から翌1年の退職を計算対象としているため，t 年後の期首在籍率を考慮する必要がある。つまり，（$\displaystyle\prod_{u=x}^{x+t-1}\{1-(R^j{}_u+D_u)\}$）人が当該期間の計算対象となる。

《証明》

1年後の期首在籍率は，$1-(R^j{}_x+D_x)$

2年後の期首在籍率は，

$$\{1-(R^j{}_x+D_x)\}-\{1-(R^j{}_x+D_x)\} \cdot (R^j{}_{x+1}+D_{x+1})$$
$$=\{1-(R^j{}_x+D_x)\} \cdot \{1-(R^j{}_{x+1}+D_{x+1})\}$$

$$= \prod_{u=x}^{x+1}\left\{1-\left(R^j{}_u + D_u\right)\right\}$$

したがって，同様の計算過程により，t 年後の期首在籍率は，

$\displaystyle\prod_{u=x}^{x+t-1}\left\{1-\left(R^j{}_u + D_u\right)\right\}$ となる。

④ $\left(R^j{}_{x+t}\cdot C^j{}_{t_0+t} + D_{x+t}\cdot C^k{}_{t_0+t}\right)\cdot B_x\cdot\dfrac{S_{x+1}}{S_x}$：退職時点（本節では，年数の月割りを考慮せず満年数で考えることから，年齢（$x+t$）歳・勤続年数（$t_0 + t$）年）での予測退職給付金支給額の期待値である。

ここで，上式を

$$R^j{}_{x+t}\cdot C^j{}_{t_0+t}\cdot B_x\cdot\frac{S_{x+1}}{S_x} + D_{x+t}\cdot C^k{}_{t_0+t}\cdot B_x\cdot\frac{S_{x+t}}{S_x}$$

と展開し，各項ごとに解説を行う。

ⅰ）$R^j{}_{x+t}\cdot C^j{}_{t_0+t}\cdot B_x\cdot\dfrac{S_{x+1}}{S_x}$：自己都合退職の場合の予測退職一時金支給額である。

まず，年齢に応じた自己都合退職率（$R^j{}_{x+t}$）を乗じる。次に，予測退職一時金支給額を求めるのだが，勤続年数に応じた支給率（$C^j{}_{t_0+t}$）に，昇給を考慮した基本給（$B_x\cdot\dfrac{S_{x+1}}{S_x}$）を乗じることによって求められる。

ⅱ）$D_{x+t}\cdot C^k{}_{t_0+t}\cdot B_x\cdot\dfrac{S_{x+t}}{S_x}$：死亡退職の場合の予測退職一時金支給額である。

まず，年齢に応じた死亡率（D_{x+t}）を乗じる。

次に，予測退職一時金支給額を求めるのだが，勤続年数に応じた支給率（$C^k{}_{t_0+t}$）に昇給を考慮した基本給（$B_x\cdot\dfrac{S_{x+1}}{S_x}$）を乗じることによって求められる。

以上，①〜④までを考慮すると，1年後から「選択定年」退職が適用される満55歳に至るまで（すなわち，（$55-x-1$）年後）を計算し，累積したものが第2項の表す PBO である。

Ⅱ．次に，第3項の解説を行うが，第2項と比較して，異なる部分のみの解説を行う。

① $t_0 + t < 10$ のとき

この場合，「選択定年」の勤続年数に関する条件「勤続年数10年以上」を満たさないため，「選択定年」の適用はない。したがって，第2項と同様である。

② $t_0 + t \geqq 10$ のとき

この場合，「選択定年」の勤続年数に関する条件「勤続年数10年以上」を満たすため，自己都合退職の場合には，「選択定年」が適用される。

したがって，第2項のⅠ.④ⅰ）に対応する自己都合退職の場合の予測退職一時金支給額について，支給率が $C^j{}_{t_0+t}$ から $C^k{}_{t_0+w(=60)-x}$ に置き換わっている。これは，選択年金は自己都合退職の場合に適用されるが，退職時の勤続年数に，退職時から定年年齢（$w=60$）までの勤続年数を加えた年数を退職時の勤続年数（$(t_0+w(=60)-x)$ 年）とみなし，かつ，定年退職の場合の支給率を適用するためである。

Ⅲ. 次に，第1項の解説を行うが，第2項と比較して，異なる部分のみの解説を行う。

①第1項は現在から翌1年の退職を計算対象としているため，基本給の昇給を加味しない。

②第1項は現在から翌1年の退職を計算対象としているため，期首在籍率は1である。

Ⅳ. 最後に，第4項の解説を行うが，第2項と比較して，異なる部分のみの解説を行う。

①期首に在籍していた場合，その全てを定年退職とみなす。すなわち，期首在籍率（ $\prod\limits_{u=x}^{w(=60)-1} \left\{1-\left(R^j{}_u+D_u\right)\right\}$ ）を定年退職率とみなす。したがって，予測退職一時金支給額を求める場合に退職率および死亡率を乗じていない（ $C^k{}_{t_0+w(=60)-x} \cdot B_x \cdot \dfrac{S_{w(=60)}}{S_x}$ ）。

② $\left\{P_{w(=60)} \cdot C^k{}_{t_0+w(=60)-x} \cdot B_x \cdot \dfrac{S_{w(=60)}}{S_x} + \left(1-P_{w(=60)}\right) \cdot Q_{w(=60),\,t_0+w(=60)-x} \cdot 年金現価\right\}$ ：

定年退職時点での予測退職給付金支給額の期待値である。

ここで，上式について，各項ごとに解説を行う。

ⅰ）$P_{w(=60)} \cdot C^k{}_{t_0+w(=60)-x} \cdot B_x \cdot \dfrac{S_{w(=60)}}{S_x}$：定年退職で退職一時金を選択した場

合の予測退職一時金支給額である。

まず，定年退職の場合，一時金選択が認められるため，一時金選択率
（$P_{w(=60)}$）を乗じる。次に，第2項と同様に，定年退職の場合の予測退
職一時金支給額を求めればよい。

なお，勤続年数について，年金受給資格を得ていない場合（$t_0+w(=$
$60)-x < y(=20)$）は，年金選択の余地がないため，$P_{w(=60)}=1$ となり，
ⅱ）以下の予測年金支給額現価を考慮する必要はない。

ⅱ）$(1-P_{w(=60)}) \cdot Q_{w(=60),\,t_0+w(=60)-x} \cdot$ 年金現価：年金を選択した場合の予測
年金支給額現価である。

年金選択率（$1-P_{w(=60)}$）を乗じたうえで，定年退職時の勤務年数に応
じた予測年金支給額（年額）（$Q_{w(=60),\,t_0+w(=60)-x}$）および年金現価を乗じ
ることによって求められる。

ここで，$Q_{w(=60),\,t_0+w(=60)-x}$ および年金現価は，以下，解説する。

③ $Q_{w(=60),\,t_0+w(=60)-x} = C'^k{}_{t_0+w(=60)-x} \cdot B_x \cdot \dfrac{S_{w(=60)}}{S_x}$：予測年金支給額（年額）で

ある。

定年退職時の勤続年数に応じた年金支給率に，昇給を考慮した基本給

（$B_x \cdot \dfrac{S_{w(=60)}}{S_x}$）を乗じることによって求められる。

④年金現価＝$1+\displaystyle\sum_{v=1}^{g(=15)-1}\left(\dfrac{1}{1+i}\right)^v$：定年退職時における保証期間 $g(=15)$ 年の

有期確定年金の年金現価である。

まず，第1項は1であるが，年金は期首払いと仮定しているため，定年退
職時に支給する年金額には現価率を乗じる必要はないためである。

次に，第2項であるが，第2年度目から最終年度（第 $g(=15)$ 年度目）
までに支給される年金に対する現価率である。

ここで，年金支給開始後 $v(\geqq 1)$ 年後，すなわち，退職 v 年後の場合，計

算式は，$\left(\dfrac{1}{1+i}\right)^v$ となる。これは，年金支給開始後 v 年後，すなわち，退

職 v 年後を計算対象としているため，$\left(\dfrac{1}{1+i}\right)^{v}$ を乗じて，退職時点での割引現在価値にしている。

(2) 年金受給待期者の PBO

年金受給資格を得る年齢と年金支給開始年齢が，ともに定年年齢（$w=60$）であることから，年金受給待期者は存在しない。

(3) 年金受給者の PBO

$$\mathrm{PBO}_x = \overline{Q} + \overline{Q} \cdot \sum_{t=1}^{g'-1}\left(\dfrac{1}{1+i}\right)^{t}$$

$\overline{Q}$ ：実際年金支給額（年額）　　　　　　$g'(\leqq 15)$ ：保証期間残余年数

※ $\overline{Q}$ は，年金受給者に実際に支給している年金額である。

＜解説＞

保証残余年数 $g'(\leqq 15)$ 年が計算対象期間であること，および，実際の年金支給額（年額）を計算に用いる点を除いては，「(1) 従業員の PBO」における「年金現価」と同様の計算過程によって求められる（(1) Ⅳ. ④参照）。

以上のように，PBO は，個々の従業員，（年金受給待期者および）年金受給者ごとに測定する。そして，個々人の PBO の総計が，会社全体の PBO となる。（さらに，後述する職能加算金の PBO を加算する。）

(4) 勤務費用

PBO の測定モデルによって，勤務費用も測定されることになる。具体的には，期間定額基準によっているため，従業員の測定モデルにおける第 1 項の $\dfrac{t_0}{t_0 + \frac{1}{2}}$，第 2 項および第 3 項の $\dfrac{t_0}{t_0 + t + \frac{1}{2}}$，および，第 4 項の $\dfrac{t_0}{t_0 + w - x}$ について，t_0 を 1 と読み換えることによって，勤務費用の測定モデルが構築される。

ただし，勤務費用は，従業員のみが計算対象となる。また，PBO の計算基準日から起算して翌 1 年間の（つまり，次期の会計期間に認識される）勤務費用が計算される。

勤務費用も PBO と同様，個々の従業員ごとに測定する。そして，個々の従

業員の総計が会社全体の勤務費用となる（さらに，後述する職能加算金の勤務費用を加算する）。

第4項　退職一時金制度（職能加算金）のPBO等の測定モデルの構築

本項では，職能加算金のPBO等の測定モデルの構築を行う。特異な給付算定式となるため，様々な測定手法が考えられるが，実務上，一般的な方法によって，PBO等の測定モデルの構築を行う。

まず，「退職金規程」から読み取ったPBO等の測定のための前提条件をまとめる。

①職能加算金は，退職時までの各職能資格在任ごとに，「職能加算金額（別表2）'×職能資格在任年数」を累計額として計算される。

（別表2）'は，職能資格別に設定されており，月割りを考慮して，（別表2）を再設定したものである。

②自己都合退職の場合は，①の金額に自己都合退職乗率（別表3）を乗じたものとして計算される。

③職能加算金の受給資格は，勤続年数3年以上である。

次に，問題となるのは，職能加算金は，第2章で取り上げた基礎率だけでは測定が不可能なことである。具体的には，従業員の将来職能資格期間を考慮しなければならなく，さらに，将来予測のために，「昇格率」という基礎率が必要となることが考えられる。したがって，従業員の将来職能資格期間および昇格率を，どのようにPBO等の測定モデルに織り込むべきかを考察する。

Ⅰ．従業員の将来職能資格期間および昇格率を考慮した場合の測定モデル構築の困難性

もし，従業員の将来職能資格期間および昇格率を考慮した場合，以下のような問題が発生し，PBO等の測定モデルを構築することが困難となる。

まず，図表補-1のように職能資格が6等級に分かれている場合には，職能資格：1の従業員は年数：5に至るまでに，矢印（→）の本数分だけ将来の昇格率を考慮しなければならない。さらに年数：5で職能資格：5にとどまっている従業員は，年数：6以降も同様に，昇格率を考慮しなければならない。

【図表補-1】昇格率の考慮

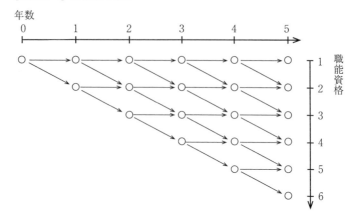

次に，将来職能資格在位年数を求める場合は，その職能資格に何年前に昇給したかによって，その在位年数も異なる。具体的に示すと，期間：5で職能資格：2の場合，期間：1～5で，一体どの時点で昇格したかによって，その在位年数が異なる。

したがって，従業員の将来職能資格期間および昇給率を考慮することは，PBO等の測定モデルを構築することを非常に困難にするのである。

Ⅱ．従業員の将来職能資格期間および昇格率をPBO測定モデルに織り込む手法

以上から，PBO等の測定モデルを構築する場合，従業員の将来職能資格期間および昇格率を厳密に考慮することは，現実的ではない。したがって，従業員の将来職能資格期間および昇格率を，技術的に織り込んだ測定モデルの構築が必要となる。

まず，職能加算金は，退職時までの累計額であるため，当該累計額を将来部分と過去部分に区分することが考えられる。なぜならば，過去部分は既に確定した部分であるため，将来予測を行う必要のある将来部分と区分した方が，より正確な測定モデルとなるからである。

次に，将来部分の累積上昇について，従業員の将来職能資格期間および昇格率を織り込んだ将来予測モデルを，どのように構築するのかが問題となる。ここで，将来部分の累積上昇を求める場合，職能加算金の昇給を見込まなければ

ならない。このため、職能加算金の昇給率を求めなければならないが、この場合の昇給指数は、従業員の満年齢を基準として、従業員の現在属する職能資格の職能加算金額（別表2）'に最小二乗法を適用することによって求めることが合理的である（図表補-2）。なぜならば、このような簡略化し

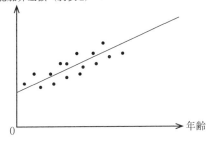

【図表補-2】昇格モデル

職能加算金額（別表2）'

年齢

た方法、すなわち、従業員の満年齢を基準とするのみで職能加算金の昇給指数を求めて、累積上昇させたとしても、結果的には、従業員の将来職能資格期間および昇格率を織り込んだ将来予測が行えるからである。

以上から、職能加算金の累計額を将来部分と過去部分に区分し、将来部分についてのみ、累積上昇を考慮すべきである。ここで、$K_x：x$歳（現在）の職能加算金額（別表2）'、$KS_x：x$歳の昇給指数（職能加算金額）（$\frac{KS_{x+t}}{KS_x}：x$歳の$(x+t)$歳に対する昇給率）とすると、x歳の従業員の将来部分に係るt年後の職能加算金の予測累計額は、

$$\sum_{v=1}^{t} K_x \cdot \frac{KS_{x+t}}{KS_x} \tag{式1}$$

となる。

そして、過去部分についてであるが、AK：職能加算金累計額とすると、x歳の従業員のt年後の職能加算金の予測累計額は、

$$\sum_{v=1}^{t} K_x \cdot \frac{KS_{x+t}}{KS_x} + AK \tag{式2}$$

となる。

なお、自己都合退職の場合は、当該予測累計額に自己都合退職乗率（別表3）を乗じることによって、職能加算金が求められる。

そして、本ケース分析では、以下の前提条件および仮定をおく（本節第3項と同様）。

① PBOの発生認識方法は、期間定額基準を採用する。

②年齢，勤続年数および職能資格在任年数は満年齢で考え，年数の月割りは考慮しない。

③退職は期中を通じて発生することから，その平均をとって，退職は期中に発生するとみなす。

　これらの前提条件および仮定から，以下の測定モデルを構築することができる。

x　　　：現在の年齢　　　　　　　　t_0　：現在の勤続年数

$w(=60)$：定年年齢　　　　　　　　$y_0(=3)$：退職給付受給資格を得る勤続年数

K_x　　：x 歳（現在）の職能加算金額（別表2）'

KS_x　　：x 歳の昇給指数（職能加算金額）（$\frac{KS_{x+t}}{KS_x}$：x 歳の（$x+t$）歳に対する昇給率）

AK　　：職能加算金累計額

$KC^j{}_m$　：勤続年数 m 年の自己都合退職乗率（別表3）

$R^j{}_x$　　：x 歳の自己都合退職率

D_x　　：x 歳の死亡率　　　　　　　i　：割引率

$$\mathrm{PBO}_{x.t_0} = \frac{t_0}{t_0+\dfrac{1}{2}}\cdot\left(\frac{1}{1+i}\right)^{\frac{1}{2}}\cdot\left(R^j{}_x\cdot KC^j{}_{t_0}+D_x\right)\cdot AK$$

$$+\sum_{t=1}^{w(=60)-x-1}\frac{t_0}{t_0+t+\dfrac{1}{2}}\cdot\left(\frac{1}{1+i}\right)^{t+\frac{1}{2}}\cdot\prod_{u=x}^{x+t-1}\left\{1-\left(R^j{}_u+D_u\right)\right\}$$

$$\cdot\left(R^j{}_{x+t}\cdot KC^j{}_{t_0+t}+D_{x+t}\right)\cdot\left(\sum_{v=1}^{t}K_x\cdot\frac{KS_{x+v}}{KS_x}+AK\right)$$

$$+\frac{t_0}{t_0+w-x}\cdot\left(\frac{1}{1+i}\right)^{w(=60)-x}\cdot\prod_{u=x}^{w(=60)-1}\left\{1-\left(R^j{}_u+D_u\right)\right\}\cdot\left(\sum_{v=1}^{w(=60)-x}K_x\cdot\frac{KS_{x+v}}{KS_x}+AK\right)$$

＜解説＞

　上式は，第1項，第2項および第3項から構成されている。第1項は現在から翌1年の退職を計算対象としており，第2項は $t(\geqq 1)$ 年後から翌1年の退職を計算対象としており，それを定年退職に至るまでの期間を累積している

ものである。そして，第3項は定年退職を計算対象としている。ここで，本節のPBO測定モデルは，退職が期央に発生しているとみなしているため，第1項は$\frac{1}{2}$年後に，第2項は$\left(t+\frac{1}{2}\right)$年後に退職するとして計算している。

Ⅰ. 最初に，第2項について，計算式の詳細な解説を行う。

まず，第2項において，t年後から翌1年の退職を計算対象とした場合，計算式は以下のようになる。

$$\frac{t_0}{t_0+t+\frac{1}{2}}\cdot\left(\frac{1}{1+i}\right)^{t+\frac{1}{2}}\cdot\prod_{u=x}^{x+t-1}\left\{1-\left(R^j{}_u+D_u\right)\right\}$$

$$\cdot\left(R^j{}_{x+t}\cdot KC^j{}_{t_0+t}+D_{x+t}\right)\cdot\left(\sum_{v=1}^{t}K_x\cdot\frac{KS_{x+v}}{KS_x}+AK\right)$$

ここで，退職給付受給資格を得ていない場合$\left(t_0+t<y_0(=3)\right)$は，職能加算金は発生しないことになる。したがって，この場合は，職能加算金額(K_x)および職能加算金累計額(AK)が0となっていることから，当該計算期間のPBO測定額は0となる。

次に，各構成部分ごとに解説を行う。

① $\dfrac{t_0}{t_0+t+\frac{1}{2}}$：期間定額基準によるPBO発生認識割合を示す。すなわち，勤続年数$\left(t_0+t+\frac{1}{2}\right)$年での退職を計算対象としているため，会計上は，予測退職給付額の$\dfrac{t_0}{t_0+t+\frac{1}{2}}$だけ発生しているものとする。

② $\left(\dfrac{1}{1+i}\right)^{t+\frac{1}{2}}$：$\left(t+\frac{1}{2}\right)$年後の退職を計算対象としているため，$\left(\dfrac{1}{1+i}\right)^{t+\frac{1}{2}}$を乗じて，割引現在価値にしている。

③ $\displaystyle\prod_{u=x}^{x+t-1}\left\{1-\left(R^j{}_u+D_u\right)\right\}$：$x$歳から$(x+t-1)$歳までの退職率および死亡率を加味した，$(x+t)$歳すなわち$t$年後の期首在籍率である。$t$年後から翌1年の退職を計算対象としているため，$t$年後の期首在籍率を考慮する必要がある。つまり，$\left(\displaystyle\prod_{u=x}^{x+t-1}\left\{1-\left(R^j{}_u+D_u\right)\right\}\right)$人が当該期間の計算対

象となる。

④ $\left(R^j_{x+t} \cdot KC^j_{t_0+t} + D_{x+t}\right) \cdot \left(\sum_{v=1}^{t} K_x \cdot \dfrac{KS_{x+v}}{KS_x} + AK\right)$：$t$ 年後の予測職能加算金支給額の期待値である。

ここで，上式を

$$R^j_{x+t} \cdot KC^j_{t_0+t} \cdot \left(\sum_{v=1}^{t} K_x \cdot \frac{KS_{x+v}}{KS_x} + AK\right) + D_{x+t} \cdot \left(\sum_{v=1}^{t} K_x \cdot \frac{KS_{x+v}}{KS_x} + AK\right)$$

と展開し，各項ごとに解説を行う。

ⅰ）$R^j_{x+t} \cdot KC^j_{t_0+t} \cdot \left(\sum_{v=1}^{t} K_x \cdot \dfrac{KS_{x+v}}{KS_x} + AK\right)$：自己都合退職した場合の予測職能加算金支給額である。

まず，年齢に応じた自己都合退職率（R^j_{x+t}）を乗じる。次に，予測職能加算金支給額を求めるのだが，勤続年数に応じた自己都合退職乗率（$KC^j_{t_0+t}$）に，職能加算金の予測累計額（$\sum_{v=1}^{t} K_x \cdot \dfrac{KS_{x+v}}{KS_x} + AK$）を乗じることによって求められる。

ⅱ）$D_{x+t} \cdot \left(\sum_{v=1}^{t} K_x \cdot \dfrac{KS_{x+v}}{KS_x} + AK\right)$：死亡退職の場合の予測職能加算金支給額である。

まず，年齢に応じた死亡率（D_{x+t}）を乗じる。次に，予測職能加算金支給額を求めるのだが，職能加算金の予測累計額（$\sum_{v=1}^{t} K_x \cdot \dfrac{KS_{x+v}}{KS_x} + AK$）を乗じることによって求められる。

Ⅱ．次に，第1項の解説を行うが，第2項と比較して，異なる部分のみの解説を行う。

①第1項は現在から翌1年の退職を計算対象としているため，現時点での職能加算金支給額を用いる。

②第1項は現在から翌1年の退職を計算対象としているため，期首在籍率は1である。

Ⅲ．最後に，第3項の解説を行うが，第2項と比較して，異なる部分のみの解説を行う。

①定年時期首に在籍していた場合，その全てを定年退職とみなす。すなわち，

定年時期首在籍率（$\prod_{u=x}^{w(=60)-1}\{1-(R^j{}_u+D_u)\}$）を定年退職率とみなす。した

がって，退職率等を乗じていない。

以上のように，PBO は，個々の従業員ごとに測定する。そして，個々の従業員の PBO の総計が，会社全体の職能加算金の PBO となる。

また，測定モデルにおける第 1 項の $\dfrac{t_0}{t_0+\dfrac{1}{2}}$，第 2 項の $\dfrac{t_0}{t_0+t+\dfrac{1}{2}}$，および，

第 3 項の $\dfrac{t_0}{t_0+w-x}$ について，t_0 を 1 と読み換えることによって，翌 1 年間の勤務費用の測定モデルが構築される。そして，個々の従業員の勤務費用の総計が会社全体の勤務費用となる。

最後に，本節の第 3 項と第 4 項の PBO および勤務費用を合計したものが，当該会社の PBO および勤務費用となる。

第 2 節　ポイント制を採用している場合

本節では，ポイント制の制度設計が行われている退職金規程のケース分析を行う。

これまでの退職金規程等は，原則として，勤続年数に比例して退職給付支給額が上昇する制度設計が採用されている。しかし，近年，勤続年数のみならず，従業員の業績を適正に反映させる成果主義に基づいた退職金規程等の制度設計を行い，従業員のインセンティブを引き出すことのできる退職給付制度を設ける会社が増加している。その中で，多くの会社が採用しているのが，「ポイント制」である。この「ポイント制」は，従業員の業績に応じたポイントを付与し，当該ポイントに比例して退職給付支給額が上昇する制度設計を行う，従業員の成果主義に基づいた退職給付制度である。ただし，日本企業の多くの「ポイント制」は，勤続年数に応じたポイントを付与するなど，年功序列型の要素を取り入れた形になっている（本節では，以下の退職金規程（別表 1）の「勤続ポイント」が該当する）。

また，この会社では，ポイント制の退職一時金制度のみを採用していると仮

定する。

　なお，本節におけるポイント制の測定モデルにより，厚生年金基金制度および
びキャッシュ・バランス・プランのPBO等の測定が可能である。厚生年金基
はポイントに相当する総報酬月額を，キャッシュ・バランス・プランはポイント
トに相当する拠出付与額と利息付与額を累積させていく給付モデルである[2]。

第1項　ポイント制「退職金規程」

　まず，ポイント制における退職金規程を例示し，その解読を行い，PBO等
の測定モデルのケース分析を行う。

(1)　退職金規程の例示

退　職　金　規　程

第1章　総則

第1条（目的）
　　　　この規程は就業規則第56条に基づき，社員の退職金の支給条件および
　　　　支給基準について定めることを目的とする。

第2条（退職の種類）
　　　　退職の種類は定年退職および中途退職とする。

第3条（退職金の種類）
　　　　退職金の種類は定年退職金および中途退職金とする。

第4条（退職金の負担）
　　　　退職金は全額会社が負担する。

第2章　退職金の計算

第5条（支給条件）
　　　　勤続満1年以上の社員が退職するときには退職金を支給する。

第6条（退職金の種類と退職事由）
　　　①　社員が次の各号の一に該当する事由により退職したときは定年退職
　　　　　金を支給する。
　　　　　就業規則第49条第1項の定めにより，定年に達したとき。
　　　②　社員が次の各号の一に該当する事由により退職したときは中途退職
　　　　　金を支給する。
　　　　（1）　就業規則第51条第5項および第6項の規程により，解雇されると

き。

(2) 会社の役員に就任したとき。

(3) 傷病により死亡したとき。

(4) 会社の都合により，関連会社へ転籍することを命じたとき。

(5) 就業規則第50条の手続により自己都合退職をするとき。

(6) 就業規則第51条第2項から第4項の規程により，解雇されるとき。

(7) 就業規則第43条に定める休職期間満了後も復職ができないとき。

第7条（支給金額）

退職金は次の算定式によって算出する。

退職金＝（勤続ポイント累計＋資格ポイント累計）×基準単価

第8条（勤続ポイント）

① 勤続ポイントは勤続年数に基づいて算出する。

② 勤続年数とは，入社した月から退職または死亡した月までの期間の年月数とする。

③ 勤続1年当たりのポイントは（別表1）の通りとする。

第9条（資格ポイント）

① 資格ポイントは資格等級ごとのポイントに，該当資格における勤務年数を掛けたものの合計とする。

② 資格等級ごとのポイントは（別表2）の通りとする。

第10条（ポイント累計における端数月の処理）

① 各ポイントの計算に際して，1年未満の計算期間は月割計算を行う。月割計算において，小数第2位以下のポイントは四捨五入する。

② 資格等級が変更になった月は上位等級の資格ポイントを適用する。

第11条（資格ポイントの累計停止）

資格ポイントの累計は，満55歳に達したその月の末日までとする。

第12条（休職期間中のポイントの処理）

就業規則第43条に定める無給の休職期間は勤続ポイントおよび資格ポイントを加算しない。

第13条（基準単価）

① 基準単価は（別表4）の通りとする。

② 基準単価は経済情勢や退職金の世間水準等を考慮し，これを調整することがある。

第14条（自己都合係数）

① 社員が第6条第5項から第7項に定める事由により退職するときは，

第7条の規程に関わらず，第7条により算出した金額に自己都合係数を乗じて得た金額を支給する。

② 自己都合係数は（別表3）の通りとする。

第3章　退職金の支給

第15条（退職金受給権者）

① 退職金は原則として本人に支払う。

② 死亡の場合は正当な受取人である遺族にこれを支給する。

③ 遺族の範囲および順位は労働基準法施行規則第42条ないし第45条の定めによる。

第16条（支給制限）

次の各号の一に該当する者には退職金を減じ，または支給をしない。

(1) 懲戒解雇される者

(2) 本人の故意または重大な過失により，会社に有形無形の損害を与えて退職する者。

(3) 会社の許可または退職届なくして，在籍のまま他に就職した者。

第17条（支給方法）

① 退職金は，退職日から1ヵ月以内に本人の給与振込み口座への振込みにより支給する。

② 所得税および住民税を控除して支給する。

③ 貸付金等，会社に対する債務のある場合にはこれらを控除して支給する。

第4章　補則

第18条（特別功労金）

① 会社は退職者のうち，特に顕著であった者には別途特別功労金を支払うことがある。

② 功労金の金額はその都度取締役会において決定する。

③ 特別功労金は全額一時金とする。

付　　則

この規程は1995年1月1日から実施する。

補論　PBO 等の測定モデル構築のケース分析　339

（別表1）勤続ポイント

勤 続 年 数	ポイント
3 年以下	10
3 年超 ― 5 年以下	17
5 年〃 ― 10 年〃	27
10 年〃 ― 15 年〃	31
15 年〃 ― 20 年〃	34
20 年〃 ― 25 年〃	36
25 年〃 ― 33 年〃	37
33 年〃	0

（別表2）資格ポイント

資 格	ポイント
9 等級	100
8 等級	85
7 等級	70
6 等級	55
5 等級	40
4 等級	30
3 等級	20
2 等級	10
1 等級	5

（別表3）自己都合係数

勤 続 年 数	係 数
2 年未満	0.00
2 年以上― 5 年未満	0.40
5 年〃 ― 8 年〃	0.50
8 年〃 ― 11 年〃	0.60
11 年〃 ― 14 年〃	0.70
14 年〃 ― 17 年〃	0.80
17 年〃 ― 20 年〃	0.90
20 年〃	1.00

（別表4）基準単価

10,000 円／1 ポイント

（2）退職金規程の解読

　PBO 等の測定を行うためには，退職金規程から必要な情報を抽出しなければならないため，必要な退職金規程の解読を行う。

　第1章　総則

　第1条（目的）：

　退職一時金が支給される者の資格が規程されており，ここでの該当者のみを PBO 等の測定の対象とする（本節では，この該当者を単に「従業員」という）。

　第2条（退職の種類）：

　「第6条（退職金の種類と退職事由）」に具体的に規程があるため，第6条参照。

　第3条（退職金の種類）：

　「第6条（退職金の種類と退職事由）」に具体的に規程があるため，第6条参

照。

第4条（退職金の負担）：

当該退職一時金制度が「確定給付型」であることに言及しているだけであり，PBO等の測定を行ううえで，特に考慮する必要はない。

第2章　退職金の計算

第5条（支給条件）：

退職一時金の受給資格は，「勤続満1年以上」である。

第6条（退職金の種類と退職事由）：

①就業規則第49条第1項より，定年年齢を読み取る（なお，定年年齢は60歳であるとする）。

②「第14条（自己都合係数）」より，(5)〜(7)を自己都合退職とする。また(1)，(2)および(4)は会社都合退職，(3)を死亡退職とする。

第7条（支給金額）：

退職一時金の給付算定式は，「(勤続ポイント累計＋資格ポイント累計)×基準単価（第13条（基準単価）参照）」である（ただし，ⅰ）会社都合退職およびⅱ）死亡退職の場合である。自己都合退職の場合は，「第14条（自己都合係数）」参照）。

第8条（勤続ポイント）：

①および③勤続ポイントは勤続年数に基づいて算出され，累計したものであり，勤続年数1年当たりのポイントは，（別表1）に定められている。

②本節の測定モデルでは，勤続年数を満年数で考え，月割りは考慮しない。したがって，PBO等の測定を行ううえで，特に考慮する必要はない。

第9条（資格ポイント）：

①および②資格ポイントは，各資格等級ごとのポイントに対して，当該資格における勤続年数を乗じた累計であり，資格等級ごとのポイントは，（別表2）に定められている。

第10条（ポイント累計における端数月の処理）：

①および②本節の測定モデルでは，勤続年数を満年数で考え，月割りは考慮しない。したがって，PBO等の測定を行ううえで，特に考慮する必要はない。

第11条（資格ポイントの累計停止）：

資格ポイントの累計は，満55歳までである。このため，資格ポイントの昇給指数は56歳以上を0とする必要がある（詳しくは後述）。

なお，勤続ポイントについても，（別表1）より，勤続年数33年超で累計がとどまる。この趣旨も，早期退職を促すものである。

第12条（休職期間中のポイントの処理）：

偶発的要因が高く，PBO等の測定を行ううえで，特に考慮する必要はない。

第13条（基準単価）：

①「第7条（支給金額）」に関する基準単価は，（別表4）に定められている。

②PBO等の測定を行ううえで，特に考慮する必要はない。

第14条（自己都合係数）：

①および②自己都合退職の場合の支給額は，「第7条（支給金額）」の給付算定式に，自己都合係数（別表3）を乗じた金額となる。

第3章　退職金の支給

第15条（退職金受給権者）：

①，②および③誰に一時金を支給するのかは，PBO等の測定を行ううえで関係はない。したがって，特に考慮する必要はない。

第16条（支給制限）：

偶発性が高く，PBO等の測定を行ううえで，特に考慮する必要はない。

第17条（支給方法）：

①，②および③PBO等の測定を行ううえで，特に考慮する必要はない。

第4章　補則

第18条（特別功労金）：

①，②および③支給要件の偶発性が高く，PBO等の測定を行ううえで，特に考慮する必要はない（ただし，本章第1節と同様に，会社の担当者に支給実績等を確認する必要がある。本節では，支給実績がほとんどなく合理的に予測できないと確認が得られ，PBO等の測定上，考慮する必要はないと判断したものとして，ケース分析を進める）。

付則：

PBO等の測定を行ううえで，特に考慮する必要はない。

第2項　ポイント制の PBO 等の測定モデルの構築

　まず，退職金規程から読み取った PBO 等の測定のための前提条件をまとめる。

①退職一時金は，「(勤続ポイント (別表1) 累計＋資格ポイント (別表2) 累計) ×基準単価 (別表4)」として計算される。
②自己都合退職の場合は，①の金額に自己都合係数 (別表3) を乗じたものとして計算される。
③資格ポイントの累計は，55歳までである。
④退職一時金の受給資格は，勤続年数1年以上である。

　次に，問題となるのは，ポイント制による退職一時金は，特異な給付算定式となる制度の一種である。具体的には，従業員の将来資格等級期間を考慮しなければならなく，さらに，将来予測のために，「昇格率」という基礎率が必要とされることが考えられる。したがって，従業員の将来資格等級期間および昇格率を，どのように測定モデルに織り込むべきかを考察する。

　しかし，この問題は，本章の第1節第4項の「Ⅰ．従業員の将来職能資格期間および昇格率を考慮した場合の測定モデル構築の困難性」と同様である。ここで，「将来職能資格期間」を「将来資格等級期間」と読み替えればよいのである。

　そして，資格ポイントの将来部分の累積上昇について，従業員の将来資格等級期間および昇格率を織り込んだ将来予測モデルを，どのように構築するのかが問題となる。ここで，資格ポイントの将来部分の累積上昇を求める場合，資格ポイントの昇給を見込まなければならない。このため，資格ポイントの昇給率を求めなければならないが，この場合の昇給指数は，従業員の満年齢を基準として，従業員の現在属する資格等級の資格ポイント (別表2) に最小二乗法を適用することによって求めることが合理的である。なぜならば，このような簡略化した方法，すなわち，従業員の満年齢を基準とするのみで資格ポイントの昇給指数を求めて，累積上昇させたとしても，結果的には，従業員の将来資

格等級期間および昇格率を織り込んだ将来予測が行えるからである。

なお,資格ポイントの累計は,55歳までであることから,56歳以上の昇給指数を0とする必要がある。この場合,55歳までの範囲で最小二乗法を行うことにより,55歳までの昇給指数を求め,そのうえで56歳以上の昇給指数を0とする(図表補-3)。

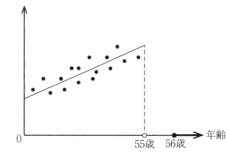

【図表補-3】資格ポイントの上昇

以上から,資格ポイントの累計額を将来部分と過去部分に区分し,将来部分についてのみ,累積上昇を考慮すべきであるが,ここで,SP_x:x歳(現在)の資格ポイント(別表2),SPS_x:x歳の昇給指数(資格ポイント)($\frac{SPS_{x+t}}{SPS_x}$:x歳の($x+t$)歳に対する昇給率)とすると,x歳の従業員の将来部分に係るt年後の資格ポイントの予測累計額は,

$$\sum_{v=1}^{t} SP_x \cdot \frac{SPS_{x+t}}{SPS_x} \quad \text{(式3)}$$

(ただし,$x+t \geq 56$のとき$SPS_{x+1}=0$,また,$x \geq 56$のとき$\sum_{v=1}^{t} SP_x \cdot \frac{SPS_{x+t}}{SPS_x} = 0$と定義する。)

となる。

また,過去部分についてであるが,ASP:資格ポイント累計額とすると,x歳の従業員のt年後の資格ポイントの予測累計額は,

$$\sum_{v=1}^{t} SP_x \cdot \frac{SPS_{x+t}}{SPS_x} + ASP \quad \text{(式4)}$$

となる。

そして,本ケース分析では,以下の前提条件および仮定をおく(本章の第1節第3項と同様)。

① PBOの発生認識方法は,期間定額基準を採用する。

②年齢，勤続年数および資格等級在任年数は満年齢で考え，年数の月割りは考慮しない。

③退職は期中を通じて発生することから，その平均をとって，退職は期中に発生するとみなす。

これらの前提条件および仮定から，以下の測定モデルを構築することができる。

(1) 従業員の PBO

x ：現在の年齢 $\qquad$ t_0 ：現在の勤続年数

$w(=60)$：定年年齢 $\qquad$ $y_0(=1)$：退職給付受給資格を得る勤続年数

KP_m：勤続年数 m 年の勤続ポイント（別表1）

AKP：勤続ポイント累計額

SP_x：x 歳（現在）の資格ポイント（別表2）

SPS_x：x 歳の昇給指数（資格ポイント） $\quad$ ($\frac{SPS_{x+t}}{SPS_x}$：x 歳の $(x+t)$ 歳に対する昇給率)

（ただし，$x+t \geqq 56$ のとき $SPS_{x+t}=0$，また，

$$x \geqq 56 \text{ のとき} \sum_{v=1}^{t} SP_x \cdot \frac{SPS_{x+v}}{SPS_x}=0 \text{と定義する。}$$

ASP ：資格ポイント累計額

$PC^j{}_m$ ：勤続年数 m 年の自己都合係数

$R^j{}_x$ ：x 歳の自己都合退職率

D_x ：x 歳の死亡率 $\qquad$ i ：割引率

$$\text{BO}_{x.t_0} = \frac{t_0}{t_0+\frac{1}{2}} \cdot \left(\frac{1}{1+i}\right)^{\frac{1}{2}} \cdot \left(R^j{}_x \cdot PC^j{}_{t_0}+D_x\right) \cdot 10,000(AKP+ASP)$$

$$+ \sum_{t=1}^{w(=60)-x-1} \frac{t_0}{t_0+t+\frac{1}{2}} \cdot \left(\frac{1}{1+i}\right)^{t+\frac{1}{2}} \cdot \prod_{u=x}^{x+t-1} \left\{1-\left(R^j{}_u+D_u\right)\right\}$$

$$\cdot \left(R^j{}_{x+t} \cdot PC^j{}_{t_0+t}+D_{x+t}\right)$$

$$\cdot 10,000 \cdot \left\{\left(\sum_{v=1}^{t} KP_{t_0+v}+AKP\right)+\left(\sum_{v=1}^{t} SP_x \cdot \frac{SPS_{x+v}}{SPS_x}+ASP\right)\right\}$$

$$\left(\text{ただし,}\ x=56\ \text{のとき}\ \sum_{v=1}^{t} SP_x \cdot \frac{SPS_{x+v}}{SPS_x}=0\ \text{と定義する}\right)$$

$$+\frac{t_0}{t_0+w-x}\cdot\left(\frac{1}{1+i}\right)^{w(=60)-x}\cdot\prod_{u=x}^{w(=60)-1}\left\{1-\left(R^j{}_u+R^k{}_u+D_u\right)\right\}$$

$$\cdot 10{,}000\cdot\left\{\left(\sum_{v=1}^{w(=60)-x} KP_{t_0+v}+AKP\right)+\left(\sum_{v=1}^{w(=60)-x} SP_x\cdot\frac{SPS_{x+v}}{SPS_x}+ASP\right)\right\}$$

<解説>

上式は，第1項，第2項および第3項から構成されている。第1項は現在から翌1年の退職を計算対象としており，第2項は $t\ (\geqq 1)$ 年後から翌1年の退職を計算対象としており，それを定年退職に至るまでの期間を累積しているものである。そして，第3項は定年退職を計算対象としている。ここで，本節の測定モデルは，退職が期央に発生しているとみなしているため，第1項は $\frac{1}{2}$ 年後に，第2項は $\left(t+\frac{1}{2}\right)$ 年後に退職するとして計算している。

Ⅰ．最初に，第2項について，計算式の詳細な解説を行う。

まず，第2項において，t 年後から翌1年の退職を計算対象とした場合，計算式は以下のようになる。

$$\frac{t_0}{t_0+t+\frac{1}{2}}\cdot\left(\frac{1}{1+i}\right)^{t+\frac{1}{2}}\cdot\prod_{u=x}^{x+t-1}\left\{1-\left(R^j{}_u+D_u\right)\right\}\cdot\left(R^j{}_{x+t}\cdot PC^j{}_{t_0+t}+D_{x+t}\right)$$

$$\cdot 10{,}000\cdot\left\{\left(\sum_{v=1}^{t} KP_{t_0+v}+AKP\right)+\left(\sum_{v=1}^{t} SP_x\cdot\frac{SPS_{x+v}}{SPS_x}+ASP\right)\right\}$$

ここで，退職給付受給資格を得ていない場合 $(t_0+t<y_0(=1))$ は，退職一時金は発生しないことになる。したがって，この場合は，勤続ポイント (KP_m)，勤続ポイント累計額 (AKP)，資格ポイント (SP_x) および資格ポイント累計額 (ASP) が0となっていることから，当該計算期間のPBO測定額は0となる。

次に，各構成部分ごとに解説を行う。

① $\dfrac{t_0}{t_0+t+\dfrac{1}{2}}$：期間定額基準によるPBO発生認識割合を示す。すなわち，

勤続年数 $\left(t_0+t+\dfrac{1}{2}\right)$ 年での退職を計算対象としているため，会計上は，予測退職給付額の $\dfrac{t_0}{t_0+t+\dfrac{1}{2}}$ だけ発生しているものとする。

② $\left(\dfrac{1}{1+i}\right)^{t+\frac{1}{2}}$: $\left(t+\dfrac{1}{2}\right)$ 年後の退職を計算対象としているため，$\left(\dfrac{1}{1+i}\right)^{t+\frac{1}{2}}$ を乗じて，割引現在価値にしている。

③ $\displaystyle\prod_{u=x}^{x+t-1}\left\{1-\left(R^j{}_u+D_u\right)\right\}$: x 歳から $(x+t-1)$ 歳までの退職率および死亡率を加味した，$(x+t)$ 歳すなわち t 年後の期首在籍率である。t 年後から翌 1 年の退職を計算対象としているため，t 年後の期首在籍率を考慮する必要がある。つまり，$\left(\displaystyle\prod_{u=x}^{x+t-1}\left\{1-\left(R^j{}_u+D_u\right)\right\}\right)$ 人が当該期間の計算対象となる。

④ $\left(R^j{}_{x+t}\cdot PC^j{}_{t_0+t}+D_{x+t}\right)$
$$\cdot 10{,}000\cdot\left\{\left(\sum_{v=1}^{t}KP_{t_0+v}+AKP\right)+\left(\sum_{v=1}^{t}SP_x\cdot\dfrac{SPS_{x+v}}{SPS_x}+ASP\right)\right\}$$

：t 年後の予測退職一時金支給額の期待値である。

先ず，$10{,}000\cdot\left\{\left(\displaystyle\sum_{v=1}^{t}KP_{t_0+v}+AKP\right)+\left(\displaystyle\sum_{v=1}^{t}SP_x\cdot\dfrac{SPS_{x+v}}{SPS_x}+ASP\right)\right\}$ は，予測退職一時金支給額（ただし，死亡退職の場合）であるが，これについて解説を行う。

ⅰ）$10{,}000$：基準単価（別表4）である。

ⅱ）$\displaystyle\sum_{v=1}^{t}KP_{t_0+v}+AKP$: t 年後の勤続ポイントの予測累計額である。将来部分に係る勤続ポイントの予測累計額 $\left(\displaystyle\sum_{v=1}^{t}KP_{t_0+v}\right)$ と，過去部分の勤続ポイントの累計額（AKP）から構成されている。

ⅲ）$\displaystyle\sum_{v=1}^{t}SP_x\cdot\dfrac{SPS_{x+v}}{SPS_x}+ASP$: t 年後の資格ポイントの予測累計額である。将来部分に係る資格ポイントの予測累計額 $\left(\displaystyle\sum_{v=1}^{t}SP_x\cdot\dfrac{SPS_{x+v}}{SPS_x}\right)$ と，過去部分の資格ポイント累計額（ASP）から構成されている。なお，満 55 歳で資格ポイントの累計は止まることから，$x\geqq 56$ のと

きと $\displaystyle\sum_{v=1}^{t}SP_x\cdot\frac{SPS_{x+v}}{SPS_x}$ 定義する。

次に，上式を

$$R^j{}_{x+t}\cdot PC^j{}_{t_0+t}\cdot 10{,}000\cdot\left\{\left(\sum_{v=1}^{t}KP_{t_0+v}+AKP\right)+\left(\sum_{v=1}^{t}SP_x\cdot\frac{SPS_{x+v}}{SPS_x}+ASP\right)\right\}$$

$$+\,D_{x+t}\cdot 10{,}000\cdot\left\{\left(\sum_{v=1}^{t}KP_{t_0+v}+AKP\right)+\left(\sum_{v=1}^{t}SP_x\cdot\frac{SPS_{x+v}}{SPS_x}+ASP\right)\right\}$$

と展開し，各項ごとに解説を行う。

ⅰ）$R^j{}_{x+t}\cdot PC^j{}_{t_0+t}\cdot 10{,}000\cdot\left\{\left(\displaystyle\sum_{v=1}^{t}KP_{t_0+v}+AKP\right)+\left(\displaystyle\sum_{v=1}^{t}SP_x\cdot\frac{SPS_{x+v}}{SPS_x}+ASP\right)\right\}$：

自己都合退職で退職一時金を選択した場合の予測退職一時金支給額である。

まず，年齢に応じた自己都合退職率（$R^j{}_{x+t}$）を乗じる。次に，予測退職一時金支給額を求めるのだが，勤続年数に応じた自己都合係数（$PC^j{}_{t_0+t}$）に，

$10{,}000\cdot\left\{\left(\displaystyle\sum_{v=1}^{t}KP_{t_0+v}+AKP\right)+\left(\displaystyle\sum_{v=1}^{t}SP_x\cdot\frac{SPS_{x+v}}{SPS_x}+ASP\right)\right\}$ を乗じることによって求められる。

ⅱ）$D_{x+t}\cdot 10{,}000\cdot\left\{\left(\displaystyle\sum_{v=1}^{t}KP_{t_0+v}+AKP\right)+\left(\displaystyle\sum_{v=1}^{t}SP_x\cdot\frac{SPS_{x+v}}{SPS_x}+ASP\right)\right\}$：死亡退職

の場合の予測退職一時金支給額である。

まず，年齢に応じた死亡率（D_{x+t}）を乗じる。次に，予測退職一時金支給額を求めるのだが，

$10{,}000\cdot\left\{\left(\displaystyle\sum_{v=1}^{t}KP_{t_0+v}+AKP\right)+\left(\displaystyle\sum_{v=1}^{t}SP_x\cdot\frac{SPS_{x+v}}{SPS_x}+ASP\right)\right\}$ を乗じることによって求められる。

Ⅱ．次に，第1項の解説を行うが，第2項と比較して，異なる部分のみの解説を行う。

①第1項は現在から翌1年の退職を計算対象としているため，現時点での退職一時金支給額を用いる。

②第1項は現在から翌1年の退職を計算対象としているため，期首在籍率は

1である。

Ⅲ. 最後に，第3項の解説を行うが，第2項と比較して，異なる部分のみの解説を行う。

①定年時期首に在籍していた場合，その全てを定年退職とみなす。すなわち，定年時期首在籍率（$\displaystyle\prod_{u=x}^{w(=60)-1}\{1-(R^j{}_u+D_u)\}$）を定年退職率とみなす。したがって，退職率等を乗じていない。

以上のように，PBOは，個々の従業員ごとに測定する。そして，個々の従業員のPBOの総計が，会社全体のポイント制のPBOとなる。

また，測定モデルにおける第1項の $\dfrac{t_0}{t_0+\dfrac{1}{2}}$，第2項の $\dfrac{t_0}{t_0+t+\dfrac{1}{2}}$，および，第3項の $\dfrac{t_0}{t_0+w-x}$ について，t_0 を1と読み換えることによって，翌1年間の勤務費用の測定モデルが構築される。そして，個々の従業員の勤務費用の総計が会社全体の勤務費用となる。

[注]

1）もし，本ケースが，（保証期間なしの単純）終身年金である場合の年金現価は，

$$1+\sum_{v=1}\left(\dfrac{1}{1+i}\right)^v\cdot\prod_{z=w(=60)}(1-D_z)$$ となる。つまり，（定年年齢（60歳）+1）歳以降の期首生存率 $\displaystyle\prod_{z=w(=60)}(1-D_z)$ を考慮する必要がある。

≪証明≫

（定年年齢（60歳）+1）歳の期首生存率は，$1-D_{w(=60)}$

（定年年齢（60歳）+2）歳の期首生存率は，$(1-D_{w(=60)})-(1-D_{w(=60)})\cdot D_{w(=60)+1}$

$$=(1-D_{w(=60)})\cdot(1-D_{w(=60)+1})$$

$$=\prod_{z=w(=60)}^{w(=60)+1}(1-D_z)$$

したがって，同様の計算過程により，（定年年齢（60歳）+1）歳以降の期首生存率は，$\displaystyle\prod_{z=w(=60)}(1-D_z)$ となる。

2）厚生年金基金制度のPBO等の測定モデル構築は，野坂（2001）および野坂（2002a）を参照されたい。

参 考 文 献

Aaronson, S. and J. L. Coronado. 2005. Are Firms or Workers Behind the Shift Away from DB Pension Plans?. *FEDS Working Paper* 2005-17. Board of Governors of the Federal Reserve System.

Accounting Standards Board. 2000. *Retirement Benefits*. Financial Reporting Standard 17. ASB.

Adams, B., M. M. Frank and T. Perry. 2011. The Potential for Inflating Earnings through the Expected Rate of Return on Defined Benefit Pension Plan Assets. *Accounting Horizons* 25 (3): 443-464.

Addoum, J. M., J. H. van Binsbergen and M. W. Brandt. 2010. Asset Allocation and Managerial Assumptions in Corporate Pension Plans. *Working Paper*. Duke University.

Akresh, M. S. and K. E. Dakdduk. 1996. Employee Benefit Plans: How Should You Disclose Risks and Uncertainties Under SOP 94-6?. *The Journal of Corporate Accounting & Finance* 7 (3): 1-8.

Akresh, M. S. and L. J. Sher. 1999. Year-End Strategies for Pension & OPEB Obligation and Expense. *The Journal of Corporate Accounting & Finance* 10 (2): 105-118.

Alderson, M. J. and K. C. Chen. 1986. Excess Asset Reversions and Shareholder Wealth. *The Journal of Finance* 41 (1): 225-241.

Alderson, M. J. and N. L. Seitz. 2013. Pension Policy and the Value of Corporate-Level Investment. *Financial Management* 42 (2): 413-440.

Alderson, M. J. and J. L. VanDerhei. 1992. Additional Evidence on the Reaction to Shareholders to the Reversion of Surplus Pension Assets. *The Journal of Risk and Insurance* 59 (2): 262-274.

Ali, A. and K. R. Kumar. 1993. Earnings Management under Pension Accounting Standards: SFAS87 Versus APB8. *Journal of Accounting, Auditing & Finance* 8 (4): 427-446.

————— 1994. The Magnitudes of Financial Statement Effects and Accounting Choice: The Case of the Adoption of SFAS 87. *Journal of Accounting & Economics* 18: 89-114.

American Institute of Certified Public Accountants. 1992. *Service Auditor's Report from the Service Organization*. Statement on Auditing Standards No. 70. New York, NY: AICPA.

————— 1994. *Using the Work of a Specialist*. Statement on Auditing Standards No. 73. New York, NY: AICPA.

Amir, E. and S. Benartzi. 1996. Managing Long-Term Earnings: Pension Asset Allocation and the Assumed Rate or Return. *Working Paper*. Columbia University.

————— 1997. Reported Income and the Expected Rate of Return on Pension Assets. *Journal of Financial Statement Analysis* 2 (2): 17-25.

————— 1998. The Expected Rate of Return on Pension Funds and Asset Allocation as Predictors of Portfolio Performance. *The Accounting Review* 73 (3): 335-352.

————— 1999. Accounting Recognition and the Determinants of Pension Asset Allocation. *Journal of Accounting, Auditing & Finance* 14 (3): 321-343.

Amir, E., Y. Guan and D. Oswald. 2007. The Effect of Pension Accounting on Corporate

Pension Asset Allocation: A Comparative Study of UK and US. *Working Paper.* University of Notre Dame.

———— 2010. The effect of pension accounting on corporate pension asset allocation. *Review of Accounting Studies* 15 (2): 345-366.

Amlie, T. T. 2009. Pension Discount Rate Assumptions under SFAS-87 and SFAS-158: The Distorting Influence of Minimum Liability Requirements. *Journal of Business and Economic Perspectives* 35 (1): 6-13.

———— 2012. Discount Rate Changes Subsequent to Adoption of Sfas-158: The Effect of the New Liability Reporting Requirements. *Academy of Accounting and Financial Studies Journal* 16 (3): 65-73.

An, H., Z. Huang and T. Zhang. 2013. What determines corporate pension fund risk-taking strategy?. *Journal of Banking & Finance* 37 (2): 597-613.

An, H., Y. W. Lee and T. Zhang. 2014. Do corporations manage earnings to meet/exceed analyst forecasts? Evidence from pension plan assumption changes. *Review of Accounting Studies* 19 (2): 698-735.

Anantharaman, D. 2012. The role of actuaries in defined-benefit pension reporting. *Working Paper.* Rutgers Business School.

Anantharaman, D. and Y. G. Lee. 2014. Managerial risk-taking incentives and corporate pension policy. *Journal of Financial Economics* 111 (2): 328-351.

Asthana, S. C. 1999. Determinants of Funding Strategies and Actuarial Choices for Defined-Benefit Pension Plans. *Contemporary Accounting Research* 16 (1): 39-74.

———— 2008. Earning management, expected returns on pension funds and assets, and resource allocation decisions. *Journal of Pension Economics & Finance* 7 (2): 199-220.

———— 2009. Participant-Mix and Management of Qualified Pension Plans. *Accounting and the Public Interest* 9 (1): 100-128.

Asthana, S. C. and R. Lipka. 2002. Management of Defined-Benefit Pension Funds and Shareholder Value. *Quarterly Journal of Business and Economics* 41 (3): 49-69.

Atanasova, C. and K. Hrazdil. 2010. Why do healthy firms freeze their defined-benefit pension plans?. *Global Finance Journal* 21 (3): 293-303.

Barth, M. E. 1991. Relative Measurement Errors among Alternative Pension Asset and Liability Measures. *The Accounting Review.* 66 (3): 433-463.

Barth, M. E., W. H. Beaver and W. R. Landsman. 1992. The market valuation implications of net periodic pension cost components. *Journal of Accounting & Economics* 15 (1): 27-62.

———— 1993. A Structural Analysis of Pension Disclosures Under SFAS 87 and Their Relation to Share Prices. *Financial Analysts Journal* 49 (1): 18-26.

Bauman, M. P. and K. W. Shaw. 2014. An Analysis of Critical Accounting Estimate Disclosure Pension Assumption. *Accounting Horizons* 28 (4): 819-845.

Beaudoin, C. A., N. Chandar and E. M. Werner. 2008. An empirical investigation of the defined benefit plan freeze decision. *Working Paper.* Drexel University.

———— 2010. Are potential effects of SFAS 158 associated with firms' decisions to freeze their defined benefit pension plans?. *Review of Accounting and Finance* 9 (4): 424-451.

参 考 文 献 351

———— 2011. Good disclosure doesn't cure bad accounting - Or does it? Evaluating the case for SFAS No. 158. *Advances in Accounting* 27 (1): 99-110.

Begley, J., S. Chamberlain, S. Yang and J. L. Zhang. 2015. CEO incentives and the health of defined benefit pension plans. *Review of Accounting Studies* 20 (3): 1013-1058.

Bereskin, F. L. 2009. Determinants of Defined-Benefit Pension Plan Policies. *Working Paper.* University of Rochester.

Bergstresser, D., M. A. Desai, and J. D. Rauh. 2004. Earnings Manipulation, Pension Assumptions, and Managerial Investment Decisions. *Working Paper.* Harvard University and University of Chicago.

———— 2006. Earnings Manipulation, Pension Assumptions, and Managerial Investment Decisions. *The Quarterly Journal of Economics* 121 (1): 157-195.

Besley, T. and A. Prat. 2003. Pension Fund Governance and the Choice Between Defined Benefit and Defined Contribution Plans. *Working Paper.* London School of Economics.

Blankley, A. I. and E. P. Swanson. 1995. A Longitudinal Study of SFAS 87 Pension Rate Assumptions. *Accounting Horizon* 9 (4): 1-21.

Blankley, A. I. and R. Y. W. Tang. 1995. Measuring Pension Liabilities: An Examination of the Funding Levels of Defined Benefit Pension Plans. *The Journal of Applied Business Research* 11 (2): 73-83.

Blankley, A. I., P. G. Cottell and R. H. McClure. 2003. An Examination of The Economic Impact of Pension Rate Reductions on Future Pension Expense, Earnings, and Cash Flows: A Simulation. *Journal of Business & Economics Research* 1 (7): 33-46.

———— 2004. A Simulation of the Future Economic Impact of Pension Rate Reductions. *Mid-American Journal of Business* 19 (2): 31-40.

Blankley, A. I., P. G. Cottell and D. N. Hurtt. 2010. An Empirical Examination of Pension Rate Estimate: A Benchmark Approach. *The Journal of Applied Business Research* 26 (2): 1-22.

Blankley, A. I., J. Comprix and K. P. Hong. 2012. Earnings management and the allocation of net periodic pension costs to interim periods. *Advanced in Accounting* 29 (1): 27-35.

Bline, D. M. and T. D. Skekel. 1990. Interpreting the FAS 87 Minimum Liability Austment. *The Journal of Corporate Accounting & Finance* 1 (3): 205-213.

Bodie, Z. 1990. The ABO, the PBO and Pension Investment Policy. *Financial Analysts Journal* 46 (5): 27-34.

———— 1991. Shortfall Risk and Pension Fund Asset Management. *Financial Analysts Journal* 47 (3): 57-61.

———— 1996. What the Pension Benefit Guaranty Corporation Can Learn from the Federal Savings and Loan Insurance Corporation. *Journal of Financial Services Research* 10 (1): 83-100.

Boyce, S. and R. A. Ippolito. 2002. The Cost of Pension Insurance. *The Journal of Risk and Insurance* 69 (2): 121-170.

Brown, S. 2006. The Impact of Pension Assumptions on Firm Value. *Working Paper.* Emory University.

Brownlee, E. R., E. Richard and S. B. Marshall. 1994. Rethinking Pension Fund Investment

Strategies. *Journal of Accounting, Auditing & Finance* 9 (3): 397-409.

Burner, R., D. Harrington and S. D. Marshall. 1987. A Test of Ownership of Excess Pension Assets. *Working Paper.* University of Virginia.

Cadman, B. D. and L. Vincent. 2014a. The Role of Defined Benefit Pension Plans in Executive Compensation. *SSRN Working Paper* ID 1783866.

———— 2014b. The Role of Defined Benefit Pension Plans in Executive Compensation. *European Accounting Review* 24 (4): 779-800.

Campbell, J. L., D. S. Dhaliwal and W. C. Schwartz, Jr. 2009. Equity Valuation Effects of the Pension Protection Act of 2006. *SSRN Working Paper* ID 1123770.

———— 2010. Equity Valuation Effects of the Pension Protection Act of 2006. *Contemporary Accounting Research* 27 (2): 469-536.

———— 2011. Financing Constraints and the Cost of Capital: Evidence from the Funding of Corporate Pension Plans. *SSRN Working Paper* ID 1476154.

———— 2012. Financing Constraints and the Cost of Capital: Evidence from the Funding of Corporate Pension Plans. *Review of Financial Studies* 25 (3): 868-912.

Campbell, J. L. and W. C. Schwartz, Jr. 2011. Defined Benefit Plan Headache: Rule Changes Boost Volatility of Pension Cash Flow. *The Journal of Corporate Accounting & Finance* 23 (1): 47-57.

Cardinale, M. 2007. Corporate Pension Funding and Credit Spreads. *Financial Analysts Journal* 63 (5): 82-101.

Carroll, T. J. and G. Niehaus. 1998. Pension Plan Funding and Corporate Debt Ratings. *The Journal of Risk and Insurance* 65 (3): 427-443.

Cather, D. A. and E. S. Cooperman and G. A. Wolfe. 1991. Excess Pension Asset Reversions and Corporate Acquisition Activity. *Journal of Business Research* 23 (4): 337-348.

Chang, X., J-K. Kang and W. Zhang. 2012. Employees as creditors: The disciplinary role of pension deficits in the market for corporate control. *Working Paper.* Nanyang Technological University.

Chaudhry N., H. H. A. Yong and C. Veld. 2016. How does the Funding Status of Defined Benefit Pension Plans Affect Investment Decisions of Firms in the United States?. *Journal of Business Finance & Accounting* 44 (1/2): 196-235.

———— 2017. Tax avoidance in response to a decline in the funding status of defined benefit pension plans. *Journal of International Financial Markets, Institutions & Money* 48: 99-116.

Chen Y. 2015. Funding Status of Defined Benefit Pension Plans and Idiosyncratic Return Volatility. *The Journal of Financial Research* 38 (1): 35-57.

Chen T., X. Martin, C. A. Mashruwala and S. Mashruwala. 2015. The Value and Credit Relevance of Multiemployer Pension Plan Obligations. *The Accounting Review* 90 (5): 1907-1938.

Chen X., T. Yao, T. Yu and T. Zhang. 2012. Learning and Incentive: A Study on Analyst Response to Pension Underfunding. *SSRN Working Paper* ID 1788684.

———— 2014. Learning and Incentive: A Study on Analyst Response to Pension Underfunding. *Journal of Banking & Finance* 45: 26-42.

Chen X., T. Yu and T. Zhang. 2013. What Drives Corporate Pension Plan Contributions: Moral Hazard or Tax Benefits?. *Financial Analysts Journal* 69 (4): 58-72.

Cheng, Q. and L. Michalski. 2010. Contributions to Defined Benefit Pension Plans: Economic and Accounting Determinants. *Working Paper*. University of Wisconsin-Madison.

——— 2015. Executive compensation and cash contributions to defined benefit pension plans. *Working Paper*. Singapore Management University.

Cheng, Q. and L. Swenson. 2014. Executive compensation and cash contributions to defined benefit pension plans. *Working Paper*. Singapore Management University and Georgia State University.

Choi, J.-S. and Y. Tokuga. 2007. Market Reaction to the Disclosure of Unfunded Benefit Obligation Write-Off Policy in Japan. *Soul Journal of Business* 13 (2): 59-82.

Choy, H. L., J. Lin and M. S. Officer. 2012. Does Freezing a Defined Benefit Pension Plan Affect Firm Risk?. *SSRN Working Paper* ID 2002070.

——— 2014. Does freezing a defined benefit pension plan affect firm risk?. *Journal of Accounting & Economics* 57 (1): 1-21.

Chuk, E. C. 2013. Economic Consequences of Mandated Accounting Disclosures: Evidence from Pension Accounting Standards. *The Accounting Review* 88 (2): 395-427.

Clark, R. L. and S. J. Schieber. 2004. Adopting cash balance pension plans: implications and issues. *Journal of Pension Economics & Finance* 3 (3): 271-295.

Clement, M. B. and S. Y. Tse. 2005. Financial Analyst Characteristics and Herding Behavior in Forecasting. *The Journal of Finance* 60 (1): 307-341.

Clinch, G. and T. Shibano. 1996. Differential tax benefits and the pension reversion decision. *Journal of Accounting & Economics* 21 (1): 69-106.

Cocco, J. F. 2014. Corporate Pension Plans. *Annual Review of Financial Economics* 6: 163-184.

Cocco, J. F. and P. F. Volpin. 2007a. The Corporate Governance of Defined Benefit Pension Plans: Evidence from the United Kingdom. *Working Paper*. London Business School.

——— 2007b. The Corporate Governance of Defined Benefit Pension Plans: The U. K. Evidence. *Financial Analysts Journal* 63 (1): 70-83.

——— 2013. Corporate Pension Plans as Takeover Deterrents. *Journal of Financial and Quantitative Analysis* 48 (4): 1119-1144.

Cole, V., J. Branson and D. Breesch. 2011. Determinants Influencing the De Facto Comparability of European IFRS Financial Statements. *Working Paper*. Vrije Universiteit Brussel.

Comprix, J. and K. A. Muller III. 2006. CEO Asymmetric treatment of reported pension expense and income in amounts in CEO cash compensation calculations. *Journal of Accounting & Economics*. 42 (3): 385-416.

——— 2011. Pension plan accounting estimates and the freezing of defined benefit pension plans. *Journal of Accounting & Economics*. 51 (1/2): 115-133.

Coronado, J. L. and P. C. Copeland. 2003a. Cash Balance Pension Plan Conversions and the New Economy. *FEDS Working Paper* 2003-22. Board of Governors of the Federal Reserve System.

———— 2003b. Cash Balance Pension Plan Conversions and the New Economy. *PRC Working Paper* 2003-63.

———— 2004. Cash balance pension plan conversions and the new economy. *Journal of Pension Economics & Finance* 3 (3): 297-314.

Coronado, J. L., O. S. Mitchell, S. A. Sharpe and S. B. Nesbitt. 2008a. Footnotes Aren't Enough: The Impact of Pension Accounting on Stock Values. *NBER Working Paper* 13726.

———— 2008b. Footnotes Aren't Enough: The Impact of Pension Accounting on Stock Values. *FEDS Working Paper* 2008-04. Board of Governors of the Federal Reserve System.

———— 2008c. Footnotes aren't enough: The impact of pension accounting on stock values. *Journal of Pension Economics & Finance* 7 (3): 257-276.

Coronado, J. L. and S. A. Sharpe. 2003a. Did Pension Plan Accounting Contribute to a Stock Market Bubble?. *Brookings Papers on Economic Activity* 2003 (1): 323-371.

———— 2003b. Did Pension Plan Accounting Contribute to a Stock Market Bubble?. *FEDS Working Paper* 2003-38. Board of Governors of the Federal Reserve System.

Cowan, A. R. and M. L. Power. 2003. Determinants of corporate conversions to CB pension plans. *Working Paper*. Iowa State University.

Datta, S., M. E. Iskandar-Datta and E. J. Zychowicz. 1995. Pension Plan Terminations, Excess Asset Reversions and Securityholder Wealth. *Journal of Banking & Finance* 19 (2): 245-259.

Dhaliwal, D. S. 1986. Measurement of Financial Leverage in the Presence of Unfunded Pension Obligation. *The Accounting Review* 61 (4): 662-691.

Doskeland, T. and F. Kinserdal. 2010. How Do Analysts Process Pension Information?. *SSRN Working Paper* ID 1463226.

Dowdell, Jr. T. D., B. K. Klamm and R. M. Spindle. 2010. Predicting cash flows related to defined benefit plan contributions. *Journal of Pension Economics & Finance* 9 (4): 505-532.

D'Souza, J., J. Jacob and B. Lougee. 2004. Why Do Firms Convert to Cash Balance Pension Plan?. *Working Paper*. Cornell University.

D'Souza, J., J. Jacob and B. A. Lougee. 2008. Why do firms convert to cash balance pension plan?: An empirical investigation. *Working Paper*. Cornell University.

———— 2013. Cash Balance Pension Plan Conversions: An Analysis Of Motivations And Pension Costs. *The Journal of Applied Business Research* 29 (2): 621-640.

Financial Accounting Standards Board. 1985a. *Employers' Accounting for Pensions.* Statement of Financial Accounting Standards No. 87. FASB.

———— 1985b. *Employers' Accounting for Settlements and Curtailments of Defined Benefit Pension Plans and for Termination Benefits.* SFAS No. 88. FASB.

———— 1990. *Employers' Accounting for Postretirement Benefits Other Than Pensions.* SFAS No. 106. FASB.

———— 2003. *Employers' Disclosure about Pensions and Other Postretirement Benefits.* SFAS No. 132 (Revised 2003). FASB.

——— 2006. *Employers' Accounting for Defined Benefit Pension and Other Postretirement Plans—An Amendment of FASB Statements No. 87, 88, 106, and 132 (R)*. SFAS No. 158. FASB.

——— 2011. *Compensation-Retirement Benefits-Multiemployer Plan (Subtopic 715-80) Disclosure about an Employer's Participation in a Multiemployer Plan.* Accounting Standards Update No. 2011-09. FASB.

——— 2015. *Retirement Benefits (Topic 715): Practical Expedient for the Measurement Date of an Employer's Defined Benefit Obligation and Plan Assets.* ASU No. 2015-04. FASB.

——— 2017. *Compensation - Retirement Benefits (Topic 715): Improving the Presentation of Net Periodic Pension Cost and Net Periodic Postretirement Benefit Cost.* ASU No. 2017-07. FASB.

——— 2018. *Changes to the Disclosure Requirements for Defined Benefit Plans.* ASU No. 2018-14. FASB.

Fogarty, T. J. and J. Grant. 1995. Impact of the Actuarial Profession on Financial Reporting. *Accounting Horizons.* 9 (3):23-33.

Francis, J. R. 1987. Lobbying Against Proposed Accounting Standards: The Case of Employers' Pension Accounting. *Journal of Accounting and Public Policy* 6 (1): 35-57.

Francis, J. R. and S. A. Reiter. 1987. Determinants of Corporate Pension Funding Strategy. *Journal of Accounting & Economics* 9 (1): 35-59.

Frank, M. M. 2002. The Impact of Taxes on Corporate Defined Benefit Plan Asset Allocation. *Journal of Accounting Research* 40 (4): 1163-1189.

Franzoni, A. F. 2008. Underinvestment Vs. Overinvestment: Evidence From Price Reactions To Pension Contributions. *Swiss Finance Institute Research Paper Series* 08-22.

——— 2009. Underinvestment vs. overinvestment: Evidence from price reaction to pension contributions. *Journal of Financial Economics* 92 (3): 491-518.

Franzoni, A. F. and J. M. Marin. 2005. Portable alphas from pension mispricing. *SSRN Working Paper* ID 820904.

——— 2006a. Pension plan funding and stock market efficiency. *The Journal of Finance* 61 (2): 921-956.

——— 2006b. Portable alphas from pension mispricing. *The Journal of Portfolio Management* 32 (4): 44-53.

Fried, A. N. 2013. An Event Study Analysis of Statement of Financial Accounting Standards No. 158. *Accounting and Finance Research* 2 (2): 45-58.

Ghicas, D. C. 1989. Determinants of actuarial cost method changes for pension accounting and funding. *Working Paper.* Bernard M. Baruch College.

——— 1990. Determinants of Actuarial Cost Method Changes for Pension Accounting and Funding. *The Accounting Review* 65 (2): 384-405.

Glaum, M. 2009. Pension accounting and research: a review. *Accounting and Business Research* 39 (3): 273-311.

Godwin, J. H., S. R. Goldberg and J. E. Duchac. 1996. An Empirical Analysis of Factors Associated with Changes in Pension-Plan Interest-Rate Assumptions. *Journal of*

Accounting, Auditing & Finance 11 (2): 305-322.

Godwin, N. H. 1999. An Examination of Pension Actuarial Assumptions over the Decade Following the Issuance of FAS 87. *Journal of Pension Planning & Compliance* 25 (1): 62-75.

Goh, L. and Y. Li. 2015. Pensions as a Form of Executive Compensation. *Journal of Business Finance & Accounting* 42 (9/10): 1154-1187.

Gold, J. 2003. Accounting/Actuarial Bias Enables Equity Investment by Defined Benefit Pension Plans. *Working Paper*. University of Pennsylvania.

───── 2005. Accounting/Actuarial Bias Enables Equity Investment by Defined Benefit Pension Plans. *North American Actuarial Journal* 9 (3): 1-21.

Gold, J. and N. Hudson. 2003. Creating Value in Pension Plans (or, Gentlemen Prefer Bonds). *Journal of Applied Corporate Finance* 15 (4): 51-57.

Gopalakrishnan, V. 1994. The Effect of Recognition vs. Disclosure on Investor Valuation: The Case of Pension Accounting. *Review of Quantitative Finance and Accounting* 4 (4): 383-396.

Gopalakrishnan, V. and T. F. Sugrue. 1992. Economic Consequences of Pension Policy Deliberations (SFAS No. 87): An Empirical Assessment of Debt-Covenant Hypothesis. *Journal of Business Finance & Accounting* 19 (5): 751-775.

───── 1993. An Empirical Investigation of Stock Market Valuation of Corporate Projected Pension Liabilities. *Journal of Business Finance & Accounting* 20 (5): 711-723.

───── 1995. The Determinants of Actuarial Assumptions under Pension Accounting Disclosures. *The Journal of Financial and Strategic Decision* 8 (1): 35-41.

Goto, S. and N. Yanase. 2013. Financial Flexibility and Tax Incentives: Evidence from Defined Benefit Corporate Pension Plans in Japan. *The Geneva Papers on Risk and Insurance - Issues and Practice* 38 (4): 753-776.

───── 2016. The Information Content of Corporate Pension Funding Status in Japan. *Journal of Business Finance & Accounting* 43 (7/8): 903-949.

Grant, T. C., G. H. Grant and W. R. Ortega. 2007. FASB's Quick Fix for Pension Accounting Is Only First Step. *Financial Analysts Journal* 63 (2): 21-35.

Guan, Y. and D. Lui. 2016. The Effect of Regulations on Pension Risk Shifting: Evidence from the US and Europe. *Journal of Business Finance & Accounting* 43 (5/6): 765-799.

Hamdallah, A. E-S. and W. Ruland. 1986. The Decision to Terminate Overfunded Pension Plans. *Journal of Accounting and Public Policy* 5 (2): 77-91.

Hann, R. N., Y. Y. Lu and K. R. Subramanyam. 2007a. Uniformity versus Flexibility: Evidence from Pricing of Pension Obligation. *The Accounting Review* 82 (1): 107-137.

Hann, R. N., F. Heflin and K. R. Subramanyam. 2007b. Fair-Value Pension Accounting. *Journal of Accounting & Economics* 44 (3): 328-358.

Harper, J. T. and S. D. Treanor. 2011. Pension Conversion, Termination, and Wealth Transfers. *Working Paper*. Oklahoma State University.

───── 2014. Pension Conversion, Termination, and Wealth Transfers. *The Journal of Risk and Insurance* 81 (1): 177-198.

Harper, R. and J. Strawser. 1993. The Effect of SFAS87 on Corporate Funding of Defined

参 考 文 献 357

Benefit Pension Plans. *Journal of Business Finance & Accounting* 20 (6): 815-833.

Haw, I-M., W. Ruland and A. E-S. Hamdallah. 1988. Investor Evaluation of Overfunded Pension Plans. *The Journal of Financial Research* 11 (1): 81-88.

Haw, I-M., K. Jung and S. B. Lilien. 1991. Overfunded defined benefit pension plan settlements without asset reversions. *Journal of Accounting & Economics* 14 (3): 295-320.

Holland R. G. and N. A. Sutton. 1988. The Liability Nature of Unfunded Pension Obligations since ERISA. *The Journal of Risk and Insurance* 55 (1): 32-58.

Houmes, R. and B. Boylan. 2010. Has the adoption of SFAS 158 caused firms to underestimate pension liability? A preliminary study of the financial reporting impact of SFAS 158. *Academy of Accounting and Financial Studies Journal* 14 (4): 55-66.

Houmes, R., B. Boylan and I. Chira. 2011. The Valuation Effect of Accounting Standard 158 on Firms with High and Low Financial Risk. *Atlantic Economic Journal* 39 (1): 47-57.

Houmes, R., B. Boylan and W. Crosby. 2012. On the value relevance of SFAS No. 158. *Research in Accounting Regulation* 24 (2): 112-114.

Hurtt, D. N., J. G. Kreuze and S. A. Langsam. 1999. Converting Traditional Pensions Plans to Cash Balance Plans: Should You Do It?. *The Journal of Corporate Accounting & Finance* 11 (1): 35-45.

Hsieh, S.-J. and K. R. Ferris. 1987. Securities Market Response to Pension Fund Termination. *Working Paper*. Singapore Management University.

────── 1988. An Investigation of the Wealth Effects of Pension Fund Termination. *Working Paper*. Singapore Management University.

────── 1994. An Investigation of The Market Effects of Overfunded Pension Plan Termination. *Journal of Accounting, Auditing & Finance* 9 (1): 61-90.

Hsieh, S.-J., K. R. Ferris and A. H. Chen. 1990. Securities market response to pension fund termination. *Contemporary Accounting Research* 6 (2): 550-572.

────── 1997. Evidence on the Timing and Determinants of Overfunded Pension Plan Termination. *Review of Quantitative Finance and Accounting* 8 (2): 129-150.

Hsu, A. W.-H., C-F. Wu and J.-C. Lin. 2013. Factors in Managing Actuarial Assumptions for Pension Fair Value: Implications for IAS 19. *Review of Pacific Basin Financial Markets and Policies* 16 (1): 1-23.

Hsu, P.-H. and Y.-M. Chiang. 2014. Using Prospect Theory To Explain The Setting Of The Expected Rate Of Return On Pension Assets. *The Journal of Applied Business Research* 30 (5): 1457-1464.

International Accounting Standards Board. 2007. *IAS 19-The Limit on a Defined Benefit Asset, Minimum Funding Requirements and their Interaction*. International Financial Reporting Interpretations Committee Interpretation No. 14. IASB.

────── 2009. *Prepayments of a Minimum Funding Requirement*. Amendments to IFRIC 14. IASB.

────── 2011. *Employee Benefits*, International Accounting Standard No. 19 (Revised 2011). International Financial Reporting Standard. IASB.

────── 2013. *Defined Benefit Plans: Employee Contributions*, Amendments to IAS 19.

IASB.

——— 2015. *Remeasurement on a Plan Amendment, Curtailment or Settlement/ Availability of a Refund from a Defined Benefit Plan.* Proposed amendments to IAS 19 and IFRIC 14. Exposure Draft. IASB.

——— 2018. *Amendment, Curtailment or Settlement.* Amendments to IAS 19. IASB.

Ippolito, R. A. 1985a. The Economics Function of Underfunded Pension Plans. *The Journal of Law and Economics* 28 (3): 611-651.

——— 1985b. The Labor Contract and True Economic Pension Liabilities. *The American Economic Review* 75 (5): 1031-1043.

——— 1986. The Economic Burden of Corporate Pension Liabilities. *Financial Analysts Journal* 42 (1): 22-34.

——— 1987a. Why Federal Workers Don't Quit. *The Journal of Human Resources* 22 (2): 281-299.

——— 1987b. The Implicit Pension Contract: Developments and New Directions. *The Journal of Human Resources* 22 (3): 441-467.

——— 1994. Pensions and Indenture Premia. *The Journal of Human Resources* 29 (3): 795-812.

——— 1995. Toward Explaining the Growth of Defined Contribution Plans. *Industrial Relations: A Journal of Economy and Society* 34 (1): 1-20.

——— 2001. Reversion Taxes, Contingent Benefits and the Decline in Pension Funding. *The Journal of Law and Economics* 44 (1): 199-232.

Ippolito, R. A. and W. H. James. 1992. LBOs, Reversions and Implicit Contracts. *The Journal of Finance* 47 (1): 139-167.

Ippolito, R. A. and J. W. Thompson. 2000. The Survival Rate of Defined-Benefit Plans, 1987-1995. *Industrial Relations: A Journal of Economy and Society* 39 (2): 228-245.

Iskandar-Datta, M. E. and D. R. Emery. 1994. An empirical investigation of the role of indenture provisions in determining bond ratings. *Journal of Banking & Finance* 18 (1): 93-111.

James, M. L. 2001. Earnings Management Using Pension Rate Estimates and the Timing of Adoption of SFAS 87. *Academy of Accounting and Financial Studies Journal* 5 (2): 69-84.

Jiang, X. 2010. The Smoothing of Pension Expenses: A Panel Analysis. *SSRN Working Paper* ID 1376922.

——— 2011. The Smoothing of Pension Expenses: A Panel Analysis. *Review of Quantitative Finance and Accounting.* 37 (4): 451-476.

Jin, L., R. C. Merton, and Z. Bodie. 2004. Do a firm's equity returns reflect the risk of its pension plan?. *HBS Finance Working Paper* 05-011.

——— 2006. Do a firm's equity returns reflect the risk of its pension plan?. *Journal of Financial Economics* 81 (1): 1-26.

Jones, C. and M. D. Walker. 2003. Pension Assets, Corporate Earnings, and Expected Return Assumptions. *The Journal of Investing* 12 (2): 25-32.

Jones, D. A. 2013. Changes in the Funded Status of Retirement Plans after the Adoption of

SFAS No. 158: Economic Improvement or Balance Sheet Management?. *Contemporary Accounting Research* 30 (3): 1099-1132.

Kagaya, T. 2011. Presentation of Retirement Benefits Expense and Earnings Attributes: Evidence from Japan. *Hitotsubashi Journal of Commerce and Management* 45 (1): 1-20.

Kapinos, K. A. 2009. On the Determinants of Defined Benefit Pension Plan Conversions. *Journal of Labor Research* 30 (2): 149-167.

――――― 2011. Changes in Firm Pension Policy: Trends Away from Traditional Defined Benefit Plans. *Working Paper*. Boston College.

――――― 2012. Changes in Firm Pension Policy: Trends Away from Traditional Defined Benefit Plans. *Journal of Labor Research* 33 (1): 91-103.

Kasaoka, E. 2011. Determinants of Changes and Levels in Discount Rates for Defined-Benefit Pension Plans. *International Review of Business* 11: 65-94. 関西学院大学商学会 .

――――― 2012. Presentation of Defined Benefit Cost. *International Review of Business* 12: 45-66. 関西学院大学商学会 .

――――― 2013. Fair Value of Defined Benefit Obligations in Japan. *International Review of Business* 13: 59-85. 関西学院大学商学会 .

――――― 2014. 『The Effect Defined Benefit Liability on Firms' Valuation in Japan: Comparison of Japanese GAAP for Retirement Benefits with IAS19』 関西学院大学出版会 .

――――― 2015. The Determinants of Discount Rates on Retirement Benefits in Japan. *International Review of Business* 15: 45-80. 関西学院大学商学会 .

――――― 2016a. The Expected Rate of Return on Plan Assets and the Related Disclosures. *International Review of Business* 16: 65-85. 関西学院大学商学会 .

――――― 2016b. The Expected Rate of Return on Plan Assets and Pension Asset Allocation. *Review of Integrative Business and Economics Research* 5 (4): 249-270.

――――― 2017. Negative Interest Rates and Defined Benefit Obligations. *International Review of Business* 17: 61-86. 関西学院大学商学会 .

Kim, J., J. Li and F. Sun. 2013. Pension Contributions and Earnings Quality. *Review of Pacific Basin Financial Markets and Policies* 16 (1): 1-31.

Kim, J., C. E. Wasley and J. S. Wu. 2016. Economic Determinants of the Decision to Voluntarily Adopt Mark-to-Market Accounting for Pension Actuarial Gains and Losses. *Working Paper*. University of Rochester.

Kin, K. A. and J. R. Nofsinger. 2005. Institution herding, Business group, and Economic Regimes: Evidence from Japan. *The Journal of Business* 78 (1): 213-242.

Klamm, B. K. and R. M. Spindle. 2006. Pension Expense and Plan Contributions: Accounting Standards and Tax Regulations. *Journal of Pension Planning & Compliance* 31 (4): 81-95.

Klumpes, P. J. M., Y. Li and M. Whittington. 2003. The Impact of UK Accounting Rule Changes on Pension Terminations. *Working Paper*. University of Warwick.

――――― 2007. The Impact of UK Pension Accounting Rule Change on Pension Curtailment Decisions. *SSRN Working Paper* ID 436951.

Klumpes, P. J. M. and K. McMeeking. 2003. Share Market Sensitivity to UK Firms Pension

Discounting Assumptions. *Working Paper*. University of Exeter.

──── 2006. Stock Market Sensitivity to UK Firms' Pension Discounting Assumptions. *Working Paper*. University of Exeter.

──── 2007. Stock Market Sensitivity to U.K. Firms' Pension Discounting Assumptions. *Risk Management and Insurance Review* 10 (2): 221-246.

Klumpes, P. J. M. and M. Whittington. 2003. Determinants of Actuarial Valuation Method Changes for Pension Funding and Reporting: Evidence from the UK. *Journal of Business Finance & Accounting* 30 (1/2): 175-204.

Klumpes, P. J. M., M. Whittington and Y. Li. 2009. Determinants of the Pension Curtailment Decisions of UK Firms. *Journal of Business Finance & Accounting* 36 (7/8): 899-924.

Knowles, R. L. 2011. Defined Benefit Pension Sponsors & Market Prices after Pension Accounting Reform. *Working Paper* Texas State University.

Kwon, S. 1990. Economic Determinants of the Assumed Interest Rate in Pension Accounting. *Working Paper*. Mississippi State University.

──── 1994. Economic Determinants of the Assumed Interest Rate in Pension Accounting. *Advances in Accounting* 12: 67-86.

Landsman, W. R. 1986. An Empirical Investigation of Pension Fund Property Right. *The Accounting Review* 61 (4): 662-691.

Landsman, W. R. and J. A. Ohlson. 1990. Evaluation of market efficiency for supplementary accounting disclosures: The case of pension assets and liabilities. *Contemporary Accounting Research* 7 (1): 185-198.

Langer, R. and B. Lev. 1993. The FASB's Policy of Extended Adoption for New Standards: An Examination of FAS No. 87. *The Accounting Review* 68 (3): 515-533.

Lee, Y. W. 2012. Valuation of Stockholders' Claim/Liability on Pension Plans and Corporate Pension Policies. *Working Paper*. University of Rhode Island.

──── 2017. Growth Opportunities, Stockholders' Claim/Liability on Pension Plans, and Corporate Pension Policies. *Managerial and Decision Economics* 38 (4): 445-470.

Lee, Y. W., T. Yu and T. Zhang. 2007. Do Corporations Manipulate Earnings to Meet or Beat Analysts' Expectations? Evidence from Pension Assumptions Changes. *Working Paper*. University of Rhode Island.

Lew, J.-F. 2009. Pension Actuarial Incentives for Earnings Management. *Asia Pacific Management Review* 14 (3): 313-334.

Li, Y. and P. Klumpes. 2007. Determinants of Expected Rate of Return on Pension Assets: Evidence from the UK. *SSRN Working Paper* ID 989559.

──── 2013. Determinants of Expected Rate of Return on Pension Assets: Evidence from the UK. *Accounting and Business Research* 43 (1): 3-30.

Li, Y., S. Liu and J. Yu. 2017. Corporate Pensions and the Maturity Structure of Debt. *The Journal of Risk and Insurance* DOI: 10.1111/jori.12215.

Lucas, D. and S. P. Zeldes. 2006. Valuing and Hedging Defined Benefit Pension Obligations - The Role of Stocks Revisited. *Working Paper*. Columbia University.

Maher, J. J. 1987. Pension Obligations and the Bond Credit Market: An Empirical Analysis of Accounting Numbers. *The Accounting Review* 62 (4): 785-798.

参 考 文 献 361

———— 1996. Perceptions of Postretirement Benefit Obligations by Bond Rating Analysts. *Review of Quantitative Finance and Accounting* 6 (1): 79-49.

Maher, J. J. and J. E. Ketz. 1992. An Empirical Investigation of the Measurement of Pension Obligations by Bond Rating Analysts. *Working Paper.* Virginia Polytechnic Institute and State University.

Mark, L. and R. Lundholm. 1993. Cross-Sectional Determinants of Analyst Ratings of Corporate Disclosure. *Journal of Accounting Research* 31 (2): 246-271.

Mashruwala, S. D., 2008. Does Smoothing in Pension Accounting Encourage Equity Investment in Corporate Pension Plans? Evidence from the U.K. *SSRN Working Paper* ID 1405494.

McFarland, C. B., G. Pang. and M. J. Warshawsky. 2009. Does Freezing a Defined-Benefit Pension Plan Increase Company Value? Empirical Evidence. *Financial Analysts Journal* 65 (4): 47-59.

Menzefricke, U. and W. Smieliauskas. 2014. Evidence on the Representational Faithfulness of Estimated Returns in Pension Plan Accounting Judgments. *Working Paper.* University of Toronto.

Milevsky, M. A. and K. Song. 2010. Do Markets Like Frozen Defined Benefit Pension Plans? An Event Study. *The Journal of Risk and Insurance* 77 (4): 893-909.

Miller, P. B. W. and R. J. Redding. 1992. Measuring the Effects of Political Compromise on Employers' Accounting for Defined Benefit Pensions. *Accounting Horizons* 6 (1): 42-61.

Mitchell, M. L. and J. H. Mulherin. 1989. The Stock Price Response to Pension Terminations and the Relation of Terminations with Corporate Takeovers. *Financial Management* 18 (3): 41-56.

Mitra, S. and M. Hossain. 2009. Value-relevance of Pension Transition Adjustments and Other Comprehensive Income Components in the Adoption Year of SFAS No. 158. *Review of Quantitative Finance and Accounting* 33 (3): 279-301.

Mittelstaedt, H. F. 1989a. Wealth Transfers Associated with Terminations of Acquired Finns' Overfunded Defined Benefit Pension Plans. *Working Paper.* Arizona State University.

———— 1989b. An Empirical Analysis of the Factors Underlying the Decision to Remove Excess Assets from Overfunded Pension Plans. *Journal of Accounting & Economics* 11 (4): 399-418.

Mittelstaedt, H. F. and P. R. Regier. 1989. Further Evidence on Excess Asset Reversions and Shareholder Wealth. *Working Paper.* Arizona State University.

———— 1990. Further Evidence on Excess Asset Reversions and Shareholder Wealth. *The Journal of Risk and Insurance* 57 (3): 471-486.

———— 1993. The Market Response to Pension Plan Terminations. *The Accounting Review* 68 (1): 1-27.

Morais, A. I. 2008a. Actuarial gains and losses: the determinants of the accounting method. *SSRN Working Paper* ID 1130711.

———— 2008b. Actual Gains and Losses: the Choice of the Accounting Method. *Accounting in Europe* 5 (2): 127-139.

Morrill C. K. J., J. Morrill and K. Shand. 2009. Smoothing Mechanisms in Defined Benefit Pension Accounting Standards: A Simulation Study. *Accounting Perspectives* 8 (2): 113-145.

Munnell, A.H., J-P. Aubry and D. Muldoon. 2008. The Financial Crisis and State/Local Defined Benefit Plans. *Working Paper*. Boston College.

Munnell, A. F., F. Golub-Sass, M. Soto and F. Vitagliano. 2006. Why Are Healthy Employers Freezing Their Penrions?. *Working Paper*. Boston College.

———— 2007. Why Are Healthy Employers Freezing Their Penrions?. *Journal of Pension Benefits* 14 (4): 3-14.

Munnell, A. H. and M. Soto. 2003. The Outlook for Pension Contributions and Profits. *Working Paper*. Boston College.

———— 2004. The outlook for pension contributions and profits. *Journal of Pension Economics & Finance* 3 (1): 77-97.

———— 2007. Why Are Companies Freezing Their Pensions?. *Working Paper*. Boston College.

Nakajima, K. and T. Sasaki. 2010. Unfunded Pension Liabilities and Stock Returns. *Pacific-Basin Finance Journal* 18: 47-63.

Naughton, J. P. 2015. Regulatory Oversight and Earnings Management: Evidence from Pension Assumptions. *Working Paper*. Northwestern University.

Newell, G. E. and J. G. Kreuze and D. N. Hurtt. 2002. Corporate Pension Plans: How Consistent are the Assumptions in Determining Pension Funding Status?. *Mid-American Journal of Business* 17 (2): 23-30.

Niehaus, G. R. 1990. The PBGC's flat fee schedule, moral hazard, and promised pension benefits. *Journal of Banking & Finance* 44 (1): 55-68.

Niehaus, G. R. and T. Yu. 2005. Cash-Balance Plan Conversions: Evidence on Excise Taxes and Implicit Contracts. *The Journal of Risk and Insurance* 72 (2): 321-352.

Norton, C. L. 1989. Transition to New Accounting Rules: The Case of FAS 87. *Accounting Horizons* 3 (4): 40-48.

Obinata, T. 2000. Choice of Pension Discount Rate in Financial Accounting and Stock Prices. 経済学論集. 66 (3): 82-122. 東京大学経済学会.

Pang, G. and M. Warshawsky. 2009. Reform of the tax on reversions of excess pension assets. *Journal of Pension Economics & Finance* 8 (1): 107-130.

Palepu, K. G., P. M. Healy and V. L. Bernard. 2000. *Business Analysis and Valuation: Using Financial Statements Second Edition*. Cengage Learning. 斉藤静樹監訳. 2001. 『企業分析入門【第2版】』東京大学出版会.

Parker, P. D. 2009. Managing Pension Expense to Meet Analysts' Earnings Forecasts: Implications for New FASB Pension Standard. *Academy of Accounting and Financial Studies Journal* 13: 103-116.

Parker, P. D. and M. L. Sale. 2007. Using Pension Expense to Manage Earnings: Implications for FASB Standards. *Academy of Accounting and Financial Studies Journal* 11 (3): 109-123.

Parker, P. D., N. J. Swanson and M. T. Dugan. 2016. Management of pension discount rate and financial health. *Journal of Financial Economic Policy* 8 (2): 142-162.

Petersen, M. A. 1989. Pension Reversions and Worker-Stockholder Wealth Transfers. *Working Paper*. Massachusetts Institute of Technology.

———— 1992. Pension Reversions and Worker-Stockholder Wealth Transfers. *The Quarterly Journal of Economics* 107 (3): 1033-1056.

———— 1994. Cash flow variability and firm's pension choice: A role for operating leverage. *Journal of Financial Economics* 36 (3): 361-383.

Peskin, M. W. 1997. Asset Allocation and Funding Policy for Corporate-Sponsored Defined-Benefit Pension Plans. *The Journal of Portfolio Management* 23 (2): 66-73.

Phan, H. V. and S. P. Hegde. 2013a. Corporate Governance and Risk Taking in Pension Plans: Evidence from Defined Benefit Asset Allocations. *Journal of Financial and Quantitative Analysis* 48 (3): 919-946.

———— 2013b. Pension Contributions and Firm Performance: Evidence from Frozen Defined Benefit. *Financial Management* 42 (2): 373-411.

Picconi, M. 2006. The Perils of Pensions: Does Pension Accounting Lead Investors and Analysts Astray?. *The Accounting Review* 81 (4): 925-955.

Pontiff, J. and A. Shleifer and M. S. Weisbach. 1990. Reversions of excess pension assets after takeovers. *The RAND Journal of Economics* 21 (4): 600-613.

Rauh, J. D. 2006a. Own Company Stock in Defined Contribution Pension Plans: A Takeover Defense?. *Journal of Financial Economics* 81 (2): 379-410.

———— 2006b. Investment and Financial Constrains: Evidence from the Funding of Corporate Pension Plans. *The Journal of Finance* 61 (1): 33-71.

———— 2006c. Risk Shifting versus Risk Management: Investment Policy in Corporate Pension Plans. *Working Paper*. University of Chicago.

———— 2007a. Risk Shifting versus Risk Management: Investment Policy in Corporate Pension Plans. *NBER Working Paper* 13240.

———— 2007b. The effects of financial condition on capital investment and financing: evidence from variation in pension fund asset performance. *Working Paper*. University of Chicago.

———— 2009. Risk Shifting versus Risk Management: Investment Policy in Corporate Pension Plans. *The Review of Financial Studies* 22 (7): 2687-2733.

Rauh, J. D., I. Stefanescu and S. P. Zeldes. 2013. Cost Shifting and the Freezing of Corporate Pension Plans. *FEDS Working Paper* 2013-82. Board of Governors of the Federal Reserve System

———— 2017. Cost Saving and the Freezing of Corporate Pension Plans. *Columbia Business School Research Paper* 16-4, *Stanford University Graduate School of Business Research Paper* 16-4.

Reiter, S. A. 1991. Pension Obligation and the Determination of Bond Risk Premiums: Evidence from the Electric Industry. *Journal of Business Finance & Accounting* 18 (6): 833-859.

Riedl, E. D. 2004. An Examination of Long-Lived Asset Impairments. *The Accounting Review* 79 (3): 823-852.

Rollins, T. P. and M. J. Welsh. 1994. Changes in Pension Plan Actuarial Assumptions: A Comparison of SFAS 36 and SFAS 87 Disclosures. *Journal of Pension Planning & Compliance* 20 (4): 67-79.

Rubin, J. 2007. The Impact of Pension Freezes on Firm Value. *Working Paper.* University of Pennsylvania.

Sami, H. and M. J. Welsh. 1992. Characteristics of early and late adopters of pension accounting standard SFAS No. 87. *Contemporary Accounting Research* 9 (1): 212-236.

Sasaki, Takafumi. 2015a. The Effects of Liquidity Shocks on Corporate Investments and Cash Holdings: Evidence from Actuarial Pension Gains/Losses. *Financial Management* 44 (3): 685-707.

———— 2015b. Pension accrual management and research and development investment. *Accounting and Finance* DOI: 10.1111/acfi.12185.

———— 2017. Pension accruals and share prices: evidence from the amortization costs of transition amounts. *Asia-Pacific Journal of Accounting & Economics* 24 (1/2): 216-231.

Sawada, S. 2014. Fair Value Accounting of Pension Liabilities and Discretionary Behavior. in Ito, K. and M. Nakano (eds.). *International Perspectives on Accounting and Corporate Behavior.* 143-160. Springer Japan.

Schieber, S. J. 2003. The Shift to Hybrid Pensions by U.S. Employers: An Empirical Analysis of Actual Plan Conversions. *Pension Research Council Working Paper* WP 2003-23.

Schwartz, Jr.,W. C. 2012. Managing Defined-Benefit Pension Plans: Still Critical and Complex. *The Journal of Corporate Accounting & Finance* 24 (1): 35-44.

Senteney, D. L. and J. R. Strawser. 1990a. An Investigation of Association between Financial Statement Effects and Management's Early Adoption of SFAS 87. *Review of Business and Economic Research* 25 (2): 12-22.

———— 1990b. The Impact of Financial Statements Effects on the Adoption of Accounting Pronouncements: The Case of SFAS 87. *Advances in Accounting* 8: 37-60.

Shin, Y-C. and K. Yu. 2014. Do Investors Misprice Components of Net Periodic Pension Cost?. *Accounting & Finance* 56 (3): 845-878.

Shivdasani, A. and I. Stefanescu. 2010. How Do Pensions Affect Corporate Capital Structure Decisions?. *The Review of Financial Studies* 23 (3): 1287-1323.

Smith, O., S. A. Langsam and J. G. Kreuze. 2003. Underfunded Pension Plans: Is More Debt the Answer?. The *Journal of Corporate Accounting & Finance* 15 (1): 41-45.

Stadler, C. 2009. Pension Accounting Choice in Germany: Pension Discount Rate and Actuarial Gains and Losses. *SSRN Working Paper* ID 586117.

Stefanescu, I. 2006. Capital Structure Decisions and Corporate Pension Plans. *Working Paper.* University of Southern California.

Stefanescu, I., Y. Wang, K. Xie and J. Yang. 2018. Pay me now (and later): Pension benefit manipulation before plan freezes and executive retirement. *Journal of Financial Economics* 127 (1): 152-173.

Stone, K. E. and D. W. Joy and C. J. Thomas. 1995. Opinions of Financial Analysts on Accounting for Defined Benefit Pension Plans. *The Journal of Applied Business Research* 11 (3): 65-73.

Stone, M. 1987. A Financing Explanation for Overfunded Pension Plan Terminations. *Journal of Accounting Research* 25 (2): 317-326.

———— 1991. Firm Financial Stress and Pension Plan Continuation/Replacement Decisions. *Journal of Accounting and Public Policy* 10 (3): 175-206.

Stone, M. and R. W. Ingram. 1988. The Effect of Statement No. 87 on the Financial Reports of Early Adopters. *Accounting Horizons* 2 (3): 48-61.

Subramanyam, K. R. and Y. Zhang. 2000. Does Stock Price Reflect Future Service Effects Not Included in the Projected Benefit Obligation as Defined in SFAS 87 and SFAS 132?. *Working Paper*. University of Southern California.

Sundaresan, S. and F. Zapatero. 1997. Valuation, Optimal Asset Allocation and Retirement Incentives of Pension Plans. *The Review of Financial Studies* 10 (3): 631-660.

Swinkels, L. 2006a. Does the Introduction of IFRS Lead to Defined Contribution Pension Schemes?. *Working Paper*. Erasmus University.

———— 2006b. Have Pension Plans Changed after the Introduction of IFRS?. *Working Paper*. Erasmus University.

———— 2011a. The case for local fair value discount rates under IFRS. *Working Paper*. Erasmus University.

———— 2011b. Have pension plans changed after the introduction of IFRS?. *Pensions: An International Journal* 16 (2): 244-255.

Takino, E. 2007. Unrecognized Obligations and Deferred Recognition on Employee Benefits in Japan. *International Review of Business* 9: 21-39. 関西学院大学商学会 .

Thies, C. F. and T. Sturrock. 1988. The Pension-augmented Balance Sheet. *The Journal of Risk and Insurance* 55 (3): 467-480.

Thomas, J. K. 1988. Corporate Taxes and Defined Pension Plans. *Journal of Accounting & Economics* 10 (3): 199-237.

———— 1989. Why Do Firms Terminate Their Overfunded Pension Plans?. *Journal of Accounting & Economics* 11 (4): 361-398.

Thomas, J. K. and S. Tung. 1992. Cost Manipulation Incentives Under Coat Reimbursement Pension Costs for Defense Contracts. *The Accounting Review* 67 (4): 691-711.

Tinker, T. and D. C. Ghicas. 1993. Dishonored contracts: Accounting and the expropriation of employee pension wealth. *Accounting, Organizations and Society* 18 (4): 361-380.

Tokuga, Y., Choi, J.-S. and T. Miyauchi. 2010. Seeing Through News concerning Unfunded Pension Benefit Obligation Write-Off Policies in Japan – Market Reaction to News on Newspaper –. *Working Paper*. Kyoto University.

Tokuga, Y. and T. Miyauchi. 2011. Herd Behavior in Accounting Policies – Write-off policy of UPBO in Japan –. *Working Paper*. Kyoto University.

Tung, S. S. and J. J. Weygandt. 1994. The Determinants of Timing in the Adoption of New Standards: A Study of SFAS No. 87, Employers' Accounting for Pensions. *Journal of Accounting, Auditing & Finance* 9 (2): 325-337.

VanDerhei, J. L. 1987. The Effect of Voluntary Termination of Overfunded Pension Plans on Shareholder Wealth. *The Journal of Risk and Insurance* 54 (1): 131-156.

———— 2006. Defined Benefit Plan Freezes: Who's Affected, How Much, and Replacing

Lost Accruals. *EBRI Issue Brief* 291. Employee Benefit Research Institute.

VanDerhei, J. L. and F. P. Joanette. 1988. Economic Determinants for the Choice of Actuarial Cost Methods. *The Journal of Risk and Insurance* 55 (1): 59-74.

Vruwink, D. R. 2002. Evidence of Earnings Management with the Selection of the Discount Rate for Pension Accounting: the Impact of a SEC Letter. *Research in Accounting Regulation* 15: 119-132.

Vruwink, D. R., M. S. McNulty and M. H. Sarhan. 1991. Management's Selection of the Discount Rate: Evidence of Firms not Following SFAS 87 Guidelines. *Working Paper.* Kansas State University.

Wang, F. A. and T. Zhang. 2014. The Effect of Unfunded Pension Liabilities on Corporate Bond Ratings, Default Risk, and Recovery Rate. *Review of Quantitative Finance and Accounting* 43 (4): 781-802.

Welch, I. 2000. Herding among security analysts. *Journal of Financial Economics* 58 (3): 369-396.

Yoshida, K. and Y. Horiba. 1997. Labor Unionism and Japanese Corporate Pension System. *Japan Studies Review* 1: 69-79.

————— 2002. Determinants of Japanese Corporate Pension Coverage. *Journal of Economics & Business* 54 (5): 573-555.

————— 2003. Japanese Corporate Pension Plans and the Impact on Stock Prices. *The Journal of Risk and Insurance* 70 (2): 249-268.

————— 2005. Determinants of Defined-Contribution Japanese Corporate Pension Coverage. *Proceeding of 4th Global Conference on Business & Economics* 18. Oxford University.

————— 2012. Determinants of Defined-Contribution Japanese Corporate Pension Coverage. *The Japanese Accounting Review* 2: 33-47.

Yu, K. 2013. Does Recognition Versus Disclosure Affect Value Relevance? Evidence from Pension Accounting. *The Accounting Review* 88 (3): 1095-1127.

————— 2014. Market Reaction to the Changes in Pension Accounting Introduced by SFAS No. 158. Advances in Quantitative Analysis of Finance and Accounting 12: 117-152.

————— 2016. Excess of the PBO over the ABO and hard pension freezes. *Review of Quantitative Finance and Accounting* 46 (4): 819-846.

Zmijewski, M. E. and R. L. Hagerman. 1981. An Income Strategy Approach to the Positive Theory of Accounting Standard Setting/Choice. *Journal of Accounting & Economics* 3 (2): 129-149.

飯野利夫編著. 1994. 『会計方針選択論－理論と実証－』中央経済社.

石川博行. 2014. 「割引率と期待運用収益率の決定要因」北村敬子編著『財務報告における公正価値測定』第 19 章. 295-319. 中央経済社.

泉本小夜子. 2000. 「退職給付会計の論点③　割引率，許されない恣意的な決定」年金情報 249: 10-11. 格付投資情報センター.

伊藤邦夫・中野誠・德賀芳弘. 2004. 『年金会計とストック・オプション』中央経済社.

今福愛志. 1992. 『会計政策の現在』同文舘出版.

————— 1993a. 「米国企業年金の回収と会計基準－年金基金はだれのものか－」経営行動 8 (2):

参　考　文　献　367

10-19. 経営行動研究所.

―――― 1993b.「年金会計基準のディスクロージャー－その構成と機能－」経済集志 63 (1): 109-125. 日本大学経済学研究会.

―――― 1994a.「イギリスにおける職域年金制度と年金会計基準の相互作用－年金会計基準の政治経済学序説－」経済集志 64 (1): 27-46. 日本大学経済学研究会.

―――― 1994b.「資産負債アプローチと負債評価」企業会計 46 (8): 47-53. 中央経済社.

―――― 1995a.「年金基金の余剰額と年金負債の評価問題－カナダ年金会計基準の焦点－」経済集志 64 (4): 131-140. 日本大学経済学研究会.

―――― 1995b.「米国企業の年金コストと競争力－ビッグ・スリーの年金会計データの検討－」経営行動 10 (1): 2-10. 経営行動研究所.

―――― 1995c.「年金基金の会計と企業会計の分離と統合－米国年金会計制度の進展に関連して－」會計 147 (4): 42-60. 日本会計研究学会.

―――― 1996.『企業年金会計の国際比較』中央経済社.

―――― 1999a.「企業年金をめぐる制度と会計（第 2 回）退職給付の会計基準をめぐる監査人とアクチュアリーの問題」税務通信 54 (5): 47-52. 税務研究会.

―――― 1999b.「新年金会計基準はグローバル・スタンダード化したか」企業会計 51 (10): 18-27. 中央経済社.

―――― 2000a.「退職給付会計と現在価値－概念としての現在価値と方法としての現在価値」企業会計 52 (8): 31-47. 中央経済社.

―――― 2000b.『年金の会計学』新世社.

―――― 2001.『労働債務の会計』白桃書房.

―――― 代表. 2003.『わが国企業への退職給付の会計基準の影響に関する実態調査』産業経営動向調査報告書 26. 日本大学経済学部産業経営研究所.

―――― 2008a.「退職給付会計基準のフレームワークの転換－退職給付会計の問題性」企業会計 60 (3): 18-24. 中央経済社.

―――― 2008b.「退職給付制度のガバナンスの会計問題－退職給付会計の連結問題を中心として－」産業經理 68 (1): 4-12. 産業経理協会.

―――― 2011.「米国企業にみる年金の会計方針転換の意味－時価会計への方向転換の要因の検討」企業会計 63 (8): 65-71. 中央経済社.

―――― 2013.「年金制度をめぐるバイアウトの会計問題：年金負債の売却と会計基準」會計 184 (4): 109-120. 日本会計研究学会.

今福愛志・五十嵐則夫編著. 2001.『退職給付会計－制度・実務・分析』中央経済社.

上野雄史. 2004.「退職給付会計基準による実体的裁量行動」商學論究 52 (2): 85-99. 関西学院大学商学研究会.

―――― 2007a.「代行返上に関する企業の財政的要因の実証分析」年報経営分析研究 23: 69-76. 日本経営分析学会.

―――― 2007b.「退職給付債務の確定性に関する考察」会計・監査ジャーナル 19 (11): 96-102. 日本公認会計士協会.

―――― 2007c.「代行返上と成熟化との関係に関する研究」保険学雑誌 599: 31-57. 日本保険学会.

―――― 2008.『退職給付制度再編における企業行動－会計基準が与えた影響の総合的分析』中央経済社.

―――― 2011.「退職給付債務の測定概念に関する考察」日本年金学会誌 30: 53-68. 日本年金学会.

上野雄史・柳瀬典由. 2011.「退職給付の積立率が母体企業の収益性に与える影響とその経路」年報経営分析研究 27: 89-100. 日本経営分析学会.

榎本正博. 2016.「退職給付会計基準と報告利益管理 - 適用前年における会計方針の変更の発生要因 - 」辻正雄編著『経理者による報告利益管理 - 理論と実証 - 』第 9 章. 165-182. 国元書房.

岡部孝好. 1993.『会計情報システム選択論 (増補)』中央経済社.

―――― 2002.「退職給付会計基準の適用における裁量行動の類型」国民経済雑誌. 185 (4): 51-66. 神戸大学経済経営学会.

奥村雅史. 2005.「退職給付債務に関する裁量的情報開示 - 割引率の選択と株価の関係 - 」早稲田商学 404: 27-49. 早稲田大学商学同攻会.

乙政正太. 2006a.「退職給付会計における経営者の選択」日本会計研究学会課題研究委員会『会計制度の設計に関する実証研究』227-262. 日本会計研究学会.

―――― 2006b.「会計制度改革における経営者の会計選択行動 - 退職給付会計と損益計算書の区分表示 - 」會計 170 (4): 80-91. 日本会計研究学会.

―――― 2008a.「退職給付会計における経営者の選択」須田一幸編著『会計制度の設計に関する実証研究』第 16 章. 328-348. 白桃書房.

―――― 2008b.「退職給付会計における損益計算書の区分表示」須田一幸編著『会計制度の設計に関する実証研究』第 17 章. 349-369. 白桃書房.

乙政正太・音川和久. 2004.「退職給付会計基準と研究開発投資」須田一幸編著『会計制度改革の実証分析』第 2 章 §1. 52-65. 白桃書房.

大日方隆. 1999.「年金割引率の選択と市場の評価」CIRJE Discussion Paper Series CIRJE-J-19. 東京大学日本経済国際共同センター.

―――― 2000.「年金費用の測定」CIRJE Discussion Paper Series CIRJE-J-21. 東京大学日本経済国際共同センター.

加賀谷哲之. 2008.「退職給付会計のコンバージェンスと会計情報の有用性 - 割引率の選択が会計情報の有用性に与える影響 - 」一橋大学経済研究所世代間問題研究機構ワーキングペーパー 387.

―――― 2009a.「退職給付会計の費用表示と利益属性」一橋大学経済研究所世代間問題研究機構ワーキングペーパー 438.

―――― 2009b.「退職給付会計の費用表示と利益属性」會計 176 (4): 83-98. 日本会計研究学会.

笠岡恵理子. 2008.「SFAS 第 158 号の導入に伴う退職給付会計基準の変更と証券市場への影響」商學論究 55 (4): 55-82. 関西学院大学商学研究会.

―――― 2017.「企業会計基準第 26 号の導入に伴う財務諸表への影響 - 退職給付見込額の期間帰属方法および割引率に変更を中心として - 」年報経営分析研究 33: 66-78. 日本経営分析学会.

企業会計基準委員会. 2002a.「退職給付制度間の移行等に関する会計処理」企業会計基準適用指針第 1 号.

―――― 2002b.「退職給付制度間の移行等の会計処理に関する実務上の取扱い」実務対応報告第 2 号.

―――― 2005.「「退職給付に係る会計基準」の一部改正」企業会計基準第 3 号・「同適用指針」

企業会計基準適用指針第 7 号.

―― 2006.「厚生年金基金に係る交付金の会計処理に関する当面の取扱い」実務対応報告
第 22 号.

―― 2007.「「退職給付に係る会計基準」の一部改正（その 2）」企業会計基準 14 号.

―― 2008.「「退職給付に係る会計基準」の一部改正（その 3）」企業会計基準 19 号.

―― 2010a.「退職給付に関する会計基準（案）」企業会計基準公開草案第 39 号.

―― 2010b.「退職給付に関する会計基準の適用指針（案）」企業会計基準適用指針公開草
案第 35 号.

―― 2012a.「退職給付に関する会計基準」企業会計基準第 26 号.

―― 2012b.「退職給付に関する会計基準の適用指針」企業会計基準適用指針第 25 号.

企業会計審議会. 1998.「退職給付に係る会計基準の設定に関する意見書」・「退職給付に係る
会計基準」・「退職給付に係る会計基準注解」.

―― 2005.「監査基準の改訂に関する意見書」・「監査基準の改訂について」・「監査基準」.

―― 2018.「監査基準の改訂に関する意見書」・「監査基準の改訂について」・「監査基準」（最
終改訂）.

企業財務制度研究会編. 1999.『COFRI 実務研究叢書　年金会計』中央経済社.

北村敬子・今福愛志編著. 2000.『財務報告のためのキャッシュフロー割引計算』中央経済社.

木村晃久. 2011.「退職給付会計における期待運用収益率の変更タイミングの決定要因」横浜
経営研究 32 (2): 17-35. 横浜経営学会.

―― 2012.「退職給付会計情報の有用性－期待運用収益率の変更による利益平準化の影響
－」横浜経営研究 33 (1): 121-135. 横浜経営学会.

―― 2013.「損益項目の表示区分選択、経常利益の平準化と区分損益情報の Value
Relevance－退職給付会計における会計基準変更時差異を題材として－」會計 184 (2):
84-97. 日本会計研究学会.

河野俊作・吉田和生. 1999.「企業グループと退職給付の会計政策に関する分析」産業經理
59 (2): 99-107. 産業経理協会.

桜井久勝. 1998.「意思決定－有用性とディスクロージャー－企業年金情報を中心に」企業会
計 50 (1): 59-65. 中央経済社.

佐々木隆文. 2005a.「退職給付会計における割引率の決定要因」現代ファイナンス 18: 119-
139. 日本ファイナンス学会.

―― 2005b.「退職給付のリスク負担と人的資本」年金レビュー 2005 年 9 月号. 日興フィ
ナンシャル・インテリジェンス.

―― 2005c.「退職給付債務の状況と設備投資等への影響」年金レビュー 2005 年 12 月号.
日興フィナンシャル・インテリジェンス.

―― 2006.「退職給付債務と企業の投資行動」金融経済研究 23: 65-85. 日本金融学会.

―― 2007.「退職給付費用と株価」年金レビュー 2007 年 1 月号. 日興フィナンシャル・
インテリジェンス.

―― 2009.「給付建て退職給付と人的資本」オイコノミカ 46 (1): 21-38. 名古屋市立大学
経済学会.

佐々木隆文・中島幹. 2005a.「会計発生高と投資戦略」年金レビュー 2005 年 7 月号. 日興フィ
ナンシャル・インテリジェンス.

―― 2005b.「会計発生高と投資戦略 (2)－積立不足と株式リターン－」年金レビュー 2005

年 9 月号．日興フィナンシャル・インテリジェンス．

――― 2007.「未認識債務と株式リターン」年金レビュー 2007 年 2 月号．日興フィナンシャル・インテリジェンス．

澤田成章．2011.「退職給付債務の公正価値と情報有用性」一橋商学論叢 6 (1): 88-100. 一橋商学会．

――― 2012.「過去勤務債務の償却年数設定における裁量的行動」会計プログレス 13: 125-136．日本会計研究学会．

――― 2013a.「数理計算上の差異の償却年数と会計利益の投資関連性」一橋大学日本企業研究センター編著『日本企業研究のフロンティア第 9 号（一橋大学日本企業研究センター研究年報 2013）』第 10 章．118-130．白桃書房．

――― 2013b.「退職給付会計基準のコンバージェンス」一橋ビジネスレビュー 61 (2): 88-89．一橋イノベーション研究センター．

ジャパン・ペンション・ナビゲーター．2009.「2008 年度 退職給付会計に関する統計資料」．

首藤昭信．2010.『日本企業の利益調整 理論と実証』中央経済社．

須田一幸．2000.『財務会計の機能 – 理論と実証』白桃書房．

――― 2007.「退職給付会計基準が企業経営と資本市場に与える影響」年金と経済 26 (3): 20-28．年金シニアプラン総合研究機構．

――― 編著．2004.『会計制度改革の実証分析』白桃書房．

――― 編著．2008.『会計制度の設計』白桃書房．

須田一幸・山本達司・乙政正太．2007.『会計操作 その実態と識別法、株価への影響』ダイヤモンド社．

住友生命保険年金運用事業部．2001.「スミセイ企業年金のお客様を対象とした退職給付制度に関する聴き取り結果 集計・分析のご報告」．

第一生命保険企業年金数理室．2008.「第一生命 年金通信 退職給付会計計算～割引率に関する統計（平成 19 年度版）」．

――― 2009.「第一生命 年金通信 退職給付会計計算～割引率に関する統計（平成 20 年度版）」．

――― 2010.「第一生命 年金通信 予定利率・年金換算利率及び割引率に関する統計（平成 21 年度版）」．

――― 2011.「第一生命 年金通信 予定利率・年金換算利率及び割引率に関する統計（平成 22 年度版）」．

高橋正子．2002.「退職給付会計基準対応にみる企業行動の分析」年報経営分析研究 18: 54-63．日本経営分析学会．

高橋隆幸・野間幹晴．2014.「確定給付企業年金の節税効果と企業の年金拠出行動 – 限界税率を用いた検証 –」會計 186 (2): 43-56．日本会計研究学会．

――― 2016.「前払年金費用の積立と企業価値」税務会計研究 27: 205-2011．税務会計研究学会．

高橋吉之助・江島夏実・渡瀬一紀・高橋正子・黒川行治．1994.『企業の決算行動の科学』中央経済社．

瀧野恵理子．2007.「退職給付会計における未認識債務と遅延認識に関する一考察」産業経理 66 (4): 117-126．産業経理協会．

千代田邦夫．1998.『アメリカ監査論 – マルチディメンショナル・アプローチ＆リスク・アプロー

チ（第 2 版）』中央経済社.

辻正雄. 2007a.「わが国における適応的会計政策（一）－税効果会計と退職給付会計の影響と
　　対応－」會計 172 (1): 1-12. 日本会計研究学会.

――― 2007b.「わが国における適応的会計政策（二・完）－税効果会計と退職給付会計の影
　　響と対応－」會計 172 (2): 107-117. 日本会計研究学会.

――― 2015.『会計基準と経営者行動－会計政策の理論と実証分析－』中央経済社.

徳賀芳弘. 1998.「新年金会計基準の会計データへの影響」経済学論究 64 (5/6): 125-139. 九州
　　大学経済学会.

――― 2000.「退職給付会計の光と影－その理論的帰結と経済的帰結について－」税経通信
　　56 (1): 65-71. 税務研究会.

徳賀芳弘. 2001.「退職給付会計と利益概念」會計 159 (3): 14-26. 日本会計研究学会.

徳賀芳弘・宮宇地俊岳. 2011.「会計政策における「横並び」行動についての一考察－未積立
　　退職給付債務の償却情報を材料として－」会計・監査ジャーナル 23 (3): 105-114. 日本
　　公認会計士協会.

鳥羽至英・川北博他共著. 2001.『公認会計士の外見的独立性の測定－その理論的枠組みと実
　　証研究－』白桃書房.

中条祐介. 2002.「年金会計における数理仮定の時系列分析」横浜市立大学論叢社会科学系列
　　53 (2/3): 1-19. 横浜市立大学学術研究会.

中野誠. 1994.「年金会計生成プロセスにおける従業員の視点の浸透－年金資産・負債の評価
　　と財務報告」企業会計 46 (10): 127-133. 中央経済社.

――― 1996.「企業年金会計における負債評価基準の解の探求－ABO と PBO の相克－」産
　　業經理 56 (3): 90-101. 産業経理協会.

――― 1997.「年金資産・年金負債に対するわが国資本市場の評価－SEC 基準採用企業の実
　　証分析－」會計 152 (5): 691-706. 日本会計研究学会.

――― 1998a.「企業年金会計情報と資本市場」JICPA ジャーナル 10 (1): 58-59. 日本公認会
　　計士協会.

――― 1998b.「求められるトップの構想と哲学　年金ファクターで分析する企業価値最大
　　化戦略」DIAMOND ハーバード・ビジネス 23 (3): 36-45. ダイヤモンド社.

――― 1998c.「企業価値評価と年金ファクター－P/L モデルによる実証分析」企業会計 50 (5):
　　57-63. 中央経済社.

――― 1999.「企業年金会計基準の経済的影響論－行動誘発型会計基準のケース」企業会計
　　51 (10): 54-60. 中央経済社.

――― 2000.「企業年金會計における ABO 対 PBO の実証研究－Incremental Information
　　Content と Relative Information Content の分析」企業会計 52 (5): 101-110. 中央経済社.

中村文彦. 2003.『退職給付の財務報告－利害調整と信頼性付与の構造』森山書店.

――― 2008.「会計選択の国際化」會計 174 (4): 63-77. 日本会計研究学会.

――― 2009.「退職給付会計の変化」會計 176 (5): 46-61. 日本会計研究学会.

――― 2010a.「IAS19 号の改訂と利害調整構造の変容」企業会計 62 (9): 33-41. 中央経済社.

――― 2010b.「退職給付会計の再検討」會計 178 (6): 70-82. 日本会計研究学会.

ニッセイ基礎研究所. 2011.「（年金運用）：退職給付会計上の積立比率の推移と今後の年金運
　　用について」年金ストラテジー 184.

日本アクチュアリー会・日本年金数理人会. 2008.「退職給付会計に係る実務基準」.

日本会計研究学会課題研究委員会. 2006.『会計制度の設計に関する実証研究』日本会計研究
　　学会.
日本経済新聞社. 1998.「97年度日経企業年金実態調査」年金情報 196: 2. 格付投資情報セン
　　ター.
――― 1999.「98年度日経企業年金実態調査」年金情報 222: 2. 格付投資情報センター.
――― 2000.「99年度日経企業年金実態調査」年金情報 248: 2. 格付投資情報センター.
――― 2001.「日経企業年金実態調査」年金情報 279: 2. 格付投資情報センター.
――― 2002.「2002年　日経企業年金実態調査」年金情報 309: 2. 格付投資情報センター.
――― 2003.「2003年　日経企業年金実態調査」年金情報 340: 2. 格付投資情報センター.
――― 2004.「2004年　日経企業年金実態調査」年金情報 370: 4. 格付投資情報センター.
――― 2005.「2005年　日経企業年金実態調査」年金情報 399: 4. 格付投資情報センター.
日本公認会計士協会. 1999.「退職給付会計における「退職給付に充てるために積み立てる資
　　産について」、「信託」を用いる場合の基本的考え方」.
――― 2000.「退職給付会計に係る会計基準変更時差異の取扱い」リサーチ・センター審理
　　情報 No. 13.
――― 2001.「退職給付信託について」リサーチ・センター審理情報 No. 16.
――― 2002a.「退職給付会計における未認識項目の費用処理年数の変更について」リサーチ・
　　センター審理情報 No. 18.
――― 2002b.「分析的手続」監査基準委員会報告書第 1 号.
――― 2002c.「試査」監査基準委員会報告書第 9 号（中間報告）.
――― 2002d.「会計上の見積りの監査」監査基準委員会報告書第 13 号（中間報告）.
――― 2002e.「専門家の業務の利用」監査基準委員会報告書第 14 号（中間報告）.
――― 2003.「委託業務に係る統制リスクの評価」監査基準委員会報告書第 18 号（中間報告）.
――― 2005a.「退職給付会計に関する実務指針（中間報告）」会計制度委員会報告書第 13 号.
――― 2005b.「退職給付会計に関する Q & A」.
――― 2006a.「退職給付会計における未認識数理計算上の差異の費用処理年数の変更につ
　　いて」審査・倫理・相談課ニュース［No. 1］.
――― 2006b.「監査証拠」監査基準委員会報告第 31 号（中間報告）.
――― 2007.「評価したリスクに対応する監査手続」監査基準委員会報告第 30 号.
――― 2008.「財務諸表の監査における不正への対応」監査基準委員会報告第 35 号.
――― 2009a.「退職給付会計に関する実務指針（中間報告）」会計制度委員会報告書第 13
　　号（最終改正）.
――― 2009b.「退職給付会計に関する Q&A」（最終改正）.
――― 2010.「専門家の業務の利用」監査基準委員会報告書第 50 号.
――― 2013.「年金資産に対する監査手続に関する研究報告」監査・保証実務委員会研究報
　　告第 26 号.
日本年金数理人会. 2011.「調査報告　国際会計基準（IAS19）の適用に関する海外調査と示唆」.
――― 2012.「調査報告　国際会計基準 19 号（IAS19、被用者給付（Employee Benefits））
　　における死亡率の取扱いに関する国際調査」.
――― 2013.「退職給付会計基準における　死亡率に関する検討報告書」.
日本年金数理人会・日本アクチュアリー会. 2016.「IAS 19 に関する数理実務基準（Actuarial
　　Standard of Practice in relation to IAS 19 Employee Benefits）」.

───── 2017a.「退職給付会計に関する数理実務基準」.

───── 2017b.「退職給付会計に関する数理実務ガイダンス」.

年金会計研究委員会編. 1997.『年金会計研究委員会報告　年金会計をめぐる論点』企業財務制度研究会.

年金総合研究センター. 2004.『人事・財務両面から見た企業年金等退職給付プランのあり方に関する研究　平成15年度』年金総合研究センター報告.

野坂和夫. 2001.「退職給付債務の数理的評価モデルの構築－厚生年金基金の基本部分の基礎率設定－」商学研究科紀 53: 139-151. 早稲田大学大学院商学研究科.

───── 2002a.「厚生年金基金の基本部分に関する退職給付債務及び退職給付費用の数理的評価モデルの構築」商学研究科紀要 54: 193-207. 早稲田大学大学院商学研究科.

───── 2002b.「退職一時金制度および適格退職年金制度における退職給付債務及び退職給付費用の数理的評価モデルの構築」商経論集 80: 47-56. 早稲田大学大学院商学研究科商学会.

───── 2006a.「退職給付会計基準が企業財務および企業行動に与えた影響－「従業員重視型」から「株主重視型」退職給付制度設計への移行－」辻正雄編著『「会計ビックバン」の意義と評価－実証分析によるアプローチ－』第5章. 産研シリーズ 37: 76-95. 早稲田大学産業経営研究所.

───── 2006b.「退職給付会計における割引率の会計方針選択行動－裁量的選択行動、横並び選択行動および水準適正化選択行動－」管理会計学 15 (1): 57-70. 日本管理会計学会.

───── 2008.「退職給付会計における期待運用収益率の会計方針選択行動－裁量的選択行動、横並び選択行動および水準適正化選択行動－」会計・監査ジャーナル 20 (10): 107-115. 日本公認会計士協会.

───── 2009.「公認会計士監査におけるアクチュアリーの独立性」企業会計 61 (4): 124-133. 中央経済社.

───── 2012.「近年における割引率および期待運用収益率の会計方針選択行動」辻正雄編著『報告利益の管理と株式市場の反応』第7章. 産研シリーズ 47: 101-110. 早稲田大学産業経営研究所.

───── 2015.「退職給付会計における会計基準変更時差異の償却に関する会計方針選択行動」名古屋商科大学論集 60 (1): 141-176. 名古屋商科大学論集研究紀要委員会.

───── 2016.「退職給付会計における会計退職給付会計の過去勤務債務の償却に関する経営者行動と会計方針選択行動－退職給付制度の改定と償却年数の選択－」早稲田商学 446: 321-356. 早稲田大学商学同攻会.

───── 2017.「退職給付会計における数理計算上の差異の償却に関する会計方針選択行動」名古屋商科大学論集 61 (2): 63-83. 名古屋商科大学論集研究委員会.

───── 2018a.「確定給付型退職給付制度における退職給付債務および退職給付費用の数理的評価モデルの構築－実例の退職年金規程等を用いたケース分析から導かれる公認会計士監査におけるアクチュアリーの独立性の必要性－」名古屋商科大学論集 62: 33-61. 名古屋商科大学論集研究委員会.

───── 2018b.「研究ノート：退職給付会計情報のオンバランス化による経営者行動の変化－退職給付会計基準の改正の影響による確定給付退職給付制度の改定と廃止－」年報経営分析研究 34: 123-134. 日本経営分析学会.

野坂和夫・辻正雄. 2010.「退職給付会計と適応的会計政策」辻正雄編著『MBA アカウンティ

ング　ケーススタディ戦略管理会計』第 17 章. 327-352. 中央経済社.

野間幹晴. 2015.「退職給付会計に係る負債が業績に与える影響－退職給付引当金と未認識債務の相違－」會計 187 (2): 111-124. 日本会計研究学会.

─── 2016.「退職給付に係る負債と研究開発活動－損失回避の利益操作－」會計 190 (2): 69-82. 日本会計研究学会.

─── 2017.「配当政策と退職給付に係る負債」會計 192 (1): 54-67. 日本会計研究学会.

─── 2018a.「退職給付に係る負債とイノベーション－出願特許数と被引用特許数」国際会計研究学会年報 2017 年度 (1/2): 161-175. 国際会計研究学会.

─── 2018b.「退職給付に係る負債と現金保有」産業経理 78 (2): 131-143. 産業経理協会.

挽直治. 2003.「退職給付会計と企業行動－会計基準変更時差異償却期間の選択を中心として」名古屋大学経済科学 51 (1): 39-51. 名古屋大学経済学会.

─── 2008.「退職給付会計情報の特性とディスクロージャー」會計 173 (3): 77-87. 日本会計研究学会.

─── 2016.「退職給付会計の顛末報告－経営者による脱リスク戦略の会計問題－」會計 190 (1): 56-66. 日本会計研究学会.

─── 2017.「リスク分担型・新年金制度の展望と課題－退職給付会計基準との整合性の視点から－」會計 192 (4): 40-50. 日本会計研究学会.

平井友行・吉田靖. 2010.「会計基準変更が我が国企業行動に与える影響について－退職給付会計が我が国企業行動及び企業年金運用に与えた影響－」国府台経済研究 20 (3) 千葉商科大学経済研究所.

平松一夫・柴健次編著. 2004.『会計制度改革と企業行動』中央経済社.

松尾聿正・柴健次編著. 1999.『日本企業の会計実態－会計基準の国際化に向けて』白桃書房.

弥永真生. 2002.『監査人の外観的独立性』商事法務.

柳瀬典由. 2000.「米国の企業年金制度における支払保証」文研論集 132: 169-207. 生命保険文化研究所.

─── 2002a.「米国における年金基金の資産運用・積立戦略と株主価値の最大化－保険効果・税制効果と統合モデルによる分析」生命保険論集 138: 101-145. 生命保険文化センター.

─── 2002b.「超過積立の企業年金資産の処理：米国におけるペンション・リバージョンの理論的考察を中心に」保険学雑誌 579: 78-106. 日本保険学会.

─── 2004.「米国における母体企業と年金基金の経済的同一性に関する一考察」保険学雑誌 584: 122-149. 日本保険学会.

─── 2008.「企業年金財政と母体企業の信用リスク－長期債格付けデータを用いた実証分析－」生命保険論集 165: 55-84. 生命保険文化センター.

─── 2013.「退職給付制度における企業の選択動機－退職一時金は「暗黙のリスク移転」か？－」保険学雑誌 620: 261-280. 日本保険学会.

─── 2016.「株主・経営者間のエージェンシー問題と企業年金の資産運用」生命保険論集 194 (別冊)・生命保険文化センター設立 40 周年記念特別号 (1): 159-188. 生命保険文化センター.

柳瀬典由・後藤晋吾. 2011.「企業年金財政と株式リターン」現代ファイナンス 30: 3-26. 日本ファイナンス学会.

─── 2015.「企業の財務健全性と年金資産運用」証券アナリストジャーナル 53 (5): 69-79. 日本証券アナリスト協会.

柳瀬典由・後藤晋吾・上野雄史. 2013.「退職給付債務の市場評価をめぐるパズル」現代ファイナンス 33: 53-77. 日本ファイナンス学会.

山口修. 2002.「退職給付会計における割引評価」企業会計 54 (4): 26-31. 中央経済社.

吉岡正道・徳前元信・大野智弘・野口教子. 2013.「退職給付に係る未認識債務の計上 － 2012 年度退職給付に関するアンケート調査研究 －」産業経理 73 (1): 177-193. 産業経理協会.

吉岡正道・徳前元信・杉山晶子. 2009.「退職給付会計基準の導入による影響 － 2008 年度退職給付引当金に関するアンケート調査研究 －」産業経理 68 (4): 170-185. 産業経理協会.

吉田和生. 1989a.「税制と企業年金政策の分析」オイコノミカ 49 (2): 79-88. 名古屋市立大学経済学会.

―――― 1989b.「わが国における税制と企業年金政策」ファイナンス研究 11: 55-75. 日本証券経済研究所.

―――― 1990.「企業年金の財務意思決定と労働組合」企業会計 42 (3): 127-132. 中央経済社.

―――― 1991.「役員退職金に関する会計政策の分析」弘前大学経済研究 14: 1-14. 弘前大学経済学会.

―――― 1992a.「役員の株式所有と役員退職金政策」會計 142 (2): 53-68. 日本会計研究学会.

―――― 1992b.「企業年金制度の新規採用情報と株価」証券経済 181: 95-109. 日本証券経済研究所.

―――― 1992c.「企業年金政策と労働組合」日本労働研究雑誌 396: 22-32. 労働政策研究・研修機構.

―――― 1995a.「税制と退職給与引当金政策の分析」産業経理 55 (3): 78-87. 産業経理協会.

―――― 1995b.「企業年金制度の採用情報と企業業績の株価分析 －採用理由に関するアンケート調査に基づいて －」弘前大学経済研究 18: 107-115. 弘前大学経済学会.

―――― 1997a.「企業年金制度の積立不足と株価に関する考察」オイコノミカ 34 (1): 133-144. 名古屋市立大学経済学会.

―――― 1997b.「企業年金制度の債務情報はグッドニュースか － 過去勤務債務の増減と株価の分析 －」産業経理 57 (3): 108-117. 産業経理協会.

―――― 1998a.「退職給与引当金による発生項目と株価に関する考察」南山経営研究 13 (2): 151-158. 南山大学経営学会.

―――― 1998b.「企業年金債務の要因分析 － わが国の企業年金制度の特殊性 －」會計 154 (2): 16-27. 日本会計研究学会.

―――― 1999a.「退職給付の会計情報と企業評価 － 予測給付債務の予備的分析 －」會計 156 (2): 55-69. 日本会計研究学会.

―――― 1999b.「株式・労働市場における退職給付債務と積立に関する考察」企業会計 51 (10): 46-53. 中央経済社.

―――― 1999c.「企業年金制度への移行と積立不足の分析」産政研フォーラム 42: 26-34. 中部産業・労働政策研究会.

―――― 2000.「新旧会計基準による積立不足の比較」日本労働研究雑誌 483: 11-17. 労働政策研究・研修機構.

―――― 2001.「ＳＥＣ基準による企業年金情報と株価の分析」日本経営財務研究学会編『経営財務戦略の解明』経営財務研究双書 20. 第 6 章. 119-142. 中央経済社.

―――― 2002a.「新年金会計情報と株価の分析」産業経理 62 (2): 44-53. 産業経理協会.

―――― 2005.「財務上の特約と積立不足の償却」會計 167 (6): 63-78. 日本会計研究学会.

――― 2007.「確定拠出年金制度とキャッシュバランスプランの導入要因－電機機器産業と商業の分析－」年金と経済 26 (3): 29-34. 年金シニアプラン総合研究機構.

――― 2008a.『退職給付会計情報の分析』中央経済社.

――― 2008b.「退職給付会計における期待運用収益率の分析」Discussion Papers in Economics 488. 名古屋市立大学.

――― 2008c.「年金情報の有用性」柴健次・須田一幸・薄井彰編著『現代のディスクロージャー－市場と経営を革新する』第 27 章. 565-581. 中央経済社.

――― 2009a.「確定拠出年金制度とキャッシュバランスプランの導入要因」現代ディスクロージャー研究 9: 1-16. ディスクロージャー研究学会.

――― 2009b.「退職給付会計における期待運用収益率の分析」會計 175 (5): 52-66. 日本会計研究学会.

――― 2011.「確定拠出年金制度の導入と報告利益管理の分析」経営財務研究 30 (1/2): 2-17. 日本経営財務研究学会.

――― 2012.「退職給付会計における報告利益管理行動と Jones 型モデルの修正」Discussion Papers in Economics 555. 名古屋市立大学.

――― 2013a.「退職給付債務の即時認識と年金資産の運用政策－アメリカ会計基準採用企業の分析－」オイコノミカ 49 (2): 79-88. 名古屋市立大学経済学会.

――― 2013b.「退職給付会計における報告利益管理行動と Jones 型モデルの修正」現代ディスクロージャー研究 9: 1-16. ディスクロージャー研究学会.

――― 2016.「退職給付債務の即時認識と企業行動－実体的裁量と会計的裁量－」産業経理 75 (4): 4-15. 産業経理協会.

吉田和生・堀場豊. 2007.「わが国における確定拠出制度導入の分析」信託研究奨励金論集 28: 68-75. 信託協会.

吉田和生・吉田靖. 2004.「新年金会計基準の導入と経営者行動－積立不足の償却要因－」経営財務研究 23 (1): 43-55. 日本経営財務研究学会.

労務行政研究所. 1997.『労政時報別冊 '97 年版 全国主要企業の実態調査資料 退職金・年金事情』労務行政.

――― 1999.『労政時報別冊 '99 年版 全国主要企業の実態調査資料 退職金・年金事情』労務行政.

――― 2001.『労政時報別冊 2001 年版 全国主要企業の実態調査資料 退職金・年金事情』労務行政.

――― 2003.『労政時報別冊 2003 年版 全国主要企業の実態調査資料 退職金・年金事情』労務行政.

――― 2005.『労政時報別冊 2005 年版 全国主要企業の実態調査資料 退職金・年金事情』労務行政.

――― 2007.『労政時報別冊 2007 年版 全国主要企業の実態調査資料 退職金・年金事情』労務行政.

――― 2009.『労政時報別冊 2009 年版 全国主要企業の実態調査資料 退職金・年金事情』労務行政.

著 者 略 歴

野坂　和夫（のざか　かずお）

1999 年	早稲田大学商学部卒業
2003 年	公認会計士登録
2007 年	早稲田大学大学院商学研究科博士後期課程単位取得満期退学
2007 年	早稲田大学大学院会計研究科助教
2009 年	税理士登録
2015 年	名古屋商科大学ビジネススクール准教授（現在に至る）
2016 年	博士（商学）早稲田大学

主要著書・論文・ケース

「退職給付会計における割引率の会計方針選択行動－裁量的選択行動，横並び選択行動および水準適正化選択行動－」管理会計学第 15 巻 1 号，日本管理会計学会，2006 年（日本管理会計学会奨励賞，2007 年）

「退職給付会計と適応的会計政策」『MBA アカウンティング　ケーススタディ戦略管理会計』第 17 章（分担執筆）中央経済社，2010 年

「野坂公認会計士・税理士事務所（NOZAKA Japan CPA Firm）」CCJB-OTR-18021-01，日本ケースセンター，2018 年

退職給付会計の会計方針選択行動

〈検印省略〉

平成 31 年 2 月 15 日　初版発行

編 著 者	野	坂	和	夫
発 行 者	國	元	孝	臣

発 行 所　株式会社 国 元 書 房

〒 113-0034
東 京 都 文 京 区 湯 島 3-28-18-605
電話（03）3836-0026　　FAX（03）3836-0027
http://www.kunimoto.co.jp　E-mail：info@kunimoto.co.jp

印刷：㈱ブロケード
製本：協栄製本㈱
©2019 Kazuo Nosaka　　表紙カバー：㈲岡村デザイン事務所

ISBN 978-4-7658-0571-1

JCOPY ＜㈳出版者著作権管理機構　委託出版物＞
本書の無断複写は著作権法上での例外を除き禁じられています。複写される場合は，そのつど事前に，㈳出版者著作権管理機構（電話 03-3513-6969，FAX 03-3513-6979，e-mail: info@jcopy.or.jp）の許諾を得てください。